Franziska Augstein

Von Treue und Verrat

Franziska Augstein

Von Treue und Verrat

Jorge Semprún und sein Jahrhundert

C. H. Beck

Mit 32 Abbildungen

© Verlag C. H. Beck oHG, München 2008
Satz: Fotosatz Reinhard Amann, Aichstetten
Druck und Bindung: CPI – Ebner & Spiegel, Ulm
Gedruckt auf säurefreiem, alterungsbeständigem Papier
(hergestellt aus chlorfrei gebleichtem Zellstoff)
Printed in Germany
ISBN 978 3 406 57768 0

www.beck.de

Inhalt

Vorwort

An einem sonnigen Wintertag 1944 verließ der Häftling 44904 die Lager-
straße und stapfte durch den tiefen, unberührten Schnee zu einer mächtigen Buche hin. Damit hatte er sich schon viel herausgenommen. Ein SS-
Offizier folgte ihm und fuhr ihn an: Was er da zu suchen habe? Jorge Semprún salutierte und meldete: «Diese Buche: So ein wunderschöner Baum!»
Das kam dem Offizier befremdlich vor. Hatten die Häftlinge des KZ Buchenwald nicht anderes zu tun, als Meinungen über Bäume zu haben? Besonders verwunderlich erschienen dem SS-Mann die Worte, weil er an ihnen sprachlich nichts auszusetzen fand, obgleich der junge Mann vor ihm
ein Ausländer war. Ein schwarzes «S» auf dem roten Dreieck, das auf seine
Jacke genäht war, wies ihn als politischen Gefangenen spanischer Herkunft
aus. Woher der Häftling sein gutes Deutsch habe, fragte der Offizier. Semprún antwortete, die Kinderfräulein in seinem Elternhaus hätten es ihm
beigebracht. Da war der SS-Mann verblüfft: Er begriff, daß er es mit einem
Bürgersohn einer befreundeten Macht zu tun hatte. Aber, fragte er, warum
sei Semprún dann im KZ?

Die Frage «warum sind Sie hier?» hat für Jorge Semprúns Vita keine große
Bedeutung. Er war immer, wo seine politische Überzeugung ihn hinführte.
Anhand seines Lebenslaufs läßt sich ein guter Teil der europäischen Geschichte des zwanzigsten Jahrhunderts erzählen. Der große Schriftsteller
hat soviel gesehen, durchgestanden und in wichtiger Position mitgemacht,
daß es für sieben Leben genügen würde.

Jorge Semprún wurde am 10. Dezember 1923 in Madrid geboren. Es
war ein an historischen Ereignissen reiches Jahr. Im Dezember 1923 erlitt
Lenin einen zweiten Schlaganfall und war fortan moribund. Die nach der
Oktoberrevolution vom Staat konfiszierten Klöster auf den im Weißen

Meer gelegenen Solowezki-Inseln wurden 1923 der sowjetischen Tscheka unterstellt, die umgehend auf der Hauptinsel ein Lager einrichtete. In den Erinnerungen der Überlebenden war es das erste Lager des von Alexander Solschenizyn später unter dem Namen «Archipel Gulag» beschriebenen Haftsystems.[1] In demselben Jahr veröffentlichte der marxistische Philosoph Georg Lukács sein Werk *Geschichte und Klassenbewußtsein*. In Deutschland versuchte Adolf Hitler 1923 einen Putsch, mußte aber noch zehn Jahre warten, bevor er an die Macht kam. In Spanien errichtete der General Miguel Primo de Rivera mit Einverständnis des Königs 1923 eine Militärdiktatur, die ungerecht und unbeholfen agierte und dazu beitrug, daß Spanien 1931 eine Republik wurde. All diese Ereignisse und ihre Folgen waren für Semprúns Leben entscheidend.

Seine Familie gehörte dem Großbürgertum an. Niemand mußte für seinen Lebensunterhalt arbeiten. Der Vater, ein überzeugter Republikaner, floh 1936, kurz nach Ausbruch des Bürgerkriegs, mit seinen Kindern und seiner zweiten Frau aus dem Land. Daß Semprún zu jung gewesen war, um für die spanische Republik zu kämpfen, machte er sechs Jahre später wett, indem er sich der französischen Résistance anschloß. Da hatte er sich schon zu den Kommunisten geschlagen.

Nachdem Semprún einige Monate lang als, wie er sagt, «Terrorist» gegen die deutschen Besatzer gearbeitet und ein Leben wie aus einem Kolportageroman geführt hatte, wurde er im Herbst 1943 von der Gestapo gefangengenommen und schwer gefoltert. Im Januar 1944 verschleppten die Deutschen ihn ins Konzentrationslager Buchenwald. Ein französischer Widerstandskämpfer machte die geheime interne Lagerverwaltung, in der Kommunisten das Sagen hatten, auf den jungen Genossen aufmerksam. Jorge Semprún kam ihnen gelegen, einen spanischen Verbindungsmann konnten sie brauchen. Sie gaben ihm einen Platz in der Arbeitsstatistik. Offiziell bestand seine Aufgabe darin, die Kartei der Lagerinsassen zu verwalten und die Häftlingslisten für die Arbeitskommandos außerhalb des Stammlagers zusammenzustellen. Inoffiziell manipulierte er viele dieser Listen: Die geheime Lagerleitung suchte Genossen und andere zuverlässige Widerständler zu retten. An ihrer Statt überantwortete sie Unbekannte den besonders harten, den lebensgefährlichen Arbeitskommandos.

Als Semprún im April 1945 wieder in Paris anlangte, war er einundzwanzig Jahre alt. Sofort meldete er sich bei der KPF und auch bei der Exilführung der spanischen Kommunistischen Partei. Während er heimlich für eine neue französische Revolution agitierte, wünschte er sich, zur

Untergrundarbeit in Spanien eingeteilt zu werden und Francos Regime stürzen zu helfen. Vorerst tat er sich in den Kreisen der illustren Pariser Künstler, Schriftsteller und Philosophen um. Das linke Seineufer schien damals das Zentrum Europas, wenn nicht der Welt zu sein. 1953 erfüllte sich seine Hoffnung: Semprún kehrte zu dem gefahrvollen Leben zurück, das er schon in der Résistance aufregend gefunden hatte. Viele Monate des Jahres verbrachte er heimlich in Madrid. War er bei seiner Frau in Paris, gab er vor, für die UN als Übersetzer zu arbeiten. So waren seine langen Abwesenheiten gedeckt: Die Bekannten durften nicht wissen, daß er unter dem Namen Federico Sánchez in Spanien Generalstreiks organisierte. Er mußte damit rechnen, gefoltert zu werden, sollte die Sicherheitspolizei ihn festnehmen. 1956 wurde er ins Politbüro der spanischen KP aufgenommen.

In den neun Jahren seiner Untergrundtätigkeit gelang es ihm, zum meistgesuchten Mann Spaniens zu werden. Beschwert fühlte er sich nur von einem: Daß er ein Buch über seine Erlebnisse in Buchenwald nicht zustande brachte. Erst als er sich von seinen orthodoxen, ja stalinistischen Ansichten löste und Kritik an der Strategie der spanischen KP übte, ging ihm das Schreiben mühelos von der Hand. 1964 wurde er aus der Partei ausgeschlossen. Seitdem ist er, was er stets hatte werden wollen: Ein Schriftsteller, verehrt von vielen, ausgezeichnet und bewundert.

Früher war er hochgewachsen. Jetzt, im Alter, geht er etwas gebeugt. Schon vor bald dreißig Jahren ist sein dunkles Haar weiß geworden. Es ist voll und glatt und fällt, wie es will; es hält sich nie lange an den Seitenscheitel, mit dem Semprún es in Façon bringt. Er hat die hohen Wangenknochen seines Vaters, sieht aber entschlossener aus als dieser. Sein Blick hat immer ein Ziel. Gibt es nichts, was er anschauen will, schaut er nicht. Noch heute, da er fast fünfundachtzig Jahre alt ist, stellt sein Arbeitspensum das vieler anderer in den Schatten, die jünger sind als er und auch nicht träge. Neben seinen Büchern verfaßt er Drehbücher, Artikel, Vorträge und dann und wann ein Theaterstück. Wenn er auf Französisch oder auf Spanisch einen einstündigen Vortrag hält, spricht er frei.

Der Stoff seiner Bücher ist sein Leben. Der Wechsel von einer Sprache zur anderen gelingt ihm mühelos. Er schreibt zumeist auf Französisch, mitunter aber auch auf Spanisch. Sein Verständnis von Literatur ist politisch geprägt: In seinen Büchern wird nicht gezaudert. In ihren politischen Ansichten sind seine Figuren dezidiert und in ihren erotischen Begehren zielstrebig. Der literarische Prototyp des Langweilers tritt in seinem Werk nicht auf. Und wo so jemand doch einmal die Nase ins Bild steckt, wendet der Autor sich aufgenblicklich und gleichsam enerviert einer neuen Szene zu. Semprún ist ein wahrer *Action*-Autor, einer nämlich, der auch philosophische Theoreme dramatisch darstellen kann. Bei ihm kommt beides immer zusammen: die Freude an allen Bildungsgütern und die Lust an der Schilderung des gefährlichen Engagements. Genauso hat er es selbst erlebt. Im KZ manipulierte er nicht bloß die Kartei der Arbeitsstatistik, er las auch Hegel und Schelling – auf Deutsch. Als Kommunist im spanischen Untergrund war er erfolgreich, weil er sich mit jedem über alles unterhalten konnte: über Dichtung, Soziologie und Philosophie einerseits, über Fußball und die jüngsten Tariferhöhungen der öffentlichen Verkehrsmittel andererseits. Den Spaniern, die mit Federico Sánchez zu tun bekamen, erschien er wie ein Sendbote der Freiheit, wie eine Heilsgestalt.

Wie erlebte Semprún die Résistance? Wie schaffte er es, unter der Folter der Gestapo zu schweigen? Wie wurde er damit fertig, daß er als Funktionshäftling in Buchenwald über Leben und Tod anderer entscheiden mußte? Er hat oft gesagt, im KZ habe er das absolute Böse kennengelernt. Aber was ist darunter zu verstehen? Wie kommt es, daß sein Ausschluß aus der spanischen KP ihm seiner Ansicht nach mehr zusetzte als seine Gefangenschaft im Lager? Wie gelang es ihm, neun Jahre lang in Spanien zu agitieren, ohne gefaßt zu werden, während andere sich bei der riskanten Arbeit nur wenige Monate hielten? Trotz des tiefen Zorns, der ihn nach seinem Parteiausschluß erfaßte, wurde er, anders als so viele, kein Renegat. In einigen Büchern hat er seine stalinistische Verblendung geschildert – manche Auswüchse seines einstigen leninistisch-stalinistischen Eifers hat er indes in seinem Gedächtnis nicht bewahrt.

Ich habe Semprún im Frühjahr 2002 kennengelernt, die meisten seiner Bücher hatte ich gelesen, aber vieles war offen geblieben, angerissen, letztlich unerklärt. Zuallererst die Frage, wie es ihm gelungen war, sich von seinem Leben nicht unterkriegen zu lassen. Alles Üble, das er erfuhr, schien ihn nur stärker gemacht zu haben. Heute ist er der Herr seiner Biographie. Wie kam das? Zunächst hatte ich ihm ein langes Interview in Buchform vorgeschlagen, doch bereits die Lektüre des ersten Tonbandprotokolls fand er unsäglich langweilig: Was er da gelesen habe, monierte er, das wisse er doch alles! Dann kamen wir überein, daß ich nicht ein Buch mit ihm, sondern ein Buch über ihn schreiben würde, in dem er Dinge lesen könne, die er vielleicht noch nicht weiß.

In den vergangenen fünf Jahren habe ich einige Dutzend Gespräche mit ihm geführt. Die Abschriften aller Tonbänder sind fast so umfangreich wie das vorliegende Buch. Es ist keine Biographie, ist schon deshalb keine, weil meine Darstellung Semprún von Mitte der sechziger Jahre an nicht mehr auf den Fersen bleibt. Von da an gilt die nähere Betrachtung nicht so sehr seinem Leben, sondern eher seinem schriftstellerischen Werk. Dieses Buch ist ein Porträt. Es folgt Semprún durch Glück und Unglück, Gewalt und Gefahr, alles, was er bis zu seinem vierzigsten Jahr erlebt hat. Es zeigt, wie sich das genau abspielte, wenn die britischen Flugzeuge per Fallschirm Waffen über Frankreich abwarfen, und worin seine «terroristischen» Aktivitäten für die Résistance bestanden. Seine Arbeit in Spanien ging zwar unbewaffnet vonstatten, war aber kaum weniger abenteuerlich. Auch die ihn tief erschütternde Enttäuschung seiner Exkommunikation aus der KP hat er heil überstanden. Die politische Wandlung, die er seitdem durchlief, hat er selbst literarisch nicht verfolgt.

Hinter allem, was ich erzähle, steht die Frage: Wer ist dieser Mann? Wie vermochte er es, in jeder Lebenslage zu bestehen? Aus den langen Gesprächen, die Semprún und ich führten, habe ich viel zitiert. Sofern seine Worte nicht mit einer Fußnote annotiert sind, stammen sie aus unseren Unterhaltungen. Wenn ein Zitat nicht mit einem deutlichen Hinweis darauf versehen ist, wer spricht, ist es Semprún. Die für ihn wichtigen Aspekte der Geschichte des zwanzigsten Jahrhunderts werden, um die Ergebnisse meiner Recherchen ergänzt, zumeist aus seiner Perspektive geschildert. Weil deutsche Pläne das zwanzigste Jahrhundert grausam prägten, habe ich (mit einer Ausnahme) allen Kapiteln einen «deutschen» Vorspann vorangesetzt.

Semprún sagt von sich, «ganz wenig französisch und in manchem, wenn auch nicht in allem, sehr spanisch» zu sein. Wer ihn kennt, gibt ihm recht. Er ist in der Tat sehr «spanisch» – viel mehr als junge, gebildete Spanier von heute es sind. George Orwell, der bei den Interbrigadisten den Bürgerkrieg mitgemacht hatte, schrieb: «In Spanien ereignet sich nichts zur angesetzten Zeit; sei es eine Mahlzeit oder eine Schlacht. In der Regel geschieht alles zu spät. Nur rein zufällig – damit man sich nicht darauf verlassen kann, daß sich etwas zu spät ereignet – geschieht es manchmal zu früh.»[2] Semprún ist pünklicher als die spanischen Bürgerkriegskämpfer, aber auf andere Weise unberechenbar – warum? Arthur Koestler, der während des Bürgerkriegs von den Faschisten eingesperrt wurde und nicht wußte, ob er das Gefängnis lebendig verlassen würde, schrieb: «Längst ehe ich Spanien kennenlernte, habe ich mir den Tod als Spanier vorgestellt. Als einen dieser noblen Señors wie Velasquez sie gemalt hat, mit schwarzen, seidenen Knie-

11

hosen, spanischer Halskrause und kühlem, höflich-gleichgültigem Blick.»³ Die traditionelle Hingabe an den Todesgedanken teilt auch Semprún. Zeit seines Lebens hat er seine persönliche Lage und politische Rolle reflektiert. Über sein Verhältnis zum Tod hat er viel zu sagen. Was andere Selbsterkundungen angeht, hält er an einer bestimmten Grenze inne.

Sein erstes Buch über das Lager, *Die große Reise*, schrieb er noch als parteitreuer Kommunist. Das zweite, *Was für ein schöner Sonntag!*, zeugte von seiner politischen Läuterung: Er hatte begriffen, daß es auch in der Sowjetunion Lager gegeben hatte. Er ist einer der wenigen Autoren, die aus eigener Anschauung vom KZ-System erzählen, den Gulag nicht übergehen und so auch den Lesern in den Ländern des östlichen Europa, die früher Satellitenstaaten der Sowjetunion waren, etwas zu sagen haben. Wenige sind so wie er in verschiedenen Traditionen zu Hause, sprachlich und kulturell. In seinem Selbstverständnis ist er weder ganz an Spanien gebunden, wo er aufwuchs, noch an Frankreich, wo er lebt. Er bewundert die deutsche Philosophie und liebt amerikanische Literatur. Sein Werk ist für alle, seine Liberalität ist universell. Er ist ein europäischer Schriftsteller.

1

Ein Kind der Republik

Unter den zwanzigtausend Angehörigen der Legion Condor, die den franquistischen Aufstand gegen die Spanische Republik unterstützte, befand sich ein junger, hübscher Mann namens Eric Eduard Herbert Carlsson. Ohne die Transportflugzeuge der Legion Condor und ohne ihre Jagdflieger, deren erste schon am 6. August 1936, keine drei Wochen nach dem Putsch, zerlegt und platzsparend verstaut auf einem Schiff im Hafen von Cádiz eintrafen, hätten die Faschisten den Bürgerkrieg vielleicht nicht gewonnen.[1]

Herbert Carlsson, der Vater meiner Mutter, hatte daran freilich keinen Anteil: Mit einem Lastwagen unterwegs nach Spanien, war er noch in Frankreich schwer verunglückt, hatte sich, am ganzen Körper brennend, aus dem Fahrzeug retten können und war fortan für den Bürgerkrieg nicht mehr zu gebrauchen.

Eine der wenigen Familienerinnerungen an diesen Mann, die sich bis zu mir herumgesprochen hat, ist die Geschichte, wie er zur Legion Condor kam. Gehorsam gegen Hitler: Das galt bei ihm zu Hause nichts. Herberts Vater, ein Hamburger Gerichtsrat schwedischer Herkunft, der die deutsche Staatsbürgerschaft angenommen hatte, verachtete den vulgären Parvenü Adolf Hitler. Herbert indes verachtete seinen Vater. Der hatte nämlich eine Geliebte, die sich entschlossen einen Platz in seinem Leben eroberte. Das gelang ihr um so müheloser, als ihre Rivalin nur noch ein Bein hatte. Das andere war in den zwanziger Jahren unter die Räder einer Straßenbahn geraten: Ihr «Stadtköfferchen» war, als sie ausstieg, am Haltegriff hängengeblieben, und weil sie es nicht loslassen wollte, wurde sie von der anfahrenden Bahn ein Stück mitgerissen, stolperte und stürzte. Der zweite Wagen überrollte ihre Beine. Ihr rechter Fuß im feinen grünen Spangenschuh wurde einige Meter weit weggeschleudert. Sie sah ihn dort liegen – den Schuh. Immer wieder rief sie: Gebt mir meinen Schuh, meinen schönen grünen Schuh! Sie war vierundvierzig Jahre alt, groß, schlank, eine schöne Frau.

Die Verbindung mit der Anderen, die des Vaters verkrüppelte Frau hinnehmen mußte, war dem heranwachsenden Sohn verhaßt. Die Bombardements der Alliierten machten das Unglück der Mimi Carlsson perfekt. Als die Wohnung der Carlssons zerstört war, verlor Mimi alle Vorrechte, die eine Ehefrau hat.

Die britischen Luftangriffe zielten darauf ab, die Zivilbevölkerung zu demoralisieren. Die Militärchefs hätten beschließen können, die herrschenden Schichten des Deutschen Reiches zu treffen, die Wohlhabenden, das Bürgertum. Aber die Arbeiterviertel auszulöschen, schien effizienter. Man legte Wert darauf, pro Quadratmeter das Optimum an menschlichem Unheil anzurichten. Im Nachhinein hat sich gezeigt, daß die Taktik nicht erfolgreich war: Der Luftkrieg gegen die einfachen Leute hat den Widerstandswillen gestärkt, anstatt ihn zu brechen.

Dieser Taktik der britischen Führung ist es zuzuschreiben, daß die englischen Bomber nicht bloß Hamburgs Hafenanlagen, sondern besonders gründlich die Wohnviertel der Hamburger Arbeiter angriffen. So kam es zu dem Inferno 1943, das später «Hamburger Feuersturm» genannt wurde. Die bürgerlichen Viertel der Stadt blieben fast gänzlich verschont. Zu den wenigen Ausnahmen gehörte das schöne Patrizierhaus, in dem die Carlssons wohnten. Als es in Schutt und Asche lag, zogen der Oberlandesgerichtsrat und seine Frau ins schleswig-holsteinische Malente, wo die Freundin einen Sommersitz inmitten üppiger Wiesen und Wälder besaß. Mimi Carlsson mußte also ihren Mann nicht nur mit einer anderen Frau teilen, sie mußte nun auch noch mit dieser Frau unter einem Dach wohnen. Sie hat es nicht lange ausgehalten.

Weil Herbert seine Mutter liebte, haßte er seinen Vater. Er brach das Jurastudium ab und wählte Anfang der dreißiger Jahre einen plebejischen Beruf, der mehr als alle anderen geeignet war, den vornehmen und etwas dünkelhaften Vater zu ärgern: Er ging zur Polizei.

Bei der Polizei waren damals viele Piloten untergebracht, die noch zu Zeiten der Weimarer Republik, als die Auflagen des Versailler Vertrags eine neuerliche Aufrüstung unterbanden, heimlich zu Militärfliegern ausgebildet worden waren. Damit sie ein Auskommen hatten, wurden sie entweder bei der Polizei oder in der zivilen Luftfahrt beschäftigt. Als das NS-Regime im Mai 1935 seine Luftwaffe gründete, wurden ihr Teile der Polizei zugeschlagen. Auch der dreiundzwanzigjährige Herbert Carlsson nahm das Angebot an.

1936 gab der Putsch der spanischen Generäle die erste Gelegenheit zum Einsatz: Die meisten Piloten folgten gern der Aufforderung, in Spanien den «Bolschewismus» zu zerschlagen. Die Mission versprach besseren Sold, Ehre und Vergnügen. Spanien war damals für die meisten Deutschen ein geschichtslos-fremdes Land, vornehmlich von störrischen Eseln und dunklen, stolzen Schönheiten bevölkert. Bei ihren Einsätzen gingen die deutschen Soldaten kein großes Risiko ein. Lediglich 298 Angehörige der Legion Condor sind in Spanien ums Leben gekommen, die meisten nicht im Kampf.[2] Statistisch gesehen, mußten die Deutschen die Verkehrsunfälle auf Spaniens unwegsamen Landstraßen mehr fürchten als die Angriffe der Republikaner. Das Schicksal Herbert Carlssons, dem ich nie begegnet bin, war nicht ungewöhnlich. Seine Beweggründe, in den Polizeidienst und zur Legion Condor zu gehen, waren es so wenig wie das Verkehrsunglück in Frankreich. Während der Monate, die er nach dem Unfall im Krankenhaus lag, beschloß er, daß er kein Kämpfer sei: Eine geschützte Stube voller Papier, Aktenordner und Bücher erschien ihm angemessener. Während des Zweitens Weltkriegs tat er als Major der Luftwaffe Dienst auf verschiedenen Fliegerhorsten.

Ob er ein überzeugter Nationalsozialist war, weiß ich nicht. Die Verwandten sind geteilter Meinung, wie sie auch andere Episoden seines Lebens unterschiedlich darstellen und deuten. Die Geschichte, die ich hier erzählt habe, ist lediglich eine der möglichen Varianten. Nach 1945 verdiente der nunmehr berufslose Herbert Carlsson sich ein Jahr lang als Gärtner und Blumenhändler auf Hamburgs größtem Friedhof sein Geld. Dann kehrte er in den Staatsdienst zurück; er beschloß sein Arbeitsleben in einem Büro der Hamburger Finanzbehörde. Eine juristische Karriere wie sein Vater – überhaupt eine Karriere – hat er nicht gemacht. Sein ganzes Leben, so kann man vielleicht sagen, wurde davon bestimmt, daß einst eine Straßenbahn allzu ruckhaft anfuhr.

• • •

Hitler hat Francisco Franco und die Putschisten unterstützt, weil er darauf aus war, «in der bestimmt zu erwartenden endgültigen Auseinandersetzung über die Neuordnung Europas» einen Verbündeten zu gewinnen. Als die Legion Condor mit den Bombardements begann, entdeckten die Deut-

Spanien - die Regionen, Städte, und Ortschaften,
die in diesem Buch vorkommen.

schen, daß Spanien ein vorzügliches Testgelände war: Hier wurde zwar
nicht der «Blitzkrieg» geübt, wohl aber gewannen viele Piloten praktische
Erfahrung.[3] Die Republikaner setzten sich gegen Francos Truppen mit gro-
ßenteils veraltetem Kriegsmaterial zur Wehr. Das verführte einige deutsche
Offiziere zur Selbstüberschätzung: Im Zweiten Weltkrieg sollte es sich rä-
chen, daß sie in Spanien eine effiziente Flugabwehr nicht kennengelernt
hatten. Am 18. September 1936, fünf Wochen nachdem man die erste deutsche Jagdstaffel auf dem Flugplatz von Tablada nahe Sevilla zusammenge-
baut hatte, wurde sie für ein paar Tage ins Baskenland entsandt, um Bilbao
zu attackieren. «Eine Maschine nahm sich diese Burschen dann aufs Korn»,
schrieb der NS-Pilot Max Graf Hoyos über die republikanische Flak, «und
nach der ersten Bombe in ihre Stellung sind sie auch gerannt.» Zum Leidwesen dieses Autors von quälend launigen Kriegserinnerungen wurden die
Deutschen abgezogen, bevor sie Bilbao in Trümmer hatten bombardieren
können: Den Flugplatz im Norden «verließen wir mit einer Träne im
Knopfloch».[4] Bei ihren Einsätzen hatten die Flieger der Legion Condor die
Umgebung des Fischerortes Lekeitio überquert, wo die Familie Semprún in

der Sommerfrische weilte. Mit diesen Ferien in Lekeitio ging Jorge Semprúns Kindheit zu Ende.

Auf den Dingen seiner frühen Jugend, an die Semprún sich erinnert, liegt die Wehmut wie Staub. Nicht wie aufgewirbelter Staub, der von der Straße hereinweht, sondern wie Staub, der in lange verlassenen Räumen alles zugedeckt und halb unkenntlich gemacht hat, so daß selbst die einfachsten Gegenstände kostbar-geheimnisvoll erscheinen. Zu der Zeit, als Semprún ein Kind war, haben wohlhabende Familien, die ihre Wohnungen für längere Zeit verließen, ihre Möbel zum Schutz mit hellen Hussen bedeckt. Im Dämmerlicht, das durch die geschlossenen Fensterläden drang, boten die eingehüllten Zimmer ein Bild unberührbarer Verlassenheit. Der Unterschied zwischen gräulichem Staub und schützenden Stoffbezügen ist nicht so groß, wie man denken mag.

In seine Romane flicht Semprún allenthalben Details aus der Vergangenheit. Wenn er etwa eine verschattete Veranda in der Sommerhitze beschreibt, so ist es oft die Veranda einer Ferienvilla aus Kindertagen – sei es jene in Santander, sei es die andere in Lekeitio –, in der die Sempúns von Mitte Juli bis weit in den September hinein residierten. Nur im letzten Jahr, 1936, wurde das milde Licht von lärmenden Ereignissen gestört: Im Innern des Hauses lauschte der Vater den Nachrichten aus dem Radio. Und draußen zogen Flüchtlinge vorbei. Die faschistischen Truppen hatten begonnen, den Norden Spaniens einzunehmen und vom Rest des Landes abzuschneiden. Je weiter die Putschisten vordrangen, desto größer war die Zahl der baskischen Republikaner, die Haus und Herd verließen, weil sie nicht massakriert werden wollten.

Der Vater, einige Jahre lang ein hoher Regierungsbeamter, hatte sich dem örtlichen Komitee der 1936 aus den republikanischen Parteien gebildeten Volksfront zur Verfügung gestellt. Wenn er nicht Radio hörte, stand der distinguierte Herr, ein studierter Jurist und kenntnisreicher Liebhaber der Künste, an einer vor dem Haus gelegenen Brücke Wache. Mit einer Nappalederjacke angetan, die rote Binde der Volksfront am linken Arm und eine Baskenmütze auf dem dafür nicht gemachten Kopf, versuchte er der Flucht der Basken administrative Façon zu geben. Wenig später sollte er selbst über diese Brücke vor den von Osten anrückenden Faschisten fliehen.

Die Basken hatten von der Republik einige Zugeständnisse an ihren Drang nach Unabhängigkeit erlangt. In den Fabriken und Bergbaurevieren

Nordspaniens gingen anarchistische oder andere linke Parolen um. Die Bevölkerung des Baskenlandes und die Katalanen hielten zur Republik und mußten bitter dafür büßen:

«Die Flüchtlinge trafen ein, nach Familien und Ortschaften gruppiert. Wir haben sie gefragt: Woher kommt ihr? Und jeden Tag lagen die Ortschaften, deren Namen sie nannten, ein paar Kilometer näher. Artillerie hatten wir schon seit langem gehört. Aber eines Mittags, zu der Stunde, da die Dörfer sich in Stille hüllen, wurde die Stille durchdringender denn je. Da hörten wir zum ersten Mal die Maschinengewehre. Und dann, am Abend, zog auf der Straße, die am Meer entlangläuft und oberhalb des Strandes von Lekeitio einen Bogen macht, eine schwerfällige Karawane bei uns ein: Pferdewagen, alte Laster, alle möglichen Gefährte, alles im Schrittempo des Viehs, das die Bewohner zu retten suchten. Das waren die Einwohner von Ondarroa, der letzten Ortschaft vor der unseren.» So hat Jorge Semprún Ende der vierziger Jahre in einem Theaterstück geschildert, wie es war, als die Faschisten näherkamen.* Genauso war es, nicht nur für sein Alter ego, Santiago, sondern auch für Jorge selbst: Und am Himmel habe er die bedrohlichen Leiber der Hakenkreuz-Flugzeuge erblickt, und am Boden seien die Landleute einhergezogen, nur mit Jagdflinten und Gebeten bewaffnet. Was die Herkunft der Flugzeuge anging, irrte Jorge sich nicht. Das Naziemblem wird er allerdings nicht gesehen haben: Weil der Einsatz der Legion Condor anfangs eine Geheimmission war, mußten die Piloten und ihre Maschinen getarnt sein. Die Deutschen trugen Zivil, und ihre Flugzeuge zeigten nicht das Hakenkreuz, sondern allenfalls das einfache Andreaskreuz auf den Tragflächen.[5]

Weil die Truppen der Aufrührer in Nordspanien auf einige Garnisonen zählen konnten, gelang es ihnen, einen Teil des Landes an der französischen Grenze vom Rest der Republik abzutrennen. Die Semprúns saßen in Lekeitio wie Muschelsammler auf einer Sandbank, die bei einsetzender Flut das Festland nicht mehr erreichen. Die Wege nach Madrid waren abgeschnitten. Da die Faschisten immer näherrückten, trafen der Vater und seine Frau schließlich Vorbereitungen zur Abreise. Dann kam die Nacht, in der die sieben Kinder hochgescheucht und dicht auf dicht in des Vaters

---

* Die Passage steht in dem Theaterstück «Soledad». Dieses Stück, das Semprún 1948/49 verfaßte, wurde nie aufgeführt, nie publiziert und nur von sehr wenigen gelesen. Es dreht sich um junge Menschen, die sich gegen eine Diktatur auflehnen – Francos Name wird nicht erwähnt. Semprún hat das Stück vor allem als Vehikel gedient, einige seiner Erinnerungen aufzuschreiben.

Die erhobene Faust war in den dreißiger Jahren der Gruß der spanischen republikanischen Volksfront. Die fünf jungen Republikaner, die hier an Weihnachten oder Sylvester 1936 zusammensitzen, sind die Söhne José María de Semprúns: Álvaro, Jorge, Gonzalo, Carlos und (ganz rechts) Francisco.

roten Oldsmobile mit aufklappbarem Verdeck gesetzt wurden, der in Semprúns Büchern an verschiedenen Stellen wieder auftaucht. Man fuhr ein paar Kilometer gen Westen, nahm Quartier in Bilbao und schiffte sich dann, zusammen mit anderen Flüchtlingen im Rumpf eines baskischen Trawlers versteckt, nach Frankreich ein. Maribel Soutou, die ältere Schwester Jorge Semprúns, hat die nächtliche Überfahrt nach Bayonne in schrecklicher Erinnerung: Das Schiff wurde von einem deutschen U-Boot angehalten. Als die Deutschen sich zurückzogen, war die Nachtwache für Maribel noch nicht vorbei: Auf dem Schoß der damals Fünfzehnjährigen ruhte der Kopf ihres jüngsten Bruders Paco.*

Es flohen damals in jener Nacht auf den 23. September 1936: José María de Semprún y Gurrea, seine zweite Frau Annette, die sich Anita nannte, sowie die sieben Kinder aus der ersten Ehe des Vaters. Weil José María de

---

* Die Details der Familiengeschichte habe ich Gesprächen mit Maribel, Gonzalo und Jorge entnommen. Susana, Álvaro und Paco sind gestorben. Carlos Semprún Maura lebt in Paris. Auch aus seinen Erinnerungen wird hier zitiert: «El exilio fue una fiesta. Memoria informal de un español de París», Planeta, Barcelona 1998.

Semprún mit dem Wort seines Sohnes Jorge einer «gut sortierten» katholischen Familie vorstand, liegen zwischen einer Geburt und der nächsten im Schnitt ein bis anderthalb Jahre: 1920 wurde Susana geboren, dann folgten 1921 Maribel, 1922 Gonzalo, 1923 Jorge, 1924 Álvaro, 1926 Carlos und 1928 Francisco, der nicht mit dem anderen Francisco verwechselt werden sollte, dem Caudillo, und zumeist Paco genannt wurde. Er war noch keine vier Jahre alt, als die Mutter im Januar 1932 starb, und hat vermutlich auch von der nächtlichen Schiffsfahrt im September 1936 wenig mitbekommen. Es sollte siebzehn Jahre dauern, bis Jorge Semprún wieder nach Spanien gelangte. Der Vater hat sein Heimatland niemals wiedergesehen.

Der nostalgische Rückblick auf die eigene Kindheit beginnt zumeist damit, daß man sich plötzlich einer Verwandlung der Dimensionen inne wird: Die dunkel-verheißungsvolle Landschaft entlarvt sich als Hausflur. Und das Hochplateau des väterlichen Schreibtisches wird, enttäuschend, zu einer einfachen Holzplatte. Was früher groß und reich an Möglichkeiten erschien, wird unvermittelt als eine triviale Ausgabe seiner selbst entdeckt. Einsichten dieser Art bezeichnen die Grenze zwischen Kindheit und Jugend. Die erste Entdeckung der Verwandlung kommt überfallartig. Allmählich gewöhnt man sich daran. Die weitere Entwicklung geht in aller Regel ganz langsam vonstatten, man muß aufmerksam sein, um sie überhaupt zu bemerken. Neue Ideengebilde lagern sich dort an, wo alte erodiert sind. Alte Phantasmen werden von neuen überformt. Gleichzeitig rattert es ununterbrochen und späterhin zunehmend geschäftiger im gedächtniseigenen Korrekturbetrieb.

Es gibt einen Albtraum, der sich als Märchen verkleidet hat: Das ist die Geschichte des jungen Mannes, der seine Heimat für wenige Wochen verläßt, nur um bei seiner Rückkehr die grauenvolle Entdeckung zu machen, daß seine Familie, seine Freunde und alle anderen, die er kennt, schon seit vielen Jahren gestorben sind oder ihm allenfalls noch als taube Greise begegnen. Der junge Mann meint, sich in jenen wenigen Wochen nicht verändert zu haben. Weil aber die Zeit ihm ein Schnippchen schlug, ist alles andere um ihn her nicht mehr wie einst. Sein heiles Ich-Gefühl nützt ihm nicht das geringste. Ohne die anderen kann er nicht mehr «ich» sein.

Semprúns Schicksal, das naturgemäß in der Weltgeschichte öfter vorkommt, stellt das Gegenstück zu dem Märchen dar: Der junge Mann wird älter, nach Jahren kehrt er in seine Heimat zurück. Weil er aber in seiner

Phantasie zu leben lernte, nimmt er äußerliche Veränderungen als Irritationen wahr. Das Wesentliche bleibt: Die Mutter ist immer noch eine junge Frau, der Fahrstuhl rumpelt, die Brüder kabbeln sich mit Proletarierkindern im Retiro-Park in Madrid. So ergeht es einem, dessen Kindheit von großen Verlusten geprägt war, einem Jungen zum Beispiel, der seine Mutter früh verloren hat und sich dann von einer Woche zur nächsten im Exil fand. Der allmähliche, schmerzlose Auszug aus der Kindheit ist ihm versperrt. Alles bleibt so, wie es immer gewesen war, und verkapselt sich zu einer in der Erinnerung versteinerten Heimat.

Die Flugzeuge der Legion Condor, die den Himmel über Lekeitio durchpflügten, waren die geflügelten Boten, die Jorge Semprún aus der Heimat vertrieben und ihn gänzlich von allem trennten, was von der Mutter geblieben war. 1969, als man sich in Europa für den Faschismus als politisches Phänomen noch interessierte, wurde er von der Zeitschrift *L'Express* gefragt, was in den dreißiger Jahren der Faschismus für ihn gewesen sei. Seine Antwort: «Die Flieger mit den Hakenkreuzen über dem Baskenland»; seitdem sei jedes Flugzeug am Himmel für ihn «ein feindliches Objekt» gewesen, «immer noch haben Flugzeuge für mich etwas Teuflisches».[6]

In den sechziger Jahren, als Jorge Semprún schon aus der Kommunistischen Partei Spaniens ausgeschlossen war, erwähnte der ebenso reiche wie angesehene Dichter Jaime Gil de Biedma gegenüber seiner Großmutter, daß Semprún viele Jahre lang im Geheimen für die KP in Spanien gearbeitet hatte. Die alte Dame entstammte der Hocharistokratie, und die Franco-Regierung entsprach durchaus ihren politischen Ansichten. Als sie erfuhr, daß ein Semprún dem Zentralkomitee der in ihren Augen gott- und vaterlandslosen KP angehört hatte, fragte sie nach: «Semprún Maura? Der Sohn von Susanita Maura?» Der Enkel nickte. «Das ist ja klar», soll sie darauf gesagt haben, «wenn es um etwas geht in diesem Land, dann sind wir nur ganz wenige Familien.»

Die Semprúns, die sich 1936 nach Frankreich einschifften, gehörten wegen ihrer Verwandtschaft mit den Mauras zu den bedeutendsten Familien des Landes. Das Besitztum des Vaters war nach großbürgerlichen Begriffen auskömmlich, doch nicht üppig. Immerhin war er wohlhabend genug, daß er seinen Beruf als Anwalt nicht ausüben mußte. Auch einen großen Titel führte José María nicht, er hatte freilich einen Stammbaum vorzuweisen, der bis ins dreizehnte Jahrhundert zurückgeht. Wenn Jorge

Semprún guter Dinge ist, vermag er dem noch eins draufzusetzen: Tapfere unterworfene Stämme des Römischen Imperiums, erzählt er dann, hätten Erlaubnis erhalten, sich nach ihren Herrschern zu nennen. Der Name Semprún soll sich von dem römischen Quästor Tiberius Sempronius Gracchus herleiten, dessen Einsatz im römischen Spanienfeldzug 133 vor der Zeitrechnung damit endete, daß Numantia eingenommen wurde und Iberia nun für einige Zeit in römischer Hand war. Zurück in Rom, wurde Gracchus Volkstribun und agitierte für die Aufteilung des freien Staatslandes unter die Armen. Als José María de Semprún y Gurrea 2068 Jahre später die Landreformpläne der republikanischen Regierung unterstützte, mag man in seinem Haus des berühmten Vorläufers gedacht haben.

Die Zeiten der Sempronier sind lange her. Der Familie nützlicher war der Umstand, daß ein Semprún im vierzehnten Jahrhundert die Bescheinigung erhielt, *hidalgo* zu sein, was eine Abkürzung ist für *hijo de algo*, «der Sohn von jemandem». Über die hochgeborene Abkunft des anderen Zweigs der Familie bestand erst recht kein Zweifel: Die edlen Gurreas de Aragón werden sogar im 13. Kapitel des *Don Quichote* erwähnt. José María de Semprún y Gurrea, dem die gebildete Unterhaltung mit Draufgängern zwar sehr gefiel, der jedoch bei sich selbst für Anmaßung gehalten hätte, was er bei anderen schätzte, konnte auf seine Vorfahren bauen. Aufgrund des guten Namens seiner Familie durfte er sich erlauben, um die Hand von Susana Maura anzuhalten.

Susana Maura y Gamazo: Sie kam aus wirklich großem Hause. Ihre Kinder erinnern sich gern an die Geschichte, wie König Alfonso XIII. an einer schmalen Brücke dem roten Oldsmobile der Semprúns begegnete, Susana Maura erkannte und sein Auto zurücksetzen ließ, um der Dame auf der Brücke den Vortritt zu lassen. Ihre Vorfahren waren im Überseehandel mit dem Import von Edelhölzern und Gewürzen reich geworden. Sie besaßen ausgedehnte Ländereien. Die Familie stammte von den Balearen, später siedelte sie sich in Katalonien an. Sie war vermutlich einstmals jüdisch: Der Name Maura könnte auf das Wort *maranos* zurückgehen, mit dem die zwangskonvertierten Juden belegt wurden. Auf den Balearen wurden die christianisierten Juden indes *chuetas* genannt. Wie auch immer: Jorge Semprún sagt, ihm sei die Abkunft der Familie einerlei. Wäre er in den vergangenen achtzig Jahren mit der jeweils waltenden Mode gegangen, hätte er seine Selbstwahrnehmung einige Male wechseln müssen: Erst waren die Juden nur halbwegs salonfähig, in den vierziger Jahren wurden sie umgebracht, heutzutage ist es in der westlichen Welt en vogue, jüdische

Das Hochzeitsphoto der Eltern aus dem Jahr 1919.
2008 hat Semprún dies Bild, das noch auf einer photographischen Platte
festgehalten wurde, erstmals zu sehen bekommen.
Seine Mutter hat er nicht wiedererkannt.

Vorfahren zu haben. Erst war Semprún ein großbürgerliches Kind, dann
ein Kommunist, dem seine bürgerliche Abkunft stets vorgehalten wurde.
Letzteres hat er nicht gut vertragen, hat es besonders im KZ als verletzend
empfunden, wo er seine vornehme Herkunft als eine Art Geburtsfehler zu
betrachten lernte. Der war so gut wie unverzeihlich, es sei denn, daß die
deutschen Genossen beim Adepten wahrhaft heißes Bemühen um Bewährung wahrnahmen. Semprún tat sein Bestes und fühlte sich irgendwann
halbwegs in die Familie aufgenommen, deren Zuhause in allen Ländern
denselben Namen trug: Die Partei.

Weil Semprún seit jeher so gedacht hat, kam es ihm nie in den Sinn, viel
auf die Idee der Blutsverwandtschaft zu geben. Außerdem ist die Mode,
sich als mehr oder weniger später Abkömmling von Juden zu entdecken,
geschmacklos, weshalb Semprún dies Detail seiner Familiengeschichte lediglich versteckt in seinen Romanen zur Sprache bringt, in denen mitunter
eine Frau auftaucht, die fern von Spanien lebt und doch den schweren
Schlüssel zum einstigen Wohnsitz ihrer Vorfahren im jüdischen Viertel Toledos zu ihrem Hausschatz zählt.

Sein jüngerer Bruder Carlos, Theaterautor und Publizist, erwähnt in seinen Erinnerungen den englischen Historiker Gerald Brenan, der geschrieben habe, Don Antonio Maura, der Großvater von Carlos und Jorge, sei der einzige Spanier jüdischer Herkunft gewesen, den der spanische König nicht duzte. Gerald Brenan ist schon zu Lebzeiten von den Spaniern tief verehrt worden; die medizinische Fakultät der Universität zu Malaga, der er seinen Leichnam zu Forschungszwecken vermachte, bewahrte den toten Körper von 1987 an mehr als ein Jahrzehnt lang auf, ohne ihn anzutasten.[7] Wenn Brenan also geschrieben hat, daß die Mauras einstmals Juden gewesen seien, dann ist das sozusagen amtlich. Carlos Semprún Maura hält es mit den Spaniern, die an Brenan glauben, und hegt deshalb keinen Zweifel an der jüdischen Herkunft der Mauras. Und doch wurde Don Antonio «vom König nicht geduzt» – so einflußreich sei die Familie gewesen![8]

Antonio Maura y Montaner, der 1925 starb, war mehrmals Ministerpräsident und Minister. Unter dem Motto «Revolution von oben» war er der führende Politiker der ersten Dekade des zwanzigsten Jahrhunderts. Zum Dank ernannte Alfonso XIII. ihn zum Herzog. Stendhal erwähnt in *Rot und Schwarz* einen Artikel in einer zeitgenössischen britischen Zeitschrift, in dem stand, nur der Herzogtitel sei noch etwas wert. Bitte: Antonio Maura war Herzog geworden, was auch in Spanien, trotz der mangelnden Anciennität der Nobilitierung und obwohl Don Antonio seinen Titel nicht im Namen führte, hervorragenden Eindruck machte. Sein Sohn Miguel wurde in der 1931 proklamierten Republik zum Innenminister bestellt. Miguel Maura war konservativ, katholisch, aber Republikaner. Letzteres brachte ihn sogar für eine Weile ins Gefängnis. Er wollte dazu beitragen, daß der Amtsverzicht des Königs, den er für unabdingbar hielt, keine allzu großen Umwälzungen mit sich bringe.

Die Republik, die am 14. April 1931 ausgerufen wurde, war für das Establishment, das dem König schließlich die Gefolgschaft versagt hatte, lediglich das kleinere Übel. Die von Alfonso XIII. geduldete Diktatur unter Miguel Primo de Rivera war gescheitert und der König diskreditiert. Die hohen Militärs hielten sich zurück: Sollte doch zur Abwechslung einmal eine Republik zusehen, wie sie mit den rebellischen Arbeitern in Stadt und Land fertig wurde, deren Armut viel größer war als ihre Furcht vor Polizei und Staatsgewalt. Nun sollte also die Republik erreichen, was der Junta und dem König nicht gelungen war.

Ende der zwanziger Jahre hatte sich unter dem Vorsitz des Philosophen

Die Verwandtschaft mütterlicherseits, vermutlich 1914.
Der Patriarch, Antonio Maura y Montaner, Semprúns Großvater, sitzt zur Linken.
Zwei Stühle weiter sitzt seine Tochter Susana, Semprúns Mutter.
Antonio Maura plädierte vehement dafür, daß Spanien sich aus dem Ersten
Weltkrieg heraushalte. Ende des 19. und Anfang des 20. Jahrhunderts versuchte
der konservative Politiker das spanische Königreich zu reformieren.
Sein Motto:«Revolution von oben».

José Ortega y Gasset ein prorepublikanisches Komitee formiert: Intellektuelle, Politiker und einige Gewerkschafter suchten neue Wege für das
Land, unter ihnen Miguel Maura und sein Schwager José María Semprún.
Die Regierung hatte abgewirtschaftet. Spanien hatte Reformen bitter nö-
tig. Anfang 1930 warf der Militärdiktator Primo de Rivera das Handtuch.
König Alfonso XIII., der sich um die Stimmung im Land nicht kümmerte,
bestellte einen neuen General an die Spitze der nunmehr wieder nominell
demokratischen Regierung. Daß dieser weiterhin per Erlaß und ohne Ein-
berufung des Parlaments regierte, brachte das Faß zum Überlaufen. Viele
Konservative und Militärs wandten sich gegen die Monarchie, von den
Linken und den Anarchisten gar nicht zu reden. Im selben Jahr gründeten
Miguel Maura und Niceto Alcalá Zamora eine neue Partei, *Derecha Libe-
ral Republicana*, «Liberale Republikanische Rechte», die zur Speerspitze
der über alle politischen Divergenzen hinweg vereinigten republikanischen
Kräfte wurde. Die Kommunalwahlen am 12. April 1931 gerieten zu einem
Plebiszit: In allen Provinzhauptstädten siegten die Sozialisten und die libe-

ralen Republikaner. Obwohl es sich lediglich um Kommunalwahlen gehandelt hatte, war das Volk der Auffassung, der König müsse nun abdan-
ken. Für Alfonso XIII. spricht, daß er 1931 das Angebot eines Militärs,
ihn gewaltsam an der Macht zu halten, ablehnte und sich friedlich ins Ausland absetzte.[9]

Am 14. April trat der ehemals monarchistische Politiker Niceto Alcalá
Zamora sein Amt als Führer eines Revolutionskomitees an, das er schnell
zu einer «provisorischen Regierung» umwidmete. Miguel Maura wurde
aus dem Gefängnis befreit und zum Innenminister ernannt. José María
Semprún bemühte sich, die theoretischen Grundlagen für eine christliche
Demokratie in Spanien zu legen. Etliche Artikel hat er dafür geschrieben.
Seine politischen Ziele faßte er 1931 in dem Buch *República, libertad,
estatismo* zusammen.

Man konnte damals nicht genug diskutieren. Gemessen an den Aufgaben, die von den spanischen Staatenbildnern der zweiten Republik gelöst
werden mußten, war der zweite geglückte Anlauf zur Gründung einer
deutschen Republik sowohl in der Bundesrepublik als auch in der DDR
kaum mehr als eine Fleißarbeit. Die Niederlage von 1945 und der Einfluß
der westlichen Alliierten respektive der Sowjetunion ließen in den deutschen Ländern wenig Zweifel, wie es weitergehen werde. Spanien hingegen war bei Ausrufung der zweiten Republik seit mehr als hundert Jahren
an den Regierungswechsel per *pronunciamento* gewöhnt: Der Putsch war
die Regel. Einen nationalen Konsens gab es nicht, und er wurde auch nicht
gesucht. Eine Antwort der armen Bevölkerung auf diese Politik war seit
dem späten neunzehnten Jahrhundert der bewaffnete Anarchismus, also
der Putsch von unten: verzweifelt, stets zum Scheitern verurteilt, doch genauso haltlos-kurzsichtig wie diverse *pronunciamentos*.[10] Niemand würde
viel Geduld mit der jungen Republik haben, deren Gründer ihr Land vom
Gängelband der Kirche befreit und etwas liberaler sehen wollten. Die Regierung mußte auf einen Schlag das Verhältnis zwischen Staat und Kirche
klären, zwischen der Hauptstadt und den nach Autonomie strebenden Regionen, zwischen dem Recht auf Eigentum und der Forderung nach Verge-
sellschaftung, die angesichts der ungeheuren Armut der Landarbeiter und
der ungeheuerlichen Ausmaße der privaten Latifundien durchaus berechtigt war. Auch war in den zwanziger Jahren die Industrialisierung für spanische Verhältnisse enorm vorangeschritten, was in den Städten eine neue
Unterschicht und neue Probleme geschaffen hatte. Die Wahlen im Juni
1931 gewann ein Bündnis linker und konservativ-republikanischer Par-

Am 14. April 1931 wurde Spanien zum zweiten Mal in seiner Geschichte
eine Republik. An diesem Tag machte Semprúns Vater mit den älteren Söhnen
einen Spaziergang zur Plaza Puerta del Sol. «Alle tranken, alle freuten sich»,
erzählt Gonzalo de Semprún, «so war das am Anfang: Es war eine
liebenswürdige, eine brave Republik.»

teien. Die Reformen, die es beschloß, gingen den meisten Angehörigen der
besitzenden Schichten viel zu weit.[11]

Am 14. April 1931, als Spanien zur Republik erklärt wurde, unternahm
Vater Semprún einen Abendspaziergang mit seinen älteren Söhnen zur Puerta del Sol, dem Platz im Zentrum Madrids, wo die Massen das Ereignis
feierten. Die Kinder sollten «das schöne Mädchen» kennenlernen – *la niña
bonita*, wie die Republik zu Beginn ihres kurzen Bestehens genannt wurde.
Gonzalo de Semprún,[12] der im März 1922, eineinhalb Jahre vor seinem
Bruder Jorge, zur Welt kam, kann sich an den Spaziergang gut erinnern:
«Es war eine gewaltsame, blutige Zeit, oftmals haben wir damals Schüsse
gehört. In jener Nacht aber war davon nichts zu merken: Alle tranken, alle
freuten sich. In einem Fenster stand ein Mann, der gegen die Republik ran-
dalierte und die Menge auf der Straße beschimpfte. Aber die Leute haben
ihn nicht ernst genommen. Sie haben Scherzworte zu ihm hinaufgerufen.
So war das am Anfang: Es war eine liebenswürdige, eine brave Republik.»
Während der Franco-Herrschaft hat an der Puerta del Sol die Staatspolizei

Brigada Político-Social residiert, in deren Räumen die gefaßten Gegner des Franquismus wochenlang systematisch gequält wurden, damit sie die Namen ihrer Kameraden preisgaben.

Am Tag nach der Ausrufung der Republik machten die Kinder der Semprúns sich in ihrer großen Wohnung in der Calle Alfonso XI. den Spaß, auf dem Grammophon ganz laut wieder und wieder die Marseillaise abzuspielen. Die Eltern hatten nicht das geringste dagegen einzuwenden. Die Platte wurde auch an anderen Tagen gern aufgelegt. Wenn das Telefon klingelte und der Vater den Hörer abnahm, hat er die Marseillaise mitunter noch ein paar Takte weiterlaufen lassen, bevor er sich meldete: Er wollte abwarten, wie der Anrufer reagierte. Gegen diesen Spaß hatte dann die Mutter, die eine begeisterte Republikanerin war, nichts einzuwenden.

Die Mutter verabscheute den Standesdünkel. In Sardinero an der nordspanischen Küste führte ein Mann namens Eleurio ein schlichtes Lokal, wo Susana und José María während der Sommerferien gern Fisch aßen. Ein hochnäsiger Bekannter fand das unmöglich: «Susana, seit wann geht denn eine Dame zu diesem Eleurio?» Worauf die Mutter antwortete: «Seitdem ich es tue.» Maribel, die das erzählt, ist stolz auf ihre Mutter. Jorge hat die Haltung Susana Mauras verinnerlicht: Den Klassendünkel, sagt er, habe er immer gehaßt.

Wenn Semprún vom mütterlichen Republikanismus spricht, redet er von seiner Liebe zur Mutter. Und weil jede Liebe exklusiv empfunden wird, weil überhaupt jedes Gefühl allein dem gehört, der es empfindet, gibt es eine Geschichte, an die nur Jorge sich erinnert: An jenem 14. April 1931, als die Republik proklamiert wurde, schmückte die Mutter die Fassade der Wohnung mit den rot-gold-violetten Fahnen der Republik. Es waren die einzigen Fenster in der feinen Straße, an denen die Trikolore hing. Aus Entrüstung über den Anblick der verfemten Farben schlossen die vornehmen Nachbarsfamilien in der Calle Alfonso XI. die Läden ihrer Fenster mit lautem Knallen. So jedenfalls hat Jorge Semprún es erzählt.[13] Sein großer Bruder Gonzalo sagt, er wisse nichts davon. Seine Schwester Maribel sagt, das sei eine reine Erfindung. Überhaupt, fügt sie an, schreibe Jorge immerzu Dinge in seine Bücher, die sich in Wirklichkeit gar nicht oder ganz anders zugetragen hätten.

Diese Bemerkung von Maribel, die wie viele Schwestern die Verwalterin der Familienerinnerungen ist und sich immer darum gekümmert hat, daß die versprengten Angehörigen der Familie zusammenkamen, müßte ihrem kleinen Bruder Freude machen: Semprún hat oft gesagt, er sei eigentlich kein echter Schriftsteller, weil seine eigene Geschichte alle Romanhandlungen, die er erfinden kann, aussteche. Da sitzt er bei der Arbeit, will eine ganz neue, ganz und gar erfundene Geschichte schreiben, aber dann mischt sich unweigerlich seine Erinnerung ein: ein schwerer, eigensinniger Hofhund, der alle anderen Tiere verbellt, so daß Jorge am Ende doch eine Geschichte schreibt, die sich aus dem ergibt, was er erlebt hat. Und anstatt sich über Maribel zu amüsieren, die ihm Erfindungsgabe vorwirft, stemmt er die Füße auf den Boden, beugt sich in seinem Sessel vor und sagt: «So ist das in Familien: Jeder bewahrt in sich nur einen Teil der ganzen Geschichte. Und an die Episode kann ich mich sehr klar erinnern. Gut, ich war damals sieben Jahre alt – mag sein, daß nicht in der ganzen Straße die Fensterläden zuklappten, mag sein, daß es nur drei Fenster waren, nur eine einzige Wohnung, mag sein. Die Frage ist doch, ob eine Geschichte historisch zutrifft oder nicht. Und es hingen nun einmal im ganzen Viertel nur bei uns republikanische Fahnen, ausgerechnet bei Susana Maura, deren Vater ein Minister des Königs gewesen war. Das Knallen der Fensterläden: Ich hör's noch heute!» Jorge Semprúns Erinnerung, der treue Hofhund, ist eine freundliche Bestie, die ihren Herrn gut im Griff hat. Wenn übrigens Maribel etwas erzählt, wovon Jorge meint, es stimme mit der Wirklichkeit nicht überein, nennt er das nicht romanesk, sondern «maribelesk».

Die Erziehung der Kinder Semprún war streng, war noch autoritärer als es beim patriarchalischen spanischen Bürgertum Anfang des zwanzigsten Jahrhunderts üblich war. Die zwei Töchter und fünf Söhne besuchten keine Schule. Susana Maura, die in einer Klosterschule erzogen worden war, hatte in ihrer Jugend Lehrerin werden wollen. Als ihre Kinder klein waren, hat sie selbst sie unterrichtet. Für die Instruktion im Deutschen und Englischen waren Gouvernanten zuständig, denen auch die Regelung des Tagesablaufs oblag. Später gab es Hauslehrer. Zu Hause durften die Kinder untereinander nicht Spanisch reden. Die Schwestern sollten miteinander auf Englisch sprechen, die Brüder auf Deutsch. Das Deutsche galt als wichtige und besonders schwierige Fremdsprache. Der Vater legte großen Wert darauf, daß die Söhne deutsch lernten – und damit die Fähigkeit, philosophisch zu denken. Gebildete Spanier jener Zeit bewunderten die deutsche Kultur. Als Kind, sagt Jorge Semprún, habe er auf Deutsch geträumt. Das philosophische Denken ging allerdings zunächst im polyglotten Chaos unter. Weil Mädchen und Jungen einander nicht verstehen konnten, tobten sie in den ihnen zugewiesenen Sprachen desto lauter. Das französisch-spanische

Kauderwelsch, das Semprún in seinem Roman *Algarabía* erfunden hat, ist ein kunstvolles Echo des polyphonen Tohuwabohus im Madrider Kinderzimmer. Nach einigen Monaten verirrte der Vater sich in diese Unordnung und befand, daß Abhilfe vonnöten sei. Hinfort gab es Deutsch- und Englischunterricht für alle.

Die Umgangsformen, die den Kindern beigebracht wurden, waren kompliziert. Entsprechend strikt wurde auf die Einhaltung geachtet. Da waren zum Beispiel für verschiedene Menschen verschiedene Anreden vorgesehen. Ehrwürdige Verwandte mußten anders angesprochen werden als Geistliche, Damen anders als Herren. Dienstboten waren mit besonderem Respekt zu behandeln. «Gegenüber niedriger Gestellten mußte man höflicher sein als zum Präsidenten der Republik», sagt Gonzalo, «für mich mit acht oder neun Jahren war das Reglement nicht leicht zu begreifen. Man wußte nie, ob man sich richtig verhielt.»

War ein Kind unbotmäßig, mußte es etwas auswendig lernen, ein Gedicht, ein Stückchen Prosa. Als die Mutter krank geworden war, hat nur noch das «Fräulein», die Gouvernante aus der Schweiz, die Sanktionen verhängt. Nun hatten die Kinder fünfzigmal Sätze aufzuschreiben wie «Ich muß gehorsam sein». Gonzalo, der später Architekt geworden ist, ertüftelte sich eine Technik für die stupide Buße: Er band drei Stifte an seine Hand, so daß er mit jedem Satz, den er schrieb, drei zu Papier bringen konnte. Als er mit seinen fünfzig Sätzen einmal ungewöhnlich schnell fertig war, wurde er nicht gelobt. Stattdessen hieß es: Das ganze gleich noch einmal!

In der Erinnerung von Maribel haben die älteren Geschwister zusammen gespielt: Susana und Maribel, Gonzalo und Jorge. Wenn Semprún von Spaziergängen spricht, von Ausfahrten und kindlichen Abenteuern, spricht er immer nur von sich und seinen Brüdern. In den Erinnerungen, die er für erzählenswert hält, kommen die Mädchen nicht vor; sollten sie dabei gewesen sein, hat er ihnen in seiner Erinnerung keinen Platz gegeben. Sehr früh hat er das Weibliche als flüchtige Erscheinung kennengelernt. Für Gonzalo galt das übrigens auch. Beide erzählen, daß sie als kleine Kinder nachts unruhig wachlagen und auf die Rückkehr der Eltern warteten, die sich – wie es damals in Madrid üblich war – ein oder zwei Stunden nach Mitternacht zu *tertulias* mit Literaten und anderen Intellektuellen trafen, zu heiteren Zusammenkünften, von denen sie in den frühen Morgenstunden heimkehrten, bereichert um die neuesten Verse des Hausfreundes Federico García Lorca oder die jüngsten Aperçus von Rafael Alberti. Das Rumpeln des Fahrstuhls kündete davon, daß die Welt wieder in Ordnung war: belebt vom Schritt der Mutter, dem Rascheln ihrer Kleider und der Gewißheit, beschützt zu sein.

Eines Morgens im Januar 1932 wollte Maribel ein rotes Kleid anziehen. Ihre große Schwester sagte: «Tu das nicht!» Warum? «Du wirst es sehen.» Ihre Schwester müsse gewußt haben, sagt Maribel, daß die Mutter in der Nacht gestorben war: «Ich wollte nicht glauben, daß sie nicht mehr bei uns war. Aber in der Nacht hatte ich etwas gehört, es schien mir, als weine jemand: Das muß unser Vater gewesen sein, der auf dem Flur stand und schluchzte.» Die zwei kleinsten Söhne wurden zur Beerdigung nicht mitgenommen. Jorge sagt, später immer wieder davon geträumt zu haben, wie der Sarg vernagelt wurde.[14]

Der Tod der Mutter hat die Kinder so sehr verstört, daß die vier, deren Meinungen ich einholen konnte, bis heute keine gemeinsame Erklärung für diesen Tod haben. Gonzalo glaubt, ihr Sterben habe auf einem Spaziergang begonnen. Die Umgebung der von Philipp II. errichteten Klosterresidenz El Escorial war damals schon ein beliebtes Ausflugsziel. In der eindrucksvoll-kargen Landschaft konnte man auf den Eselspfaden, die sich dort entlangzogen, ungestört wandern. Auf den *horizontales* ging Susana Maura gern spazieren – «bis sie eines Tages gestürzt und mit dem Kopf auf einen Stein geschlagen ist, von da an ging es ihr schlecht», sagt Gonzalo. Sie habe einen Schädelbruch erlitten, der zu einer Hirnkrankheit geworden sei. Jorge zufolge hat die Mutter auf einem Spaziergang eine Blase am Fuß davongetragen, die zu einer tödlichen Blutvergiftung geführt habe. Maribel meint, sie sei an einer schweren Grippe gestorben. Carlos schließlich vermutet, daß sich hinter der Hirnkrankheit, von der zu Hause die Rede war, ein Krebsleiden verborgen habe, das von den Ärzten beim damaligen Stand der Medizin nicht erkannt werden konnte. Gonzalo erzählt, die Krankheit der Mutter habe zwei Jahre gedauert, bis die Agonie einsetzte. Daß sie während der letzten Wochen im Delirium laut geschrien habe, bestätigt Jorge: Darum habe er nicht mehr zu ihr ins Zimmer gedurft; die Ursache des Verbots sei ihm aber erst sehr viel später verständlich geworden. Maribel hingegen ist sich sicher, daß ihre Brüder sich irren: «Das ist nicht wahr. Es ging sehr schnell.»

Die vier Kinder, von denen hier die Rede ist, waren 1932 zwischen fünf und elf Jahre alt. Maribel läßt auf Menschen, die ihr nahe sind, nichts kommen. Jorge ist im Hinblick auf seine Familie ebenfalls diskret. «Sepsis» klingt besser als «Hirnkrankheit», zumal wenn die sogenannte Hirnkrankheit nicht präzise diagnostiziert ist. Carlos schreibt, der Vater habe seine tote Frau zu einer Heiligen erklärt. Da kam es auf die Todesursache nicht mehr an.

Die Töchter haben den Tod der Mutter vergleichsweise gut verwunden. Den zwei ältesten Söhnen, Gonzalo und Jorge, raubte ihr Hinscheiden Trost und Zuflucht. Der erste war damals zehn Jahre alt, Jorge, der am 10. Dezember 1923 zur Welt kam, war am Todestag der Mutter, dem 26. Januar 1932, erst acht. Alles, was sie ihm noch hätte erklären, alles, was er von ihr hätte lernen können, war mit ihr verloren. Das weibliche Regiment im Haushalt trat fortan in Gestalt des schweizerischen Fräuleins auf. Sie hieß Annette Litschi und muß eine schreckliche Person gewesen sein. Erst ließ der Vater die Gouvernante gewähren, dann heiratete er sie. Er wird sich gedacht haben, daß die Kinder eine neue Mutter brauchten. Susanas Sterbezimmer, das seit ihrem Tod verschlossen gewesen war, wurde nun geöffnet und neu eingerichtet. Der Vater übertrug dem zur Hausherrin aufgestiegenen Fräulein die uneingeschränkte Gewalt über die Kinder. Die Frau kam ihnen wie die böse Stiefmutter aus einem Märchen vor oder wie ein Feldwebel in Röcken, der die Drangsalierung seiner Truppe zur Befriedigung abartiger Lüste nutzt. Wenn sie unter sich waren, nannten die Brüder sie General Aupick: nach Baudelaires Schwiegervater, dem der Dichter böse Worte gewidmet hat. Später, als Jorge ins KZ deportiert worden war, sollen die zwei jüngsten Brüder von der *perra de Buchenwald* gesprochen haben, was «Hündin» oder «Hure» von Buchenwald bedeutet, man kann es sich aussuchen.[15] Carlos hat in seinen Erinnerungen, *El exilio fue una fiesta*, detailliert erzählt, was diese Frau Anfang der vierziger Jahre mit ihm anstellte. Ihre Brutalitäten und obszönen Anwandlungen lassen sich nur mit Begriffen der Psychopathologie erklären. Maribel mag darüber nicht reden. Die Frage «Hat Ihr Vater Annette geliebt?» beantwortet sie auch nicht gern. Was immer sie sagen könnte, es wäre illoyal. Soll sie den Vater verraten, indem sie ihm unterstellt, seine neue Frau nicht geliebt zu haben? Oder soll sie die Mutter preisgeben, indem sie für möglich hält, daß der Vater sie durch eine andere Frau ersetzen konnte? Erst nach langem Schweigen antwortet sie: «Ich glaube, ja.» Überzeugend klingt es nicht.

José María de Semprún hatte Charakter. Aber er litt darunter. Den Prüfungen, denen das Leben ihn aussetzte, war er nicht gewachsen. Er war nicht stark genug, seine Kinder gegen die Bosheiten der Stiefmutter in Schutz zu nehmen. Er hat nicht hingesehen und erklärte zu gerechten Strafen, was in Wahrheit Gemeinheiten waren.[16] Seine zwei jüngsten Söhne haben im französischen Exil das Abitur nicht machen dürfen, weil die Schule Geld gekostet hätte und die neue Frau Semprún sie als Haushaltshilfen brauchte. Wie im Privaten erging es dem Vater auch in der Politik. Er hatte sich auf die Seite der Republik geschlagen, hatte sich ihr ganz ergeben, und bis ans Ende seiner Tage – er starb 1966 mit Anfang siebzig in Rom – blieb er ihr traurig-treuer Anhänger, der einsame Repräsentant einer schimärenhaften Exilregierung, die als so gut wie einzigen politischen Aktivposten für sich verbuchen konnte, daß Mexiko, die Sowjetunion und ein paar andere osteuropäische Staaten sie anerkannt hatten. Semprún Gurrea war ein übriggebliebener Schatten der toten Republik, Botschafter am Heiligen Stuhl, und bemühte sich, die päpstlichen Ratgeber davon zu überzeugen, daß es sich lohne, nicht bloß das Franco-Regime zu unterstützen.

So wenig er für seine Söhne einstehen konnte, so schlecht eignete er sich zum Politiker und Verteidiger der spanischen Republik. Er war dafür gemacht, ein Leben als Gelehrter, Gastgeber und Causeur zu führen, in seiner sozialen Stellung unangefochten die *tertulias* mit geistreichen Freunden zu genießen, gelegentlich seinen Aufgaben als Universitätsdozent der Rechtsphilosophie nachzukommen und anspruchsvolle Aufsätze zu veröffentlichen.

Zusammen mit dem Katholiken und ideologischen Heißsporn José Bergamín gab er in den dreißiger Jahren die Zeitschrift *Cruz y Raya* heraus, in der alles erörtert wurde, was damals kulturell von Belang war. Die Redaktionssitzungen der Zeitschrift, die sich im Untertitel für «Affirmation und Negation» zuständig erklärte, fanden oft bei den Semprúns zu Hause statt. Bergamín, ein enger Freund der Familie, brachte den Kindern Geschenke mit. Auch seine Pläsanterien kamen gut an: «Ich gehe mit der Kommunistischen Partei durch dick und dünn», sagte er, «bis zu meinem Tod: Dann komme ich in den Himmel, und die Kommunisten fahren in die Hölle.» Eine der Diskussionen in *Cruz y Raya* drehte sich um den Dichter Luis de Góngora, der im sechzehnten Jahrhundert – wie später Semprún Gurrea – die Rechte studierte, nur um zu entdecken, daß er sich zu den Künsten hingezogen fühlte. Der Dichter Rafael Alberti, oft gesehener Gefährte der nächtlichen *tertulias*, gehörte einer Gruppe von Literaten an, der «Generation 1927», die Góngora neue Bekanntheit verschaffte. José María veröffentlichte einen Essay über den Philosophen Fadrique Furió

Cerol. An dem Titel – «Ratgeber der Fürsten, Fürst der Ratgeber» – delektiert sein Sohn Jorge sich bis heute, weil er zeige, daß der Vater einen Sinn für Dialektik hatte. Eine andere Debatte in *Cruz y Raya* behandelte El Greco. Die körperlichen Verzerrungen seiner Heiligen stellen ein kunsthistorisches Problem dar: Warum malte El Greco nicht nach der Natur? Litt er womöglich an einer Augenkrankheit? Das Rätsel hat Semprún nie lösen wollen, weil er diese Gemälde nicht mag: Die Toten, die er im April 1945 in einer KZ-Baracke fand, waren ausgemergelt und verrenkt wie die Gestalten El Grecos.[17] Mit dem Marxismus beschäftigte Semprún senior sich ausführlich. In einem anderen Land, zu einer anderen Zeit wäre er vielleicht ein anerkannter Repräsentant der katholischen Soziallehre geworden.

Die politischen Ämter, die der glaubensfeste, lebensuntüchtige Mann Anfang der dreißiger Jahre bekleidete, hatte er Miguel Maura zu verdanken. Der erste Innenminister der Republik kannte seinen Schwager Don José María als zuverlässigen katholisch-bürgerlichen Mistreiter und ernannte ihn 1931 zum Zivilgouverneur von Toledo. Das Amt, das dem eines französischen Präfekten entspricht, wurde für Vater Semprún eine schmerzliche Prüfung. Zu seinen ersten Aufgaben gehörte es, den ultrareaktionären Kurienkardinal und Erzbischof von Toledo, Pedro Segura, zu entlassen, der die Republik für eine teuflische Verirrung hielt: In einem Hirtenbrief hatte der Primas von Spanien die Katholiken aufgefordert, bei den nächsten Wahlen gegen eine Regierung zu stimmen, die Glaubensfreiheit propagiere.[18] Die Trennung von Staat und Kirche paßte ihm nicht. Sich gegen einen Würdenträger zu stellen, den der Stellvertreter Gottes auf Erden zu sich ins Kardinalskollegium berufen hatte, war für José María Semprún fürchterlich; seine eigenen Gewissensbisse sah er in der Verachtung gespiegelt, die ihm von den konservativen Katholiken entgegenschlug. Zu den andauernden Konflikten mit der Kirche kamen jene mit den anarchistischen und sozialistischen Landarbeiter-Gewerkschaften, die in Toledos Umland stark waren. Bei dem Versuch, zwischen den Grundbesitzern und den Arbeitern zu vermitteln, hat der Zivilgouverneur seine Kräfte vergeblich verausgabt. Dann wurde er nach Santander versetzt, in die Provinz, aus der seine Vorfahren kamen. Hier waren 1879 die steinzeitlichen Höhlenmalereien von Altamira entdeckt worden, die zum größten gezählt werden, was die figurative Malerei hervorgebracht hat. Seit jenem Sommer, schrieb der Verlagslektor und Literat Claude Roy, der nach dem Krieg viel mit Jorge Semprún zu tun hatte, sei es mit der Idee des Fortschritts in der Kunst ein für alle mal vorbeigewesen.[19]

Der Posten in Santander hätte für Semprún Gurrea vielleicht bequemer sein können, wäre nicht die junge Republik so schnell zerrüttet gewesen. Den unterbeschäftigten Tagelöhnern war eine Landreform versprochen worden: Deshalb hatten sie zu Hunderttausenden für das republikanische Linksbündnis gestimmt. Das Gesetz wurde 1932 erlassen. Bei seiner Umsetzung war die Regierung jedoch nicht eben rege. Weit davon entfernt, «eine Revolution von oben» zu betreiben, scheute das linksbürgerliche Bündnis vor der beherzten Verwirklichung seines eigenen Programms zurück. Nachdem Sozialisten und liberale Konservative sich schließlich zerstritten hatten, kam 1933 eine Rechtsregierung ans Ruder, die sofort damit begann, die bisherigen Errungenschaften der Republik zurückzunehmen, zuallererst die Agrarreform. Viele Tagelöhner, die bis dahin gemäßigt links gewesen waren, wandten sich nun den Anarchisten oder anderen radikallinken Bewegungen zu. Auch in Katalonien und Asturien bedurfte es nur eines Funkens, um das Gemisch aus Elend und Enttäuschung zur Explosion zu bringen. Anläßlich der Regierungsumbildung am 1. Oktober 1934 war der Moment gekommen. Die Regierung erlebte einen weiteren Rechtsschwenk. In Katalonien und den Bergbaurevieren Asturiens brach ein Generalstreik aus, der sich zu einem Aufstand ausweitete. In Asturien benötigten die Afrika-Armee und die Fremdenlegion unter dem Befehl Francisco Francos zwei Wochen, bis sie rund dreißigtausend Arbeiter zusammengeschossen hatten. Den «roten Oktober» 1934 hielten die Rechten für mindestens so schlimm wie die russische Oktoberrevolution. Und die einfachen Leute, die nicht hinnehmen wollten, daß die erste Regierung in der gesamten spanischen Geschichte, die für ihre Interessen eingestanden war, so mir nichts dir nichts der üblichen Unterdrückung Platz gemacht hatte, radikalisierten sich.

Die spanischen Arbeiter konnten sich damals festes Schuhwerk nicht leisten. Sie trugen Alpargatas aus Leinen mit Hanfsohlen, wie sie später bei Urlaubern aller Länder beliebt wurden. Wenn die Anarchisten sich näherten oder vor den Gewehrsalven des Militärs um ihr Leben rannten, waren ihre Schritte nicht vernehmbar. Sie waren viele, eine ihrer Losungen besagte, daß der Mangel an Disziplin Methode haben solle; einer anderen zufolge ging die Revolution direkt durch die Brust der Könige. Wer sie verstehen wolle, schrieb André Malraux in seinem Roman *Die Hoffnung*, müsse sie mehr vom ethnologischen denn vom politischen Standpunkt betrachten.

Als Spaniens Oligarchen zu der Auffassung kamen, daß die republikanischen Reformen zu weit gingen und die linken Demonstranten zur Räson gebracht werden müßten, fanden sich Finanziers für uniformierte Horden. Die politische Meinung, die diese Truppen vertraten, war schon an ihrem Tritt zu hören. Beide Seiten, die Linken und die Rechten, machten es den Politikern der Mitte zunehmend unmöglich, das moderate Staatswesen aufzubauen, das ihnen wenige Jahre zuvor vorgeschwebt hatte. Jorge Semprún erzählte, man sei «als Kind in jener Epoche geradezu daran gewöhnt» gewesen, daß es Streiks gab und hin und wieder «eine Revolution, die mehr oder minder danebenging».[20]

Seitdem die Erneuerung Spaniens erstickt worden war, spielte das Volk nicht mehr mit. Und Don José María hatte dafür Verständnis. Die Haltung seines Schwagers Miguel hielt er für reaktionär. Mitte der dreißiger Jahre waren sie politisch geschiedene Leute. Im Februar 1936 wurde abermals gewählt, diesmal hatten die Sozialisten und die linksliberalen republikanischen Parteien sich wieder zusammengerauft, auch die Kommunisten und die in Katalonien ansässige marxistische POUM (*Partido Obrero de Unificación Marxista*) gehörten dazu. Ihre «Volksfront» gewann die Wahlen und hätte, ausgestattet mit einer soliden Mehrheit in den Cortes, bequem regieren können, wären die politischen Verhältnisse weniger derangiert gewesen. So sehr die neue Regierung sich nun bemühte, zur Politik der Landreform zurückzukehren, wurden alle ihre Maßnahmen doch von den wilden Aktionen der Arbeiter in den Schatten gestellt. Sie nahmen sich nun mit Gewalt, was die Regierung ihnen auf legale Weise, aber nur allmählich zugestehen wollte.[21] Im Frühjahr und Sommer 1936 tolerierte sie zahlreiche Landbesetzungen und illegale Enteignungen, manche davon legitimierte sie gar nachträglich. In den Augen der Großgrundbesitzer und der bürgerlichen Rechten machte sich die Volksfront mit dem Mob gemein. Gleichwohl stellte José María de Semprún sich auf ihre Seite. So kam es, daß er im September 1936 an der Brücke vor dem Ferienhaus in Lekeitio ebenso gutwillig wie sinnlos Wache schob.

Im übrigen hatte er mittlerweile eine «Partei» gefunden, in der er sich zu Haus fühlte: Er war korrespondierendes Mitglied der Bewegung *Esprit* geworden, der Gruppierung linksliberaler Katholiken, die als Leser und Autoren von Emmanuel Mouniers gleichnamiger Zeitschrift im politisch zerrissenen Europa ein weitmaschiges Netz solidarischer Freundschaft bildeten. Während die katholische Kirche in Frankreich die spanischen Republikaner verdammte, stand *Esprit* dafür ein, daß Katholiken nicht notwendigerweise die Oligarchie unterstützen mußten. Ein sozial denkender, gläubiger Spanier wie Semprún Gurrea entsprach dem idealen Profil des Korrespondenten. Für die Zeitschrift beschrieb er, was er im Sommer 1936 im Baskenland erlebte, wo der «Enthusiasmus des Kampfes gegen die Aufständischen unvergleichlich ist, wo das Volk und die Verwaltungsautoritäten ohne Einschränkung auf seiten der legitimen republikanischen Regierung stehen, während die Priester und Gläubigen allen Respekt und alle Freiheit genießen». Semprún Gurrea ging sogar noch viel weiter, nämlich über den Standpunkt seiner eigenen Klasse hinaus: Es gebe «ein fürchterliches Mißverständnis» zwischen «dem Volk mit seiner brutalen Ehrlichkeit, seinen scharfen Forderungen (…), mit seiner ungehobelten Art und seinen bekannten Beschwerden, und den ‹honetten› Leuten, den ‹ordentlichen›, die Krawatten tragen, die anständig reden und anständig gekleidet sind, die sich dem Sport, der Kultur, dem gesellschaftlichen Leben hingeben oder einfach ihre Geschäfte betreiben und vorteilhafte Ehen eingehen. Es wäre freilich ein großer Irrtum zu glauben, daß die Differenz zwischen beiden, dieser Antagonismus, lediglich ökonomischer Art sei. Nein: Es herrscht zwischen den zwei Lagern eine klassenbedingte Antipathie, ein sozialer Gegensatz. Mir ist klargeworden, daß das Bürgertum – von wenigen Ausnahmen abgesehen – gegenüber den Arbeitern eine tiefe Abneigung hegt, eine unüberwindliche Verachtung.»[22]

Solange die Mutter lebte und sich um die Kinder kümmerte, hat Jorge von seinem Vater nicht viel gesehen. Wie war sein Verhältnis zum Vater? Komplizierte Dinge aller Art erklärt Semprún, indem er sie zeitlich strukturiert und in Aufzählungen auflöst. Dreierlei, sagt er also, habe in der «ersten Phase» für ihn den Vater ausgemacht: Der Geruch seiner amerikanischen Zigaretten, seine einladend große Bibliothek und sein Cabriolet. Autofahren war sein einziger nicht-intellektueller Zeitvertreib. Die Kinder im Auto mitzunehmen war seine Weise, das Angenehme mit dem Nützlichen zu verbinden: seinen Vaterpflichten nachzukommen. Nach dem Tod der Mutter, in der «zweiten Phase», bemühte er sich, als Erzieher in Erscheinung zu treten. Das fand während der Mahlzeiten statt, die er nutzte, um von politischen Dingen zu erzählen und die Neuigkeiten des Tages zu erklären. Gonzalo sagt, er habe «mit zehn Jahren mehr von Politik verstanden als andere mit zwanzig». Der Vater las Gedichte vor, er sprach über Literatur und Religion. Die Kinder haben dabei natürlich viel gelernt, die Stunden hatten freilich etwas Steifes. So präsent wie die Mutter ist der Vater nie gewesen. Auch deshalb sind seine Versuche gescheitert, Jorge die Religion zu vermitteln. Eines Abends stellte er eine Frage, die Gottes Anwesenheit während der Kommunion betraf. Bei der Gelegenheit fiel dem Sohn auf, daß er nicht bloß keine Ahnung hatte, sondern sich auch keinen Deut dafür interessierte. Was beim Vater tiefempfundene Gläubigkeit war, erlebten seine Söhne als geistlose Routine. Etwas später, in Holland, hat Jorge den Katholizismus abgelegt wie eine alte Mütze, die dann im Haushalt verloren geht. Erst 1940/41 hat er, in beiläufiger Verwunderung über den Verbleib des alten Glaubens, dem Katholizismus in seiner Lektüre nachgespürt. Seine Quellen waren nicht dazu angetan, die Flamme wieder zu erwecken: Augustinus und Heidegger. Der eine: der größte Dogmatiker, Vater der Patristik; der andere: ein Jesuitenzögling, der mittels seiner verschrobenen Diktion eine Art innerweltlicher Sakralität begründen wollte.*

Die pädagogischen Bemühungen des Vaters fanden manchmal auch außer Haus statt. In seiner Zeit als Zivilgouverneur Toledos kamen die Kinder in den Ferien zu Besuch. Abends spazierte er mit ihnen durch die engen Gassen der mittelalterlichen Stadt, in denen Autos nicht fahren durften. Mitunter verließ er sein Büro tagsüber, um dem Nachwuchs ein Museum oder eine Kirche zu zeigen. In der Iglesia de Santo Tomé lernte Jorge Semprún eines der berühmtesten spanischen Gemälde kennen, von dem er mir sagte, anhand seiner könne er seine Kindheit erzählen: El Grecos «Begräbnis des Grafen Orgaz». Semprún liebt die Malerei. Die Faszination lag und liegt für ihn nicht allein in den Stimmungen, die der Anblick eines Gemäldes weckt, sondern oftmals in den Erinnerungen, literarischen Zitaten oder anderen Assoziationen, die dadurch aufgerufen werden. Seine ästhetische Wahrnehmung ist intellektuell, auf Wort und Kontext bezogen. Besonders eindrucksvoll oder schön findet er Kunstwerke, die ihm die Worte zu ihrer Beschreibung sozusagen aufdrängen. Alles andere ist buchstäblich nichtssagend und deshalb dem Vergessen anheimgegeben.

Eine Erinnerung, die man nicht formulieren kann, ist keine Erinnerung. Wem die Worte dafür fehlen, was er gesehen, gehört, geschmeckt oder sonstwie wahrgenommen hat, der erinnert sich am Ende nicht mehr an die Sache, sondern lediglich daran, was er dabei empfand: Er erinnert sich bloß noch an sich selbst. Semprún geht mit seinen Kunst-Eindrücken an-

---

* Diese beiden Autoren nennt Semprún in «Schreiben oder Leben», S. 113 f. 1941 sparte er sich das Geld vom Munde ab, um «Sein und Zeit» zu kaufen. Sein Lektüreerlebnis faßte er mir gegenüber in einem Satz zusammen: «Das sagte mir nichts.»

Das «Begräbnis des Grafen Orgaz» malte El Greco 1586.
Das Gemälde, sagt Semprún, erinnere ihn an seinen Vater. Der war auf
liebenswürdige Weise steif wie die Gestalten auf dem Bild.

ders um. Und nur deshalb darf man sagen, daß er Gedanken betrachtet,
wenn er Bilder anschaut.

Ein solches Gemälde ist El Grecos «Begräbnis des Grafen Orgaz» von
1586: «Das Bild zeigt in Vollendung den aristokratischen Ritus jener Epoche, den steifen, gezwungen-strengen Habitus der spanischen Aristokratie.

Es hat auf mich als Kind einen ungeheuer großen Eindruck gemacht. Die gleiche Düsternis findet sich in der spanischen Literatur. Es hat auch viel mit meinem Vater zu tun.» Jorge meint damit eine gewisse melancholische Düsternis, die den Vater umgab, seine Arbeit als Zivilgouverneur in Toledo und die Debatten der Redaktion von *Cruz y Raya*. In dem Gemälde findet der Sohn seine Imago des Vaters abgebildet.

Semprún Gurrea hatte keine Begabung, sich seinen Kindern zärtlich zuzuwenden. Er brauchte – wie viele Väter jener Zeit – vermittelnde Instanzen, Ausflüge in Politik und Kultur, die es ihm ermöglichten, mit den Kindern umzugehen, ohne sich ihnen zu öffnen. Ob er seine tote Frau vermißte, hat er die Kinder nicht wissen lassen. In einem Badekostüm hat keines ihn je gesehen. Er war auf liebenswürdige Weise steif wie die strengen Figuren auf El Grecos Bild. Sofern es den Kindern gelang, seinen Enthusiasmus für dies oder jenes zu teilen, fanden sie in den Gegenständen, um die es jeweils ging, den Ort, wo die väterliche Zuneigung und das kindliche Bedürfnis nach Nähe zusammentrafen. Wenn Jorge und sein Vater das «Begräbnis des Grafen Orgaz» anschauten, kamen sie einander nah: In der gemeinsamen Betrachtung des Gemäldes kristallisierte sich die Beziehung zwischen Vater und Sohn. In dem Bild ist sie aufgehoben bis auf den heutigen Tag.

Der Putsch, den Franco und die Militärs in der Nacht vom 17. auf den 18. Juli 1936 begannen, war zunächst lediglich ein Aufstand: noch mehr Unruhe und Gewalt als ohnehin schon herrschte. Sehr bald und auch dank der schnellen Hilfe der Legion Condor zeigte sich, daß der Aufruhr weiter ging als die Scharmützel, die sich die Republik mit revoltierenden Arbeitern lieferte. Die Semprúns verließen das Land schon im September 1936. Das Gros der republikanischen Flüchtlinge kam erst 1939 in Frankreich an. Hunderttausende wurden in Südfrankreich in Sammellagern eingesperrt. In den Wintermonaten 1939 starben dort fünfunddreißigtausend Menschen an Kälte, Hunger und Krankheiten.[23]

Diesen Teil der Geschichte ihres Volkes haben die Semprúns nicht erleiden müssen, wie sie auch den Bürgerkrieg und das revolutionäre Chaos des Herbstes 1936 nicht miterlebten, in dessen Verlauf ihre Madrider Wohnung geplündert wurde. In Bayonne nahmen Freunde von *Esprit* sie auf: Die Familie von Maribels späterem Mann, Jean-Marie Soutou, besaß ein kleines Hotel in Lestelle-Bétharram nahe der Stadt Pau, wo die sieben Kinder mit den Eltern zunächst unterkamen.

Jean-Marie Soutou war rund elf Jahre älter als Semprún. Um leben zu können, hatte der Schuhmacherssohn aus der Provinz sich selbst zum Radiotechniker ausgebildet. Als er sein Auskommen gesichert wußte, eroberte er sich mit der gleichen entschlossen-neugierigen Zielsicherheit die Welt der Kultur. Als Linkskatholik hatte er schnell zur *Esprit*-Bewegung gefunden.[24] Im Sommer 1936 war er nach Lekeitio gereist, um den *Esprit*-Korrespondenten Semprún Gurrea zu interviewen. Bei dem Besuch hatte er Maribel kennengelernt. Nun bemühte er sich, ihrer Familie in Frankreich zu helfen.

Semprún Gurrea wollte über die französisch-katalanische Grenze nach Spanien zurückkehren. Zuvor jedoch begab er sich nach Paris, wo er den spanischen Botschafter traf. Der schlug ihm vor, Geschäftsträger der Republik in Den Haag zu werden. Ganz unlieb war die Aussicht ihm nicht. So hat die Pflichterfüllung ihn daran gehindert, in den Bürgerkrieg hineinzureisen, wo der unpraktische Mann, der mit den Worten seines Sohnes Jorge «nicht einmal einen Briefumschlag frankieren konnte», der republikanischen Sache zweifellos wenig genutzt hätte und von den Faschisten füsiliert worden wäre. Die zwei Töchter kamen in ein katholisches Internat in der Schweiz. Nach einigen Monaten, welche die Söhne bei Familien von *Esprit*-Freunden in Genf und Ferney-Voltaire verbrachten, zogen sie Anfang 1937 zum Vater nach Den Haag. Spanien blieb sich selbst überlassen: In schwachen Stunden bezichtigte der Vater sich, weil er der Republik im Kampf nicht beistand. Und der dreizehnjährige Jorge beklagte es bitter, daß er zu jung war, ein Gewehr in die Hand zu nehmen.

Je länger der Krieg dauerte, desto wichtiger wurden die Kommunisten. Die Semprúns haben ihren Aufstieg von Den Haag aus verfolgt. 1931 hatte die spanische KP erklärt: Nieder mit der Republik, es leben die Sowjets! Ihr Sektierertum stieß bei den Linken, die sich ihre *niña bonita* nicht schlechtreden lassen wollten, auf taube Ohren. Erst nach Hitlers Machtübernahme machte die Sowjetunion den westeuropäischen kommunistischen Parteien andere Vorgaben: Sie trachtete nach Bündnissen mit demokratischen, kapitalistischen Staaten. Die KPs des Westens waren nun nicht mehr gehalten, das gesamte politische Umfeld zu boykottieren. Da die spanische Regierung zur Interessenvertretung der wohlhabenden Oberschicht geworden war, gewann die KP zunehmend an Einfluß. 1936 wuchs die Zahl ihrer Mitglieder von rund 30 000 auf 100 000. Sehr viel will das allerdings nicht heißen: Die Mitgliederzahlen der anarcho-syndikalistischen Gewerkschaft C.N.T. (*Confederación Nacional del Trabajo*) und der *Federación*

Anarquista Ibérica beliefen sich auf zusammen rund drei Millionen.[25] Als Anarchisten waren sie es sich bei den Wahlen 1936 natürlich schuldig gewesen, keine Kandidaten aufzustellen.

Weil Großbritannien die französische Regierung unter dem Sozialisten Léon Blum dazu nötigte, sich aus dem Bürgerkrieg herauszuhalten – was auf eine Unterstützung der Faschisten hinauslief –, war die Sowjetunion das einzige Land, das der Republik wirksam zu Hilfe kam.[26] Das befreundete Mexiko tat, was es konnte. Es sandte Abertausende Gewehre, ja sogar Kanonen. Das Material war jedoch technisch auf dem Stand der Waffen, die im Ersten Weltkrieg benutzt worden waren. Der deutsche Kommunist Kurt Julius Goldstein, der sich den internationalen Brigaden angeschlossen hatte, erinnert sich an seinen Einsatz als Richtkanonier in der Artillerie: «Wir hatten mexikanische Kanonen. Die hatten Räder so hoch wie ich. Jedes Mal, wenn eine Granate abgeschossen war, sprangen die Kanonen aus den Stellungen raus. Dann mußten wir, die Besatzung, in die großen Räder greifen und sie wieder in die Stellung bringen. Es dauerte zehn bis fünfzehn Minuten, bis wir die nächste Granate abfeuern konnten. Dann kriegten wir sowjetische Kanonen. Da konnten die Kameraden, die die Granaten ranschafften, gar nicht schnell genug laufen.»[27]

Die sowjetische Waffenhilfe brachte den Kommunisten ungeheure Sympathien unter den Republikanern ein. «Jedes russische Flugzeug, das über unsere Köpfe flog», ist in George Orwells *Mein Katalonien* zu lesen, «war kommunistische Propaganda.» Die Sowjetunion war zuverlässiger als die westlichen Demokratien. Und die Kommunisten waren bessere Soldaten als die Demokraten:

«Während der Schlacht am Jarama, als die Front vor den Attacken der maurischen Kavallerie zurückgewichen war, an dem Tag, als die Einheiten der republikanischen Armee, die Madrid hielten, ihre letzten Nachschublinien fast nicht mehr gehalten hätten, war der politische Kommissar der Brigade wie ein Springteufel hochgefahren und hatte, den wütenden Lärm der Maschinengewehrsalven übertönend, gebrüllt: ‹Die Kommunisten nach vorn!› Und die Kommunisten, die bis dahin in Granattrichtern verschanzt waren, hatten den Arsch zusammengekniffen und waren mit zusammengebissenen Zähnen aus dem von Pulverdampf, Nebel und Leichen bedeckten Landstrich auf ganzer Linie hervorgebrochen; die Kommunisten waren gegen die maurischen Reiter und die italienischen Panzer vorgerückt, hatten sich in Rauch und Winternebel erhoben und sich gegen die maurische Kavallerie und die italienischen Panzer geworfen, bis sie, Mann gegen Mann, vor der feindlichen Infanterie standen, die Münder aufgerissen zu einem Schrei, der für niemanden, sie selbst eingeschlossen, vernehmbar war; die Kommunisten schlugen mit Handgranaten und blanken Klingen eine Bresche im Tal des Jarama. Die Kommunisten ganz vorn.» So schildert Semprún in seinem Buch *Was für ein schöner Sonntag!*, das in Frankreich 1980 erschien, den Mut der Spanienkämpfer.[28] Die Gefechte am Jarama fanden im Februar 1937 statt. Semprúns Darstellung war poetischer als die Wirklicheit. Weil die kommunistischen Soldaten in der Tat großen Opfermut an den Tag legten und obendrein sehr schlecht geführt wurden, erlitten ihre Reihen fürchterliche Verluste. Die Einsätze von Luftwaffe und Bodentruppen waren schlecht koordiniert. «Die durch ehrgeizige Kommissare ausgeübte politische Kontrolle», schreibt der Historiker Antony Beevor, «führte immer wieder dazu, daß Propagandaüberlegungen mit der militärischen Vernunft in Konflikt gerieten.» Die für die Schlacht entscheidenden Vorstöße am Boden seien nicht von den Fußtruppen, sondern von den modernen russischen T-26-Panzern ausgeführt worden. In kommunistischen Kreisen kursierten hernach allerlei Mythen über den Heldenmut der Genossen: Da sollte es einen Soldaten gegeben haben, der eine ganze Nacht und einen ganzen Tag in einem brennenden Panzer ausharrte.[29] Noch 1980 hat Semprún sich von Eindrücken, die er in seiner Jugend aus Zeitungsberichten und den Erzählungen der Veteranen von der Schlacht gewann, begeistern lassen.

Während am Jarama gekämpft wurde, besuchte Jorge Semprún ein Gymnasium in Den Haag. Holländisch lernte er im Handumdrehen. Dann aber wurde er krank am Herzen und konnte wochenlang nicht zur Schule gehen. Er litt an einem erblich bedingten Rheumatismus, der sich aufs Herz auswirkte und ihm während des Sommers 1937 Gelegenheit gab, sehr viel zu lesen. Er zieht es vor, von seiner ererbten «Gicht» zu reden. Damit ist und war er nicht der einzige: Gicht ist erwiesenermaßen eine Krankheit der Begüterten, sie ist nicht erblich, sondern rührt von zuviel Wohlleben, von Alkohol- und Fleischkonsum. Der Rheumatismus kann jeden treffen, hat sich aber im achtzehnten Jahrhundert als Krankheit der Armen etabliert. Gicht ist edel – bis heute.[30] Kein Gichtiger steht an, von seinen schmerzenden Zehen zu erzählen. Rheumatiker hingegen haben ein «banales» Leiden, von dem sie kein Aufhebens machen. Semprún spricht also zuerst von seiner Gicht, und erst, wenn man nachfragt, verweist er auf seinen Gelenkrheumatismus.

Die niederländische Herzschwäche hat sich dann gelegt. Jorge reifte zu einem schönen, hochgewachsenen Jungen heran. Seine ernsthafte, auch melancholische Miene zeugte von Künstlertum und Wagemut, die viele Frauen gern an Männern sehen, denen sich hinzugeben sie nur zu geneigt sind. Der Vater für sein Teil bemühte sich, die pädagogischen Gespräche im neuen, niederländischen Rhythmus fortzusetzen. Jorge schrieb mittlerweile Gedichte, die er im Familienkreis vortrug, und gewann damit viel Anerkennung, die des Vaters und die der zwei Intellektuellen, die ihm zur Hand gingen. Einer der beiden war Jean-Marie Soutou, der zeitweilig als Sekretär und Übersetzer für Semprún Gurrea in Den Haag arbeitete. Weniger Erfolg hatte der Vierzehnjährige bei seinem älteren Bruder Gonzalo, dessen Selbstgefühl bei all dem Rummel um den Kleineren zu kurz kam. «Jorge war ein bißchen ‹das Genie der Familie›», sagt Gonzalo, «ich gebe zu: das ist mir ziemlich auf den Geist gegangen.» Gonzalos zeichnerisches Talent war schon sehr früh zutage getreten, von der Mutter fühlte er sich darin bestätigt. Er wollte Architekt werden. Der Vater hatte einen Madrider Bekannten ausgeguckt, bei dem sein ältester Sohn eines Tages in die Lehre gehen sollte. Im Exil konnte er ihm nicht mehr helfen. «Jorge glaubt, er sei der Lieblingssohn unserer Mutter gewesen», sagt Gonzalo. Stimmt das nicht? «Nein, das war nicht so. Sie hat kein Kind bevorzugt, sie wollte allen die gleiche Liebe geben.» Nach dem Tod der Mutter und im Exil galt Zeichnen in der Familie indes immer ein bißchen weniger als das Wort. Und Susana Maura hatte mit einer kleinen Bemerkung Jorge einen Auftrag mit auf den Lebensweg gegeben, als ihr Vermächtnis: Er werde eines Tages entweder der Präsident der Republik oder ein Schriftsteller werden. Den Satz hat der Sohn sich natürlich gemerkt.

Maribel will ebenso gerecht sein wie die Mutter. Ihrer Meinung nach ist der jüngste Sohn, Paco, ein Pianist und im privaten Leben ein großer Clown, von allen Semprún-Kindern am begabtesten gewesen. Das sagt die gläubige Katholikin Maribel vermutlich deshalb, weil Paco sich nicht mehr wehren kann, denn er ist seit vielen Jahren tot, die Götter nehmen die Ihren gern früh zu sich.

Daß Jorge die Religion abhanden gekommen war, hat er in Den Haag nicht zugegeben. Um sich dem sonntäglichen Besuch des Hochamtes zu entziehen, griff er zu einer unter katholischen Jugendlichen verbreiteten Ausrede: Er gab vor, lieber zur Frühmesse zu gehen, und trieb sich dann mit dem Fahrrad in der Gegend herum. Dieselbe Ausrede hat zur gleichen Zeit in Hannover mein Vater gebraucht, der auch einer streng katholischen Familie entstammte: Anstatt die Frühmesse zu besuchen, ist der spätere Journalist Rudolf Augstein zusammen mit seiner kleinen Schwester im Park spazierengegangen. Im Unterschied zu meinem Vater hatte Jorge Semprún bei seinen Kirchgangvermeidungsmanövern keine Gesellschaft. Deshalb war das Radfahren ihm bald langweilig. Er ging nun gern ins Mauritshuis-Museum. Die Trickserei machte ihm Vergnügen: «Mir gefiel das Heimlichtun, ich hatte nur noch nicht ganz das richtige Alter dafür. Das Geheimleben, das ich damals führte, war rein kulturell.»

Einmal hat er das Mauritshuis offiziell und legitim in Begleitung Jean-Marie Soutous besucht, der wenig später seine Schwester Maribel heiraten sollte. Als die beiden vor Vermeers «Ansicht von Delft» standen, hat Soutou, der Vielleser, Jorge die dritte Dimension des Gemäldes erschlossen: Proust hatte es erwähnt, in dem Band der Suche nach der verlorenen Zeit, der Die Gefangene tituliert ist. Bergotte, der Literat und Feingeist à la mode, stirbt an einem Schlaganfall, als er die «Ansicht von Delft» sieht. Im Mai 1921 erlitt Marcel Proust bei der Betrachtung des Bildes, das zu einer Ausstellung nach Paris ausgeliehen worden war, einen Schwächeanfall. So ließ er denn Bergotte vor dem Gemälde sterben:

«Das Schwindelgefühl nahm zu; er heftete seine Blicke – wie ein Kind auf einen gelben Schmetterling, den es gern festhalten möchte – auf die kostbare kleine Mauerecke. ‹So hätte ich schreiben sollen, sagte er sich. Meine letzten Bücher sind zu trocken, ich hätte mehr Farbe daran wenden, meine Sprache in sich selbst so kostbar machen sollen, wie diese kleine gelbe Mauerecke es ist.› Indessen entging ihm die Schwere seiner Benommenheit nicht. In einer himmlischen Waage sah er auf der einen Seite sein eigenes Leben, während die andere Schale die kleine so trefflich gemalte Mauerecke enthielt. Er spürte, daß er unvorsichtigerweise das erste für die zweite hingegeben hatte. (…) Er sprach mehrmals vor sich hin: ‹Kleine gelbe Mauerecke unter einem Dachvorsprung, kleine gelbe Mauerecke.› Im gleichen Augenblick sank er auf ein Rundsofa nieder.»[31]

Vermeer hat viele Farbschichten übereinandergelegt, um den Eindruck von Stofflichkeit zu erwecken. Die Sorgfalt, die er nebensächlichen Details angedeihen ließ, ist ein Ausweis seiner Kunst. Prousts Bergotte hatte die Angewohnheit, «die Schönheit eines Werkes durch eine aus dem Kontext gerissene Einzelheit zu erklären».[32]

Und Jorge Semprún, der Schriftsteller werden wollte, war fasziniert von der Erzählung seines älteren Freundes Soutou: Daß ein Autor sein ganzes Œuvre von einem Farbfleck übertroffen sieht, muß für ihn, der ein Werk

Marcel Proust hat «die kleine gelbe Mauerecke» auf Vermeers
«Ansicht von Delft» berühmt gemacht. Proust Beschreibung des Literaten
Bergotte, der all seine Prosa von einem Farbfleck übertroffen sieht,
machte großen Eindruck auf den jugendlichen Semprún. «Meine Romane»,
sagt der Schriftsteller, «sind um Gemälde herum gebaut».

doch erst schaffen wollte, ergreifend gewesen sein. Abermals fand er ein
Gemälde, das seine Selbstwahrnehmung bereicherte. Die Begegnung mit
dem Bild hat Semprún so beeindruckt, daß er den Beginn seines Kriminal-
romans *Der zweite Tod des Ramón Mercader* (der auf Französisch 1969
erschien) und einen Teil der Handlung um das Bild herumkonstruierte.
«Es symbolisiert für mich meine Jugend, das heißt: den Bruch mit Gott,
Ausflüge ohne Familie, Museumsbesuche, den Beginn einer Art jugendlicher Reifung.» Obgleich Jorges Begeisterung für die «Ansicht von Delft»
ohne Marcel Proust nicht möglich gewesen wäre, kann er mit der *Suche
nach der verlorenen Zeit* bis heute nicht viel anfangen. Den ersten Band,
In Swanns Welt, hat er noch vor seiner Deportation gelesen, aber die Geschichte sprach ihn nicht an. Die darin geschilderte gute Gesellschaft, ihre

Sitten und Allüren, kannte er schon von seiner eigenen Madrider Verwandtschaft. Prousts kurvenreiche Diktion, sagt er, sei dem Kastilischen sehr ähnlich: «Proust schrieb, wie eine meiner Tanten sprach.» Ende der dreißiger Jahre meinte er, in Wonne und Wehmut der Nostalgie bereits Fachmann zu sein. Schon als Jugendlicher zog er die literarische Avantgarde der zwanziger und dreißiger Jahre vor. Er hat Proust dann auch nicht weitergelesen.

Eine Ironie des Schicksals ist es, daß der Autor Semprún seit den sechziger Jahren von immer neuen Doktoranden und Magistranden in die Nachfolge Marcel Prousts gestellt wird. Man kann offenbar in Frankreich nicht von den Mechanismen der Erinnerung erzählen, ohne daß am Horizont eine goldgelb-gebackene Madeleine aufgeht. Der erste Literaturwissenschaftler, der die Parallele zog, war ein Ungar, Péter Egri. Erst daraufhin, sagt Semprún, habe er sich auch die übrigen Bände der *Suche* vorgenommen. Die Verwandtschaft zwischen seiner Literatur und der von Marcel Proust hat er dann – was soll man angesichts eines so schmeichelhaften Vergleichs anderes machen? – anerkannt.[33] Ein oder zwei Parallelen gibt es tatsächlich: Auch Semprúns Romane handeln von der Rekonstruktion der Vergangenheit; es ist ein Prozeß, der den Figuren stets bewußt ist und sie oftmals daran hindert, in der Gegenwart ihres Lebens präsent zu sein.

Als Semprún im Januar 1944 viereinhalb Tage lang, unterwegs im Eisenbahnwaggon von Frankreich nach Buchenwald, darum kämpfte, sich anderswohin zu denken, hat er bezeichnenderweise möglichst viele Details aus *Du côté de chez Swann* rekapituliert. Das war indes Training. Häftlinge in der Isolierzelle halten sich physisch bei Kräften, indem sie Liegestütze machen. Auf der Zugfahrt hat der zwanzigjährige Semprún gegen die mentale Selbstaufgabe gearbeitet, indem er sich mit großer Disziplin die Einzelheiten aus *Swanns Welt* aufsagte, die ihn an eine andere Welt erinnerten, an eine, die er kannte, ein Leben mit Promenaden, schattigen Veranden, kühlen Getränken an heißen Nachmittagen und der Einsamkeit eines kleinen Jungen im Bett, der auf den Gutenachkuß seiner Mutter wartet.

Als Kommunist jedoch zählte er Proust zu den etwas langatmigen Vertretern einer bürgerlichen Kultur, die der Gegenwart und ihren Problemen nicht gewachsen war. Die Gedächtnisübung im Viehwaggon hat ihn Proust nicht nahegebracht. Dazu hätte es einer weiteren autoritativen Vermittlung bedurft, wie sie ihm von seinem älteren Freund Jean-Marie Soutou zuteil geworden war. So, wie das «Begräbnis des Grafen Orgaz» Semprúns

Beziehung zu seinem Vater reflektiert, spricht Proust zu ihm schön und beziehungsreich aus Vermeers «Ansicht von Delft», von dessen Beschreibung in *Die Gefangene* Soutou ihm erzählt hat.

Während der Zeit in Den Haag war Soutou wie ein älterer Bruder. Unter anderem kümmerte er sich um Jorges literarische Einführung ins Französische. Mochte die Proust-Lektüre seines jungen Freundes nicht allzu viele Früchte tragen, kamen Baudelaires Gedichte und André Gides *Paludes* um so besser an.

Daß Jorge von der 1895 erschienenen Erzählung über alle Maßen fasziniert war, erscheint ein bißchen rätselhaft. Die Hauptfigur ist ein großspuriger, präpotenter Geck, der allen, die es hören oder nicht hören wollen, die umstürzende Nachricht aufdrängt, er gedenke *Paludes* zu schreiben. *«J'écris Paludes».* Mit der Ankündigung ist er einigermaßen ausgelastet. Das bißchen Zeit, das ihm übrigbleibt, verbringt er gern damit, darzutun, daß Frauen ihrer beschränkten Natur nach nicht in der Lage seien, zur Bruderschaft all jener zu gehören, die ganz erfassen, wie bedeutsam es ist, *Paludes* zu schreiben.

Was hat der fünfzehnjährige Jorge in *Paludes* gefunden? Hat er Gides Einladung angenommen, auch zur Elite der Eingeweihten zu gehören? Hat er in dem Buch seine eigenen jugendlichen Dichterambitionen widergespiegelt gesehen und sich unwillkürlich mit dem Protagonisten identifiziert? Kamen die literarischen Potenzphantasien, die hier ausgeplaudert werden, einsam-unausgesprochenen Sehnsüchten des Pubertierenden entgegen, der die ganze Welt zu seiner Verfügung hatte, nur daß er den Zipfel nicht fand, wo er sie packen konnte? In seinen Jugenderinnerungen *Unsre allzu kurzen Sommer* (auf Französisch 1998 erschienen) hat Semprún mit ratloser Enttäuschung beklagt, Frauen würden sich durchweg weigern, *Paludes* zu würdigen. Da die Erzählung allen Leserinnen freilich ziemlich deutlich mitteilt, wie wenig ihre Meinung gefragt ist, hat Semprúns Klage eigentlich nur dann einen Sinn, wenn darin eine Botschaft an eine seiner eigenen Leserinnen versteckt ist. Heimliche Hommagen, mal sind sie an Lebende gerichtet, mal an Tote, bringt er oft in seinen Büchern unter.

Paludes hat Jorge gefallen und gefällt ihm bis heute. In *Algarabía* legt er seinem Alter ego die Worte in den Mund: «Ich könnte dir zum Beispiel mit absoluter Präzision sagen, wie das Wetter war, wie grün die Blätter der Bäume des Gartens in Den Haag waren, als ich *Paludes* gelesen habe.» Woher die Hingabe? Inwieweit das Buch ihn selbst anging, habe ich nie erwogen, sagt er. Überhaupt sei der Inhalt ihm schon bei der ersten Lektüre ganz einerlei gewesen. Sollte das der Fall sein, dann würde sich damit ganz einfach erklären, wie er es bedauern konnte, nie eine enthusiasmierte Leserin des Buches getroffen zu haben: Er hätte dann nämlich wirklich nicht bemerkt, wie misogyn der Text ist. Semprúns Wahrnehmung ist manchmal selektiv; mitunter schaut er mehr in sich hinein als auf die Außenwelt. «*Paludes* ist eines der ersten französischen Bücher für Erwachsene, die ich gelesen habe. Darin habe ich die Quintessenz der Möglichkeiten und der Grenzen der französischen Prosasprache entdeckt: Das Buch ist von ganz außergewöhnlicher Prägnanz, von einer überragenden linguistischen Ökonomie und deshalb auch von einer fürchterlichen Strenge. Der Sinn des Buches liegt in seiner Sprache. Das war es, was mich interessiert hat. Alles andere, die kleine Geschichte hinter den Worten, hinter der Schönheit der Sprache – pah!» Nur ein Junge, der darin geübt ist, Gedichte zu hören und zu lesen, kann sich so eine Meinung bilden. Es gehört zu den Dingen, die Semprún seinem Vater verdankt.

1937 in Den Haag hat der Vater keine Zweifel daran aufkommen lassen, daß der Aufenthalt nur ein Provisorium war. Ohne den Beistand der westlichen Demokratien konnte die Republik den Bürgerkrieg nicht gewinnen. Man saß also in Den Haag und wartete: auf eine Demarche des Westens, auf ein politisches Programm, das den Bürgerkrieg diplomatisch beenden helfe. Im Mai 1938 schrieb Semprún Gurrea einen flehentlichen «Offenen Brief an Emmanuel Mounier und die Freunde von *Esprit*»: «Verstärken Sie Ihre Bemühungen für unsere Sache, die doch auch die Ihre ist.» Der Herausgeber Mounier antwortete, voll christlicher Sympathie, mit einem Verweis auf Don Quichote. Er fand die französische Politik der Nichteinmischung zwar beklagenswert, konnte sich jedoch nicht dazu verstehen, für französische Waffenhilfe zu plädieren.[34] Die von Semprún senior ersehnte diplomatische Intervention des Westens fand nicht statt, stattdessen wurde am 29. September 1938 das Münchner Abkommen unterzeichnet. Großbritannien und Frankreich überließen die Tschechoslowakei ihrem Schicksal. Sie wollten partout gute Beziehungen mit Hitlerdeutschland behalten. Und damit war das Ende der spanischen Republik besiegelt. Wie die meisten Neuigkeiten hat der Vater auch diese seinen Söhnen beim Essen mitgeteilt: Die Demokratien haben kapituliert, unser Krieg ist verloren.

Ein langes Menschenleben später, im Jahr 2005, hat Jorge Semprún in Aix-en-Provence auf einem kleinen Literaturfestival zu Ehren von Günter Grass an einer Podiumsdiskussion teilgenommen und die Gelegenheit genutzt, das Münchner Abkommen zu verdammen, wie er es ungezählte Male davor auch schon getan hat. Seine Rede begann mit dem Untergang der «Wilhelm Gustloff», von dem Grass' Roman *Im Krebsgang* handelt. Das Schiff, auf dem mehr als zehntausend Deutsche der Roten Armee zu entkommen suchten, wurde von einem sowjetischen U-Boot versenkt. Die «Wilhelm Gustloff» war nach einem Parteigänger der NSDAP benannt, der in der Schweiz antisemitische Propaganda betrieben hatte und im Februar 1936 von dem Sohn eines Rabbiners erschossen worden war. Die Reaktion auf diesen Mord verglich Semprún mit der auf den Mord an dem nationalsozialistischen deutschen Diplomaten Ernst vom Rath: Der Gesandtschaftsrat war am 7. November 1938 in Paris von einem siebzehn Jahre alten Juden mit einem Schuß tödlich verletzt worden. Nach dem Tod Wilhelm Gustloffs habe es kein Pogrom gegeben, sagte Semprún. Den Tod Ernst vom Raths hingegen benutzte das deutsche Regime als Vorwand für die «Reichskristallnacht» am 9. November. Das, so Semprún, sei durch das Münchner Abkommen möglich gemacht worden: Es habe dem NS-Regime signalisiert, daß es sich alles leisten konnte und auch bei der Mißhandlung der Juden freie Bahn hatte. Bis heute ist das Münchner Abkommen in seinen Augen der Sündenfall der westlich-demokratischen Politik des zwanzigsten Jahrhunderts.

Was der Vater den Söhnen 1938 vorausgesagt hatte, bewahrheitete sich ein halbes Jahr später. Am 27. Februar 1939, gut einen Monat bevor Francos Truppen den Krieg für sich entschieden, erkannten Großbritannien und Frankreich den General und seine Kamarilla als Spaniens legitime Regierung an. Die Gesandtschaft der Republik in Den Haag hatte sich damit erübrigt.

Den Haag war «das provisorische Exil». Anfang März zogen die Semprúns nach Paris. Nun war der Vater nicht mehr Geschäftsträger, nun waren er und seine Familie bloß noch Flüchtlinge, Rotspanier, *des espagnols rouges*, die sich durchschlagen mußten wie andere auch.

2

Im Exil

Egon Bahr gehörte zu den Scharen junger Deutscher, die von Staats wegen frühzeitig auf ihre Bestimmung vorbereitet wurden, als Soldaten für Hitler und das Dritte Reich zu kämpfen. Die Vermutung, er könne vom Spanischen Bürgerkrieg nicht viel mitbekommen haben, weist er zurück: «Also, bitte! Ich bin doch veranlaßt worden, als die Legion Condor im Frühjahr '39 in Berlin einmarschierte und Parade machte, mich da aufzubauen. Wir standen an der Spree, zwischen Fluß und Zeughaus, unsere drei obersten Abiturientenklassen waren dort hinbefohlen worden. Und dann tat sich die Seitentür des Zeughauses auf, da sah ich eine Ruine in Husarenuniform – ich wußte gar nicht, daß der noch lebte: Feldmarschall von Mackensen, der Held des Ersten Weltkriegs, was für mich besonders bewegend war, weil er die Schule in Torgau besucht hatte, auf der ich selbst war. Die Schule war nach ihm umbenannt worden und hieß Mackensen-Gymnasium. Unsere Pauker hatten immer gesagt: ‹Nicht jeder, der in der Quarta hängenbleibt, wird mal Generalfeldmarschall.› Da kam also Mackensen und taperte über den Platz. Die Legion Condor war aufmarschiert, in sandfarbener Uniform. Siegreich. Franco hatte gewonnen. Schließlich kam Adolf, mit Hermann und der ganzen Entourage. Und für den Bruchteil einer Sekunde hatte ich das Gefühl: Ich habe die Augen des Führers gesehen. Sie waren braun. Und ich dachte: Das kann kein schlechter Mensch sein. Ich gestehe es.»

Egon Bahr, der später der SPD beitrat und unter Willy Brandt zum Regisseur der deutschen Entspannungspolitik wurde, fand Mitte der dreißiger Jahre am Nationalsozialismus wenig auszusetzen. Sein Vater sagte zwar des öfteren einen Satz, den viele Deutsche verstohlen äußerten: «Hitler bedeutet Krieg.» Aber Bahr wollte davon nichts hören. War nicht die große Arbeitslosigkeit überwunden? Hatte die NS-Regierung nicht einen diplomatischen Erfolg nach dem anderen, gipfelnd im Münchner Abkommen und dem Anschluß Österreichs? «Das schien mir damals klar: Die Sache mit der Tschechoslowakei hatte Adolf gut gemacht; München brachte sogar die Zustimmung der Engländer und Franzosen. Was will man mehr? Dieser unrühmliche polnische Korridor mußte noch beseitigt werden; das beendet dann auch die Zwitterstellung Danzigs, und wenn dann noch das Memelland kommt, reicht es wirklich für das großdeutsche Reich. Mehr wäre unheimlich; der Mensch versuche die Götter nicht. Der Pakt mit Stalin ist ein toller Coup. Unangefochtene demokratische Überzeugung und die Beteuerung, ich hätte es immer gewußt, kann ich mir im Rückblick nicht bescheinigen.»[1]

Erst der Angriff auf Polen am 1. September 1939 belehrte ihn eines Besseren, ohne daß er deswegen mehr verstanden hätte. Zunächst glaubte er an einen deutschen Sieg. Bei der Musterung gab er seine Abstammung von einer jüdischen Großmutter ordnungsgemäß zu Protokoll. Im Verständnis der Nazis war er «Vierteljude». «JM II» wurde in die Wehrstammrolle eingetragen: Jüdischer Mischling zweiten Grades. Als ruchbar wurde, daß der Staat die Juden deportierte, hat die Familie die Großmutter versteckt, erst in einer Ortschaft in Ostpreußen, wo die alte Dame bald aufflog, und dann in einer Berliner Laubenkolonie, wo Bahrs Tante eine Gartenhütte besaß. Angst und einsame Bedrängnis werden dazu beigetragen haben, daß die Großmutter dort einen Schlaganfall erlitt. Bei Bahrs zu Hause hat man sich beklommen ausgemalt, wie es wäre, wenn sie plötzlich stürbe und man sie heimlich inmitten all der anderen kleinen, vielbesuchten Parzellen «in der Schrebergartenkolonie verbuddeln müsse».

«Eines Sonntags 1941», erzählt Bahr, «war ich allein zu Hause. Die Eltern waren beide aus. Da hörte ich im Radio eine neue Melodie: Die Rußlandfanfare, die Paraphrase von Liszt, fabelhaft, genial gemacht, und dazu den Satz: Heute sind wir in die Sowjetunion einmarschiert. Da hatte ich das Gefühl, daß die Erde anfängt zu beben. Ich wußte: Das ist der Anfang vom Ende.» Sein Vater hatte es seit langem gesagt, nun dämmerte es auch ihm.

Bahr wurde eingezogen und meldete sich freiwillig zur Luftwaffe, «weil ich nicht laufen wollte». Alles, nur kein Stoppelhopser werden! Im übrigen war die Luftwaffe chic, was auch ein Motiv gewesen sein dürfte. Beim Antritt erscholl der Befehl: «Abiturienten rechts raus!» Bahr kam zu einem Offiziersbewerberregiment und auf die Kriegsschule, wo er sich beste Zeugnisse erwarb und zum Oberfähnrich befördert wurde. Für den Eintrag in der Wehrstammrolle hat keine Dienststelle sich je interessiert. Eines Tages im Jahr 1944 – er war in Frankreich stationiert – erreichte ihn ein Brief seines Vaters: «Das Gausittenamt hat sich nach dir erkundigt, die haben deine jüdische Großmutter festgestellt.» Er meldete sich bei seinem Oberst, «mit sauberen Fingernägeln und Stahlhelm». Der Oberst erklärte die Zudringlichkeit des Gausittenamtes für «eine große Schweinerei» und suspendierte – Vorschrift ist Vorschrift – den jungen Mann vom Dienst, bis «die Sache» geklärt wäre. Doch der für Bahr zuständige NS-Führungsoffizier hat ihm aufgrund seiner verfemten Verwandtschaft einen Strick drehen wollen, er plante eine Anklage vor dem Kriegsgericht. Da erst nahm man Einblick in die Wehrstammrolle, entdeckte, daß er seine jüdische Großmutter korrekt erwähnt hatte, und beschränkte sich darauf, ihn als «wehrunwürdig» zu entlassen, «unter Aberkennung aller Orden und Ehrenzeichen», wie Bahr anfügt. Er kehrte nach Berlin zurück, verdingte sich als Angestellter in einem großen Unternehmen und verbrachte die restlichen Monate des Krieges in Sicherheit.

Nie wieder ist Egon Bahr Adolf Hitler und Hermann Göring so nahe gewesen wie am 6. Juni 1939 vor dem preußischen Zeughaus in Berlin, als die Legion Condor dort paradierte.

Das Antlitz des «Führers» war ein Faszinosum für die Deutschen. Auch mein Vater meinte, Hitler einmal in die Augen geblickt zu haben. Seiner Ansicht nach waren sie blau. Ob blau, ob grün, ob braun: In den ersten Jahren seiner Herrschaft stand Hitler bei deutschen Frauen in noch größerem Ansehen als bei den Männern. Verzückte Adoration, wie sie dem «Führer» zuteil wurde, hat Franco bei den Spaniern und Spanierinnen nie geweckt. Wer für den Generalissimo war, hielt ihn für einen ordentlichen Staatsführer, der das Land vor dem Bolschewismus gerettet hatte und der Kirche wieder zu ihrem Recht verhalf. Eine Heilsgestalt war Franco nicht.

Hitlers Augen waren übrigens «blau mit einem geringen Einschlag von Grau». So hat sein Begleitarzt – der Euthanasiespezialist Karl Brandt, der nach Kriegsende gehängt wurde – es in einem Befundbericht notiert.[2] Der zu seiner Zeit führende Rassehygieniker Max von Gruber hat 1923 noch ganz anderes über Hitler geschrieben – und zu seinem Schaden 1929 auch publiziert: «Gesicht und Kopf schlechte Rasse, Mischling. Niedrige fliehende Stirn, unschöne Nase, breite Backenknochen, kleine Augen, dunkles Haar. Eine kurze Bürste von Schnurrbart, nur so breit wie die Nase, gibt dem Gesicht etwas besonders Herausforderndes. Der Gesichtsausdruck ist nicht der eines voller Selbstbeherrschung Gebietenden, sondern der eines wahnwitzig Erregten.» Für die Beschreibung bekam von Gruber die Quittung: Mit seiner Karriere war es in den dreißiger Jahren vorbei.[3]

● ● ●

Die «schlaflose Nacht des Exils» (die Formulierung hat Semprún von Marx übernommen) war für den Jungen kein poetisches Abstraktum, sondern von Anbeginn schmähliche Realität. Als die Familie im März 1939 in Paris ankam, wurden die Brüder getrennt: Die drei jüngeren fuhren mit dem Vater und seiner Frau in den Vorort Saint-Prix, wo eine wenig behagliche Wohnung auf sie wartete, die Freunde von *Esprit* aufgetrieben hatten. Jorge und Gonzalo kamen als interne Zöglinge auf das Elitegymnasium Henri IV. Jorge war daran gewöhnt, daß andere Leute sich um seine Wäsche kümmerten. Einer Inspektion derselben, bis hin zu den Unterhosen, hatte er aber noch nicht beigewohnt. Die Szene, wie zwei Nonnen im Henri IV seinen Koffer auspackten, hat er in *Unsre allzu kurzen Sommer* beschrieben. Die Einführung ins Exilleben war für den Pubertierenden entwürdigend. Da half es ihm wenig, daß er nun auf eine Schule ging, die auch der soeben erst abgelöste Regierungschef Léon Blum, Jean-Paul Sartre und der von Semprúns Vater verehrte Theologe Jacques Maritain besucht hatten.

Was empfindet ein Junge von fünfzehn Jahren, der kein Zuhause mehr hat, mit vier oder fünf Dutzend anderen Buben einen Schlafsaal teilt und dem es nicht viel nutzt, daß er in der französischen Liebeslyrik schon bewandert ist, wenn er nicht einmal ein Brötchen kaufen kann, ohne daß die Bäckersfrau ihn wegen seines spanischen Akzents verspottet? Wie fühlt sich ein Junge, der regelmäßig langwierige Prozeduren bei den Behörden durchstehen muß, damit seine Aufenthaltsgenehmigung verlängert werde? Semprún setzte, trotz besseren Wissens, all seine Hoffnung darauf, daß der Bürgerkrieg nicht verloren gehe. Der 28. März 1939 fiel auf einen Dienstag, einen der zwei Wochentage, an denen er die Schule verlassen durfte. Auf dem Boulevard St. Michel erblickte er die Schlagzeile einer Abendzeitung: Madrid war von den Faschisten eingenommen worden. Alle Einsamkeit der Welt brach über ihn herein. «Ich las die Schlagzeile von *Ce Soir*, und Tränen stiegen mir in die Augen. Auch ein finsterer Zorn ins Herz, ohnmächtig, aber rasend. Madrid war gefallen, und ich war allein, niedergeschmettert, die aufgeschlagene Zeitung vor meinen von Tränen blinden Augen, Tränen, die aus der Tiefe der Kindheit aufstiegen.»[4]

Während die Franquisten in Spanien die führenden Republikaner ermordeten, setzte Jorge Semprún in Paris alles daran, sich unauffällig zu machen. Er wollte «die Niederlage meistern»: Dafür mußte er akzentfrei Französisch sprechen. Er mußte sich der Sprache ganz und gar hingeben, weshalb er sogar seine privaten Notizen bald auf Französisch niederschrieb.[5] Ohne die perfekte Beherrschung der Sprache hätte er keine Aussicht gehabt, als Schüler für die Ecole Normale Supérieure in Frage zu kommen. Für die Überwindung seines Akzents, sagt er, habe er nur drei Wochen gebraucht. Das war umso bemerkenswerter, als er nicht zu den Leuten gehört, die Akzente nachahmen können. Sein Englisch ist stark französisch gefärbt, seine deutsche Aussprache ist sehr gut, verrät aber sofort den Ausländer. Wenn er also nach Ablauf weniger Wochen wie ein Franzose sprach, so bewies das nicht etwa besonderes Talent, sondern Willenskraft. Er wollte es um jeden Preis. Sonst wäre er in aller Augen stets und zuerst als rotspanischer Flüchtling erschienen. Damit wäre alles an ihm entwertet gewesen: Als Individuum wäre er nicht wahrgenommen worden, als Spanier gekränkt. Wollte er als er selbst gesehen werden, mußte er wie alle anderen sein. Wollte er sich den Gedanken an seine Heimat und seine Herkunft heil bewahren, mußte er darüber schweigen.

Ein großes Gefühl ist schnell beleidigt, wenn man es preisgibt: Dann läuft es Gefahr, kleingeredet zu werden, und sei es bloß, weil die Leute in aller Freundlichkeit darauf hinweisen, wie normal und verständlich, wie wenig einzigartig es ist. Unversehrt bleibt das große Gefühl nur dann, wenn man es geheimhält. So wie viele Jugendliche sich scheuen, von einer ersten Verliebtheit zu erzählen, hat Jorge seine spanische Herkunft als prekär und kostbar betrachtet und sie vor anderen verborgen. Sie sei für ihn «eine heimliche Tugend» gewesen, hat er 2003 in einer Fernsehsendung gesagt, sich dann aber sogleich korrigiert: «eine Eigenschaft».[6] Er beschützte seine Identität, indem er darüber nicht sprach. Nicht anders sollte er es nach seiner Rückkehr aus Buchenwald halten. Da war er schon geübt darin, über das, was ihn am meisten bewegte, nicht zu reden.

Semprún ist ein stiller Schüler gewesen und ein sehr guter. Weil er aus Holland vorzügliche Kenntnisse in Griechisch und Latein mitgebracht hatte, wurde ihm bei seiner Aufnahme ins Gymnasium eine Klassenstufe geschenkt. Damals hatte er die Absicht, Philosophieprofessor zu werden. 1941 gewann er den zweiten Preis in einem landesweiten philosophischen Essaywettbewerb. Kurz zuvor war er in einem Artikel von Emmanuel Lévinas auf Edmund Husserls Phänomenologie gestoßen, die in Frankreich noch kaum bekannt war. Husserls Auffassung von der Philosophie als

Als er sechzehn Jahre alt war, begann Semprún, sich für marxistische Literatur zu interessieren.

strenger Wissenschaft sagte ihm zu, weil sie half, das fruchtlose Herumkauen auf den traditionellen Dualismen von Leib und Seele, Materialismus und Idealismus, Wirklichkeit und Geist zu überwinden. Sein Philosophielehrer gab an, noch nie habe er einen begabteren Schüler unterrichtet. Der Vater freute sich natürlich über die Auszeichnung. Noch mehr hätte er sich gefreut, wenn es der erste Preis gewesen wäre.

Vom März 1937 bis zum Sommer wohnte Semprún im Lycée Henri IV. An den zwei Wochentagen, an denen die Internatsschüler Ausgang hatten, besuchte er oft seinen *correspondant*, Pierre-Aimé Touchard, der mit seiner Familie nahe der Schule wohnte. «Der *correspondant*», erklärt er, «war die mir zugeordnete Vertrauensperson, jemand, der sich nach mir erkundigt: ob ich krank bin, ob ich etwas ausgefressen habe, ob ich einen Klassenkameraden umgebracht habe oder ausgerissen bin.» Touchard war auch Mitarbeiter von *Esprit*. 1939, als der Herausgeber Emmanuel Mounier zum Wehrdienst einrückte, wurde er geschäftsführender Direktor der Zeitschrift. Durch seine Vermittlung waren die Brüder Semprún an das Gymnasium Henri IV gekommen, dessen Aufnahmeprozeduren damals weniger bürokratisch waren als heute. Touchard war für Jorge nicht so sehr offizieller Tutor, er war vielmehr ein erwachsener Freund, «ein ausnehmend feiner, liebenswürdiger Mann, ein großer Freund des Theaters». Nach 1945 wurde er Geschäftsführer der Comédie Française in Paris.

Während des Krieges hat er einige Schüler, die sich gegen die deutsche Besatzung auflehnten und nicht zum Arbeitsdienst eingezogen werden wollten, an ein Netz der Résistance vermittelt. Mit Jorge sprach er darüber nicht – «er wußte, daß ich meine eigenen Kontakte hatte». Die beiden diskutierten über ästhetische und politische Fragen.

Das Schul- und Wohngeld wurde damals nicht vom Vater aufgebracht, der seit Francos Sieg keinen Zugriff auf seine spanischen Konten besaß. Semprún Gurrea lebte vornehmlich von dem Geldvorrat, den seine Frau in den vorhergehenden Jahren auf die hohe Kante gelegt hatte. Freunde von *Esprit* kamen für die Kinder auf, darunter ein Schweizer namens Edouard-Auguste Frick, in dessen Pariser Wohnung in der Rue Blaise Desgoffe Jorge damals eine Zeitlang wohnen durfte, nachdem der Zweite Weltkrieg ausgebrochen und das Henri IV zu einer Mädchenschule umfunktioniert worden war, so daß er auf ein anderes Gymnasium hatte überwechseln müssen. Jener Frick war zwar verheiratet, hatte indes ein homosexuelles Faible, das er selten und schüchtern genug auszuleben suchte. Carlos, der sich alle Drastik, die das Spanische erlaubt, auch in Frankreich bewahrte, hat einen Ausflug mit Frick beschrieben, der diesem anschließend recht peinlich war. Jorge Semprún hingegen, der sich, wenn es ans Fluchen geht, auch nicht ziert, ist im Hinblick auf persönliche Dinge zurückhaltender. Frick habe ihm nie Avancen gemacht, behauptet er: «Sein Verhältnis zur Homosexualität war wie das der Philosophen der griechischen Antike: Eros und Erziehung gingen für ihn Hand in Hand.»

Kurz bevor Jorge im Dezember 1941 achtzehn Jahre alt wurde, bedeutete Frick ihm, er müsse künftig für seinen Unterhalt selbst aufkommen. «Nein, das war nicht häßlich von ihm. Es hieß: Hopp, mach etwas aus deinem Leben.» Semprún hat Spanischunterricht gegeben und allerlei andere kleine Arbeiten übernommen. Aus der Vorbereitungsklasse für den Besuch der Ecole Normale Supérieure mußte er sich verabschieden, weil das Pensum zu groß war, als daß er nebenher hätte Geld verdienen können. Er begann, an der Sorbonne Philosophie zu studieren.

Ob es ältere Männer waren oder gleichaltrige Schulkameraden, von und mit denen er dazulernte: Semprún genoß die philosophisch-literarisch kenntnisreiche Konversation. In Paul Nizans Roman *La Conspiration* (Die Verschwörung), der 1938 erschien, hat er Jugendfreundschaften psychologisch raffiniert beschrieben gefunden. Der Kommunist Nizan stattete ihn mit Motiven aus, die heute die Erinnerung an seine jungen Jahre prägen.

Die Bürgersöhne, die Paul Nizan beschreibt, sind 1929 alle etwa zwanzig Jahre alt. Sie fühlen sich eingeengt und leiden an der Biederkeit der Altvorderen. Gern wären sie heroisch, haben aber keine Chance dazu. Mangels Gelegenheit zu tapferer Bewährung fürchten sie, zum Schreiben von Gedichten verdammt zu sein. Sie gründen eine Zeitschrift namens «Guerre civile». Der Name, «Bürgerkrieg», kündet von den diffusen Sehnsüchten der Herausgeber. Sie bewundern Marx und Lenin und beneiden alle Männer, die sich in den napoleonischen Kriegen oder beim Aufstand der Pariser *Commune* hervortun konnten. Allerdings denken sie nicht international: Sie sind auf Frankreich fixiert. Semprún konnte sich mit den Figuren in *La Conspiration* identifizieren, aber auch dabei mußte er seinen Nationalstolz hintanstellen.

Die Sehnsucht nach Selbsttranszendenz durch Gewalt und männerbündische Vertraulichkeit, wie Nizans Romanfiguren sie hegen, war in der Weimarer Republik gang und gäbe. Ernst Jünger ergötzte sich daran, einen neuen Soldatentypus literarisch aufmarschieren zu lassen. Stefan George erfüllte seine Jünger mit Gedanken an «Zucht und Leidenschaft», wie Klaus Mann das nannte. Die dichterischen Männerphantasien dieser arrivierten Autoren – teils ergingen sie sich in schneidiger Kraftprotzerei, teils schwelgten sie in der weltfremden Selbstüberhöhung eingebildeter Intellektueller – sind mit denen der Protagonisten Nizans vergleichbar, nur daß dessen Figuren hilflos-junge, erfundene Männer sind, während die berühmten deutschen Schriftsteller reale Lebenserfahrung hatten. Was Semprún angeht, so mußte er erleben, daß der Einmarsch der Deutschen in Frankreich das Land dem Zusammenbruch der bürgerlichen Ordnung nahe brachte, den Nizans Möchtegernrevoluzzer herbeiwünschten. Er stand nicht am Rande der Geschichte, spätpubertären Phantasien nachhängend, sondern mittendrin. Nizan selbst ist Opfer der Geschichte geworden: Der Schriftsteller starb im Kampf gegen die Deutschen im Mai 1940 bei Dünkirchen, er war erst fünfunddreißig Jahre alt.

1987 hat Semprún seinen Roman *Netchaïev est de retour* (Netschajew kehrt zurück) um *La Conspiration* herumerzählt. Die Figuren des Romans haben mit den Ideen von Nizans Protagonisten ernst gemacht. Nun sind sie älter geworden und werden von ihrer Vergangenheit eingeholt. Beide Romane, der von Semprún und der von Nizan, handeln auch von der Liebe, von poetischer und rein körperlicher, von eigensüchtiger, unerfahrener und verschmähter Liebe. Nizan läßt einen jungen Mann namens Bernard Rosenthal sein Herz an die Schwägerin verlieren. Ganz davon abgesehen, daß diese Catherine mit seinem Bruder verheiratet ist, was der Liebschaft Grenzen setzt, hat die angebetete Frau ein fatales Manko: Sie begreift nicht, wieviel sie ihm bedeutet. «Sie verstand kein Wort von dem, was Bernard ihr sagte, ihre Repliken ergaben sich aus der natürlichen Liebenswürdigkeit junger Frauen: Bernard sprach zu einer Tauben.»[7] So und so ähnlich wirken die geliebten Frauen in vielen Romanen aus jener Zeit.

In einem meiner Gespräche mit Semprún, es war Anfang des Jahres 2004, habe ich ihn gebeten, mir ein paar Bücher zu nennen, mit deren Hilfe ich mein Französisch verbessern könne. Er zählte vier Titel auf, allesamt Romane, die ein Schulfreund ihm zu Jugendzeiten empfahl: *La Conspiration*, *Le Sang noir* (Schwarzes Blut) von Louis Guilloux, *La Condition humaine* (So lebt der Mensch) von André Malraux. Malraux' *L'Espoir* (Die Hoffnung) kannte ich schon. Sartres *Der Ekel* und *Die Mauer*, die Semprún auch auf Anraten des Freundes las, hat er bei der Gelegenheit nicht erwähnt. Von den sechs Büchern hat er geschrieben: «Ohne sie wäre ich nie der geworden, der ich bin».[8]

Die vier Romane, die Semprún mir empfahl, haben manches gemein: Sie alle sind Kunstwerke mit einem robusten Rückgrat. Sie erzählen Geschichten, die in politischen Zeitumständen fußen. In *Le Sang noir* geht es um den Ersten Weltkrieg, in *La Condition humaine* um die kommunistische Bewegung in China. *L'Espoir* handelt vom Spanischen Bürgerkrieg, und *La Conspiration* spielt in der Zwischenkriegszeit. Alle vier Bücher, die einen guten Eindruck von Semprúns literarischem Geschmack geben, sind sprachlich virtuos und psychologisch präzis. Kunstvolle Abschweifungen von der Handlung erlauben die Autoren sich nicht, keiner gibt sich einem l'art pour l'art hin. Vergleichbare Genauigkeit bei der Beobachtung der menschlichen Seele hat Semprún später in seinen Büchern vornehmlich den Männerfiguren zuteil werden lassen, die sein Alter ego sind.

Die attraktiven Frauen in diesen Romanen, die Jorge bei seinem Eintritt in die Welt der Erwachsenen begleiteten, sind dumme Gänse oder bedrohlich, sogar lebensgefährlich. Malraux' Kyo ist tagelang innerlich wie erstarrt, nachdem seine Lebensgefährtin ihm – ganz auf den Wert der Wahrhaftigkeit vertrauend – offenbart hat, daß sie mit einem anderen Mann, aus Freundschaft und weil er es nötig gehabt habe, ins Bett gegangen sei. Der Studienrat Merlin in *Le Sang noir* kommt nicht darüber hinweg, daß seine verstorbene Frau ihn mit einem Offizier betrogen hat. Es war der Anfang vom Ende seiner Ehe und auch der Anfang vom Ende seines unglücklichen Lebens, das er mit einem Pistolenschuß beschließt. Nizans Catherine treibt Rosenthal mit ihrer gedankenlos-koketten Selbstbezüglichkeit in den Selbstmord, während Pauline in demselben Roman «eine dieser unmöglichen Frauen» ist, «die alle ihre Gefühle in Szene setzen, die erschauern, wenn man ihren Busen berührt, und am Ende perfekt imitierte Nervenkrisen hinbekommen».[9]

Ein anderes beunruhigend-attraktives Frauenbild findet sich in Joseph Kessels *Belle de jour* (Schöne des Tages). Die junge Séverine wird von erotischen Wunschträumen gepeinigt. Sexuelle Erfüllung kann sie nur mit groben, brutalen Männern erleben. Die Verwicklungen, die sich daraus ergeben, daß sie heimlich in einem Freudenhaus arbeitet, bringen es mit sich, daß ihr gutaussehender, zärtlicher, gebildeter, sportlicher, erfolgreicher und leider auch konventioneller Gatte schließlich von der Brust abwärts gelähmt ist. Semprún hat *Belle de jour* schon 1936, mit knapp dreizehn Jahren, kurz nach der Ankunft in Frankreich im Haus der Soutous gelesen. Damals hat das Buch ihn fasziniert und verwirrt. Er sandte eine kleine Sonde ins All der Gefühle in sich und berichtete viele Jahre später, daß *Belle de jour* «pädagogisch instruktiv» gewesen sei.[10]

Diese Literatur beschreibt, was viele heranwachsende Männer in vergangenen Epochen annahmen: daß Frauen unbegreifliche, wankelmütige Wesen mit einem trügerischen Herzen seien und oftmals vornehmlich damit beschäftigt, sich – mit einer Formulierung Semprúns – «selbstvergessen im Entzücken über die eigenen Reize» zu verlieren.[11] Sie geben sich als charmantes Beutegut, aber wehe dem Mann, der wirklich liebt! So war das Frauenbild konturiert, mit dem Semprún als Jugendlicher fertig werden mußte.

Und als Produkte dieser Zeit kommen die meisten begehrenswerten Frauen in seinen Romanen dem Leser denn auch vor: Sie sind auf sich selbst konzentriert und leben kokette Anwandlungen aus, mit denen der Held fertig werden muß. Sie haben es nicht gern, wenn der Mann innerlich von etwas anderem als ihrer Person und ihrer Schönheit bewegt ist. Sobald sie wittern, daß er an etwas anderes denkt, entzieht er sich ihren Fragen und rettet sich in Schweigsamkeit. Nimmt er gefährliche Missionen auf sich, schärft er mitunter seiner Frau, Tochter oder Gefährtin ein, was sie zu tun habe, um ihm zu helfen. Die Anweisungen befolgen alle zuverlässig. Semprúns fiktive Frauengestalten sind nie schwer von Begriff und fast immer genauso hochgebildet wie ihr Schöpfer. Genau genommen sind sie – ebenso wie die männlichen Protagonisten – in Fragen der Bildung unfehlbar, weil sie das ihnen zugedichtete Wissen und die Kenntnisse Semprúns in sich vereinen. Aber lebenskluge Frauen, mit denen die Männer auch reden könnten, kommen als Geliebte in der Regel nicht in Frage, während die Geliebten sich zur Kameradschaft nicht eignen. Ehefrauen spielen in seinen Werken vor allem dann eine Rolle, wenn es gilt, um das Leben des Mannes zu fürchten oder seinen Tod zu beklagen, nachdem er aus politischen Gründen umgebracht wurde.

Fruchtbare Gespräche, in denen Lebenserfahrung und philosophische Ansichten zum Ausdruck kommen, erfindet Semprún bevorzugt für seine kameradschaftlich-verständigen Männerfiguren. Oft hat er zu hören bekommen, seine Literatur sei «frauenfeindlich». Das Wort ist falsch gewählt. Von Feindschaft kann keine Rede sein. Die exklusive Homogenität seiner Gesellschaft ist ihm selbst ein bißchen fad geworden. 2005 hat er die Arbeit an einem Roman begonnen, in dem eine attraktive, ältere Dame erscheinen soll, die sich in das seit Jahrzehnten andauernde Zwiegespräch der Männer einmischt. Ob sich dadurch an dem von gegenseitiger Anziehung und gegenseitigem Unverständnis bestimmten Verhältnis zwischen Mann und Frau, wie es in Semprúns Büchern üblich ist, etwas ändert – für den Autor, für den Leser?

Seinem Roman *Der weiße Berg*, der auf Französisch 1986 erschien, hat er Verse des Dichters René Char vorangestellt: «Les femmes sont amoureuses et les hommes sont solitaires. Ils se volent mutuellement la solitude et l'amour.» Selbst literarisch beschlagene Franzosen tun sich schwer mit diesen Zeilen. Ins Deutsche übersetzt, lauten sie: «Die Frauen lieben und die Männer sind einsam. Sie nehmen einander die Einsamkeit und die Liebe.»

Was wollte Semprún damit sagen? Man kann es nachlesen in einem Interview, das er 1986 der Zeitschrift *Lire* gab: «Zufällig» habe er viel in den Gedichtbänden René Chars geblättert, als er *Der weiße Berg* schrieb. Das Zitat, das er dann als Motto wählte, habe die Verhältnisse, die er schildern wollte, in nuce zusammengefaßt: «Die Liebe, das heißt: das Bemühen um ein Gespräch, ist eher Sache der Frauen; die Männer sind viel mehr mit sich allein.»[12] Als gewissenhafter Literaturwissenschaftler sollte man nicht daran zweifeln, daß Semprún ausschließlich über seine Romanfiguren gesprochen hat. Als Porträtistin darf man es.

In der männlichen Einsamkeit, die bis lange nach dem Zweiten Weltkrieg im Leben und in der Literatur verbreitet war, ist Semprún als junger Mann zu Hause gewesen. Der spanische Machismo, die Verlassenheit des mutterlosen Sohns, die unangenehme Präsenz der neuen Frau Semprún, die Selbstverleugnung während der Pariser Schulzeit, dazu die unvermeidlichen Verdruckstheiten der Pubertät: All das wird sein Frauenbild geprägt haben.

Das Raffinement des literarischen Geschmacks, den Semprún schon als Jugendlicher besaß, darf man nicht unterschätzen: Er konnte Bücher bewundern, ohne sich mit den darin auftretenden Personen zu identifizieren. Und wie er anhand von *Paludes* erklärt hat, gilt die Sprache eines Buches ihm manchmal mehr als sein Inhalt. In Michel Leiris' *Mannesalter* fand er noch etwas anderes: eine schriftstellerische Form, die ihm lag. *L'Age d'homme*, das 1939 herauskam, hätte er gern selbst geschrieben.

Der 1901 geborene Ethnologe Leiris hatte eine Zeitlang in den Kreisen der Surrealisten verkehrt. Der Karriere als Chemiker, die seine Familie für ihn vorgesehen hatte, konnte er entgehen. Die Chemie der Seele beschäftigte ihn viel mehr. 1925 erschien das erste seiner rund dreißig Bücher. In Gesellschaft seiner surrealistischen Freunde hatte er in den zwanziger Jahren gelernt, Träume als gesteigerte Wirklichkeit zu betrachten. Seine Autobiographie plante er als eine «Tathandlung». Einerseits wollte er jene verborgenen Winkel in sich ausforschen, die während seiner Psychoanalyse noch nicht erobert worden waren. Andererseits rechnete er damit, daß die rückhaltlose Offenbarung seiner Phantasmen und sexuellen Ängste seiner Reputation in der Öffentlichkeit einen Stoß versetzen werde. Er wollte «nur von dem sprechen, was ich aus eigener Erfahrung kannte». Seine Darstellung sollte wahrhaftig sein: In der «Authentizität» trafen sich «meine Vorstellung von der Kunst des Schreibens» und die «ethische Idee, die ich von meinem Engagement beim Schreiben hatte».[13]

Diese Worte, die einem 1946 verfaßten Vorwort entstammen, fand Semprún nicht vor, als er *L'Age d'homme* las. Für ihn fiel das Buch mit der Tür ins Haus: «Ich bin gerade vierunddreißig Jahre alt geworden», lautet der erste Satz der Konfession, die auch nicht verschweigt, daß Leiris die Angewohnheit hatte, sich «die Analgegend zu kratzen».

Leiris erzählt viel von seiner Kinderzeit – seit jeher ein dankbares Sujet. Im Rückblick jedes Einzelnen auf seine kindliche Wahrnehmung erstehen die Erwachsenen wie verzerrte, mehr oder minder freundliche Riesen. Ihre hervorstechenden Eigenschaften in Aussehen, Auftreten und Charakter nehmen sich für ein Kind noch schräger aus, als sie es eigentlich sind. Zugleich aber werden sie als unveränderliche Gegebenheiten hingenommen. Man ist als Kind sozusagen von lauter perspektivisch verzerrten Heiligen und Schuften umgeben. El Grecos schiefer Heiland ist normal. Und ihre Erinnerungen an seltsame oder glückliche Kindheitserlebnisse sind den Menschen heilig.

In seiner Selbstanalyse versucht Leiris, unbefangen-wahrhaftig zu sein, wie sonst nur Kinder es sind. Er schreibt über seine frühesten Erektionen und über seine Ängste vor dem weiblichen Geschlecht, das dem jungen Mann in zweierlei Gestalt begegnete: Hier die wohlwollenden Schwestern, «verwundete und bestrafte» Frauen vom Typus der sanften Lucretia, die sich erdolcht, weil ihre Unschuld befleckt wurde. Dort die begehrenswerten *femmes fatales* vom Schlag der Judith, die Holofernes kaltblütig enthauptet. Beide Frauen meinte Leiris auf einem Gemälde von Lucas Cranach nebeneinander stehen gesehen zu haben. Die Begegnung mit dem Bild habe ihn bewogen, eine Autobiographie zu schreiben, «deren Ziel darin bestand, eine Anzahl von Dingen, die mich bedrückten, zu liquidieren, indem ich sie formulierte; dann entstand daraus eine Kurzfassung von Memoiren, ein ganzes Panorama meines Lebens».[14]

Semprún fand sich in *Mannesalter* wieder. Er entdeckte darin einiges, was bei ihm zu Hause niemals hätte ausgesprochen werden können. So hatte Leiris – ebenso wie er – als kleines Kind keine Vorstellung davon, an welcher Stelle ihres Körpers Frauen sich dem Manne öffnen. Und ebenso wie er hatte Leiris ein intimes Verhältnis zu Kunstwerken, die für ihn mitteilsam waren wie umgängliche Menschen. Wie Michel Leiris meint auch Semprún, Epochen seines Lebens anhand einzelner Gemälde erzählen zu können. «Meine Romane», sagt er, «sind um Gemälde herum gebaut.» Semprúns ganze Bewunderung galt der prägnanten, souveränen Aufrichtigkeit, mit der Leiris sein Empfinden rekonstruierte. Das wollte er auch gern können.

«Ich möchte *L'Age d'homme* schreiben», eröffnete er nach der Rückkehr aus Buchenwald seinem älteren Freund und Schwager Jean-Marie Soutou. Dessen Kommentar fiel trocken aus. Auf die KZ-Erlebnisse des Jüngeren mußte er nicht Rücksicht nehmen. Die beiden knüpften ihr Gespräch dort an, wo es ein paar Jahre zuvor aufgehört hatte. Soutou antwortete also nur: «Das gibt es schon.»[15]

Den Wortwechsel hat Semprún Ende der sechziger Jahre in seinem zweiten Buch *L'Evanouissement* (Die Ohnmacht) erwähnt. Er belegt, daß Soutou die literarischen Ambitionen des Jüngeren ernst nahm. Semprúns Wahl ist erst auf den zweiten Blick verständlich. Denn nie hat er versucht, es Leiris an unverstellter Offenheit gleichzutun. Er strebt nicht nach Selbstentblößung. Leiris war es gelungen, das eigene Leben zu Literatur zu machen. Das war es, was Semprún an *Mannesalter* imponierte. Nach seiner Rückkehr aus dem KZ wurde der Wunsch, das auch zu können, übermächtig.

José María de Semprún hat aus seiner imposanten Madrider Bibliothek ein besonderes Buch gerettet. Es war 1936 als Sommerferienlektüre in Lekeitio gedacht: Der erste Band von Marx' *Das Kapital*, der heute bei seinem Sohn Jorge im Regal steht. Der Vater konnte mit dem Kommunismus nichts anfangen. Sich mit Marx bekannt zu machen, war in jener Zeit für Intellektuelle freilich unumgänglich. Jorge las zunächst andere Bücher von Marx, «in einer miserablen französischen Übersetzung»: Die *Ökonomisch-philosophischen Manuskripte*, das *Manifest der kommunistischen Partei*, *Die Heilige Familie* und *Die deutsche Ideologie*. Was er darin fand, fesselte ihn, war aber auf die Lage eines jungen spanischen Emigranten in Frankreich im Jahr 1940 nur wenig anwendbar: Die Waffen der Kritik hatte er an der Hand; wie er sie einsetzen sollte, wußte er jedoch nicht.

Im Sommer 2005 hat er mir erklärt, wie er Kommunist geworden ist. Das Gespräch fand in seinem Landhaus im südlich von Paris gelegenen Gâtinais statt. Anfang der siebziger Jahre hat Semprún das Haus für sich und seine Familie erworben, ein aus schweren Steinen erbautes und von Mauern umschlossenes altes bäuerliches Anwesen, das sich nur mit wenigen Fenstern zur Straße hin öffnet und davon zeugt, daß seine einstmaligen Erbauer sich von der Außenwelt nicht viel Gutes erwarteten. Dort verwahrt Semprún seine kommunistische Bibliothek, darunter auch den geretteten ersten Band des *Kapitals* mit einem Vorwort von Karl Korsch und vielen Anmerkungen von der Hand des Vaters.

Dank seiner Marx-Lektüre war es für Jorge ausgemachte Sache, «daß der Reformismus des neunzehnten Jahrhunderts fehlgeschlagen war: Er hat die Gesellschaft nicht verändert. Er hat lediglich den Kapitalismus zur Anpassung genötigt. Je mehr Siege die Gewerkschaftsbewegung errang, desto unangreifbarer wurde der Kapitalismus. Das Proletariat hatte seine Arbeitsbedingungen verbessern können, aber der Kapitalismus war aus den Kämpfen stets gestärkt hervorgegangen. Für mich stand fest, daß nur die Revolution eine vollständige Umwälzung der Gesellschaft bewirken konnte». Wie die Revolution aussehen, wie sie vollzogen und in eine neue Ordnung überführt werden sollte, war ihm damals ziemlich gleichgültig: «Meine Idee von der Revolution war klassisch: Es ging um die völlige

Transformation der Gesellschaft, um das Gegenteil von Reform, von der ich annahm, daß sie grundsätzlich zum Scheitern verurteilt sei: stets verwässert, verraten und am Ende historisch steril. Das Ziel war klar, auch ohne daß man ins Detail ging.»

«In dem großen Kampf zwischen Reformismus und Revolution» schlug Semprún sich Anfang der vierziger Jahre auf die Seite der Revolution, wie Marx sie beschrieben hatte: präzise in der Herleitung, nebulös vage in der Ausführung. An die russische Revolution dachte er dabei weniger, ihm ging es zunächst um die Theorie. An den demokratischen Parlamentarismus dachte er auch nicht: Der war Teil des Reformismus, den er für überholt hielt.

Die Sowjetunion war der einzige Staat des europäischen Kontinents, der gegen den Faschismus aufgestanden war, indem er – im höchst lukrativen Austausch gegen die spanischen Goldreserven – der Republik im Bürgerkrieg Unterstützung gewährte und, nebenbei, die Gegner des Stalinismus in Spanien liquidierte. Nachdem die Sowjetunion den Gegenwert von 500 Millionen US-Dollar eingesackt hatte, was damals eine gigantische Summe war, ermattete Stalins Interesse jedoch. Ende 1937 waren die Aussichten auf einen Sieg der Republik nicht gut, die spanische Staatskasse gab nichts mehr her. Stalin sah keinen Sinn mehr darin, den Faschismus in einem fernen, für ihn ziemlich unwichtigen Land zu bekämpfen. Dennoch macht Semprún nicht die Sowjetunion für die Niederlage der Republik verantwortlich, sondern den Westen. «Die westliche Bourgeoisie hat Spanien verraten.» So rekapituliert er heute, was er einst dachte. Im März 1939 hatte er Verständnis für Stalins «Kastanienrede» auf dem XVIII. Parteitag, in der dieser erklärte, die Sowjetunion sei nicht bereit, sich gegen Hitlerdeutschland zu stellen und für die westlichen Demokratien die Kastanien aus dem Feuer zu holen.

Daß Stalin und seine Kader nach Lenins Tod die Vision der Weltrevolution ad acta gelegt hatten, war im Westen in den dreißiger Jahren noch nicht ganz angekommen. Viele europäische Kommunisten wurden Leninisten, als es mit dem Leninismus in der Sowjetunion schon längst vorbei war. Die westlichen Kommunisten pflichteten Stalins Taktik bei: Es war klug, zunächst daheim die Industrialisierung zu betreiben, anstatt revolutionäre Umwälzungen in Westeuropa anzufachen. Daß Stalin letzteres nicht plante, und – im Gegenteil – sein Teil dazu tat, eine Revolution in Westeuropa zu verhindern, ahnten weder seine westeuropäischen Anhänger noch seine Gegner. Die spanischen Kommunisten erkannten erst Jahre nach Stalins Tod, daß sie lediglich Bauern in einem weltpolitischen Schachspiel gewesen waren.

1929 betrachtet Semprún als ein entscheidendes Jahr: Während der Westen von der Wirtschaftskrise geschüttelt wurde, machte die Industrialisierung der Sowjetunion gewaltige Fortschritte. «So fing der Stalinismus an. Er begann nicht mit der Repression, er begann mit den Fünfjahresplänen und der Entscheidung, den Sozialismus nur in einem Land zu verwirklichen. Das machte die Welt staunen. Die quantitativen und auch qualitativen Ergebnisse der ersten Fünfjahrespläne in diesem zurückgebliebenen Land waren phänomenal. Welcher Preis dafür zu zahlen war, zeigte sich erst später.» Die Auflösung der Klassengesellschaft, die rapide Industrialisierung, Gerechtigkeit und Wohlstand für alle: Das waren die Entwicklungen, von denen Reisende in die Sowjetunion anschließend berichteten. Es waren großartige Nachrichten, sie gaben Semprún aber keinen Anhaltspunkt dafür, welchen Weg er nehmen und was politisch aus ihm werden sollte. Er benötigte ein Scharnier, das die Gegenwart mit den Schriften von Marx und seinem eigenen Dasein verband.

Die Schilderung seiner Bekehrung zum Kommunismus beginnt Semprún mit Marx' 11. These über Ludwig Feuerbach: «Die Philosophen haben die Welt nur verschieden interpretiert, es kömmt darauf an, sie zu verändern.» Bei ebender Erkenntnis war Semprún mit achtzehn Jahren angekommen. Die Welt verändern, ja! Fragt sich nur, wie.

Durch Maribel Soutou lernte er Michel Herr kennen, den Sohn des noch viele Jahre nach seinem Ableben für seine Gelehrsamkeit gerühmten Bibliothekars der Ecole Normale Supérieure, Lucien Herr, der – beschwert von seinem Alter und dem «Gewicht all der Bücher, die er nie geschrieben hatte» (so Paul Nizan) – in den zwanziger Jahren gestorben war. Und jener Michel Herr machte Semprún mit einigen österreichischen Emigranten bekannt, die eine gutsortierte Sammlung deutscher marxistischer Literatur nach Paris mitgebracht hatten. Jorge vermutet, daß es Juden gewesen seien, denn eine der Frauen trug, tief im Ausschnitt ihrer Kleider, an einer Halskette ein großes Kreuz: «Dergleichen war damals nicht üblich, es sah aus, als wolle sie eine Sache herausstellen, um eine andere zu verbergen.» Hinter dem Kreuz habe die Frau möglicherweise ihre jüdische Abstammung verstecken wollen. Als Semprún das erzählt, tippt er sich selbst auf das Ende seines Brustbeins, um anzudeuten, wie tief unten die Frau das Schmuckstück getragen habe. In der Bibliothek jener Österreicher befanden sich keine reformistischen Werke, sie zeugte von A bis Z vom Geist des Bolschewismus. Eines der Bücher bescherte Semprún sein Erweckungserlebnis: *Geschichte und Klassenbewußtsein* von Georg Lukács. «Das war der philosophische *coup de foudre* meiner Jugend.» Georg Lukács, der 1885 im ungarischen Teil der k.u.k.-Monarchie geboren wurde, haßte die Konventionalität seines jüdisch-bürgerlichen Elternhauses. Alles war ihm lieber als dies, erst der Bolschewismus leninscher Prägung, dann sogar der Stalinismus. «Wir Kommunisten sind wie Judas. Unsere blutige Arbeit ist es, Christus zu kreuzigen», sagte er, «wir Kommunisten nehmen also die Sünden der Welt auf uns, um dadurch die Welt zu erlösen.»[16] Als Philosoph nahm Lukács es auf sich, den Marxismus mit dem Leninismus in Einklang zu bringen. Und als Stalin an der Macht war, tat Lukács dem großen Vereinfacher und Selberdenker die gleiche Ehre an. Für so widersinnige gedankliche Operationen kommt man ohne Hegels Dialektik schwerlich aus. Wegen seines Faibles für den bürgerlichen deutschen Idealismus galt Lukács in Moskau indes als suspekte Figur. Etliche Jahre lang hatte er guten Grund, um seine Freiheit und sein Leben zu fürchten. Nach Stalins Tod 1953 besserte sich seine Lage. In Ungarn war er hochangesehen. Wie sehr Angst und Überzeugung in ihm amalgamiert waren, mag man daran sehen, daß er nun einigen ungarischen Literaten moskautreu die Leviten las und manch einem damit Schaden zufügte. Er starb 1971. Kurz zuvor bekräftigte er: «Ich war immer der Meinung, daß man selbst in der schlechtesten Form des Sozialismus besser leben könne als in der besten Form des Kapitalismus.»[17] Als der unorthodoxe Studentenführer Rudi Dutschke den bewunderten alten Mann Ende der sechziger Jahre in Budapest aufsuchte, hatte der ihm nichts mitzuteilen.[18] Semprúns ersten Roman, *Die große Reise*, schätzte Lukács sehr, das Buch wurde bald nach seinem Erscheinen 1963 ins Ungarische übersetzt, und wann immer der Literat Claude Roy in Budapest zu Gast war, trug Lukács ihm auf, den Autor im fernen Paris zu grüßen.[19]

Lukács' *Geschichte und Klassenbewußtsein* erschien 1923. Es war in Teilen noch leninistischer als Lenin selbst, wurde jedoch von der Komintern aufs heftigste kritisiert. Mehrmals hat der Philosoph sich von dem Werk in aller Form distanziert. Trotzdem wurde er 1941 von den Ausläufern der stalinistischen Säuberungen erfaßt und während einiger angstvoller Tage als möglicher ungarischer Spion inhaftiert. Zu der Zeit las Jorge Semprún in Paris sein Buch: «Nie ist mir der Marxismus so gedankenreich vorgekommen, so bestrickend, aber auch so schwierig und beunruhigend wie damals. Ich war ja über die Philosophie zum Marxismus gekommen, nicht über irgendwelche politischen Anliegen. Niemand hat so wie Lukács – im Ideellen wie im Konkreten – den Leninismus auf den Punkt gebracht, der vor allen Dingen eine Theorie der Machtausübung ist, eine politische Strategie.»

Bei Lukács fand er geklärt, was bei Marx in der Schwebe geblieben war: Welche Rolle hatte das Proletariat, welche Rolle die Partei? Im Juni 1940 wurde Paris von den Deutschen besetzt. In gewisser Weise waren damit alle unterworfenen Franzosen zu Proletariern geworden, die sich die Regeln ihres Lebens nicht mehr selbst geben durften, sondern sich den Gesetzen anderer zu unterwerfen hatten. Frankreich teilte nun das Schicksal Spaniens: Beide Länder waren vom Faschismus usurpiert. Der damals unter Linken gängigen These zufolge waren Faschismus und Kapitalismus untrennbar. Eines davon bekämpfen, hieß das Ganze bekämpfen.

Um so wichtiger war die Frage, was das Proletariat tun konnte, um sich seiner Ketten – oder der deutschen Besatzer – zu entledigen. Marx vertraute auf die Gesetzmäßigkeiten des historischen Ablaufs: So wie die Arbeiter behandelt wurden, mußten sie irgendwann auf ganzer Linie revoltieren. Lenin sah das anders: Die Arbeiterschaft sei allenfalls zur Bildung von Gewerkschaften in der Lage; die Revolution müsse von einer Avantgarde ins Werk gesetzt werden. Ohne Partei keine Revolution.

Seine Marx-Lektüre zusammenfassend, sagt Semprún: «1939 bis 1942, also in den Jahren vor der Résistance, sah ich einen Widerspruch im Denken von Marx, den ich hinnahm, ohne ihn auflösen zu wollen: Der Widerspruch schien nicht notwendig zu sein, sondern historisch, das heißt: in Hegels Sinn aufhebbar. Marx spricht im *Kapital*, aber auch schon im *Kommunistischen Manifest*, von einer objektiven revolutionären Entwicklung: Das Bürgertum bereitet nolens volens die Revolution vor, die Kommunisten brauchen keine eigene, von der übrigen Gesellschaft getrennte Partei, die daran arbeitet. Dann wieder hat Marx die kommunistische Partei als eine strukturierende Kraft beschrieben, die den Massen Orientierung gibt. Gleichzeitig hat er sein messianisches Zutrauen in die Unausweichlichkeit der historischen Entwicklung zur Revolution nie aufgegeben. Das ist das Zweideutige bei Marx. Mitunter hat man wirklich den Eindruck, die Revolution sei das Ergebnis eines überwältigenden historischen Prozesses, sie kommt so sicher wie die Flut: Bouff, nichts zu machen. In dem Moment erst treten die Kommunisten auf den Plan: Sie müssen die Sache organisieren, damit es kein Chaos gibt. Aber erst nachdem die historische Entwicklung so weit gekommen ist. In den Briefen von Marx gibt es eine frappierende Passage. 1857 hat er sich ein ganzes Jahr lang mit dem Buch abgemüht, das er *Das Kapital* nennen will. Das erste Ergebnis sind die *Grundrisse der Kritik der politischen Ökonomie.* 1858, als er die Arbeit abgeschlossen hat, schreibt er an Engels, jetzt sei er endlich fertig mit diesen ökonomischen Studien: ‹Diese Scheiße ist vorbei.›²⁰ Seine ökonomischen Arbeiten hat er als Scheiße bezeichnet! Egal. Er zieht dann eine Bilanz. Er sagt: So, das Bürgertum hat seine historische Mission erfüllt. Und worin bestand sie, die Mission? In der Schaffung des Weltmarktes. Weltmarkt und Weltgeist: für Marx ist beides dasselbe. Was er Weltmarkt nannte, ist heute die Globalisierung. Für Marx war der globale Markt das Einfallstor der Revolution. Über die Kommunisten hatte er damals nur eins zu sagen: Man müsse aufpassen, schrieb er an Engels, daß man nicht zu schnell und zu subjektiv vorgehe. Der Weltmarkt und die Bourgeoisie: das beschäftigte ihn. Über das Proletariat und darüber, was es tun könne, hat er in diesem Zusammenhang nichts gesagt.»

An diesem Punkt kam Lukács ins Spiel. Er zeigte – ganz eins mit Lenin –, daß die Arbeiterschaft kein entwickeltes revolutionäres Bewußtsein habe: Unter dem Druck ihrer alltäglichen Nöte konnten Arbeiter keinen Überblick über ihre Klassenlage gewinnen. Deshalb war die Partei notwendig, die Lukács als Trägerin des idealtypischen proletarischen Klassenbewußtseins ansah. Als Semprún *Geschichte und Klassenbewußtsein* las, hatte er schon große Sympathie für den Kommunismus. Die Lektüre klärte die noch verbliebenen Fragen über das Verhältnis zwischen Partei, Proletariat und historischer Entwicklung: «Die Partei ist autonom, das war die entscheidende Idee. Was immer in der politischen Wirklichkeit davon verloren gehen mochte und ungeachtet der Reibungsverluste durch Routine: Die Autonomie der Partei: das war's. Die Veränderung der Welt: Dazu brauchte es die Partei!» Lukács schien alle lose herumhängenden Fäden zusammenzubinden. Marx' innere Widersprüche, Hegels Denken, der Leninismus und die Rolle, die er, Semprún, als Revolutionär und Intellektueller spielen könnte: auf einmal paßte alles zusammen. Semprún verfiel den Reizen der dialektischen Methode. Und wo es eine Methode gibt, muß es auch Leute geben, die sie anwenden: Einen jungen leninistischen Intellektuellen namens Jorge Semprún zum Beispiel.

Es blieb in seinen Augen nur ein ungeklärter Rest: «Wie kann das Proletariat, eine Klasse, die kein Bewußtsein ihrer historischen Rolle hat, diese

Rolle, die ihm dann von der Partei zugeschrieben wird, im historischen Prozeß tatsächlich spielen?» Mit der Frage hat Semprún sich damals nicht weiter aufgehalten, der Gang der Geschichte mochte sie klären. Erst als er in den fünfziger Jahren in Spanien für die KP agitierte, mußte er sich mit der ungeklärten Lücke im Konzept befassen. «In Spanien habe ich gemerkt, wie aktuell das Problem war.» Er entdeckte: Das Proletariat tut nichts, bloß weil die Partei es will.

Angesichts der vernichtenden Kritik, die *Geschichte und Klassenbewußtsein* zuteil wurde, war Georg Lukács 1924 wie vor den Kopf geschlagen: Er hatte kein Abweichler sein wollen. Die Politikwissenschaftlerin Antonia Grunenberg nennt zwei Unterschiede zwischen Lenins und Lukács' Klassentheorie: Lenin hatte immer betont, daß die Partei von der Klasse lernen müsse, das kam bei Lukács nicht mehr vor; er schrieb Autonomie und Bedeutung der Partei größer, als Lenin selbst es tat. Und seine Beteuerung, die Kommunisten müßten sich mit ihrer «ganzen physischen und moralischen Existenz» für ihre Sache einsetzen, verlieh seiner Schrift, so Grunenberg, etwas «Sektenhaftes und Geheimbündlerisches». Manch ein Leser fühlte sich davon angesprochen. Lukács beschrieb die Partei als Gruppe verschworener Revolutionäre, geistig so überlegen, daß sie eigentlich immer schon dort waren, wo sie doch erst hinwollten: im Reich der Freiheit.[21] Läßt man den Marxismus aus Lukács' Text, bleibt eine Utopie, die Intellektuelle seit Platons *Politeia* oft und gern propagiert haben: Die Welt wäre besser dran, wenn sie endlich ihnen die Führung übertrüge. *Geschichte und Klassenbewußtsein* genügt den höchsten elitären Ansprüchen.

Das blieb Semprún nicht verborgen, war aber nicht, was ihn verführte. Allein und elitär war er sowieso. Er suchte Anschluß. Marx hatte manchen bürgerlichen Intellektuellen revolutionäres Verständnis zugetraut (sich selbst zum Beispiel). Lenin berief sich auf die Partei. Und Lukács erklärte, warum einzelne Elemente der bürgerlichen Intelligenz in der Partei gut aufgehoben waren. «Bei Marx», sagt Semprún, «gehören die Intellektuellen noch zu einer besonderen Schicht: Da gibt es die bürgerliche Intelligenz, die zur Entwicklung eines aufgeklärten Bewußtseins in der Lage ist. Diese Idee gerät bei Lenin nicht in Vergessenheit, aber er überführt sie ins Konzept von der kollektiven Intelligenz: der Vorherrschaft der Partei – und ihres Führers.» Jorge ging diesen Weg mit, wollte sich von seinen bürgerlichen Wurzeln lösen, aber ein Intellektueller bleiben und sich mit seiner Tatkraft in den Dienst der Partei stellen. «Das Zusammenfließen einer theoretischen philosophischen Entwicklung und einer praktischen: Das war für mich Kommunismus.» Eine Revolution ohne philosophisches Fundament wäre für Jorge Semprún nie in Frage gekommen. Sein Kommunismus entstand im Kopf und wurde erst später zur Passion. Daß dies für Intellektuelle nicht der einzig mögliche Weg war, zeigt das Beispiel des großen marxistischen Historikers Eric Hobsbawm, der erst Kommunist wurde und dann die dazugehörigen Schriften las. Anfang der dreißiger Jahre lebte er in Berlin. Mit fünfzehn Jahren, am 25. Januar 1933, lief er in der letzten legalen kommunistischen Demonstration vor der Machtübernahme der Nazis mit, in der Menge, mit der Menge, für die Menge – ein für ihn umwerfendes Erlebnis: «Neben der sexuellen Begegnung ist die Aktivität, bei der sich körperliches und seelisches Erleben in höchstem Maße verbinden, die Teilnahme an einer Massendemonstration in Zeiten starker öffentlicher Begeisterung.» Was für gläubige Katholiken eine Messe auf dem Petersplatz ist, das sei für «junge Revolutionäre meiner Generation» die Massendemonstration gewesen.[22] Hobsbawm liebt die Erinnerung an die Intensität seiner Gefühle. Semprún hingegen ist es völlig unerfindlich, wie man die Vermassung genießen und das auch noch mit erotischem Glück vergleichen könne. Er findet Hobsbawms Bemerkung «unmöglich».

Hobsbawm sieht in der Oktoberrevolution das Kernereignis, das ihn und seine Anschauung von der Welt geprägt habe. So sehr die Revolution später korrumpiert wurde, betrachtet er sie doch als einen singulären Befreiungsakt und als Beweis dafür, daß die Beherrschten sich freikämpfen können. Semprún für sein Teil ist davon unbeeindruckt. In seiner Jugend hielt er es mehr mit der Theorie denn mit der Praxis. Bei aller Verehrung für Dostojewski interessierte er sich für die russische Kultur und Gesellschaft nicht über die Maßen. Und seitdem er den Sowjetkommunismus als ein niederträchtiges System ansieht, kann er mit dessen Gründungsmythos gar nichts mehr anfangen. Eric Hobsbawm vermutet, Semprúns Sicht auf die Oktoberrevolution sei schon deshalb anders als die seine, weil dieser sechs Jahre jünger ist als er selbst, sechs entscheidende Jahre. Semprún trat in die Welt des Kommunismus ein, als die ersten stalinschen Schauprozesse eben vonstatten gegangen waren. Er hat von Anfang an viele Nachrichten aus der Sowjetunion ignorieren müssen.

3

Die Résistance

«Auf meine Nazi-Vergangenheit komme ich ungern zu sprechen. Nicht weil ich etwas zu verbergen hätte, sondern, ganz umgekehrt, weil ich zufällig aus einer Familie stamme, die wegen ihrer katholischen Überzeugung in strikter Gegnerschaft zum Hitlerreich stand.

Helden waren auch wir allesamt nicht. Ich beispielsweise, Jahrgang 1923, wurde 1938 Mitglied der Hitler-Jugend in einer Marionettenspielschar. Aber mit dem Schulspeisungs-Kakao, den ich als Sproß einer kinderreichen Familie kostenlos suckeln durfte, sog ich Haß und Feindschaft gegen das Hitler-Regime mit ein. Mein Vater und meine Freunde, wir waren überzeugt, daß Hitler einen neuen Krieg machen werde und daß er ihn, um Deutschlands willen, verlieren müsse. Nie war ich so deprimiert wie in den großen Tagen von 1940, als Hitler durch Paris streifte.

Wie gesagt, nicht mein Verdienst. Man konnte auch anders aufwachsen. Ich schicke diese Erklärung nur voraus, um zu belegen, daß ich die Verbrechen der Nazis, wo ich ihrer gewahr wurde, sorgfältig registriert habe (mein Vater glaubte sogar, die Nazis hätten den Bischof von Hildesheim, Nikolaus Bares, vergiftet, und wir wissen ja inzwischen, daß die Nazis deutsche Bischöfe nicht umgebracht haben).

Dreieinhalb Jahre war ich, Arbeitsdienst eingerechnet, an der Ostfront, als Soldat in einer selbständigen (Schwerpunkt-)Einheit der Heeresartillerie. Ich bin dort viel herumgekommen. Aber erst nach Kriegsende erfuhr ich, daß die Nazis die Juden systematisch ermordet hatten. Auf diese Idee war selbst ich, der ihnen alles zutraute, nicht gekommen.

Der Kaufmann Rüdenberg und seine Frau in Hannover, der meinem Vater seine Bildersammlung, lauter Lovis Corinths, zum Geschenk anbot (‹Nach dem Krieg geben Sie mir die Hälfte wieder, wenn ich noch lebe›, mein Vater wollte nicht, er fand die Bilder auch zu schweinisch), was war aus beiden nach unserer Ansicht geworden? Nun, man hatte sie nach Osten gefahren und in Arbeitslager gesteckt. Ihre Chancen, zurückzukehren, waren 50:50, vielleicht etwas geringer, wenn man ihr Alter bedachte. Aber einem Juden, der noch arbeiten konnte oder der pfiffig war, würde man dem nichts zu essen geben? Undenkbar (übrigens, meine eigene Chance, als VB-Funker [VB: Vorgeschobener Beobachter] den Krieg zu überleben, schätzte ich nicht viel höher ein).

Als Kantinenwirt des Reichsarbeitsdienstes in Kulm 1941 erfuhr ich von dem Vormann Schnase (an dem Tag, als er das Lager verließ), SS-Leute hätten Kulmer Juden so lange mit Bambusstöcken auf die Hoden geschlagen, bis diese ohnmächtig geworden seien. Nun, das glaubte ich, so schätzte ich die Dreckskerle ein.

Gerüchten dieser Art nachzugehen, fehlte unsereinem die Zeit, die Gelegenheit und die Energie. Wozu auch? Wir hatten mit der Nazi-Maschinerie selbst genug zu tun, und machen konnten wir ohnehin nichts. Wir wollten nichts anderes als die Juden auch, nämlich überleben.

In der Ukraine, im Sommer 1943, während des einzigen Vormarschs, den ich je mitgemacht habe, zogen unsere Leute bei der Mühle von Gadjatsch einen sowjetischen Kommissar aus einem Loch. Sie machten sich über seine rotgelackten Offiziersstiefel her und schickten ihn barfuß nach hinten. ‹Der wird ja doch erschossen.› Dies wußten wir. Ich habe nicht protestiert. Einen der Spionage verdächtigten Polen ließ ich entlaufen, als ich nachts Wachtdienst hatte. Der Batteriechef brüllte mich an und sagte dann nur kurz: ‹Ich danke Ihnen.›

In Woitowka, einem rumänischen Dorf, wurden 1944 rumänische Juden zusammengezogen, konzentriert. Sie waren wegen ihrer Fertigkeiten bei der dumpfen, bäuerlichen Bevölkerung unbeliebt, bei uns Soldaten beliebt. Ein junges Mädchen sagte mir: ‹Morgen muß ein Teil von uns weg. Wir werden alle ermordet.› Ich fragte: ‹Wie machen die das? Und wieso ihr alle?› Sie sagte: ‹Weiß ich auch nicht. Wir haben aber zuverlässige Nachrichten, daß niemand von uns wieder zurückkommt, das ist alles.› Ich sagte: ‹Du bist jung, und sie brauchen Arbeitskräfte, das sieht man doch.› ‹Nützt alles nichts›, sagte sie. Ich ahnte also und wußte nichts.

Auf unseren Rückzügen trafen wir keine Juden an, aber das machte mich nicht stutzig. Wir trafen ja auch nicht auf junge Männer. Gegen Kriegsende kam ich als Offiziersanwärter noch nach Theresienstadt und konnte nun mit eigenen Augen feststellen, daß es noch Juden gab. Ob die beiden Rüdenbergs nicht vielleicht doch hier in Theresienstadt saßen?

Und mein Vater, der jeden Abend Radio London und Radio Moskau hörte? Auch er hatte es nicht gewußt. Wie denn auch? Der kanadische Abwehroffizier im britischen Geheimdienst, Milton Shulman, hat in den ersten Monaten des Jahres 1944 ‹mit Entsetzen› das Vernehmungsprotokoll eines deutschen Kriegsgefangenen gelesen, in dem eine Massenerschießung à la ‹Holocaust› beschrieben wurde. Er und seine Kollegen hielten die Geschichte für übertrieben, ‹äußerstenfalls für einen schlimmen Einzelfall›. Ungeheuerlich bleibt, daß die Radiostationen des westlichen Auslands, daß der Papst das Morden nicht lauthals angeprangert haben: So unempfindlich waren die Nazis nicht, daß sie auf die Stimmung ihrer Truppen und der Bevölkerung nicht irgendwie hätten Rücksicht nehmen müssen; vielleicht, vielleicht auch nicht (...)»[1]

Diesen Artikel veröffentlichte mein Vater am 29. Januar 1979 im *Spiegel*, als die amerikanische Serie «Holocaust» im westdeutschen Fernsehen gezeigt wurde und das deutsche Gemüt aufschreckte. Was er hier umriß, hat er seinen Kindern, aufgebrochen in kleine Geschichten und Bemerkungen, im Lauf der Jahre genauso auch erzählt. Das Vokabular des Vaters war freilich dezenter als das des Journalisten: Zerschlagene Hoden erwähnte er gegenüber seinen kleinen Kindern nicht. Für das große Publikum hat er die Geschichte von den Corinth-Bildern leicht verändert: Daß der vormalige Wein- und spätere Photohändler Friedrich Augstein die Darstellung nackter Frauenkörper mit dem Wort seines Sohnes «schweinisch» fand, haben wir Kinder auch erfahren. In der Version, die unser Vater uns erzählte, kam sein Vater über die gottesfürchtige, moralische Entrüstung hinaus zu keinem weiteren Gedanken: Die Rüdenbergs waren nette Nachbarn, man war politisch einer Meinung, und die Augsteins versorgten das Ehepaar mit Butter. Daraus folgte für Friedrich Augstein aber nicht, daß er gewillt gewesen wäre, lästerliche Bilder ins Haus zu nehmen. Erst sein minderjähriger Sohn Rudolf, so hat dieser es später dargestellt, habe ihn auf die wahre Begründung seiner Entscheidung aufmerksam gemacht. Nicht so sehr wegen der Sujets der Bilder sei sie richtig gewesen, sondern weil am Ende des eines Tages endlich verlorenen Krieges um Gottes Willen kein jüdisches Eigentum im Besitz der Familie Augstein sein dürfe.

Nachdem der Artikel meines Vaters im *Spiegel* erschienen war, meldete sich ein Leser: Seine Familie sei mit den liebenswürdigen Rüdenbergs in Hannover gut bekannt gewesen, nach der Nazizeit habe es von ihnen keine Spur mehr gegeben.

Die Geschichte von den unanständigen Bildern hat mein Vater mir erstmals erzählt, als ich vier oder fünf Jahre alt war. In der Volksschule begegneten mir dann ein paar Verse des Kinderdichters James Krüss: «Es lebte einst ein Zauberer / Kori, Kora, Korinthe. / Der saß in einem Tintenfaß / Und zauberte mit Tinte….» Für Kinder ein hübsches Gedicht. Ich habe dabei nicht an meinen Vater gedacht, der auf seine Weise auch in einem Tintenfaß saß. Vielmehr dachte ich – die Phonetik von Wörtern beeindruckt oft stärker als ihr Sinn – an den Maler Corinth, dessen Werke ich erst viele Jahre später kennenlernen sollte.

Hätte Hitler nach dem Sieg über Frankreich freie Wahlen abgehalten, wäre er von einer überwältigenden Mehrheit der Deutschen im Amt bestätigt worden.

• • •

Der Widerstand gegen die deutsche Besatzung war für Jorge Semprún nichts anderes als der Widerstand gegen Franco auf anderen Wegen. Nachdem die Deutschen sich im Juni 1940 zu Herren von Paris gemacht hatten, bekamen die Juden in der besetzten Zone die amtliche Diskriminierung sehr schnell zu spüren. Die Vichy-Regierung war kaum weniger antisemitisch als die deutsche. Antijüdische Demagogie hatte Wirkung gezeitigt: In den dreißiger Jahren hörte selbst bei vielen französischen Linken das universalistische Denken auf. Auch mit der politischen Analyse nahm manch einer es nicht mehr so genau. Anläßlich der «Sudetenkrise» 1938 hatte der pazifistische, sozialistische Gewerkschafter Ludovic Zoretti geschrieben, es lohne sich nicht, Millionen Menschen zu töten und «eine Zivilisation zu zerstören, nur um hunderttausend Juden im Sudetenland das Leben leichter zu machen».[2] Wer dergleichen Argumente bemühte, war mit dem Münchner Abkommen ganz einverstanden. Mit Ausnahme der Kommunisten hatten die meisten französischen Linken den Vertrag begrüßt, weil sie sich davon die Bewahrung des Friedens erhofften.[3]

So umstandslos Frankreich sich dann hatte besiegen lassen, so niedergeschlagen und eingeschüchtert empfing Paris seine Besatzer. Immerhin organisierten die Schüler des Gymnasiums Henri IV am 11. November 1940 einen Demonstrationszug, der sich an der Place d'Etoile versammeln sollte. Schon die Wahl des Datums war eine Provokation. Indem sie gegen die Deutschen die Champs Elysées hinauf dem Triumphbogen auf der Place d'Etoile zustrebten, feierten die Schüler den Tag, an dem das Kaiserreich 1918 kapituliert hatte. Entsprechend robust war das uniformierte Aufgebot. Nicht nur die Polizei wurde gegen die Schüler losgeschickt, sondern auch regulär bewaffnete kämpfende Truppen. Die deutschen Soldaten blockierten den Zugang zum Platz. Das Weitere besorgten die französischen Flics, die alle Jugendlichen einsammelten, deren sie habhaft werden konnten, ihre Personalien aufnahmen und sie ein oder zwei Nächte einsperrten. Semprún und ein paar Freunden war es eben noch gelungen, in einen Métro-Schacht zu entkommen. Von dieser Veranstaltung heißt es, sie sei die erste antideutsche Versammlung nach der Einnahme von Paris gewesen. Wenig später mußten die Juden in der besetzten Zone sich registrieren lassen. Der totkranke Philosoph Henri Bergson schleppte sich im Morgenmantel zum Kommissariat. Der französische Verlegerverband versprach, Werke jüdischer Autoren nicht mehr zu publizieren.⁴ Vom Juni 1942 an mußten die Juden in der besetzten Zone den gelben Stern tragen. Die Vichy-Regierung zog sogleich nach, obwohl die Deutschen dies weder erbeten noch erwartet hatten. Semprún und andere Pariser Studenten demonstrierten ihre Verachtung der Stigmatisierung, indem sie sich selbstgebastelte Judensterne anhefteten und damit «zum Entsetzen unserer jüdischen Kameraden» den Boulevard Saint-Michel entlangliefen.

Die Kameraden hätten auf die Solidaritätsbezeigungen gern verzichtet. Wer sich als Aussätziger behandelt sieht, will nicht, daß selbst noch die Freunde darauf hinweisen. Dankbar waren die jüdischen Franzosen, wenn die Bekannten sie auf der Straße weiterhin grüßten, beim Anstehen vor den Geschäften das übliche Schwätzchen mit ihnen hielten und taten, als sähen sie den Stern nicht.

Als der Plan, Europas Juden zu ermorden, am 20. Januar 1942 auf der Wannseekonferenz zu Protokoll genommen wurde, waren – auch dank der allen Anordnungen vorauseilenden Mitarbeit der Pétain-Regierung – die Deportationen aus Frankreich gen Osten schon seit einigen Monaten im Gange. Jorge Semprún war im Dezember zuvor achtzehn Jahre alt geworden und begann, selbst sein Geld zu verdienen. Unter den Lehrern der Sorbonne, deren Kurse er nun besuchte, befand sich der Soziologe Maurice Halbwachs, an dem die Geschichtsläufte ihren Hang zur Ironie einfallsreich exekutieren sollten. Der annähernd siebzig Jahre alte Professor wurde 1944 gefangen genommen; eigentlich war die Gestapo seinem Sohn Pierre auf der Spur. Halbwachs ging in der Mordmaschinerie der deutschen Konzentrationslager zugrunde, zu deren späterer theoretischer Verarbeitung in der Bundesrepublik er mit der Theorie vom «kollektiven Gedächtnis» einen wichtigen Grundstein gelegt hatte.

In seinen Büchern erzählt Jorge Semprún, wie er und andere in einer Krankenbaracke des Lagers Buchenwald Sonntags an Halbwachs' Pritsche standen und sein allmähliches Sterben miterlebten. Das Konzept des «kollektiven Gedächtnisses» hat er indes nie aufgegriffen. Er hat darüber bei Halbwachs auch keine Vorlesung gehört. Als er 1942 von ihm geprüft wurde, war der einst unter einigen nordamerikanischen Indianerstämmen verbreitete Potlatsch dran (jedes Geschenk, das ein Stamm dem anderen machte, mußte von einem noch größeren Geschenk überboten werden). 1952 wurde Halbwachs' *Das Gedächtnis und seine sozialen Bedingungen* in Paris neu herausgegeben. Semprún las das Buch, in memoriam, ohne viel daraus zu ziehen: Weder damals noch später hat er sich mit dem Gedanken anfreunden können, daß in den Dingen, an die der Einzelne sich erinnert, stets auch das kollektive Gedächtnis zum Vorschein kommen soll, insofern es nämlich darüber mitbestimmt, was dem Individuum der Erinnerung wert erscheint: «Mein Gedächtnis funktioniert so nicht. Mein Gedächtnis ist niemals von kollektiven oder gesellschaftlichen Umständen bestimmt gewesen.» Deutlicher hätte er nicht sagen können, wie wenig Verständnis er Halbwachs' Konzept entgegenbringt. Andere mögen von einem kollektiven Gedächtnis beeinflußt sein, für ihn, Semprún, gilt das nicht: Sein Gedächtnis gehört ihm, darüber hat er die Kontrolle, nicht die Gesellschaft.[5] Seitdem Semprún schreibt, macht er sich seine Erinnerung mit jedem Buch immer mehr zu eigen, das Verfahren wird er sich von einer klugen Theorie nicht soziologisch demontieren lassen. Bizarrerweise ist dem Schriftsteller dennoch vorgeworfen worden, er spiele sich als «geistiger Sohn» von Maurice Halbwachs auf.[6]

Der Begriff «Gesellschaft» hat für Semprún keine spezifische Bedeutung. Die Gesellschaft betrachtet er als eine Ansammlung von Individuen, deren etwaige mentale Gemeinsamkeiten sich aus einigen von allen geteilten Lebensumständen ergeben. Auch als Kommunist hat er so gedacht. Eine von ihm mitorganisierte Demonstration zum Beispiel erschien ihm dann als gelungen, wenn viele Einzelne die Entscheidung trafen, mitzugehen, und sich aufgrund ihres Entschlusses als Masse konstituierten.

Der Protestzug, der 1942 in Paris seine Solidarität mit den verfolgten Juden bekundete, war kein gesellschaftliches Ereignis. «Als eine Demonstration», sagt Semprún, «konnte man das kaum bezeichnen.» Nur eine kleine Schar Studenten habe daran teilgenommen. Die Deutschen bemerkten vermutlich nicht einmal, wie forsch ihnen von der Pariser Jugend die Stirn geboten wurde.

Versprengte öffentliche Kundgebungen konnten den Juden in Frankreich nicht nützen. Hilfe kam von einzelnen geheimen Zirkeln. Jean-Marie Soutou, der seit seiner Demobilisierung mit seiner Frau Maribel in Lyon lebte, gehörte einer kleinen Organisation namens «Amitiés judéo-chrétiennes» an, die jüdische Kinder zu retten versuchte. Geführt wurde sie von einem Abbé. Der Lyoner Kardinal Pierre-Marie Gerlier, der anfangs Pétainist gewesen war, kannte und tolerierte die Ziele der «Amitiés judéochrétiennes». Im August 1942 gelang es Soutou und dem Abbé, zweihundert Kinder, die zur Deportation vorgesehen waren, in den Klöstern in der Umgebung der Stadt zu verstecken. Im November marschierten die Deutschen ins bis dahin «freie» Frankreich ein. Der Gestapo-Chef Klaus Barbie erwarb sich seine Reputation als «Schlächter von Lyon». Fast hätte er auch Jean-Marie Soutou auf dem Gewissen, der im Januar 1943 von der Gestapo gefangengenommen und drei Wochen lang unter Folter verhört wurde. Wenn nicht Soutous Mitstreiter Joseph Rovan alle Unterlagen vernichtet und der beim Vatikan wohlangesehene Gerlier sich nicht für ihn verwendet hätte, wäre es wahrscheinlich sein Ende gewesen.[7] Wieder auf freiem Fuß, flüchtete Jean-Marie Soutou bei Nacht und Nebel mit Maribel in die Schweiz.

Noch zu Beginn des Jahres 1942 muß es gewesen sein, daß Jorge Semprún eine Postkarte seiner Schwester aus Lyon erhielt. Der Briefverkehr zwischen dem zu jener Zeit noch unbesetzten Vichy-Frankreich und der deutschen Zone war reglementiert. Die Postkarten waren fast zur Gänze vorgedruckt: Den Absendern gehe es gut und sie hofften, den Empfängern der Karte gehe es auch gut. Für handschriftliche Ergänzungen blieb kaum Raum. Maribel annoncierte ihrem Bruder lediglich, daß demnächst ein Freund in Paris eintreffen werde, sein Name: Michel Herr.

Besagter Michel war der Sohn des schon erwähnten berühmten Bibliothekars Lucien Herr, der sich in den neunziger Jahren des neunzehnten Jahrhunderts für Alfred Dreyfus eingesetzt hatte. Das politische Temperament des Vaters hat der Sohn auf seine Weise auch gehabt. Was indes bei dem Dreyfusard Lucien strategisch wohlkalkulierte Empörung gewesen war, geriet bei seinem Sohn zu hitzigem Aktionismus. 1942 reiste Michel nach Paris, wo seine verwitwete Mutter lebte, in deren Wohnung am Boulevard Pont Royal Dissidenten und jüdische Emigranten sich die Klinke in die Hand gaben. Außerdem suchte er den Kontakt zur kommunistischen Résistance. Aber das wußte Maribel nicht. Anderenfalls hätte sie das Treffen zwischen ihrem Bruder Jorge und dem lebhaften jungen Mann, mit dem die Soutous in Lyon Bekanntschaft gemacht hatten, vermutlich nicht eingefädelt. Michel Herr steht am Anfang und am Ende von Jorge Sempráns Laufbahn als Résistancekämpfer. Er hat ihn im Frühjahr 1942 mit Kommunisten in Paris zusammengebracht, und anderthalb Jahre später, als das Laub sich herbstlich verfärbte, war es wahrscheinlich nicht zuletzt sein Leichtsinn, der zu Sempráns Verhaftung führte.

Solange der Hitler-Stalin-Pakt Bestand hatte, waren die Kommunisten in Frankreich paralysiert. Hier und da flackerte Widerstand gegen die Besatzer auf. Aber Kommunisten beteiligten sich daran nicht. Stalin und Hitler waren politische Freunde, die französische KP respektierte das und suchte sogar die Verständigung mit der deutschen Besatzungsmacht, von der sie hoffte, sie würde – in Anbetracht der deutsch-sowjetischen Freundschaft – die Parteizeitung *L'Humanité* wieder zulassen. Im Sommer 1940 veröffentlichte die Partei ein Manifest, das gegen Vichy gerichtet war, jedoch nicht explizit gegen die deutsche Besatzung.[8]

Diese Politik war lähmend und deprimierend für viele Kommunisten, die jahrelang geglaubt hatten, es gelte, den Faschismus mit allen Kräften zu bekämpfen. Erst der Einmarsch der Wehrmacht in die Sowjetunion machte ihre Welt wieder rund: Im Sommer 1941 hatten die Deutschen sich als Feinde wieder etabliert. Man handelte im Einvernehmen mit der Komintern und also mit Moskau, wenn man sie attackierte. Kurz nach dem Überfall auf die Sowjetunion wurde die Organisation *Franc-tireurs et partisans* – FTP – gegründet.* Im Herbst und Winter führten Kommunisten allerlei Anschläge aus. Dann wurden die Besatzungsbehörden ihrer habhaft. Von der Vichy-Regierung eifrig unterstützt, zerschlugen die Deutschen im Frühjahr 1942 die kommunistischen Widerstandsgruppen.

Um die übrige Résistance stand es nicht besser. Sie brachte so gut wie nichts zustande. Zwar hatten die Briten schon im August 1940 mit de Gaulle vereinbart, daß sie dem französischen Widerstand mit Geld und Material helfen würden, doch fanden sich damals keine Leute dafür. Die wenigen Aktivisten, die es in Frankreich gab, kümmerten sich vor allem darum, abgestürzte britische Piloten heil aus dem Land zu bringen. Am ehesten waren noch jene bereit, sich gegen die Deutschen zu engagieren, die immer schon illegal gearbeitet hatten: Etliche baskische Schmuggler,

---

* Sie wird auch FTPF, *Francs-tireurs et partisans français*, genannt; mit der Bewegung *Francs-tireur* in der nicht-besetzten Zone hatte sie nichts zu tun.

die in der heimlichen Überquerung der französisch-spanischen Grenze langjährige Erfahrung hatten, stellten ihre Fähigkeiten nun in den Dienst der Hitlergegner.[9] Die ersten Résistancekämpfer, schreibt der Historiker Julian Jackson, hätten bluffen müssen, um weiteren Zulauf zu finden: Sie taten so, als täten sie etwas. Ein Bluff war schon die markige Botschaft gewesen, die de Gaulle am 2. Oktober 1941 von London aus über den Kanal geschickt hatte: In ganz Frankreich formiere sich der Widerstand gegen die Deutschen. Tatsächlich war das erst 1943 der Fall, als junge Franzosen zu Hunderttausenden zur Zwangsarbeit nach Deutschland kommandiert wurden. 1941 befanden sich 150 000 freiwillige französische Arbeitskräfte in Deutschland, 1944 waren es 660 000 überwiegend unfreiwillige.[10] Tausende, die diesem Schicksal entkommen wollten, schlossen sich nun der Résistance an. Fortan kämpften nicht bloß einzelne Widerstandszellen, sechs Leute hier, sechs Leute dort, von nun an kämpfte der «Maquis».*

Im Herbst 1942 konnte davon freilich noch keine Rede sein. Der kommunistische Widerstand war zusammengestaucht und die übrige Résistance sehr schwach. In jener Zeit kamen nur wenige auf die Idee, sich gegen die Macht der Besatzung zu stellen.

Nachdem Semprún durch Marx und Hegel hindurchgegangen war, aber nicht wußte, was für ihn selbst daraus folgen konnte, kam Michel Herr zu ihm wie gerufen. Er brachte ihn zur Organisation MOI, was, ausgeschrieben, ganz unverfänglich klang: *Main d'œuvre immigrée* – «Eingewanderte Arbeitskräfte». Sie war seit ihrer Gründung in den zwanziger Jahren von den Kommunisten dominiert und sollte zugewanderten Genossen die Möglichkeit bieten, dem Geist der Dritten Internationale verbunden zu bleiben, ohne sich der französischen KP unterstellen zu müssen. Während des Kriegs wandelte die MOI sich in eine Sektion der kommunistischen Widerstandsorganisation *Franc-tireurs et partisans*. Dank Michel Herr und der MOI lernte Jorge Semprún die österreichischen Emigranten kennen, in deren Büchersammlung er Lukács' *Geschichte und Klassenbewußtsein* entdeckte. Die Lektüre half ihm, die Theorie mit der politischen Wirklichkeit zu verknüpfen. Das Bonmot von der Kritik der Waffen und den Waffen der Kritik schlüsselte er damals für sich so auf, daß es in diesem besonderen historischen Moment ohne Waffen keine effiziente Kritik geben könne. Durch die

---

* «Maquis» ist die französische Form des korsischen «la macchia»: das ist das bergige Buschland, wo korsische Bauern untertauchten, wenn sie Ziel einer Vendetta waren.

MOI geriet er dann an die spanische KP in Paris, die ihre neuen Mitglieder vor der Aufnahme überprüfte. Die europäischen Kommunistischen Parteien haben nie darauf verzichtet, ihren Kandidaten auf den Zahn zu fühlen.[11]

«Man bat um Aufnahme und wurde taxiert», erzählte Semprún, «ein Kader hat mit dem Kandidaten Kontakt aufgenommen und sich im Jardin Luxembourg oder an den Seine-Quais mit ihm unterhalten.» In dem Park, wo sonst Familien ihren Sonntagsspaziergang unternahmen, und an den Quais, wo junge Paare ihrer Verliebtheit lebten, wurde die Initiation vorbereitet. «Trotz meiner ‹fragwürdigen› bürgerlichen Herkunft, die ich nie verhehlt habe, wurde ich angenommen. Verschwiegen habe ich lediglich, daß ich Trotzki gelesen hatte.»[12]

Semprún war es einerlei, daß er sich den reibungslosen Eintritt in die Partei mit einer Schummelei erkaufte. Die zuständigen Genossen kannte er nicht. Gemeinsame Überzeugungen hin oder her, es gab für ihn keinen Grund, das vertrauensvolle Gespräch mit ihnen zu suchen. Die Komintern hatte Trotzki zum Feind gestempelt – Semprún nahm es hin, wie man ungewöhnliche Phobien von sonst soziablen und rundum vernünftigen Menschen akzeptiert. Nobelpreisträger dürfen Macken haben. Auch die KP durfte eine Macke haben. Außerdem kam es auf Trotzki nicht an: «Die Diskussion über Trotzki, die Moskauer Prozesse: Das alles beschäftigte uns nicht. Wir hatten ganz andere, praktische Prioritäten: die spanischen Widerstandskräfte in Frankreich zu vereinigen und auf der Autonomie der Spanier gegenüber den französischen Genossen zu beharren, die danach trachteten, daß alle auswärtigen Kommunisten sich unter dem Dach ihrer KP zusammenfanden. Die Spanier haben sich jedoch durchgesetzt, sie waren von den Franzosen vollkommen unabhängig. Das war uns wichtig, 1942, ein Jahr nach Beginn des Barbarossa-Feldzugs. Es mag merkwürdig klingen, aber ich glaube: Trotzki war den spanischen Kommunisten vollkommen egal. Für mich jedenfalls war das so."

Die Moskauer Schauprozesse, Trotzki, der 1940 im mexikanischen Exil von einem NKWD-Agenten mit einem Eispickel erschlagen wurde: das kümmerte Semprún unter der Herrschaft der deutschen Besatzung nicht. Er war eben achtzehn Jahre alt geworden, hatte Luft unter den Flügeln und wollte die Welt verändern. Der Feind war der Faschismus. Hitler und Franco mußte man bekämpfen. Im übrigen wußte Semprún, daß die Dinge meist nicht so sind, wie sie scheinen: «Ein Schulfreund aus der Vorbereitungsklasse für die Ecole Normale Supérieure hatte mich mit der Dialektik vertraut gemacht und mir erklärt, warum André Gides Verdammung der Sowjetunion falsch war.» Gide hatte sich 1936 in die Sowjetunion einladen lassen und kehrte angewidert zurück. Schon im November desselben Jahres publizierte er *Zurück aus Sowjetrußland*: Gegen den Rat von André Malraux und anderen las er dem System die Leviten. Doch wer war André Gide? Viele sahen in ihm einen homosexuellen, verwöhnten, ältlichen Bourgeois, der bei einer Ferienreise nicht auf seine Kosten gekommen war. Sogar amerikanische Meinungsführer fanden die Sowjetunion bewundernswert. Im März 1943 pries die Zeitschrift *Life* den Revolutionsführer Lenin: «Der vielleicht größte Mann der Neuzeit war Wladimir Iljitsch Uljanow. (…) Er war ein normaler, ausgeglichener Mensch, der sich der Aufgabe verschrieben hatte, 140 Millionen von einer brutalen und unfähigen Tyrannei zu befreien.» Die Unterdrückung der Meinungsfreiheit war verzeihlich: «Die Russen (…) leben unter einem System straffer staatlicher Informationskontrolle. Darüber sollte man sich indes nicht allzu sehr ereifern. Wenn wir bedenken, was die UdSSR in den zwanzig Jahren ihrer Existenz alles geschafft hat, dürfen wir bei gewissen Mängeln, so beklagenswert sie auch sind, nachsichtig sein.»[13]

Seinen Parteibeitritt verstand Semprún als ersten Schritt in den Widerstand. Es war kein Wunder, daß er bei der Philosophieprüfung an der Sorbonne scheiterte. Sein Lehrer, René Le Senne, war ein Idealist aus der Schule Victor Cousins; für den Studenten war das «die übelste Form des Idealismus». Der Prüfling sollte – während des Zweiten Weltkriegs im besetzten Paris! – erklären, was Aristoteles zufolge ein «citoyen» sei. Darauf wußte er keine Antwort: «Ich hatte nicht die geringste Lust, über Aristoteles zu reden. Ich weiß nicht mehr, ob oder was ich geantwortet habe.» Für Semprún war der mündige Bürger damals jemand, der mit der Waffe in der Hand gegen die Nazis kämpfte.

Seine Verbindung mit der spanischen KP in Paris währte nicht lange. Im Zuge ihrer Aktivitäten gegen die kommunistischen Partisanen durchkämmten die Deutschen im späten Frühjahr 1942 die Stadt und verhafteten die Genossen. Im September war nur noch die MOI handlungsfähig, an die Michel Herr und sein Freund Semprún sich nun also hielten. Und 1943, als der bewaffnete Widerstand sich ausweitete, weil jungen Männern die Verschickung zur Zwangsarbeit drohte, gab es für die beiden endlich auch eine Aufgabe: Sie sollten sich in der besetzten Zone der Résistance anschließen und für die verbliebenen kommunistischen Widerständler Waffen beschaffen: Michel Herr, der Anführer, und Jorge

Semprún, sein jüngerer Freund, wurden im Frühsommer 1943 dem Netz Jean-Marie Action im Burgund zugeteilt. Herr hieß nun Jacques Mercier, Semprún hieß Gérard Sorel.

Jean-Marie Action unterstand Maurice Buckmaster, dem britischen Oberst, der im Londoner Außenministerium Hilfslieferungen an die Résistance koordinierte. Buckmaster war freilich nicht der einzige, der sich darum kümmerte. Quasi parallel zu seinem Amt, zur engen Zusammenarbeit aufgefordert und oft mit ihm zerstritten, agierte de Gaulles *Bureau Central de Renseignement et d'Action* (BCRA), der für das Praktische zuständige Zweig der französischen Exilregierung in London. Viele französische Offiziere hielten die Briten für incroyable, und viele britische Offiziere hielten die Franzosen für unbelievable.

Die Leitung des BCRA hatte de Gaulle dem zweiunddreißigjährigen André Dewavrin übertragen, der mit seinem neuen Metier zu Anfang nur aus Spionageromanen bekannt war. Da man auch in Londoner Büros Geheimnamen benötigte, nannten er und seine Leute sich nach den Pariser Metrostationen. So wurde aus André Dewavrin der Oberst Passy. Seine Aufgabe, Agenten nach Frankreich zu schleusen, Waffenlieferungen zu organisieren und Sabotageakte einzufädeln, absolvierte er mit administrativem Talent und allseits bewunderter Präzision.

Als das Hitler-Stalin-Abkommen sich erledigt hatte und die französischen Kommunisten den Kampf gegen die deutsche Besatzung aufnahmen, wollte de Gaulle die FTP in die Arbeit des BCRA einbeziehen. Passy erhielt eigens den Auftrag, auch die Kommunisten mit Waffen zu versorgen. Die ersten Kontakte fanden 1942 statt. Die Waffen sind allerdings, wie Jorge Semprún es formuliert, «nie angekommen». In seinen Memoiren läßt Passy keinen Zweifel daran, daß er die Emissäre der kommunistischen FTP, die nach dem Bruch des Hiter-Stalin Paktes beim BCRA in London antanzten, für halb kindische, halb gefährliche Großsprecher hielt, die bei allem Gehabe nicht viel zuwege brachten. Laut seiner Darstellung war es eine Frage der Disziplin: Solange die FTP sich der *Armée secrète* nicht eingliedern wollte, würde sie auch keine Waffen erhalten. Der Krieg, glaubte er, könne nur gewonnen werden «durch die disziplinierte Einordnung jedes Einzelnen in das Gesamtgefüge eines gemeinsamen Plans (…), nicht durch irgendwelche Einzelaktionen, die letztlich – so wagemutig oder spektakulär sie auch sein mögen – doch nur den Zweck haben, (…) einen Mann, eine Clique oder eine Partei in Szene zu setzen.» [14]

Was genau sich in London tat, wußten Semprún und Michel Herr damals natürlich nicht. Sie wußten nur, daß die FTP keine Waffen erhielt. Anders als die diversen, hierarchisch gestaffelten Führungsleute von Jean-Marie Action – einer im Burgund, einer in Paris, einer in London und schließlich Buckmaster selbst – waren Jacques und Gérard zur Stelle, wenn die britischen Lysander ihre Ladung abwarfen. Sie waren die Köpfe der kleinen ortsansässigen Schar, was ihnen auch deshalb gelegen kam, weil sie ja nicht bloß ihre Ordres pünktlich ausführen, sondern vor allem hinter dem Rücken ihrer Kameraden einiges von den britischen Lieferungen für die kommunistischen Widerstandskämpfer abzweigen wollten. Sie trachteten danach, der Résistance auf die Sprünge zu helfen. Dafür war es nötig, daß jene Leute Waffen in die Hand bekamen, die auch den Willen und die Fähigkeit hatten, sie zu benutzen.

Jorge Semprún hält nicht viel von de Gaulles «Geheimarmee», der Armée secrète, in der von 1942 an – mit Ausnahme der kommunistischen FTP – die wichtigsten Widerstandsgruppen zusammengefaßt waren: «Im Frühjahr und Sommer 1943 habe ich erlebt, wie die Gestapo lauter Depots gefunden hat, die von der Armée secrète für den Tag der Landung angelegt worden waren. Die Feldgendarmerie, die Gestapo, die deutschen Soldaten: alle waren mit unseren Waffen ausgerüstet. Die Armée secrète war ausgesprochen schlecht organisiert. Außerdem haben viele der Leute sich in den Bistros hingestellt und geprahlt. Dann blieb es nicht aus, daß die Gestapo davon Wind bekam, den Betreffenden festnahm, befragte, und schon war wieder ein Depot verloren.»

Besonders um die englischen Sten Guns tat es Gérard leid. Semprún hat die Feuerkraft der etwa armlangen Maschinenpistolen schätzen gelernt. «Sie waren nicht sonderlich zielgenau, aber unglaublich praktisch, weil sie sehr leicht waren und man sie zerlegen und in der Jacke verstecken konnte. Eine Maschinenpistole mit einem Magazin, das heißt: dreißig Patronen. Also: Wirklich gut.» Zwischen 1941 und 1944 warfen die Briten rund 200 000 Sten Guns per Fallschirm über Frankreich ab.[15] Als er gefangen genommen worden war, sah Semprún, daß die Wachmänner im Gefängnis von Auxerre auch mit Sten Guns ausgerüstet waren.[16]

Er hatte damals ein Faible für Waffen.* Sein Bruder Carlos erzählt, Jorge habe ihm auf Besuch in Saint-Prix ein Stück Metall gezeigt. Carlos

---

* Sein Arbeitsgerät liegt übrigens auch dem mehr als achtzig Jahre alten Schriftsteller am Herzen. Heutzutage handelt es sich nicht mehr um Waffen, sondern um seine elektrische Schreibmaschine. Als die einmal kaputt war, sagte er, im Umgang mit Gegenständen sei er wenig neurotisch, im Hinblick auf seine Schreibmaschine aber sehr wohl.

beschreibt es als einen Halbmond mit drei Löchern: Damit – so Jorge – könne man einen Revolver mit zwei Handgriffen laden, anstatt sechs Patronen mühsam einzeln in die Trommel zu füttern. Mit der Demonstration habe der ältere Bruder Carlos zu verstehen gegeben, daß er nun in der Résistance war. Wie viele kleine Geschwister es tun, bat der Teenager, der Ältere möge ihn mitnehmen. Und wie viele ältere Geschwister es tun, soll Jorge «mit dem überheblichen Gesichtsausdruck der Jugend» geantwortet haben: Nein, dafür bist du noch nicht alt genug, im nächsten Jahr vielleicht.[17]

Zweifellos konnte damals alles, was schoß und explodierte, mit Semprúns übrigen Interessen konkurrieren. Weil es «im ganzen Maquis vor allem die Francs-tireurs et partisans waren, die wirklich kämpften», wollten Semprún und Michel Herr ihnen die benötigten Waffen besorgen: «Sie waren es, die gekämpft haben! Sie waren es, die Waffen brauchten! Und sie waren es, die von den Briten keine bekamen!»

Die Résistance ist ein Mythos: Kodierte Botschaften, geheime Treffen, das Röhren von Motoren in der Finsternis, Fallschirmabwürfe im Morgengrauen. Historiker warnen davor, das für bare Münze zu nehmen. Semprún hat indes all das genauso erlebt.

«Ici Londres. Les français parlent aux français»: Die in London produzierte Radiosendung ist die Lieblingssendung der Résistance. 1942 hat die BBC ihr französisches Programm um das Doppelte erweitert: Fünf Stunden am Tag kann man nun in Frankreich die BBC in der Landessprache hören, darunter «Franzosen sprechen zu Franzosen». Die Ausstrahlung beginnt um halb acht am Abend englischer Zeit und ermöglicht französischen Emigranten, private Botschaften in ihre Heimat zu übermitteln. So gelangt eines Tages die Nachricht über den Äther, daß Pauls Möbel am Montag eintreffen werden. Die Botschaft ist an ein Grüppchen «Patrioten» im burgundischen Département Yonne gerichtet, von denen einige neben einem Radiogerät sitzen und die Ohren spitzen. «Paul» ist Henri Frager, im bürgerlichen Beruf Architekt, der Pariser Chef von Jean-Marie Action. «Die Möbel» sind die mit Waffen und Plastiksprengstoff gefüllten Kisten von Oberst Buckmaster. «Montag» ist nicht Montag: Für die Daten gibt es einen Code. Der Landeplatz ist im voraus festgelegt, für heute ist der Ort avisiert, den man «Bellefontaine» getauft hat.

So erklärt Semprún es, aber er kennt sich in diesen Dingen weniger gut aus als Michel Herr. Michel hat, warum auch immer, etwas mehr Einblick in die Details. Vermutlich steht er öfter als Semprún mit Henri Frager in Paris in Kontakt. Frager seinerseits kommuniziert per Funkgerät und verschlüsseltem Morsecode direkt mit London. Der Satz von «Pauls Möbeln» dient als Startzeichen, das – nach Buckmasters Schilderung – in der Regel folgendes ankündigt: «Das von euch erwartete Flugzeug wird seine Ladung heute nacht an der vereinbarten Stelle abwerfen. Falls die Wetterverhältnisse sich nicht verschlechtern und das Flugzeug starten kann und der Pilot die bezeichnete Stelle findet. (…) In genau x Stunden solltet ihr die Ladung empfangen können.» Diese Nachricht kann sich hinter nichtssagenden Sätzen verstecken: «Nanette trägt einen grünen Schlafanzug», «Das junge Mädchen mag Schokolade». Anfangs hat Buckmaster es auch mit ein paar Takten Musik versucht, mußte jedoch feststellen, daß allzu viele seiner Agenten unmusikalisch sind. Deshalb ist es bei den abstrusen Botschaften geblieben, die den Sprechern der BBC oft erst während der Sendung unter die übrigen Nachrichten geschoben werden. Buckmasters Boys and Girls, die sich unverfängliche Sätze ausdenken sollen, machen sich einen Spaß daraus, lateinische Klassiker zu zitieren und leicht anzügliche Formulierungen zu erfinden, die bei der prüden BBC für schockierend gehalten werden.[18]

Michel Herrs Grüppchen im Maquis besitzt lediglich einen normalen Rundfunkempfänger. Ihre näheren Instruktionen erhalten Jacques und Gérard in Paris von Paul Frager. Schon vor Wochen haben sie in der sanften, schutzbietend bewaldeten Hügellandschaft zwischen Dijon, Châtillon-sur-Seine, Auxerre und Villeneuve-sur-Yonne mehr als ein halbes Dutzend Plätze ausfindig gemacht, wo Fallschirmabwürfe möglich sind. Ein oder zwei davon sind so ausgedehnt, daß die rund neun Meter langen Lysander dort niedergehen und wieder starten können. Immer mal wieder muß ein Agent aus England abgesetzt und ein anderer aus dem Land gebracht werden. Die Piloten müssen in der Lage sein, auf morastigem Boden zu landen. Manchmal kommen die Lieferungen in tiefer Nacht, manchmal in der ersten Morgendämmerung.

Am vereinbarten Datum begeben sich ein paar Männer zu der vorgesehenen Stelle und bereiten alles vor, um «Pauls Möbel» einzusammeln. André Malraux hat in seinem Spanien-Roman *Die Hoffnung* bei ähnlicher Gelegenheit ein paar Autos auffahren lassen, deren gebündelte Scheinwerfer dem erwarteten Flugzeug anzeigen, wo sein Zielpunkt ist. Sollte Semprún das Buch nicht gerade verliehen haben, liegt es auch heute in seinem Rucksack. Wenn eine wichtige Lieferung ansteht, hat man vier Autos organisiert, die mit ihren Scheinwerfern das Areal beleuchten, wo das Material abgeworfen werden soll – genau wie Malraux es beschrieben hat. Vielleicht muß man aber auch mit einem offenen Feuer Vorlieb nehmen. In jedem Fall ist man darauf gefaßt, die Lichter im Nu zu löschen. Man wartet.

«Die britischen Lysander waren von unglaublicher Pünktlichkeit. Für 3 Uhr 15, zum Beispiel, war die Ankunft des Flugzeugs avisiert. Um 3 Uhr 10 machten die Autos ihre Scheinwerfer an, die eine Fläche beleuchteten, die nur aus der Luft erkennbar war. Die Patrouillen in den Wäldern hätten das Licht nicht wahrnehmen können. Die Lysander kamen immer auf die Minute pünktlich. Und kaum waren die Fallschirme abgeworfen, wurden die Scheinwerfer ausgeschaltet. Das war die perfekte Form, dafür brauchte man vier Autos. Wenn's die nicht gab oder das Gebiet für Autos unzugänglich war, bauten wir Leuchtfeuer auf, die mit Öl oder Petroleum gespeist wurden.»

Die Maschinen der britischen Firma Westland Aircraft sind kleine, einmotorige und ziemlich langsame Zwei- bis Dreisitzer, deren Piloten lediglich mittels Kompaß und Karte navigieren und sich so dicht über der Erde halten, daß sie aus größeren Entfernungen nicht auszumachen sind. Vom Boden aus gesehen, ähneln die behäbigen, zumeist matt-schwarz lackierten Propellerflugzeuge fliegenden Enten. Buckmaster, der Eton-Absolvent, fühlt sich an die edleren Rebhühner erinnert. Er behauptet, die Langsamkeit der Lysander sei ihr bester Schutz: Deutsche Nachtkampfflieger würden geschwind hoch am Himmel über sie hinwegzischen und seien vorüber, bevor die Besatzungen etwas Verdächtiges wahrnähmen. Eine leere Lysander wiegt rund 2000 Kilogramm. Zusätzlich kann sie 845 Kilogramm transportieren, das Gewicht von Treibstoff und Pilot eingerechnet. Die Leute am Landeplatz «Bellefontaine» versuchen auszumachen, wo die Fallschirme niedergehen, Schatten vor dem dunklen Himmel. Kaum sind die metallenen Container gelandet, werden sie in aller Eile zusammengetragen. Hat man einen kleinen Laster parat, werden die Container verladen. Ist gerade kein Laster und nicht einmal ein Pferdewagen zu haben, werden sie sofort geleert und am Ort liegengelassen. «Bellefontaine» ist dann nicht mehr zu gebrauchen: In ein paar Tagen könnte ein Bauer vorbeikommen, die leeren Metallkisten finden und in seinem Dorf davon erzählen. In den Containern befinden sich Sprengstoff, Waffen und natürlich Geschenke: Whisky und englische Zigaretten. Letztere teilt sich die Mannschaft. Die Waffen werden an die Vertreter von de Gaulles «Geheimarmee» übergeben. Wenig später begegnet man wieder einmal ein paar deutschen Soldaten, die mit den schönen Sten Guns ausstaffiert auf Patrouille sind.

Warum die Kommunisten keine Lieferungen aus London erhielten, hat Semprún damals nicht sonderlich umgetrieben. Seit dem Bürgerkrieg und dem Münchner Abkommen versprach er sich von der Politik jenseits des Kanals nicht viel. Von den Linken wußte er, daß sie ihr Leben im Kampf aufs Spiel setzten. Den Kommunisten traute er alles zu, nicht so den anderen Résistance-Leuten. Selbst das große Netz *Combat*, dem Sozialisten, Gaullisten und andere angehörten, war ihm suspekt. Es hatte in der freien Zone mit publizistischer Agitation begonnen. Dann aber besetzten die Deutschen ganz Frankreich, die Zwangsarbeit wurde eingeführt, und nun wurde *Combat*, was der Name besagt – eine Kampforganisation. «Die Linken von Combat wirkten nach dem Motto des gleichnamigen Journals: *Von der Résistance zur Revolution.*» Semprún zufolge dachten sie, «daß die Résistance das politische Gefüge in Frankreich vollkommen verändert habe. Die alten Parteien der Dritten Republik würden verschwinden. Eine neue politische Parteienlandschaft werde erstehen und die Revolution herbeiführen. Die Nationalisierung der Industrie stand ganz oben auf dem Programm. Was für Combat galt, traf auch auf andere zu: Die meisten kämpfenden Widerständler standen links. Die gaullistischen Funktionäre verfügten über das Geld und die Waffen. Ohne die Linken hätte de Gaulle aber nicht viel erreicht».

Im großen und ganzen hielt Semprún die Leute von Combat für unzuverlässig. Sie seien politisch nicht einig gewesen und hätten innerhalb der Organisation allerlei schädliche Scharmützel ausgefochten: «Jean Moulin», die rechte Hand de Gaulles in Frankreich, «war ein Linker, deshalb hatte er viele Feinde in der Résistance. Von der Résistance selbst ist er verraten worden.» In ihrem eigenen Netz entdeckten Jacques und Gérard auch einen Spion, der für die Deutschen arbeitete. «Er führte einen aristokratisch klingenden Decknamen, mit Vornamen nannte er sich Alain.» Mühsam nur konnten sie Paul Frager davon überzeugen, daß Alain ausgeschaltet werden müsse. Zu der Liquidation ist es jedoch nicht gekommen, weil der Mann sich längere Zeit nicht blicken ließ. Erst als Semprún schon im KZ war, hat Frager selbst ihn getötet.

Am schlimmsten, sagt Semprún, seien jene Résistance-Leute gewesen, die nicht aus politischer Überzeugung im Maquis waren. Es habe gefährlich viele Abenteurer gegeben, die bei Vernehmungen sofort einknickten:

«Sie wollten sich retten und begannen ein doppeltes Spiel: Dann hatten sie gute Beziehungen zu London *und* zu den Deutschen.» Jacques und Gérard führten «eine durch die Blume technischer oder militärischer Argumente geführte Diskussion mit verschiedenen Netzen der Geheimarmee», die von London alimentiert wurden: «Wir wollten ihnen zu verstehen geben: Hört zu, das ist doch alles absurd, die FTP muß Waffen bekommen, genauso wie Combat, die Leute, die wirklich kämpfen.»[19] Manchmal durften die beiden ein paar der sechs bis zwölf Container, die jeweils abgeworfen wurden, nach freiem Ermessen verteilen. Mitunter behaupteten sie gegenüber den eigenen Kameraden, eine Kiste sei unauffindbar, im Unterholz verschollen. Die verschoben sie an die FTP. Das Gros aller Nachschübe mußte den gaullistischen Funktionären übergeben werden. Semprún schätzt, daß Michel Herr und er im Schnitt höchstens eine von sechs Kisten auf die Seite – auf die richtige Seite – brachten: «Der Effekt unserer Arbeit war minimal.»

Die jungen Leute störte das nicht: Eine einzige Kiste war besser als keine. Außerdem fuhren sie regelmäßig nach Paris. Dort wurde aus Jacques Mercier wieder Michel Herr. Und aus dem Gärtner Gérard Sorel wurde wieder Jorge Semprún, ein – mittlerweile höchst säumiger – Student an der Sorbonne. In Paris übernachtete er des öfteren bei der Mutter Michel Herrs am Boulevard Pont Royal. Er und Michel sahen bei Frager in der Avenue Niel vorbei, um sich neue Anweisungen abzuholen. Abends ging man ins Theater. Sartres Stück *Die Fliegen*, das im Sommer 1943 uraufgeführt wurde, beeindruckte: «Für uns war das ein Stück über die Freiheit.»[20] Die Nachtbars im Viertel Saint-Germain-des-Prés wurden ausgiebig frequentiert. Außerdem warteten in der Stadt *surprise parties* auf die zwei jugendlichen Freischärler, private Feten, die so ausgelassen waren, daß man dafür schon einen englischen Namen finden mußte. Mitunter wurde amerikanische Jazz-Musik aufgelegt. «Wenn jemand eine Schallplatte aufgetrieben hatte mit Songs von Louis Armstrong oder Bessie Smith: Das war schon etwas!»

Es machte alles großen Spaß. In jüngeren Jahren hat Semprún über seine Exkursionen in die intellektuelle Bohème mit ausführlichem Enthusiasmus berichtet: «Die Freude, mit der ich auf eine surprise party gegangen bin, ist mir noch heute gegenwärtig: zu tanzen, zu reden, zu flirten, bis in den frühen Morgen, und mir dann zu sagen, daß ich das erlebt hatte, zusammen mit guten Freunden, daß man sich amüsiert und miteinander getanzt hatte, daß man sich unterhalten hatte, über alles und nichts, auch über ernsthafte

Dinge, über Themen von Belang, die Neuerscheinungen der Zeit, etwa die ersten Bücher von Blanchot – und gleichzeitig zu wissen, daß man im Morgengrauen bei einem Freund ein Bad nehmen, den Ausweis wechseln und in den Maquis zurückfahren würde: Diese Doppelwelt, von der nur ich wußte, dieses Spiel zwischen zwei Welten hat mir immer viel Spaß gemacht, seitdem ich achtzehn Jahre alt bin.»[21]

Semprúns Papier, das ihn als Gärtner aus der burgundischen Ortschaft Villeneuve-sur-Yonne auswies, war eine miserable Fälschung. In Erinnerung an seine handwerkliche Qualität sagt er nur «bah». Er war zumeist mit dem Fahrrad unterwegs, hatte stets einen Rucksack bei sich und darin sehr oft seine Sten Gun oder Sprengstoff. Ein Gärtner ohne Schwielen an den Händen, ein junger Mann, der nicht zum Arbeitsdienst in Deutschland eingeteilt war, ein Gärtner in Kriegszeiten, in denen die Gartenpflege nicht das vordringlichste ist. Daß Gérard kein harmloser Pflanzenfreund sein konnte, lag eigentlich auf der Hand. Immerhin meinte Semprún, halbwegs reden zu können wie ein Gärtner. Er glaubt, das aus den Romanen Jean Giraudoux' gelernt zu haben.

Giraudoux hatte sich, trotz bester Ausbildung an der Ecole Normale Supérieure, zunächst für ein paar Jahre als Hauslehrer in Deutschland verdingt, um dort seine Deutschkenntnisse zu vertiefen. 1910 trat er in den Dienst des französischen Außenministeriums. Von seiner Germanophilie brachte auch der Erste Weltkrieg ihn nicht ab, seinen Hund nannte er «Buch», und der deutschen Literatur fühlte er sich nah. Hernach arbeitete er halb im diplomatischen Dienst am Quai d'Orsay, halb als Schriftsteller. Giraudoux' Romanen entnahm Semprún Einblicke in das Phantasma, das *la France profonde* genannt wird: Das rural-patriotische Denken, das unter Pariser Bürgern und nicht wenigen Regisseuren seit dem Zweiten Weltkrieg beliebt ist und von ihnen, ein bißchen ironisch verkleidet, darauf zurückgeführt wird, daß es tatsächlich Landleute in Frankreich gebe, die so empfinden, wie sie, die Großstädter, sich das vorstellen. Wie viele alte, liebgewonnene Ideen ist auch diese nicht ohne Substanz. Während der vierziger Jahre ärgerte die Bevölkerung in der Provinz sich jedenfalls noch nicht darüber, von der arroganten Pariser Oligarchie verachtet und von einem Gebilde wie der Europäischen Union links liegen gelassen zu werden. Damals gab es viele Bauern in den sanften Hügeln des Burgund, die ihre kleinen Höfe versorgten und es in der Annahme taten, damit auch das große Ganze ihres schönen Landes zu bestellen. Und weil vielen Bauern die Vorstellung nicht gefiel, ihre Höfe unter der Herrschaft der Deutschen zu führen, halfen sie den Leuten von der Résistance. Sie nahmen sie auf, sie gaben ihnen Käse, Brot und Wein. Und wenn sie gar nichts Praktisches taten, dann gaben sie ihre respektvolle Zustimmung mit einem Brummen oder einem Nicken kund.

Als der jüdische Flüchtling und spätere KZ-Häftling Fred Wander 1942 zusammen mit anderen aus der Schweiz nach Frankreich zurückgebracht wurde, von wo er kurz zuvor entkommen war, erlebte er die stille Auflehnung französischer Provinzler, die sich mit der offiziellen Kollaboration nicht abfinden konnten: «In Perpignan angekommen, wurden wir über einen großen Marktplatz geführt, wo die vielen hundert Menschen an den Gemüseständen augenblicklich verstummten. Ich habe das schon oft erzählt und werde es immer wieder erzählen: Die Frauen an der Seite unseres Weges knieten nieder und beteten mit vor Scham niedergeschlagenen Augen. Und eine alte Frau kam uns entgegen, wir blieben stehen, die drei Posten der Garde Mobile an unserer Seite schwiegen verlegen – und die Matrone küßte unsere in Ketten gelegten Hände und bat uns weinend um Verzeihung für das, was Frankreich uns antat».[22] «Je m'excuse pour la France» – so hat die Frau es gesagt, die sich im Namen ihres Landes schämte.*

Und im Namen ihres Landes haben die Bauern im Burgund den Résistance-Leuten geholfen. Sie gaben ihnen zu essen, weil sie es mit «Patrioten» zu tun hatten. Nach André Gide und Baudelaire erwählte sich Semprún Jean Giraudoux als Mittelsmann zur französischen Sprache: «1943 wußte ich, der Fremde, seit jeher ein Städter, wie ich auf den Bauernhöfen von Othe mit den Bauern reden mußte, die uns ihre Tür öffneten, die uns, trotz des Risikos, dafür von den Nazis verfolgt zu werden, Unterkunft und Schutz gewährten. Ich sprach zu ihnen mit den Worten Giraudoux', und sie verstanden mich. Sie schien ihnen völlig natürlich, diese Sprache, die für mich die Quintessenz der Literatur war. Ich war kein Fremder mehr, kein aus den Landschaften und den Worten der Kindheit Verbannter. Giraudoux' Sprache öffnete mir den Zugang zu ihrem Gedächtnis, dem der Bauern und der französischen Winzer. Giraudoux gab mir die Worte, zu ihnen über Brot, Salz und die Jahreszeiten zu reden.»[23] Es fiel den Bauern nicht auf, daß ihr Gast Gérard kein Landsmann war. Sie haben ihn will-

---

* Fred Wander ist 2006 im Alter von 89 Jahren gestorben. Den Wortlaut des französischen Satzes habe ich von Volkhard Knigge erfahren, dem Direktor der Gedenkstätte Buchenwald. Fred Wander war erst in Auschwitz und dann in Buchenwald gefangen.

kommen geheißen als Patrioten, der für die Zukunft ihrer Weinberge und ihrer Getreidefelder kämpfte und für die Zukunft der Erinnerung daran, daß die Felder und Weinberge seit altersher *La France* ausmachten.

In der Erinnerung Semprúns hat der Schriftsteller Giraudoux einen besseren Eindruck hinterlassen als in den Annalen der Historiker: Der französische Regierungschef Edouard Daladier hatte es den Deutschen nachgetan und ein eigenes Propagandaministerium eingerichtet, das *Commissariat à l'Information*, mit dessen Leitung Giraudoux im Juli 1939 betraut wurde. Mit Joseph Goebbels' Apparat konnte es sich nicht messen. Giraudoux tat jedoch einiges dazu, sich in Goebbels' Nähe zu stellen. Er war damals Ende fünfzig und kein politisch denkender Mensch. Ein Nationalist war er nicht, da er aber *la France profonde* so sehr schätzte, hegte er Mißtrauen gegenüber allen Kräften, die das Land, wie er fand, zu unterhöhlen drohten. Er mochte Städte nicht. Daß er selbst seine Tage vor allem am Schreibtisch verbrachte, hielt er für angemessen. Die breite Bevölkerung hingegen sollte nach Möglichkeit seinem Ideal des vitalen Franzosen entsprechen, der von der Arbeit in der freien Natur freudig gestärkt sei. Giraudoux' Vorstellung eines gesunden Frankreich wurde von den ins Land strömenden ausländischen Flüchtlingen gestört: Mit der französischen Kultur nicht vertraut, konnten sie diese nur denaturieren. Die Immigration mußte scharf kontrolliert werden, es galt, «alle Elemente auszuschließen, die eine Rasse korrumpieren könnten, die ihren Wert einer zwei Jahrtausende währenden Auslese und Verfeinerung verdankt». Wie die Araber wurden auch die Juden von ihm eigens erwähnt: «hunderttausende Aschkenasim, den Ghettos in Polen oder Rumänien entkommen», die das französische Kleinhandwerk zerstören würden![24]

Über das Ausmaß von Giraudoux' Xenophobie wußte Semprún nichts. Er kannte den Autor nur als Romancier und Verfasser einiger Theaterstücke, die er in jungen Jahren gesehen hatte. Und anhand seiner Romane «erschlossen sich mir die Möglichkeiten der französischen Sprache. *La France profonde*: das ging mich nicht sehr viel an, Giraudoux' Sprache dafür umso mehr.»

Nach dem Krieg, als Semprún über Giraudoux' politische Ansichten ins Bild gesetzt war, erschien es ihm nicht mehr notwendig, den mittlerweile verstorbenen Schriftsteller zu attackieren. Überhaupt hat Semprún es stets vermieden, französische Politiker öffentlich zu kritisieren. Während seines heimlichen Engagements in Spanien durfte er im öffentlichen Leben Frankreichs nicht auffallen. Und später, nach seiner Exkommunikation aus der

KP, sei er «daran gewöhnt» gewesen, sich nicht öffentlich zu Wort zu melden, so daß er es auch weiterhin unterließ. Außerdem fand er sich nun anderen Gegnern gegenüber, an denen er sich rieb. Hegels Eule der Minerva hatte sich vor ihm als gemeiner Raubvogel entlarvt: mit ihren Sachwaltern in der KP, nicht mit de Gaulle legte er sich an.

Wenn Gérard im Maquis keine Fallschirmabwürfe vorbereitete, widmete er sich seiner Tätigkeit als Terrorist. Die Sabotageakte wurden auch von London aus angeleitet und unterstützt. Nicht zuletzt dafür war Maurice Buckmaster zum Chef der für Frankreich zuständigen Abteilung des *Special Operations Executive* bestellt worden, das zum «Ministerium für wirtschaftliche Kriegführung» gehörte, kurz gesagt: zum Außenministerium.[25] Das Grüppchen um Michel Herr war auf Eisenbahnzüge spezialisiert. «Wir hatten Kontakte zu den Eisenbahnern und wußten, wann ein Zug vorbeikommen würde, der nicht Passagiere, sondern Nachschub für die Deutschen transportierte. Wenn es gut lief, entgleiste der ganze Zug, die Waggons kippten um, und die deutschen Patrouillen waren so weit entfernt, daß man das Transportgut einsammeln konnte, bevor sie anrückten.» Meistens lief es weniger gut: «Man brauchte viel Erfahrung, um den Sprengstoff richtig zu plazieren. Die wenigsten Gruppen konnten das. Die Bahnlinien wurden bewacht, in der Regel hatten wir nur eine halbe Stunde Zeit, um alles vorzubereiten. Ein Rad der Lokomotive aktivierte die Zündung. Wenn der Zug aber zu schnell fuhr, explodierte die Sprengladung erst unter den Waggons. Dann konnte die Lokomotive weiterfahren und noch einige Waggons mit sich ziehen. Ging der Sprengstoff hingegen unter der Lokomotive hoch, war das etwas ganz anderes: Nicht nur war der komplette Zug aufgehalten worden, die Instandsetzung der Geleise brauchte auch viel mehr Zeit – eine Lokomotive läßt sich weniger leicht abschleppen als ein zerstörter Waggon. Sowie wir alles präpariert hatten, sind wir mit dem Fahrrad abgezogen, meist zu einem Bauernhof in der Umgebung. Dort hörte man dann die Explosion. Wenn kurz danach das Pfeifen der Lokomotive ertönte, wußten wir, daß nicht viel passiert war.»

Die Attentate wurden nachts anberaumt. Mitunter, wenn eine deutsche Patrouille aufkreuzte, kamen die Sten Guns zum Einsatz. Daß sie nicht treffsicher waren, spielte in der Dunkelheit keine Rolle. Daß sie oftmals weiterfeuerten, wenn der Schütze den Finger schon nicht mehr am Abzug hatte, machte auch nicht viel: Man brachte sie zum Stoppen, indem man das Magazin herauszog. Die Maquisards ballerten in die Gegend, warfen die eine oder andere Handgranate und suchten das Weite. Semprún weiß nicht, ob er bei so einem Feuerzauber einen deutschen Soldaten tötete. Tatsächlich weiß er nicht, ob er überhaupt je einen Menschen getötet hat. Selbst den deutschen Soldaten, von dem er in seinen Büchern erzählt, hat er nicht allein erschossen. Es habe sich, sagt er, genau so zugetragen, wie er es beschrieben hat: Er und sein Kamerad hätten gleichzeitig auf den Abzug ihrer Smith & Wessons gedrückt, während der deutsche Soldat, der Gefahr nicht gewahr, ein Lied von einer weißen Taube sang: La Paloma.[26] Geteilte Schuld ist halbe Schuld, und während die Jahre vergehen, löst alle Schuld sich in der Ungewißheit auf, wessen Kugel die tödliche gewesen ist.

Gérard Sorel und Jacques Mercier haben damals viel gelesen. Die Fallschirme gingen nicht alle Tage nieder, und Sabotage war kein Sport, den man mehrmals in der Woche hätte treiben können. Ohne Bertolt Brecht zu kennen, wußte Semprún, daß man in der Politik einen langen Zorn haben muß. Daß der Kommunist dicke Bretter bohrt, hatte sich damals herumgesprochen. Während Brecht vom langen Zorn schrieb, verfaßte Semprún – mit achtzehn Jahren – ein von Majakowski inspiriertes Gedicht, in dem es heißt: «Geduld und Ironie sind des Bolschewiken größte Tugenden.»[27]

Von ihrer Aufgabe beseelt und begeistert angesichts der Entdeckung, wie geschwind Theorie und Praxis mittels ein wenig Sprengstoff in Einklang gebracht werden konnten, versenkten sich die beiden Freunde während der Wartepausen in ihre Literatur. Michel Herr gab sich Karl Marx hin, außerdem studierte er die klassische griechische Philosophie; aus seiner Lektüre von Lukács' *Geschichte und Klassenbewußtsein* ergaben sich viele Diskussionen mit Semprún, der das Werk ja schon kannte. Unter den Büchern, die Semprún in den Maquis mitnahm, befanden sich eine deutsche Ausgabe des *Don Quichote*, Camus' 1942 publizierter *Mythos von Sisyphos*, sowie eine in jenen Tagen erschienene französische Übersetzung von Kants Schrift über *Die Religion innerhalb der Grenzen der bloßen Vernunft*, in der Kant unter anderem über das Böse spricht. Diese Bücher waren nicht unmittelbar politisch brauchbar. Anders verhielt es sich mit den Werken André Malraux', dem *Kampf mit dem Engel* von 1943 (später unter dem Namen *Die Nußbäume der Altenburg* bekannt) und seiner Geschichte vom Spanischen Bürgerkrieg *Die Hoffnung*. Letztere las Semprún immer wieder, als hätte die Lektüre ihm darüber hinweghelfen können, daß er zu jung gewesen war, um am Bürgerkrieg teilzunehmen. In der Résistance hat er das Versäumte nachgeholt, «zum Teil auch beim Le-

Zu Beginn des sechzehnten Jahrhunderts malte Joachim Patinir
«Überfahrt über den Styx». In dem tiefblauen Wasser, das zwischen Himmel
und Hölle liegt, ließ Semprún seinen Helden, Juan Larrea, ertrinken.

sen von Malraux' *L'Espoir* – in der Résistance wurde ich eine Figur von
Malraux».[28]

Wer sehr viel liest, wie der neunzehnjährige Jorge es tat, der lebt in der
Literatur. Bücher mögen schwierig oder schwer erträglich sein, zickig und
klettenhaft sind sie nicht. Wenn eines mehr Interesse verlangt, als man ihm
widmen will, geht man ohne schlechtes Gewissen zum nächsten über. Es
gibt Leute – und in den ersten Monaten nach seiner Rückkehr aus Buchenwald hat Semprún zu ihnen gezählt –, die beginnen Liebschaften, wie sie
Bücher lesen. Wer beides anfängt, wer also liebt wie er liest, entdeckt in
der Regel früher oder später, daß er die leidenschaftliche Suche nach sich
selbst, nimmersatt betrieben, besser auf Bücher beschränkt. Das war bei
Semprún nicht anders. Seine Konstante im Leben ist die Literatur. Sie ist
seit jeher ein Medium seiner Weltwahrnehmung, Schutzwand und vermittelnde Instanz in einem. Die Rolle hatte sie zunächst für den Leser, der sich
als Dichter versuchte, und sehr viel später für den Autor, der die Voraus-
sage der Mutter erfüllen und ein berühmter Schriftsteller werden sollte.

Das Bücherschreiben ermöglicht allen Schriftstellern die Wahl zwischen
zwei Welten. Beim Schreiben entsteht ein Kosmos, der über die Realität
hinauswächst. Jorge Semprún kann sich jeweils aussuchen, ob er sich für
die ihn umgebende Außenwelt interessiert oder für das Jüngste Gericht,
das er in seiner Literatur entwirft: hier das Himmelreich auf Erden, das er

sich zum Vergnügen mit aufreizend viel Bildung und Erotik ausstaffiert, dort die irdische Hölle, die er kennengelernt hat. In fast allen seinen Büchern kommen beide Seiten vor, nur die Gewichtung ist jeweils unterschiedlich.

Gleichbleibend breit ist der Abgrund, der dazwischen liegt: Der Styx, wie Joachim Patinir ihn zu Beginn des sechzehnten Jahrhunderts gemalt hat, ein tiefblaues Wasser, in dem Semprún einen seiner literarischen Helden hat ertrinken lassen. Auf Patinirs Gemälde, das er schon als Kind im Prado sah, steht der Fluß im Mittelpunkt. Paradies und Hölle sind mit Akkuratesse ausgemalt, dennoch sind sie buchstäblich Randphänomene. Der Styx zieht das Auge auf sich: dieser Fluß, das undurchdringliche blaue Emblem des Nicht-Seins, für Semprún ein Sinnbild seiner Todesängste.

Nicht bloß 1943, auch später hat sich Semprún mit Figuren Malraux' identifiziert. Der junge Résistancekämpfer, der in seinem ersten Roman, *Die große Reise*, mit 120 Männern in einen Waggon gesperrt, von Frankreich nach Buchenwald gebracht wird, heißt Manuel. So heißt auch eine Hauptfigur in *Die Hoffnung*, ein kommunistischer Intellektueller, der im Spanischen Bürgerkrieg ein Militärführer wird. Die Figur hatte Malraux als Alter ego seiner selbst und nach Gustavo Durán konzipiert, einem Musikwissenschaftler, der in den gleichen Madrider Kreisen wie Semprúns Eltern verkehrte und sich im Bürgerkrieg unversehens als Offizier wiederfand.[29] In *Die große Reise* und auch im zweiten Buch, *Die Ohnmacht*, gab Semprún sich den Namen dieses Mannes: Manuel.

André Malraux beherrschte den hohen Ton. «Malraux lebt in der mythischen Gegenwart», schrieb Bruce Chatwin, «er vermischt absichtlich das Ereignis mit der archetypischen Situation.»[30] Außerdem war Malraux stets eins mit dem, was er tat. Seine Überzeugungen wechselten, aber das beunruhigte ihn nicht. Die Geradlinigkeit ihres Handelns und Denkens liegt für manche Leute darin, daß sie bei allem, was sie tun, zuerst danach trachten, als Solist zur Kenntnis genommen zu werden. Darin können sie sich selbst immer wiedererkennen, einerlei was sie tun und wie wichtig ihre Rolle dabei jeweils tatsächlich ist. So jemand war André Malraux.

Frühzeitig, schon bei Ausbruch des Bürgerkriegs 1936, erkannte er, daß die spanische Republik eine ordentliche Luftwaffe benötigte. Das ist für einen Literaten ungewöhnlich, darüberhinaus jedoch nicht weiter bemerkenswert: Er war mit seinem Wissen nicht der einzige. Weil die Republik mit gutgesinnten, berühmten Ausländern liebenswürdig umging, weil sie jede Art von Hilfe bitter benötigte, nahm sie Malraux' Angebot, er habe

Kontakte, gern an. Zum Dank erhielt er Mütze und Insignien eines Coronel der spanischen Luftwaffe, mit der er vor Kameras posierte. In der Tat hat er bei der französischen Volksfrontregierung des Sozialisten Léon Blum, die sich eigentlich zur Nichteinmischung verpflichtet hatte, erfolgreich antichambriert und erwirkt, daß die Spanische Republik den Franzosen einige ausgediente Flugzeuge abkaufen durfte. In den folgenden Wochen gelang es Malraux immer wieder, ein Flugzeug über die Grenze bringen zu lassen. Seine «Esquadrilla España» war nur wenige Monate lang im Einsatz, und zu Beginn des Bürgerkriegs durfte sie nicht in Kämpfe verwickelt werden, damit die Anwesenheit von Franzosen im Cockpit niemandem auffiel. Der damalige französische Luftwaffenminister Pierre Cot publizierte 1944 seine Erinnerungen, in denen er dem möglichen Vorwurf zuvorkam, er könne dazu beigetragen haben, daß Frankreich gegen die Deutschen so schnell verlor. Er habe, schrieb er, der spanischen Republik 1936 und 1937 insgesamt nicht mehr als 129 Flugzeuge zur Verfügung gestellt, darunter 83 Kampfflieger – fast alle Maschinen seien veraltet gewesen.[31]

Während des Bürgerkriegs war Malraux ein treuer Sympathisant des Stalinismus. Trotzki lehnte er ab, die Moskauer Schauprozesse 1937/38 billigte er, wie er auch nichts dagegen einzuwenden hatte, daß die Kommunisten ihre Konkurrenten von der POUM (der Arbeiterpartei der marxistischen Einheit) in Barcelona gewaltsam ausschalteten. Das einzige Vergehen der POUM hatte darin bestanden, sich den Direktiven der Komintern nicht zu unterwerfen, was Malraux bekannt war. Und auch über die verbrecherische Natur der Schauprozesse war er recht gut im Bilde. Erst die Niederlage der spanischen Republik und der Hitler-Stalin-Pakt verleideten ihm sein Engagement für die Komintern und den Kommunismus. Er sah sich nicht gern auf seiten der Verlierer. In seinen umfänglichen Memoiren, den drei Bänden von *Le Miroir des limbes*, die er viele Jahre später schrieb, kommt Spanien nicht vor. So einfach machte er es sich. Semprún war konsterniert. Malraux entzog sich der notwendigen Selbstprüfung, indem er über die Rolle, die er in Spanien gespielt hatte, kein Wort verlor.[32]

Malraux' Ausweichmanöver war von Fanfarenstößen begleitet: Frankreich hat ihm dabei assistiert. Als Jacques Chirac es 1995 endlich geschafft hatte, Präsident der Republik zu werden, suchte er sich in Malraux' Geschichte einzuschreiben: Wenige Monate nach der Amtsübernahme ließ er die Urne mit der Asche des 1976 Verstorbenen in den Panthéon überführen. Da ruht sie nun, in enger Nachbarschaft mit den Gebeinen Voltaires, Rousseaus, Victor Hugos und Emile Zolas.

Dieser durch und durch von sich selbst besessene und auf Berühmtheit versessene Mann war so begabt, daß er gleichwohl Bücher schreiben konnte, die zur Weltliteratur gehören. *La Condition humaine* (So lebt der Mensch) ist ein Roman über Solidarität, Einsamkeit und Flucht vor Empfindungen, über das Alter und den Tod, und das alles inmitten der chinesischen Revolution. Das Buch wurde 1933 mit dem Prix Goncourt ausgezeichnet. Leo Trotzki kam bei der Lektüre auf den Gedanken, der Autor habe wirklich an der chinesischen Revolution teilgehabt.

Auch in *Die Hoffnung* hat Malraux ein Menschenverständnis gezeigt, das er im eigenen Leben nicht besaß. Viele seiner Männergestalten sind bewundernswert: knapp in der Rede, mutig im Handeln, sozial in ihrem Wesen. Als junger Mann liebte Semprún das, wie er meinte, «zum Ruhm der kommunistischen Disziplin» geschriebene Buch. Seitdem er kein Genosse mehr ist, mag er es, weil sich aus der «etwas zufälligen Abfolge von Episoden und mitunter ziemlich wortreichen philosophischen Gesprächen, dem Autor selbst kaum bewußt, eine stichhaltige Kritik an der Radikalität des Bolschewismus ergibt». *Die Hoffnung* läßt sich aus kommunistischer wie aus antikommunistischer Perspektive lesen. Das Buch nährt Semprúns Erinnerung an die Zeiten, als er im Glauben an den Kommunismus lebte: Nirgendwo sonst seien das Engagement und die militärischen Tugenden der Kommunisten vergleichbar mitreißend dargestellt.[33]

Daß Malraux, als der Bürgerkrieg verloren war, das kommunistische Roß stehenließ, und 1944, als der Sieg der Alliierten sich abzeichnete, auf den Gaullismus umsattelte, um mit demselben Feuereifer weiterzupreschen, den er als Stalinfreund an den Tag gelegt hatte, irritierte Semprún freilich zutiefst, weshalb er den plötzlichen Gesinnungswandel – zumal französischen Journalisten gegenüber – zwar ansprach, dabei aber höflich mit Lack überzog: Malraux sei stets ein Antifaschist gewesen und in keinem Apparat je ganz aufgegangen: «Man muß in dieser Folge von Brüchen, in dieser Serie von Brüchen die Kontinuität erkennen».[34] Semprúns private Deutung ist schroffer als seine diplomatische Exkulpation: Malraux habe immer einen «Papa» gebraucht, als dessen Interpret er groß werden konnte. War es Stalin nicht mehr, dann eben de Gaulle, von dem er abschaute, wie man sich zum Beschützer Frankreichs stilisiert. 1944 unternahm Malraux einen Ausflug in die Résistance. Der war kurz, doch für ihn ausreichend lang, um ihn hernach verkünden zu lassen, im Widerstand habe er seine «Flitterwochen» mit der französischen Nation gefeiert: «Ich habe mich mit Frankreich vermählt.» Zwar ist Semprún seit den sechziger Jahren Malraux' Tochter Florence eng verbunden, doch bedauert er nicht, den verehrten Schriftsteller nie kennengelernt zu haben: «Er war eine Persönlichkeit, nett war er nicht.» Der Filmregisseur Alain Resnais, der langjährige Ehemann von Florence Malraux, war auf die Familientreffen mit dem Schwiegervater auch nicht erpicht. Seufzend fragte er einmal, ob Semprún ihn nicht beim nächsten Besuch in der Rolle des Schwiegersohns vertreten könne. Zum Vorstand des «Malraux-Komitees», das die Überführung der Asche in den Panthéon organisierte, ließ Semprún sich indes anstandslos wählen. Die Zeremonie fand 1996 statt, fast sechzig Jahre nachdem er erstmals eine Passage aus *L'Espoir* gehört hatte.

1938, damals lebte die Familie Semprún noch in Den Haag, trug Malraux im Radio eine Episode vor, an deren Ende der tapfere Hauptmann Hernandez zusammen mit vielen anderen erschossen wird.[35] An die Sendung erinnert Semprún sich bis heute. Als er im September 1943 im Wald vor einer nächtlichen Unternehmung etwas Zeit totzuschlagen hatte, zog er *L'Espoir* hervor und las darin. Er war nicht der einzige Abiturient in der Gruppe, die sich den Namen «Tabou» gegeben hatte. Bald, sagt Semprún, habe sich eine Unterhaltung über das Buch und seinen Autor entsponnen. Nur dem ungebildeten Vormann, der an jenem Abend in «Tabou» das Sagen hatte, paßte dieser Gesprächsstoff nicht: Das sei Politik, und die Politik habe in seinem Maquis nichts zu suchen! Ihm zum Trotz las Semprún laut die Szene der Massenerschießung vor, die er in Den Haag im Radio gehört hatte.[36] Das ging alle an, und dem Kritiker blieb nichts übrig, als zu verstummen:

«Man übt sich, die Rechten lernen zu töten, die Linken, daß sie getötet werden. Die nächsten drei Gestalten stehen nun dort, wo eben noch die andern standen, und die gelbe verdorrte Landschaft, die geschlossenen Fabriken und zerstörten Schlösser erfahren Friedhofsewigkeit; bis ans Ende aller Zeiten werden hier immer aufs Neue drei Männer darauf warten, daß man sie tötet. ‹Ihr habt euer Stück Erde gewollt›, brüllt einer der Faschisten. ‹Da habt ihr es!›...»[37]

«Man übt sich» – die Rechten schießen, die Linken werden erschossen. Es war keine kleinmütige Gesellschaft, die in jener Lesestunde im Maquis beisammensaß. Die jungen Leute des «Tabou», die in dem zwischen den Bäumen des Waldes hinabsickernden Abendlicht auf ihren Einsatz warte-

«Nur ein Feigling stirbt für die Republik, ein Jakobiner tötet für sie», schrieb Georg Büchner. In dem Résistancekämpfer ohne Mütze und mit großer Haartolle, der vor einem Baumstamm steht, kann Semprún sich kaum wiedererkennen.

ten, wurden durch die Solidarität, die Malraux ihnen vorführte, indem er viele Männer den Tod gemeinsam und tapfer erdulden ließ, in ihrem Gefühl des brüderlichem Heroismus bestärkt – unerläßlich für alle, die ihr Leben aufs Spiel setzen und von einem Hasardkommando bis zum nächsten etwas Zeit haben nachzudenken.

In Georg Büchners Theaterstück *Dantons Tod* sagt ein Mitglied des Jakobinerklubs: «Nur ein Feigling stirbt für die Republik, ein Jakobiner tötet für sie.»[38] Die jungen Widerständler konnten sich vorstellen, Märtyrer *und* Jakobiner zu sein.

Die Freiheit und die französische Republik waren eins. Im Kampf gegen die Deutschen waren alle Franzosen gleich. Aus der Brüderlichkeit würde die Republik aufs Neue erstehen – in Freiheit, Gleichheit und Brüderlichkeit. Das war die Rhetorik der französischen KP anläßlich des hundertfünfzigsten Jahrestages der Kanonade von Valmy. Der Sieg über die vereinigten Preußen und Österreicher im Jahr 1792 hatte das Blatt im Revolutionskrieg gewendet: Von da an waren die republikanischen Truppen in die Offensive gegangen. Im Zweiten Weltkrieg wetteiferten die französischen Kommunisten und die Gaullisten darum, wer nationaler denke und dem Herzen Frankreichs näher stehe. Diese rhetorischen Scharmützel gingen an Semprún vorbei: «Ich erinnere mich daran, daß die KP sich gelegentlich etwas exzessiv auf nationale Werte bezog. Wir hatten damit wenig zu tun.» Louis Aragon dichtete, daß die Partei ihn gelehrt habe, die Farben Frankreichs wahrhaft zu erkennen: «Mon parti m'a rendu les couleurs de la France…» Dergleichen fand Semprún poetisch wenig überzeugend und politisch outriert: «Da sind mir seine Hurra-Gedichte fast schon lieber.» Semprún war ein spanischer Patriot in Frankreich, die nationalistischen Extravaganzen der französischen Genossen betrafen ihn nicht. Sollten sie sich auf die Kanonade von Valmy berufen, warum nicht? Für ihn ergab sich aus der Schlacht freilich nicht die Lehre, daß Frankreich groß war, sondern daß Soldaten nur dann gut kämpfen, wenn sie einen guten Grund dafür haben: Bei Valmy traten die Revolutionstruppen nicht nur gegen Preußen und Österreich an, sondern gegen den Feudalismus.*

Warum Menschen – Soldaten, Polizisten, Gefängnisaufseher, Funktionäre – sich für das Böse einsetzen, ist für Semprún kein großes Rätsel. Das Üble, das er in seinem Jahrhundert erlebt hat, kam stets im Verein mit der Macht. Schergen im Dienst des Siegers finden sich immer. Semprún hat die Neugier nicht aufgebracht, so jemanden näher kennenzulernen. Umso mehr bewegt ihn die Frage, warum Menschen dafür einstehen, das Böse zu bekämpfen, obgleich sie in diesem Kampf nur verlieren können. Warum er selbst es tat, weiß er. Warum aber all die anderen?

Die Antwort fand der junge Mann in *L'Espoir*: Solidarität und Brüder-lichkeit. Mehr als andere Bücher verhalf der Roman ihm dazu, die Wirk-lichkeit im Licht der Literatur sehen, und was er in der so erzeugten Stim-mung in der Wirklichkeit wahrnahm, verwies ihn auf die Literatur zurück. Das Wechselspiel ermöglichte ihm, die Gemeinschaft als Quelle des Glücks zu erleben. In dieser Hinsicht war *L'Espoir* unerschöpflich, ein stets wirk-sames Präparat, das Semprún sich viele Male verabreichte. Das Buch hat er bei den Kameraden von «Tabou» zurückgelassen, wo es einige Wochen nach seiner Verhaftung, als die Deutschen den Widerstand in den Wäldern der Gegend aufrollten, verloren gegangen ist. In seinen Büchern findet die-ses Exemplar von *L'Espoir* gelegentlich Erwähnung. Der Schriftsteller er-innert sich seiner wie eines verlorenen Kameraden.

Damals hing er an Freunden vom Typus «großer Bruder», so einer war auch Michel Herr. Die fahrlässige Risikobereitschaft des Gefährten nahm

---

* 1979 hat Semprún die Niederlage der spanischen Republik im Bürgerkrieg vor allem darauf zurückgeführt, daß die Masse des Volkes sich von der seit 1933 restaurativ-konservativen republikanischen Regierung nichts mehr versprach. («Le Combattant de la guerre d'Es-pagne», S. 116).

101

Semprún mit enervierter Nachsicht hin. Vernünftig wäre es gewesen, die militärische Sperrstunde einzuhalten. Vernünftig wäre es gewesen, mit Sprengstoff und Munition im Rucksack eher Nebenwege als Hauptstraßen einzuschlagen und nicht im Pulk zu fahren. Doch Michel Herr, der – mit Malraux gesprochen – Mut auch für ein Vaterland hielt, fand Vorsicht überflüssig. «Wir mußten einige Dutzend Maschinenpistolen vom Depot irgendwohin bringen. Und Michel beschloß, nach der Sperrstunde loszufahren. Drei oder vier Fahrräder, jedes mit einigen Pistolen beladen! ‹Warum nach der Sperrstunde?›, habe ich gefragt, ‹warum nicht am Nachmittag, wenn viele Leute mit Fahrrädern unterwegs sind, auf denen Gemüse und alles mögliche transportiert wird? Am Abend muß nur eine deutsche Patrouille kommen… .›» Michel Herr habe daraufhin bloß überlegen mit den Schultern gezuckt. «Aber», fährt Semprún fort, «genau das geschah dann auch. Auf dem Weg hörten wir eine deutsche Patrouille. Glücklicherweise war es eine sehr deutsche Patrouille: Alle sangen, man hörte sie aus weiter Ferne. Soldatenlieder, schön gesungen. Die Deutschen sangen damals gern und gut. Was aber machte Michel Herr? Er fuhr mit uns in Joigny direkt zum Kommissariat, er stürmte hinein, zückte seine Pistole und brüllte ‹Résistance!› Die französischen Polizisten waren generell nicht gegen uns, die meisten waren für uns, doch nicht alle. Und die Beamten des Kommissariats waren natürlich besser bewaffnet als wir. Wir hatten Glück. Wir haben dort eine Viertelstunde gewartet, bis die Deutschen fort waren, und sind dann unbehelligt abgefahren. Mit solchen Einfällen haben sich die Risiken und Momente der Gefährdung akkumuliert. Und das alles einzig und allein aus Romantik! Weil man es unbedingt den Helden aus den Romanen von Malraux und den Romanen von, ich weiß nicht wem, gleichtun mußte.»

Wenn Mut ein Vaterland ist, dann ist Vorsicht unpatriotisch. Es hätte das Motto sein können, nach dem Michel Herr und seine Leute sich in ihrem Basisquartier in Epizy verhielten. In dem Vorort des Städtchens Joigny lag das bäuerliche Anwesen von Irène Rossel, eine Anzahl kleiner Gebäude – Stall, Scheune, Küche, Wohnhaus –, die um einen Innenhof standen. Auf dem Hof herrschte ein reges Kommen und Gehen, das auf die Dauer nicht unbeobachtet bleiben konnte. Warum die mehr als vierzig Jahre alte geschiedene Frau von so vielen jungen Männern besucht wurde, mußte jeder sich fragen, der es bemerkte.

Irène Rossel, laut Semprún «eine starke, bewundernswerte Frau», hatte Familienangehörige und ein paar Nachbarn, auf die sie sich verlassen konnte. Auch der Bürgermeister eines nahegelegenen Ortes gehörte zu der Gemeinschaft, die schon 1942 begonnen hatte, gegen die Deutschen zu arbeiten, indem sie versuchte, Gefangene zu befreien, oder Leute, denen die Verhaftung drohte, mit falschen Papieren versah. Im Sommer 1943, als Michel Herr und Semprún dazustießen, hatten die Aktivitäten sich ausgeweitet, Verbindungen zu Jean-Marie Action waren geknüpft. Irène Rossels Gehöft belieferte mindestens drei kleine Résistance-Netze mit britischen Waffen, darunter den Maquis «Tabou». Während Michel Herr aus Überschwang unvorsichtig war, trug Irène Rossel das Risiko mit resoluter Routine.[39]

Am 7. Oktober 1943 ließ Jean-Marie Action bei Pontigny einen Munitionszug in die Luft gehen. Danach kehrte Georges Vannereux, der zu Irène Rossels engerem Kreis gehörte, nicht zurück. Semprún radelte in die Ortschaft Laroche-Migenne, um sich bei dem Netz, das die abendliche Aktion ins Werk gesetzt hatte, nach ihm zu erkundigen. Niemand wußte etwas. «Nachdem ich Vannereux in Laroche-Migenne und auf den Höfen der Umgebung vergeblich gesucht hatte, fuhr ich zurück nach Epizy. Ich habe Irène gesagt, daß ich mich ein wenig ausruhen wolle, und bin ins Wohnhaus gegangen. Als ich dann um die Mittagszeit in die Küche kam, sagte Irène: ‹Sie kommen in einem schlechten Moment, Gérard, die Gestapo ist da.› Ich hatte einen Revolver im Hosenbund, ein blödes kanadisches Fabrikat mit einem riesigen Griff. Als ich das Ding zu ziehen versuchte, hat es sich in der Hose verhakt. Der Typ von der Gestapo hat mir mit dem Griff seiner Pistole auf die Stirn geschlagen. Dann bin ich hingefallen, mit einem Loch im Kopf.»

In jenem Moment wußte Semprún noch nicht, daß Vannereux in der Nacht den Deutschen in die Hände geraten war. Er hält es für ausgeschlossen, daß die Gestapo von ihm die Adresse in Epizy bekommen habe. Vannereux sei zwar ein Hasenfuß gewesen, weil er aber erst wenige Stunden zuvor festgenommen worden war, habe er gar nicht die Zeit gehabt, Irènes Adresse preiszugeben. Viel wahrscheinlicher scheint Semprún eine andere Erklärung: Michel Herrs Truppe habe sich zu auffällig verhalten. «Irgendjemand muß das Haus denunziert haben. Bei all dem Betrieb wird jemand den Deutschen gesteckt haben, daß der Hof nicht ganz geheuer war. Als die Deutschen Waffen fanden, waren sie überrascht, damit hatten sie nicht gerechnet. Sie arbeiteten bei der Durchsuchung übrigens schlampig: Die Waffen, die unter den Kartoffeln versteckt waren, haben sie nicht entdeckt.»

4

Folter

Vielleicht ist kein anderes Datum weltweit so bekannt wie der 11. September 2001, der Tag, an dem die Türme des New Yorker World Trade Center in Schutt und Asche fielen. Nichts werde hinfort sein, wie es bis dahin gewesen war, verkündeten Journalisten, ohne zu wissen, was sie damit sagen wollten. Tatsächlich hat sich seitdem eine Entwicklung beschleunigt, die alles andere als neu war und schon Jahre zuvor begonnen hatte: Die bürgerlichen Freiheitsrechte in den westlichen Staaten werden immer mehr beschnitten. Die Angst vor terroristischen Attentaten ist gewaltig. Den Gesetzgebern fällt gar nicht auf, wie sie in ihrem «Kampf gegen den Terror» Zug um Zug Rechte zurücknehmen, für deren Verwirklichung Jahrzehnte, wenn nicht Jahrhunderte lang gestritten wurde. Als das World Trade Center einstürzte, wurde unter seinen Trümmern die bedingungslose Bereitschaft des Westens begraben, die Bürger- und Menschenrechte als höchstes Gut zu achten.

Seit Ende des Jahres 2001 wird debattiert, ob man «ein bißchen» Folter nicht gesetzlich erlauben solle. Der amerikanische Jurist Alan Dershowitz rechtfertigt das mit einer Klippschulvariante der utilitaristischen Philosophie: Wenn Folter dazu beitrage, vielen Menschen das Leben zu retten, dann müsse man hinnehmen, daß auf das Wohlbefinden des potentiellen Täters keine Rücksicht genommen wird.[1] Die CIA läßt mit Wissen der amerikanischen Regierung Gefangene in fremde Staaten ausfliegen, um sie dort mit einheimischen Methoden foltern zu lassen, ohne daß die USA dafür verantwortlich gemacht werden können: «Wenn eine solide Befragung erwünscht ist, bringt man sie nach Jordanien. Wenn sie getötet werden sollen, bringt man sie nach Ägypten oder Syrien.»[2]

Verglichen mit den USA ist die Bundesrepublik ein minder bedeutendes Land. Deutsche Politker und Beamte sehen, wie in der großen weiten Welt mit Verbrechern umgegangen wird, und wenden ihre Erkenntnisse dann auf die eigene, etwas kleinere Welt an. So geschehen in Frankfurt am Main, ein Jahr nach den Attacken auf New York und Washington.

Im September 2002 war das Kind eines Frankfurter Bankiers entführt worden, die Polizei hatte den Täter gefaßt. Er wollte jedoch nicht angeben, wo der Junge sich befand. Und dann hat der Frankfurter Vize-Polizeipräsident Wolfgang Daschner dem Mann angedroht, was in vielen Hollywoodfilmen zum glücklichen Ende führt und von verschiedenen westlichen Juristen und Journalisten zu einer legitimen Maßnahme erklärt wird: Man habe Mittel und Wege, ihn zum Sprechen zu bringen. Man werde ihm wehtun, wenn er nicht rede. Daraufhin spurte der Mann. Weil er das Kind schon unmittelbar nach der Entführung getötet hatte, konnte er die Retter freilich nur noch zu der Leiche führen. Der Vizepolizeipräsident, ein gewissenhafter deutscher Beamter, hat anschließend einen Aktenvermerk über seine rechtswidrige Befragungsmethode verfaßt, der zur Grundlage einer staatsanwaltschaftlichen Anklage wurde.[3]

Die Volksmeinung war auf Daschners Seite: Der Polizeipräsident, fanden die Leute, sei ein mutiger Mann. Die Volksmeinung entdeckte ihre sonst eher lahme Begeisterung für Zivilcourage im Amt. Landauf, landab, an den Stammtischen und in intellektuellen Kreisen, wurde über Daschners Folterandrohung diskutiert.

Eine solche Unterhaltung, bei der ich dabei war, wurde von Angehörigen drei oder vier verschiedener Länder bestritten. Man saß behaglich bei Kaminfeuer, Wein und Salzgebäck beisammen. Allerlei Feinheiten kamen zur Erörterung: Handelte Daschner moralisch oder lediglich in einer besonderen Form von Notwehr? Unter welchen Umständen sollten einem Verdächtigen physische Schmerzen zugefügt werden? Würde man zur Not selber Hand anlegen?

Es war eine höchst muntere Debatte. Nur einer sagte kein Wort: ein Argentinier, der seine Heimat vor Jahrzehnten verlassen, aber die Machenschaften der Militärjunta zwischen 1976 und 1982 sehr genau verfolgt hatte, einer Regierung, die ihre Gegner foltern ließ. Heute weiß man, was mit den rund dreißigtausend «Verschwundenen» geschah. Wenn Elektroschocks und Schläge nichts mehr aus ihnen herauszupressen vermochten, wurden sie erschossen oder betäubt und aus Flugzeugen hinaus ins Meer geworfen. Der alte Herr aus Argentinien hörte der Diskussion ein paar Minuten lang zu, dann erhob er sich, schweigend, und verließ den Raum.

Der Polizeipräsident Daschner wurde im Dezember 2004 wegen Nötigung zu einer Verwarnung mit Strafvorbehalt verurteilt. Sollte er sich nochmals etwas zuschulden kommen lassen, muß er eine Geldbuße entrichten. Als vorbestraft gilt er nicht. Es war die mildest-mögliche Verurteilung, welche die deutsche Gesetzeslage eben noch erlaubt. Das Gericht hielt dem Angeklagten zugute, aus ehrenwerten Motiven gehandelt zu haben. In der Frankfurter Polizeiverwaltung wurde Daschner ein seinem Dienstrang entsprechender anderer Posten zugewiesen. Viele fanden, er habe eher das Bundesverdienstkreuz als einen Prozeß verdient. Die Richter sympathisierten mit ihm, mußten sich aber an Artikel 1 des Grundgesetzes halten. Der erste Satz lautet: «Die Würde des Menschen ist unantastbar.»

• • •

Als Jorge Semprún am 8. Oktober 1943 verhaftet wurde, trug er seine echten Papiere bei sich. An jenem Tag hatte er nach Paris fahren wollen, wo die Polizei raffinierter war als in der Provinz und er mit dem Ausweis des Gärtners Gérard Sorel bei der ersten Kontrolle aufgeflogen wäre. Wenn Semprún sich nach Paris aufmachte, reiste er deshalb stets unter seinem richtigen Namen. Die MOI hatte ihn instruiert, sich alle legalen Papiere zu beschaffen, deren er habhaft werden konnte. Also besaß er nicht nur seinen spanischen Ausweis, der ihn als Angehörigen einer mit Nazi-Deutschland befreundeten Macht klassifizierte, sondern auch ein bei der spanischen Botschaft in Paris erworbenes Zertifikat, das ihn vom Wehrdienst freistellte. Als Landsmann einer befreundeten Macht war er in die Hände der Deutschen gefallen, was ihm ein wenig geholfen haben wird.

Nachdem er unter dem Hieb eines Pistolengriffs niedergesunken war, wurde er in die Scheune von Irène Rossels Gehöft gebracht, gefesselt und dann zum Auto geführt, wo die Gestapo-Männer ihn deponierten, während sie das Anwesen durchsuchten. Anschließend transportierten sie ihn zur Feldgendarmerie in Joigny, die Michel Herr in seiner Vorstellung schon mindestens ein dutzend mal in die Luft gesprengt hatte. Dort bekam Semprún die erste Abreibung: «Das war banal. Die wollten sich amüsieren. Das war nicht systematisch, nicht wissenschaftlich. Bamm, bamm, bamm: so war das.»

Im Sommer 2005 stand ich mit Jorge Semprún auf dem Bürgersteig eines Pariser Boulevards. Er sagte, innerlich beschäftigt mit der Arbeit an einem neuen Buch, *Exercices de survie*, er könne nicht begreifen, warum Jean Améry dem «ersten Schlag» so große Bedeutung beimesse.

Semprún hat Autoren wie Heidegger und Hegel im Original gelesen. Sein passives Deutsch ist ausgezeichnet. Aber die einfachen Worte, mit denen Jean Améry in den sechziger Jahren erklärte, warum der erste Schlag für den Gefolterten die Welt verändere, hat er nicht verstanden. Er kennt die Tortur als allmähliche, mal schneller, mal langsamer wirkende Zermürbung von Widerstandskraft und Selbstgefühl. Mitunter ist sie methodisch ausgeklügelt und umfaßt ein Programm zunehmend schrecklicher Peinigungen. Das praktizierten die Nazis. Zur Franco-Zeit hingegen, so Semprún, sei die Folter ebenso primitiv gewesen wie die Männer, die sie ausführten. Systemgegner seien zumeist lediglich geprügelt worden, dies freilich wochenlang, im fabrikmäßigen Schichtdienst von drei mal acht Stunden, der Pausen nur vorsah, damit die Opfer Zeit hätten, Einsicht in die Ausweglosigkeit ihrer Lage zu gewinnen.* Wer in den ersten vier Wochen standhielt, mochte in der fünften oder sechsten Woche am Ende sein und die gewünschten Aussagen machen.

Die «hohe Kunst der Folter», schreibt der Theologe Heinz-Günther Stobbe, bestehe «nicht in der beliebigen Steigerung des Schmerzes, sondern darin, eine Situation zu arrangieren, die den gewaltsam erzeugten Schmerz unerträglich macht. Es kommt darauf an, dem Opfer alles zu nehmen, was trägt oder Halt verschafft, zuerst die Orientierung in Raum und Zeit, dann seine sozialen Kontakte, seine Überzeugungen und Hoffnungen, in letzter Konsequenz seine ganze Welt. Indem die Folter als Gesamtstrategie Schritt für Schritt die Welt des gefolterten Menschen vernichtet, ruft sie eine bodenlose Leere hervor, die einzig vom Schmerz ausgefüllt wird. Sie zerstört ihn, indem sie seine Fähigkeit zerstört, dem Leiden Sinn zu verleihen, durch Negation all dessen, wofür zu leiden sich lohnte. Dem Leben und Leiden des Opfers den Anschein vollkommener Sinnlosigkeit zu verleihen, das erst kennzeichnet die Unmenschlichkeit der Folter.»⁴

Der Folter zu widerstehen ist für Semprún eine Frage des Durchhaltens in genau diesem Sinn: Man muß sich die Welt erhalten. «Hauptsache ist, dich glauben zu machen, daß der Schmerz kein Ende haben wird, daß es nach dem, was dir soeben angetan wurde, immer noch etwas anderes ge-

---

* So hat Semprún es erzählt bekommen. Daß die franquistische Polizei die Folter variantenreicher zu betreiben lernte, geht aus einem zeitgenössischen, öffentlichen Aufruf spanischer Schriftsteller hervor, in dem einige der gängigen Praktiken aufgelistet wurden («Der Spiegel», 10.1.1969, S. 72).

ben wird. (...) Sie kommen, zünden Zigaretten an, sprechen miteinander, tun so, als läge das ganze Leben vor ihnen. Es ist natürlich abstrakt, du darfst nicht darauf hereinfallen. So viel Zeit haben sie nämlich gar nicht. Jede Minute Schweigen, die du ihnen abringst, stürzt sie buchstäblich in Verzweiflung. Wenn du nicht redest, haben sie überhaupt nichts mehr, sie verlieren jede Daseinsberechtigung. (...) Man taucht nicht mit einem Schlag in die Welt des Schmerzes.»⁵ Das schrieb Semprún in den sechziger Jahren. Amérys Wahrnehmung war anders: Der Selbstverlust, den er erfuhr und von dem er sich nie erholte, setzte für ihn mit dem ersten Schlag ein. Semprún erscheint das seltsam, er hält es geradezu für absurd.

1966 publizierte Améry eine Reihe von Aufsätzen, in denen er versuchte, seinen Erlebnissen von Folter und KZ auf den Grund zu gehen: *Jenseits von Schuld und Sühne. Bewältigungsversuche eines Überwältigten.* Das Buch und sein Autor wurden berühmt. Améry, der als Schriftsteller zuvor einige Niederlagen hatte hinnehmen müssen, fand sich geehrt und geachtet. Insgeheim sah er sich als verloren. In einem Brief bekannte er: «Ich glaube, ich weiß, daß ich ein Nichts bin.»⁶

In dem Kapitel über die Folter schreibt er: «Es ist nur wenig ausgesagt, wenn irgendein Ungeprügelter die ethisch-pathetische Feststellung trifft, daß mit dem ersten Schlag der Inhaftierte seine Menschenwürde verliere. Ich muß gestehen, daß ich nicht genau weiß, was das ist: die Menschenwürde. Der eine glaubt, sie zu verlieren, wenn er in Verhältnisse gerät, unter denen es ihm unmöglich wird, täglich ein Bad zu nehmen. Ein anderer meint, er gehe ihrer verlustig, wenn er vor einer Behörde eine andere als seine Muttersprache sprechen muß. Hier ist die Menschenwürde an einen bestimmten physischen Komfort gebunden, dort an freie Meinungsäußerung, in einem noch weiteren Fall vielleicht an die Zugänglichkeit gleichgeschlechtlicher erotischer Partner. Ich weiß also nicht, ob die Menschenwürde verliert, wer von Polizeileuten geprügelt wird. Doch bin ich sicher, daß er schon mit dem ersten Schlag, der auf ihn niedergeht, etwas einbüßt, was wir vielleicht vorläufig das *Weltvertrauen* nennen wollen.» In normalen sozialen Zusammenhängen, so nimmt Améry an, gebe es Regeln, die das Individuum vor Anmaßungen und Übergriffen der Gesellschaft schützen. Unter Weltvertrauen versteht er die Gewißheit, daß der Zugriff der Außenwelt auf das Innere des Menschen eine absolute Grenze habe: «Die Hautoberfläche schließt mich ab gegen die fremde Welt: auf ihr darf ich, wenn ich Vertrauen haben soll, nur zu spüren bekommen, was ich spüren *will*.» Mit dem ersten Schlag, fährt er fort, breche das Weltvertrauen zusammen. Diese Passage hatte Semprún im Sinn, als er sagte, er könne Améry nicht verstehen.[7]

Améry wollte das Erlebnis der Folter nicht vom Begriff der Menschenwürde her anschauen. Sie betrachtet er als etwas, was dem Menschen von der Gesellschaft genommen werden kann, indem diese das eine oder andere dem Individuum Teure nicht respektiert. Dann fühlt das Individuum sich entwürdigt. So gesehen hat Améry natürlich recht, wenn er an der Sinnhaftigkeit des Wortes «Menschenwürde» zweifelt: Das spezifisch Entwürdigende der Folter ist damit nicht beschrieben. Und umgekehrt kann jedermann, sofern er nur stark genug ist, selbst unter den grausamsten und demütigendsten Umständen seine innere Würde bewahren. Das ist nicht bloß eine philosophische Annahme, sondern eine empirische Wahrheit. Eine entwürdigende Behandlung führt nicht notwendig zum Verlust der Menschenwürde – nur wer sie in sich nicht mehr spüren kann, hat die Menschenwürde verloren. Nicht von außen wird das bewirkt. In der Seele des Betreffenden entscheidet es sich, ob er seine innere Freiheit zu bewahren vermag. Bezeichnenderweise kommt dieser Gedanke in Amérys Aufsatz «Die Tortur» nicht vor. Im Gegenteil: Er sucht darzustellen, daß die Folter dem Menschen seine Freiheit nimmt. Und damit unterscheidet er sich fundamental von Jorge Semprún, der in *Die große Reise* schreibt: «Denn das für die Geschichte Wesentliche, das uns allen Gemeinsame, die wir in diesem Jahr 1943 verhaftet werden, ist die Freiheit.»[8]

Anfang der vierziger Jahre verteilte Améry, der damals noch Hans Mayer hieß, in Brüssel antinazistische Flugblätter. 1943 fiel der Dreißigjährige einer deutschen Polizeipatrouille in die Hände, Agitationsmaterial in der Tasche. Man brachte ihn zur alten Festung Breendonk, damals Gefängnis und Folterstätte der Nazis. An den auf dem Rücken zusammengebundenen Händen wurde er aufgehängt und dann mit einem Ochsenziemer so geschlagen, daß «mein eigenes, mir fremdes und unheimliches Geheul» noch Jahrzehnte später in ihm widerhallte.

Die Peiniger wollten aus ihm Informationen herausprügeln, die Namen seiner Mitverschworenen, ihre Adressen. Sein Netz war gut organisiert, er kannte die Klarnamen und die Wohnorte nicht. Das nützte dem Netz, ihm half es nicht: «Hätte ich statt der Decknamen die wirklichen nennen können, es wäre vielleicht, wahrscheinlich, ein Unglück geschehen, und da stünde ich nun als der Schwächling, der ich wohl bin, und als der Verräter, der ich potentiell schon war.»

Unter der Folter zeigte sich, daß er ein Verräter hätte sein können – eine der schlimmsten Entdeckungen, die der Mensch über sich selbst machen kann. Das war es, so lese ich Amérys Buch, was ihn um seine Selbstachtung brachte: Er wußte, daß er, wäre es ihm möglich gewesen, alles und jeden verraten hätte. Von so einer Erfahrung kann man sich nicht erholen. Er sagt es selbst: «Wer der Folter erlag, kann nicht mehr heimisch werden in der Welt.» In den sechziger Jahren versuchte Améry, seine Geschichte zu rationalisieren. Er bezieht sich auf psychologische und philosophische Theorien, er interessiert sich ausgiebig für die Motive der Folterer. Allein, den Prozeß der Selbstentfremdung, den die Tortur in seiner Seele auslöste, beschreibt er nicht. In seinem Text bleibt die Folter eine Untat, die ihm von außen zugefügt wurde. Und deshalb beginnt, was er Verlust des Weltvertrauens nennt, in seiner Darstellung mit dem «ersten Schlag». Als er 1976 in *Hand an sich legen* – zwei Jahre bevor er sich umbrachte – seinen Lesern, wiederum ganz rational und auf allerlei theoretische Texte gestützt, auseinandersetzte, warum der Selbstmord ein Akt der Freiheit sei, kam er auf das Erlebnis der Folter nicht zu sprechen.

Semprún findet Amérys Argumentation zum einen deshalb nicht plausibel, weil er den Kern – Amérys Eingeständnis, er hätte wahrscheinlich jedes Geheimnis preisgegeben – überlesen hat. Zum anderen befanden die beiden sich in ganz unterschiedlichen Lebenslagen, als sie gefoltert wurden: Der Résistancekämpfer Semprún hatte sich darauf eingerichtet, daß er gequält werden würde, wenn die Gestapo ihn faßte; er war im Kampf und hatte sich sein Schicksal freiwillig ausgesucht. Die Folter nahm er nicht als Negierung seiner Person wahr, sondern als eine politisch motivierte Maßnahme. Der Jude Améry hingegen war in jedem Fall ein Verfolgter, wäre es auch gewesen, wenn er keine Flugblätter verteilt hätte. Schon deshalb war Semprúns Selbstverständnis anders als das Jean Amérys. Und weil Semprún unter der Folter schwieg, kann er nicht ohne weiteres nachempfinden, wie ein Mann sich fühlt, der seine Kameraden nur deshalb nicht verriet, weil er ihre Klarnamen und Adressen nicht kannte.[9]

Hat man Kameraden preisgegeben, oder hat man es nicht getan? Davon hängt es ab, wie der Gefolterte später weiterlebt. «Man verfolgt keinen, der unter der Folter geredet hat», sagt Stéphane Hessel, der 1944 nach Buchenwald deportiert wurde, weil er von einem Kollegen der Résistance während eines gewaltsamen Verhörs verraten worden war. Der ehemalige französische Diplomat ist der Sohn Helen Hessels, die vor dem Ersten Weltkrieg in einer ménage à trois mit zwei Männern lebte. Einer der beiden, Henri-Pierre Roché, verfaßte einige Jahrzehnte später den Roman *Ju-*

les et Jim, den François Truffaut 1962 verfilmte. Helen und Franz Hessels Sohn Stéphane war im Zweiten Weltkrieg Oberstleutnant im Dienst der Spionageabteilung von de Gaulles Londoner BCRA. Nach seiner Gefangennahme in Paris wurde auch er gefoltert. Anders als Améry war er ein Geheimnisträger. Genau wie Améry hat er seinen Schergen das Blaue vom Himmel heruntererzählt. Alles mögliche hat er zusammengedichtet, damit der Schmerz eine Weile lang aussetze – nur eine verwendbare Aussage machte er nicht. Das hat ihn innerlich gerettet. Und doch schreibt Hessel in seinen Erinnerungen: «Meine ganze Bewunderung gilt heute denen, die beschlossen haben, unter den Schlägen zu schweigen, die Brutalität der Peiniger durch stummes Ertragen des Leidens ins Leere laufen zu lassen. (...) Ich dagegen habe viel geredet.» [10]

Gewiefte Folterer betreiben ihr Metier mit Berufsehre. «Nur einem Stümper» stirbt das Opfer «unversehens unter den Händen weg», schreibt Heinz-Günther Stobbe. «Daher versteht sich der Folterprofi gern als eine Art Wissenschaftler.» [11] Das sieht Semprún ganz ähnlich. Die «Wissenschaft», mit der er traktiert wurde, setzte freilich in einem entscheidenden Moment aus. Nachdem Semprún am ersten Tag seiner Gefangennahme ohne Methodik zusammengeschlagen worden war, brachte man ihn ins Gefängnis von Auxerre. Eine ganze Nacht lang ließ man ihm Zeit, eine Strategie zu ersinnen.

«Die ersten Stunden der Gefangenschaft sind entscheidend. ‹Desconcierto›, sagt man auf Spanisch. Also: die Verlorenheit in der Desorientierung ist groß und verhindert das gerade Nachdenken. Man weiß sehr gut, daß man geschlagen und gefoltert werden wird. Aber in der ersten Aufregung spürt man noch keinen Schmerz. Der Kerl von der Gestapo, der mich in der Mangel hatte, brüllte immerzu ‹Wir wissen alles!› Das war nicht so schlimm, aber dabei kann man nicht nachdenken. Dann brachten sie mich ins Gefängnis von Auxerre. Dort hatte ich eine Nacht für mich, bevor die systematischen Vernehmungen begannen. In dieser Nacht habe ich mir eine Identität für mich konstruiert, meine Verteidigung. Naja, Verteidigung. Das erste ist: Man weiß nicht, wie lange man aushält. Man muß von der Hypothese ausgehen, daß man irgendwann schwach wird. Das muß man einkalkulieren. Folgende Strategie habe ich mir also ausgedacht: Nichts aussagen, was sie nicht ohnehin schon wissen. Sie haben mich in einem verdächtigen Haus festgenommen, zusammen mit Irène, und ich war bewaffnet. Ganz unbeteiligt war ich offensichtlich nicht. Ich habe mir dann eine Geschichte zurechtgelegt, die ich aber nicht gleich erzählt habe. Sie war den Kollaborationszeitungen entnommen: Einmal, zweimal im Monat wurde da die traurige Mär des armen Jungen zum besten gegeben, der von der Résistance benutzt worden war, etwa die Geschichte eines Studenten, der Geld zum Leben brauchte und sich zu Botendiensten bereit erklärte: Er dachte, er habe Fleisch vom Schwarzmarkt in der Tasche, und wußte nicht, daß es Waffen waren. Und als er entdeckt, daß er Sprengstoff transportiert, sagt man ihm: ‹Wenn du uns verrätst, töten wir dich!› So eine Geschichte habe ich erfunden, die ganz genau zum Stereotyp der anti-antifaschistischen Propaganda der Nazis paßte. Das durfte man natürlich nicht gleich sagen. Ich mußte den Leuten das Gefühl geben, daß sie mich allmählich kleinkriegten. Also mußte ich eine Zeitlang durchhalten. Erst wenn ich wirklich nicht mehr konnte, würde ich zugeben müssen: ‹Ich kann nicht mehr› oder ‹Hören Sie auf, ich sage alles›. Meine Papiere waren dabei hilfreich: Ich war Spanier, ein verirrter Ausländer. Das Ganze, dachte ich, würde aber nur dann funktionieren, wenn die Deutschen davon überzeugt wären, daß sie mich zum Reden gebracht hatten. Vielleicht wäre es auch anders gegangen, das weiß ich nicht. Ich konnte es mir nicht vorstellen. Und dann spielte da auch ein bißchen die Neugier eine Rolle: Man will wissen, wieviel man aushalten kann.»

Semprún wurde von der Gestapo verhört, folglich nicht im Gefängnis von Auxerre, sondern im Haus des Vernehmers, der sich «Doktor» Haas nennen ließ, was mit akademischen Leistungen nichts zu tun hatte, wohl aber deutlich machen sollte, daß er bei seiner Arbeit mit Methode vorging. Am ersten Tag wurde Semprún im Vorgarten dieser Villa, wie Jean Améry, an den mit Handschellen auf dem Rücken gefesselten Händen am Ast eines Baumes hochgezogen. Nun ließen die Deutschen einen scharfen Hund auf ihn los und freuten sich an dem Schauspiel, wie der Gefangene strampelte, um nicht in die Beine gebissen zu werden.[12] Die Art, wie er aufgehängt wurde, ist eine weltweit beliebte Foltermethode. Bei älteren und schwachen Menschen führt sie dazu, daß die Arme ausgekugelt werden. Junge Männer mit solider Muskulatur erleiden in der Regel nur eine extreme Überdehnung der Schultergelenke. Der Schmerz läßt später wieder nach. Während er dauert, fühlt es sich indes genauso an, wie wenn die Gelenke aus den Pfannen gesprungen wären.

Dann begann das Programm. Die Gestapo hatte gestaffelte Foltermethoden. In der ersten Phase wurden die Opfer getreten und geschlagen, sitzend, liegend oder hängend. Das wurde etliche Tage lang mit Semprún gemacht. Er war stark, er hielt durch. Das verdankte er auch einer Eigenschaft, um die seine Zellengenossen ihn sehr beneideten: Sowie er nach einem Verhör in die Gefängniszelle zurückgebracht worden war, fiel er augenblicklich in Schlaf. Weder der Schmerz noch die Aussicht, daß es in zwei Stunden weitergehen werde, hielten ihn davon ab: «Ich bin sofort eingeschlafen, nicht einmal geträumt habe ich.» Wenn die Vernehmung dann fortgesetzt wurde, war er halbwegs ausgeruht.

Er hielt «nach allen freundschaftlichen Zeichen» Ausschau, die ihn daran erinnerten, daß es eine Welt jenseits der Folter gab: «Jener blaßblaue Himmel am frühen Morgen auf dem Weg vom Gefängnis zur Villa der Gestapo. Jene Geste eines unbekannten Gefangenen, den er bei der Rückkehr von einem Verhör auf dem Gang traf.»[13] Jedes Detail, das zur Verhörsituation nicht paßte, half – Möbelstücke etwa, die von dem friedfertigen Leben zeugten, das die ehemaligen Bewohner des Hauses geführt hatten. Weil er seine Deutschkenntnisse verschwieg, hatte man eine Dolmetscherin beigezogen. In *Die Ohnmacht* hat er die Frau geschildert: «Sie hatte nicht viel zu tun, da er auf die Fragen, immer dieselben, nicht antwortete, und ihre Haupttätigkeit bestand darin, nervös die Hände zu falten und zu entfalten. Was ihn betraf, so suchte er die ganze Zeit über den Blick dieser Frau, er versuchte, sie in seinen Blick zu zwingen, sooft sich die Möglichkeit dazu bot. Und so verharrte sie wie festgenagelt unter seinem Blick, mit leerem Gesicht und Händen, die sich flehend krümmten, als führten sie ein Eigenleben. Die sichtbare Angst dieser Frau half, die Welt bewohnbar zu machen.»[14]

Nachdem Schläge nichts fruchteten, unterwarf man den jungen Mann der nächsten Folterstufe. Das war die «Badewanne»: In den requirierten Häusern und Hotels, in denen die Gestapo ihren Tätigkeiten nachging, gab es ganz normale Badezimmer mit ganz normalen Badewannen. Wasser wurde eingelassen. Wenn die Zuständigen dazu aufgelegt waren, gaben sie Urin hinzu. Darin tauchten sie den Gefangenen ausdauernd unter, bis er nahe daran war, zu ertrinken. Wer dann immer noch nicht redete, wurde mit Elektroschocks traktiert.

Zu den Dingen, die heutzutage einen Keil zwischen Europa und die Vereinigten Staaten treiben, gehört der Umstand, daß die USA eine Folterart praktizieren, die einen ganz ähnlichen Effekt hat wie die «Badewanne». Sie heißt «waterboarding». Der Gefangene wird mit dem Kopf nach unten auf einem schrägen Brett festgeschnallt, das Gesicht wird mit einem Tuch oder einer Folie umwickelt, und dann gießt man dem Gefangenen

Wasser in Mund und Nase, das in die Lungen gerät, wenn er nach Luft schnappt. Den Opfern des Verfahrens kommt es vor, als müßten sie ertrinken. Mit dem «waterboarding» hat die Weltmacht, die sich die Dankbarkeit von Millionen erwarb, weil sie für die Befreiung Europas von der Hitlerdiktatur eingestanden war, eine jahrhundertealte Folterpraxis aufgegriffen und sich so auch in die Tradition der Nationalsozialisten gestellt.

Semprún war nach der «Badewanne» am Ende seiner Kräfte. Dr. Haas war während der fünfzehn Tage andauernden Verhöre stets bester Laune. Als der Gefangene endlich «gestanden» hatte, grinste der Mann breiter als je zuvor. Semprún durfte annehmen, mit seiner Geschichte Erfolg gehabt zu haben. Beängstigend ungelegen kam deshalb kurz darauf die Gegenüberstellung mit einem Kameraden aus dem Maquis. Es war Georges Vannereux, der Junge, der nach dem Anschlag auf die Eisenbahnlinie in Pontigny nicht zurückgekehrt war. Und Vannereux sagte zu ihm, ganz leise, so daß die Deutschen es nicht hören konnten: «Gérard, wir können nichts machen.» Und Semprún antwortete, ebenso leise: «Geh zum Teufel!» Danach verbrachte er zwei oder drei bedrückende – er nennt sie «beschissene» – Tage: «Ich dachte, alles, alles, alles werde wieder von vorn anfangen. Da gibt es eine Aussage von jemandem aus meinem Netz, der angibt, ich sei bei diesem und jenem Anschlag dabeigewesen. Präzise Information in Fülle. Jetzt fängt alles wieder von vorn an. Aber: nichts passierte.» Es sei wohl doch sinnvoll gewesen, daß er die Folter über sich ergehen ließ, bevor er seine Geschichte erzählte. Geholfen habe auch, daß er von der Gestapo vernommen wurde, Vannereux hingegen von der Feldgendarmerie. Die Gestapo hielt sich auf ihre Methoden viel zugute und rechnete sich zur Ehre an, daß die Feldgendarmerie da nicht mithalten könne. Die folgenden Wochen verbrachte Semprún in seiner Zelle unbehelligt. Einmal versuchte der Vater, ihn zu besuchen. Er wurde abgewiesen, konnte seinem Sohn aber einen Mantel übergeben lassen, sowie ein paar Bücher, die der sich gewünscht hatte: Sartres *Das Sein und das Nichts*, ein Buch von Kurt Koffka über Gestaltpsychologie und andere Werke, die ein junger Mensch, der die Absicht hatte, Philosophieprofessor zu werden, damals las. Zu allen Zeiten und unter *allen* Umständen ist Semprún in der Lage gewesen, sich in sich selbst zurückzuziehen und die Widrigkeiten der Außenwelt für sich vergessen zu machen. Das ist eine Begnadung, die sich nicht bloß psychologisch herleiten läßt. Mediziner konstatieren «vegetative Stabilität». Der Volksmund sagt: Der Mann hat Nerven.

Die Angst vor dem Tod unter Wasser hat sich Semprúns Konstitution freilich eingeprägt. Es sei die schlimmste Erfahrung seines Lebens gewesen, schrecklicher als alle Ängste und jeder Schmerz: «Als Kind habe ich viel im Meer gebadet, ich war kein guter Schwimmer, aber es machte mir Spaß, in den Wellen und mit der Möglichkeit zu spielen, von ihnen überrollt zu werden. Das war aufregend. Später habe ich nicht einmal in einem Swimmingpool baden können, in dem ich nicht allein war. Es ist die älteste und beliebteste Neckerei unter jungen Leuten: Du schwimmst, und plötzlich kommt einer von hinten und taucht dich unter. Das macht mich verrückt, jenseits aller Kontrolle vollkommen verrückt. Um das zu vermeiden, ohne immer gleich alles zu erklären, gab es nur eins: nicht baden gehen, wenn Jugendliche in der Nähe sind. Heutzutage würden auch junge Leute einen alten Herrn wie mich wohl nicht mehr unter Wasser drücken, aber jahrzehntelang habe ich darauf geachtet, nur dann schwimmen zu gehen, wenn niemand sich dazugesellen konnte – es sei denn Erwachsene, die über solche Spiele hinaus waren.»

In Semprúns Roman *Der weiße Berg* kommt ein Schriftsteller vor, Juan Larrea, der sich in der Seine ertränkt. Er hat die KZ-Erfahrung Semprúns hinter sich und hat zu lange darüber geschwiegen. Am Ende ist sein Schweigen ihm so schwer geworden, daß es ihn in die Seine hinabzieht: «Er ließ sich fallen wie ein Stein, lachend. Das Wasser des französischen Flusses füllte ihm den Mund.» Als er die Arbeit an dem Buch begann, sagt Semprún, habe er nicht darüber nachgedacht, warum Larrea ausgerechnet auf diese Weise zu Tode kommen müsse. Ursprünglich sollte er – metaphorisch verstanden – in dem Wasser untergehen, das auf Patinirs Gemälde «Überfahrt über den Styx» zu sehen ist, in einem Bild aus dem sechzehnten Jahrhundert sollte er also zugrundegehen, das Semprún seit Kinderzeiten und den damaligen Besuchen im Prado seinem Erinnerungsschatz einverleibt hatte. Erst nachdem die Todesart feststand, so sagt Semprún, habe er den wahren Grund für diese Wahl entdeckt: «Das Gefühl, unter Wasser nicht mehr atmen zu können, war fürchterlich. Ich glaube, daß die fortwirkende Erinnerung daran mich dazu brachte, den Tod mit dem Ertrinken gleichzusetzen.» Der letzte Absatz des Buches beginnt mit den Worten: «Er erstickte, schlug um sich, erinnerte sich in einem blendenden Blitz an die Badewanne der Gestapo.»[15]

Wer Folter nicht kennt, hat Respekt vor allen, die sie durchstehen mußten. Wer sie überlebte, sagt sich selbst oft und immer wieder, daß es andere gibt, die noch mehr erduldeten. In den siebziger Jahren dachte Semprún an die griechische Kommunistin Elektra Apostolou, eine Partisanin der «Nationalen Befreiungsfront» (EAM). Die sehr junge Frau, die sich in Athen dem antinazistischen Widerstand angeschlossen hatte, wurde als Gefangene der deutschen Besatzungsmacht zu Tode gequält. Wenn es stimmt, was Semprún über sie in Erfahrung brachte, muß es ihre Folterer bis zum äußersten angestachelt haben, daß sie ausgerechnet aus einem Mädchen keine Silbe herausbrachten:

«Während der Vernehmungen hatte sie gelächelt. ‹Woher kommst du? – Aus Athen. – Wo wohnst du? – In Athen. – Wer bist du? – Ich bin Griechin.› Eine Stunde, ein Tag, Nächte: Die Ewigkeit des Schmerzes. Elektra Apostolou wurde mit Stacheldraht gepeitscht. Man brannte sie mit glühenden Eisen. Sie wurde unter den Achseln an Fleischerhaken aufgehängt. In jenen Julitagen wird sich der Himmel wie schwere rauhe Seide über Athen gespannt haben. Elektra Apostolou blieb stumm. Sie wird in der Einsamkeit ihres Schweigens gestorben sein, begleitet von brüderlichen Stimmen und Blicken sonder Zahl.»[16]

Diese Szene beschreibt, was Semprún empfand, als ein Genosse in die Fänge der spanischen Sicherheitspolizei geraten war. Semprún setzte damals darauf, daß der Kamerad nicht aussagen werde. Anstatt sein Domizil zu wechseln, ist er an jenem 17. Juni 1959 in die Wohnung zurückgekehrt, deren Adresse dem Mann bekannt war, und der systematisch geschlagen wurde, während Semprún in dieser Wohnung ein Glas Wasser trank, in einem Buch las, sich zu Bett legte, wieder erwachte und das Morgenlicht durch die Fenster fallen sah. Während all der Stunden und der Tage, die folgten, wurde Simón Sánchez Montero gemartert. Er konnte nicht wissen, daß Semprún ihm vertraute. Ich fragte Semprún, ob er angenommen habe, daß es Simón Sánchez Montero auf eine quasi-metaphysische Weise hülfe, wenn er, Semprún, seine eigene Freiheit aufs Spiel setzte, indem er blieb, wo er hätte verhaftet werden können, wenn der andere nicht durchhielte: Ja, genauso sei es gewesen. Sánchez Montero wurde schließlich in ein Gefängnis gebracht, wo er bis 1966 eingesperrt blieb. Einige Monate nach seiner Entlassung, als Semprún bereits aus der Kommunistischen Partei ausgeschlossen war und endlich einen regulären spanischen Paß besaß, sahen die beiden einander wieder. Die erste Frage des Kameraden sei gewesen: «Was hast du am 17. Juni gemacht?» – «Ich bin nach Hause gegangen.» Da habe Simón erleichtert aufgeatmet.[17]

Im Herbst 1943, im Gefängnis von Auxerre, konnte Semprún nicht wissen, ob der Gefolterte nicht vielleicht doch letztlich einsam bleibt, unbegleitet von dem Brausen der brüderlichen Stimmen, im Stich gelassen vom Geist der Brüderlichkeit, auf den er hofft. Seinen Widerstandswillen mußte der Neunzehnjährige ganz für sich allein aufbauen, nähren und bewahren.

Von seiner Zelle aus konnte er sehen, wenn Irène Rossel zum Verhör geführt wurde und in welchem Zustand sie zurückkehrte. «Sie wurde fürchterlich geschlagen, fürchterlich. Sie konnte kaum mehr gehen. Die Treppen hinauf mußten die Wachen sie stützen. Ich fragte mich: meine Güte, was haben die mit ihr gemacht? Im Gesicht trug sie keine Spuren von Schlägen. Aber nach zwei, drei Wochen war sie um fünfzehn Jahre gealtert.»

Bei seinen Vernehmungen hatte Semprún ausgesagt, sie nicht zu kennen, der reine Zufall sei es gewesen, daß man ihn in ihrem Haus aufgegriffen habe. Das hatte man ihm geglaubt und ihn über sie nicht weiter befragt. Eines Tages gelang es ihr, ein paar Worte mit ihm zu wechseln: «Das Gefängnis in Auxerre war sehr primitiv. Noch heute sind die französischen Gefängnisse primitiv, damals war das erst recht so. In den Zellen gab es keine Heizungen. Inmitten des Gebäudes stand ein Ofen, der wärmte die Galerien und auch die Zellen: Zu diesem Zweck gab es eine Vorrichtung, die es erlaubte, die Zellentüren so zu verriegeln, daß sie nicht fest im Rahmen saßen, sondern einen Spaltbreit geöffnet waren, damit ein wenig Wärme einströmen konnte. Die Wärter – die meisten altgediente, etwas müde Soldaten – waren in der Regel ganz nett, naja, sie waren menschlich. Einer hat einmal, als er Irène vom Verhör zurückführte, zugelassen, daß sie sich meiner Zelle näherte und durch den offenen Türspalt mit mir sprach. Der Wärter stand ein paar Schritte abseits. Anfangs hat er gelächelt, während wir tuschelten, es muß neckisch gewirkt haben. Die Gestapo wisse alles, sagte Irène mir, weil der Soundso* geredet habe. Ich habe ihr meine Version erzählt. Das ging ein paar Minuten so. Dann wurde der Wärter nervös und führte Irène ab. Da hatten wir das Notwendige schon besprochen. Verstanden, gut, adieu. Das war's.»

Etwas später gelang es ihr, einen Brief in Semprúns Zelle zu schmuggeln: «Sie habe eine Nachricht aus London erhalten, von Buckmasters Amt.

* Wer «der Soundso» war, ließ Semprún in diesem Gespräch mit mir ungesagt: Er zürnt Vannereux nicht. Ebensowenig wie Stéphane Hessel böse Gefühle gegenüber dem Mann empfindet, der ihn unter der Folter verraten hat.

117

London habe ihr mitteilen lassen: Wenn sie in eine schwierige Lage gerate und die Folter sie umzubringen drohe, dann solle sie das Angebot annehmen, für die Deutschen zu arbeiten: ‹Nehmen Sie das Angebot an, aber sagen Sie es uns!›»

Die Deutschen trachteten danach, gegnerische Agenten umzudrehen. Der Ratschlag, den Irène Rossel erhielt, war ebenso vernünftig wie realistisch. Wer der Folter nicht standhält, der wird gebrochen, mit oder ohne Erlaubnis aus London. Doch wäre London damit gedient, wüßte man dort, daß die Person nicht mehr verläßlich ist. Aus Semprúns Perspektive nahm sich die Situation hingegen anders aus: Wer sich bereit erklärte, mit den Deutschen zu kollaborieren, mußte seine Willigkeit unter Beweis stellen, er mußte einige Leute ans Messer liefern. Das Plazet von Buckmasters Amt erschien Semprún wie eine Lizenz zum Verrat und fast wie die faktische Kollaboration mit den Nazis. Noch heute sieht er das so: «Zwischen den britischen Diensten und den deutschen gab es eine Art impliziten Einvernehmens.»

Ob ihre Folterer Irène Rossel das Angebot gemacht haben, das man kaum ausschlagen konnte, weiß man nicht. Sollte es geschehen sein, hat sie sich verweigert. Sie wurde ins KZ Ravensbrück deportiert. Den Frieden nach dem Krieg hat sie nicht mehr erlebt: Sie starb, 46 Jahre alt, in Bergen-Belsen an Typhus, wenige Wochen nach der Befreiung des Lagers.

Irène Rossel war nicht die einzige, die aus London die Botschaft erhielt, sie dürfe sich zum Schein an die Deutschen verkaufen. Wer ist im Recht, Buckmasters Amt oder Jorge Semprún? War es richtig, daß die Londoner Führung Verhaftung und Tod von ein paar Leuten in Kauf nahm, dafür aber Sorge tragen konnte, daß der Verräter keine weitere Gelegenheit zur Denunziation erhalten würde? Oder hätte London seine Leute in der Lage, in der Irène Rossel sich befand, mit ihrem Gewissen allein lassen sollen, auf die Gefahr hin, daß der gefolterte Mensch sich auf eine Absprache mit den Nazis einläßt und nun, von Angst verfolgt, als Doppelagent wirkt? Die Frage läßt sich mühelos pragmatisch beantworten: Londons Linie war die bessere, weil sie insgesamt mehr Menschenleben rettete. Semprún sagt denn auch nicht, daß London sich anders hätte verhalten sollen. Er billigt diese Haltung aber nicht: Das würde bedeuten, in Kauf zu nehmen, daß einzelne gefoltert werden. In Buchenwald sollte er lernen, pragmatisch zu denken wie London. In der Résistance war er noch nicht so weit. Außerdem, und das dürfte entscheidend sein, macht er einen kategorischen Unterschied zwischen dem Erdulden der Folter und dem Aufenthalt als politischer Häftling im Konzentrationslager. Das KZ hat ihn sich selbst nicht entfremdet, die Folter hingegen sehr wohl. Er hat zwar geschwiegen, aber unter den Schmerzen wurde sein Körper ihm fremd und mit ihm die Welt, die ihm während der Peinigungen «unerträglich» schien.

Als Semprún für die Kommunistische Partei in Spanien arbeitete, mußte er sich darauf gefaßt machen, abermals gefoltert zu werden. Weil er wußte, was ihm bevorstehen könnte, legte er sich die beim nächsten Mal notwendige Strategie lange im Voraus zurecht. «Jeden Morgen bin ich beim Rasieren die Termine des Tages durchgegangen: Viele Treffen waren unproblematisch, weil es sich da um Intellektuelle handelte, die so bekannt waren, daß es sich sofort herumgesprochen hätte, wenn sie festgenommen worden wären. Es gab aber auch andere, deren Verschwinden nicht sofort ruchbar geworden wäre, Kontaktleute zu den Fabriken zum Beispiel, die ich wochenlang nicht gesehen hatte. Die Verabredung war gemacht – aber in der Zwischenzeit konnte alles mögliche passieren. Die Polizei hat gelegentlich veröffentlicht, wen sie unlängst festgenommen hatte, aber darauf konnte man sich nicht verlassen. Auch die privaten Kanäle funktionierten nicht immer. Es kam vor, daß die Familie des Betreffenden vor lauter Angst kein Wort verlauten ließ. Ich hatte oft ein oder zwei Verabredungen am Tag, die unsicher waren. Und für den Fall, daß ich bei so einer Gelegenheit der Polizei in die Hände gefallen wäre, hatte ich mir vorgenommen: Ich rede nicht. Ich sage: ‹Mein Name ist Federico Sánchez. Ich bin Mitglied des Politbüros der Kommunistischen Partei Spaniens. Ich habe Ihnen nichts mitzuteilen.› Das war mein Plan. Wie bei der Gestapo hatte ich aber auch hier etwas in der Rückhand. Als letzte Konzession hätte ich den Vernehmern gestanden: ‹Ich bin Federico Sánchez, mein eigentlicher Name ist Jorge Semprún Maura.› Damit hätte sich sofort die Tonlage geändert. Federico Sánchez kann man foltern. Einen Semprún Maura? Das wird schwierig. Sehr schwierig. Ein Freund hat mir damals gesagt, ich solle meinen Namen gleich preisgeben. Ich habe geantwortet: ‹Hör zu, erst muß man denen Eindruck machen: Die müssen begreifen, daß man zu der Politik steht, die man vertritt. Erst dann kann man sich auf seinen Namen berufen.› Es gab natürlich Tage, an denen ich niemanden sah, und andere, an denen alle meine Verabredungen ungefährlich waren. Aber für den Fall der Fälle war das die Haltung, die ich einnehmen wollte.»

Den sinnlosen Krieg um die Falklandinseln, den Margaret Thatcher mit Blick auf ihr Ansehen bei den britischen Wählern 1982 vom Zaun brach, hat Semprún rundum gutgeheißen: Ohne es zu wollen, habe die Premierministerin die Militärjunta von General Leopoldo Galtieri gestürzt und damit der Folter in Argentinien ein Ende gesetzt. In *Der weiße Berg* läßt er jemanden einen Toast ausbringen: «Auf die Niederlage der argentinischen Diktatur ... Ich weiß zwar, daß sich, im Gefolge von Fidel Castro und Garcia Márquez, alle lateinamerikanischen Progressisten den argentinischen Generälen, diesen mit Orden und Blut bedeckten Marionetten, in die Arme werfen.» Aber, fährt der Mann fort, «diesmal» habe die Dialektik etwas Gutes: Gewiß, die britische Invasion sei zweifellos ein imperialistischer Akt, aber sie werde in Argentinien die Demokratie wiederherstellen.[18]

5

Das KZ

Am Samstag, dem 9. April 2005, trug ich ein leichtes Kleid. In München, von wo ich kam, war eine warme Woche zu Ende gegangen. Im Einklang mit dem bayerischen Klima hatte ich gepackt. Aus der Reisetasche quoll fröhlicher Frühling, großblumig gemusterter Chiffon, der luftig aufblühte, sowie die Tasche ihn nicht mehr in Rand und Band hielt. Für die Feierlichkeiten anläßlich des Jahrestages der Befreiung des Lagers Buchenwald, die sich am 11. April zum sechzigsten Mal jährte, eignete sich dies Kleid leider überhaupt nicht: Während das Klima in Weimar sich halbwegs zivil und der Jahreszeit gemäß gab, herrschte auf dem Ettersberg der Winter. Es schneite. Ein eisiger Wind strich über das Gelände. Der Boden des erdigen Abkürzungswegs, der vom Festzelt zum Appellplatz führte, war kaltschlammiger, fäkalfarbener Morast, der schmatzend die Schuhe der Gäste umschloß. Als das KZ in Betrieb war, befand sich an dem Weg der Hundezwinger. Nachdem er einige Schritte gelaufen war, sah man von Jorge Semprúns schwarzen Halbschuhen kaum mehr als den daran haftenden Dreck. «So ist es immer», sagte er, «es schneit hier immer. Und diesen Matsch, den kenne ich.»

Auf der Nordseite des rund fünfhundert Meter hoch gelegenen Ettersbergs ist das Klima die Hälfte des Jahres über vergleichsweise ungemütlich. Es ist eigentlich unverständlich, warum Goethe dort gern spazierenging. Aber vielleicht kam der große Mann nur an lauen Tagen dahin.

Semprún jedenfalls hat, nachdem er vom Ettersberg wieder hinabgekommen war, jahrelang darauf geachtet, stets festes Schuhwerk zu tragen. Bis heute erträgt er Kälte nicht: Wenn ein Wohnraum weniger als zweiundzwanzig Grad warm ist, fröstelt er. Besonders verfolgt und bedrängt fühlte er sich damals vom Schnee.

Schnee gibt es auch in Spanien. Die Sierra nördlich von Madrid ist im

Winter schneebedeckt. Der eine oder andere Ausflug mit dem Vater hat das Kind in die Sierra geführt, wo die verschneite Landschaft sich unter einem oft blauen und gelegentlich griesgrämigen Himmel erstreckte. Später, in seinen zwei holländischen Wintern, sah er Schnee fallen, zarte Flokken, die zur Erde taumelten. Das war aber nicht der Schnee, den er dann in Buchenwald erlebte, Schnee, der die Sicht nahm, der im Licht der Lagerscheinwerfer umeinanderwirbelte. Dieser Schnee war nicht malerisch, sondern mächtig. Und im Lager, zerstampft von den Schritten Aberhunderter, wurde er zur Plage, weil es Strafen setzte, wenn ein Häftling mit beschmutzten Schuhen eine Baracke betrat. Wie reinigt man, wenn es keine Fußmatten gibt und alles in Hetze geschehen muß, seine durchfeuchteten Schuhe vom eisigen Modder, der daran pappt? Wie salutiert man im halbgefrorenen Matsch vor einem SS-Offizier, akkurat, wie der Offizier es erwartet: mit klackenden Hacken? Was ist das für ein Schnee, der die Menschen bedeckt und sie zu einem Teil der thüringischen Landschaft macht, die sie umgibt? Schnee, der auf ihre Jacken, Mützen und Wimpern fällt, während sie stocksteif dastehen müssen, angetreten zu einem Appell, der kein Ende nehmen will. Schnee, der sich auf die Männer legt, als wären sie Möbelstücke, die während der Abwesenheit ihrer Eigentümer von weißen Hussen zugedeckt werden, so wie einst, in einem anderen Leben, die Möbel der Familie Semprún in Madrid während der langen Wochen der Ferien.

Der Russe Warlam Schalamow wurde erstmals 1929 verurteilt: In einer illegalen Druckerei hatte er sich bemüht, Lenins *Brief an den XII. Parteitag* von 1922, der später als sein «Testament» bekannt wurde, zu vervielfältigen. Lenin hatte geschrieben, daß Trotzki zu selbstgewiß sei und Stalin zu machtgierig. Weil die Warnung vor Stalin nur allzu berechtigt war, mußte Schalamow drei Jahre lang in einem Lager der Solowezki-Inseln Zwangsarbeit leisten. Während der stalinistischen Säuberungen wurde der Journalist wegen «trotzkistischer Umtriebe» abermals festgenommen und in die Kolyma-Lager deportiert, zu den nördlich des Polarkreises gelegenen Goldminen im fernen Osten der Sowjetunion, wo es ähnlich zuging wie in deutschen Konzentrationslagern, nur daß der Tod der Gefangenen nicht systematisch beabsichtigt war und Stacheldrahtzäune sich in den abgelegenen Lagern erübrigten. Jene «Seks», die unter den Bedingungen des Gulag nicht umkamen, hatten viel Zeit, eine eigene, ans Lagerdasein angepaßte Zivilisation zu entwickeln. Sie lernten, Knöpfe aus Brot zu machen. Nähnadeln wurden aus Fischgräten und Holzsplittern angefertigt. Aus der Wolle zerlöcherter Socken drehten die Gefangenen die Fäden, mit denen sie ihre Kittel stopften. Sie lernten, aus Pferdefutter Grütze zu machen. Sie lernten, mit Furunkeln, Erfrierungen und Skorbut zu leben. Und sie wußten, daß Freundschaft nur dort gedeiht, wo das Elend noch nicht groß genug ist.

Warlam Schalamow ließ man nicht frei, es folgten neue Anklagen. Bei der Arbeit in den Goldbergwerken erstarrten die Hände in der Krümmung, die es brauchte, um den Stiel von einer Schaufel oder Hacke zu fassen. Schalamow sah: «Die Hand, die lebendige, glich einem Prothesenhaken. Sie vollführte nur die Bewegungen einer Prothese».[1] Von 1943 an war er nicht mehr des Trotzkismus, sondern der «antisowjetischen Agitation» beschuldigt. «Und ich verstand das Wichtigste», schrieb er, «daß der Mensch nicht darum zum Menschen geworden ist, weil er Gottes Geschöpf ist, und auch nicht, weil er an jeder Hand einen bemerkenswerten Daumen hat. Sondern weil er *physisch* kräftiger und zäher war als alle Tiere.»[2] Erst 1946 besserte sich Schalamows Lage, er durfte eine Ausbildung als Arzthelfer absolvieren. Fortan mußte er nicht mehr in die Grube. 1953, nach Stalins Tod, wurde er freigelassen, 1956 teilweise rehabilitiert. 1954 begann er, den Gulag zu beschreiben. Für eine zusammenhängende Erzählung waren siebzehn Jahre Gefangenschaft aber zuviel gewesen. Völlig unmöglich erschien ihm die Vorstellung, einen Mann, dessen Denken erstarrt ist, reduziert auf den Wunsch nach Wärme, Schlaf und Brot, zum Protagonisten eines Romans zu machen. So ein Mann hat keine Sprache mehr. Er ist wie ausgelöscht. Warlam Schalamow, der 1982 starb, erblindet, taub und während der letzten Monate gegen seinen Willen in einer psychiatrischen Klinik eingesperrt, hat seine Erlebnisse in der Kolyma-Region auf Aberhunderten von Seiten in hochdisziplinierte episodische Literatur umgewandelt. Sein Leben ist in dieser Arbeit aufgegangen, von der Semprún sagt, sie sei das Größte, was je über das Dasein im Lager geschrieben wurde.[3]

Schnee kannte Schalamow nur zu gut: «Zarte, trockene Schneeflocken, vom Sturmwind aufgewirbelt, schlugen hart wie Sand ins Gesicht. In den dreieckigen Strahlen der ‹Jupiter›, die des Nachts die Bauarbeiten beleuchteten, wirbelte der Schnee wie Staub im Sonnenlicht – wie der Staub in einem Sonnenstrahl vor der Tür zum Schuppen meines Vaters. Aber in meiner Kindheit war alles überschaubar, warm und lebendig, während es hier überwältigend, kalt und bedrohlich war.»[4]

Er schilderte den todverheißenden Schnee, den Semprún aus Buchenwald kennt und dem er 1969 in einer französischen Ausgabe von Schalamows Erzählungen wieder begegnete. Anfang der sechziger Jahre, in *Die große Reise*, schrieb Semprún: «Die SS-Leute gingen die schnurgeraden Reihen der Gefangenen durch, die in Karrees, nach Blocks getrennt, angetreten waren. In der Mitte der Karrees standen, von unsichtbaren Händen gestützt, die Toten und hielten sich ganz tapfer. Sie wurden immer ziemlich schnell starr in der eisigen Kälte des Ettersbergs, im Schnee des Ettersbergs, im Regen des Ettersbergs, der ihnen in die toten Augen lief.»[5] Für gewöhnlich legten die Häftlinge die Toten am Rand des Appellplatzes ab, bevor sie Aufstellung nahmen. Manchmal gelang es, die Leichen als Lebende auszugeben, so daß die Männer deren Essensrationen erhielten. 1967 in *Die Ohnmacht* trat der weiße Tod wieder auf: «Der Schnee war natürlich die ganze Woche über da, monatelang. Er bedeckte das Lager, die Fabriken, die Straßen, die Wachtürme, die Welt, die ganze Woche lang. Es war der Schnee des Erwachens, frühmorgens um vier Uhr, der seine leichten Flocken im Licht der Scheinwerfer wirbeln ließ.»[6] In *Was für ein schöner Sonntag!* erwähnt Semprún kleine Pariser Schneetreiben am 1. Mai 1945, im April 1963 und am 1. Mai 1979. In *Schreiben oder Leben* steht, daß am 1. Mai 1964 in Salzburg Schnee gefallen sei. Undatierter Schnee fällt in seinen Büchern noch viel öfter.

Nicht daß Semprún den Schnee als solchen haßte. Er mag spanische Frauennamen, die von Sonne oder Schnee künden: Sonsoles, Nieves. Semprún hat gegen den Schnee so wenig wie gegen die Deutschen. In Buchenwald war der Schnee immer leise, aber fast so grausam wie die SS-Männer. Der Schnee indes, der an einem 1. Mai unverhofft über einer Stadt wie Paris niedergeht, ist nicht, was er im Lager war. Für Semprún verhält es sich mit dem Schnee wie mit den Deutschen: Es gab ihn schon vor Buchenwald, es gibt ihn seither, er kann bezaubernd sein, aber in Buchenwald war er todbringend.

• • •

Im Januar 2007 erhielt Jorge Semprún Post von einem großen französischen Fernsehsender: Der Staat beabsichtige, im Pariser Panthéon ein symbolisches Begräbnis zu Ehren der «Gerechten» zu veranstalten, die den verfolgten Juden während der Nazizeit geholfen hatten; ob Semprún als ehemaliger KZ-Häftling im Fernsehen darüber sprechen könne. Der war von der Einladung gar nicht erbaut. «Ein ganz klein wenig muß man schon unterscheiden», sagte er. Er sei kein Jude, sei nicht in einem Vernichtungslager gewesen und könne im Namen der Juden nicht reden.

In den ersten Jahren nach dem Krieg wollte die Gesellschaft nicht hören, was die Überlebenden zu sagen hatten. Heute nimmt sie jeden heran, der in Reichweite ist, bald wird man noch die Kinder der Verstorbenen als «Zeitzeugen» der KZs in Szene setzen.

Ein Mittagessen im Winter 2004: Die Küche des kleinen Restaurants ist miserabel. Nur einer ißt seinen Teller leer: Semprún. Da die Runde dies konstatiert, folgt sogleich die Exegese, die man bei all ihrer wohlwollenden Einfühlsamkeit für zudringlich halten könnte: Das müsse eine Nachwirkung des im Lager erlittenen Hungers sein. Möglich. Semprún selbst erzählte mir bei anderer Gelegenheit spontan, daß er grundsätzlich aufesse, was ihm vorgesetzt werde, weil er das als Kind in der Obhut der strengen Schweizer Fräulein so gelernt habe. Er zitierte: «Es wird gegessen, was auf den Tisch kommt.» Aufgeschrieben hat er, daß einige wenige Mahlzeiten nach der Befreiung ausreichend gewesen seien, ihn den Hunger vergessen zu machen.[7] Er wird auch im April 1945, in Eisenach und anderswo, seinen Teller leergegessen haben. Im Gegensatz zu vielen, die ihre erste Mahlzeit nach der Lagerhaft nicht überlebten, hat er die Speisen vertragen. Fortan gab es für ihn keinen Hunger mehr. Weder darüber noch über das Hinfälligwerden des eigenen Körpers hat er viel geschrieben, aus Respekt vor jenen, denen es viel erbärmlicher ergangen war als ihm.

Wenn er aufzählt, was für ihn im KZ am schlimmsten war, kommt der Hunger nicht vor. Er spricht von der Kälte, der ewigen Müdigkeit und von der Anonymität in der Masse. Man kenne die allerwenigsten, sei aber stets, bei Tag und bei Nacht, beim Waschen und auf der Latrine, von einer Menge umgeben. Private Momente gab es nur bei nächtlichen Einsätzen in der Arbeitsstatistik und auf Spaziergängen im Lager, wobei man einen Bogen um das Krematorium habe machen müssen, weil die Leichenkarren, die da ankamen, den Spaziergänger aus seinen Tagträumen rissen. War die drängende Nähe der vielen Leiber unvermeidbar, rettete Semprún sich in die stumme Rezitation von Gedichten. Mittels der Konzentration auf französische, spanische oder deutsche Verse schuf er sich im Konzentrationslager minutenlang einen Raum, in dem er mit der Dichtung allein war.

Freunde und Verwandte Semprúns sagen, er absentiere sich innerlich oft. Dies wird auf seine Zeit im KZ zurückgeführt. Mir scheint, daß er oftmals schlicht keine Lust hat, an einer Unterhaltung teilzunehmen, die ihm mißfällt oder ihn langweilt. Semprún war als Jugendlicher der Star der

Familie, nach Buchenwald ist der liebenswürdige, beredte junge Mann bald wieder zum Mittelpunkt von Gesprächen und Soireen geworden. Wenn er nicht auf alles eingeht, was seine Mitmenschen gegen ihn hinreden, so geschieht das nicht immer, weil er geistesabwesend wäre, verloren in der Erinnerung. Er weiß vielmehr seit sehr vielen Jahren, daß er sich diese Bequemlichkeit erlauben darf: Das ist sein Luxus, keine Schwäche. Seine Verletzlichkeiten hat er schon vor Jahrzehnten zu kaschieren gelernt. Nur selten kommt es vor, daß er sie nicht verhehlen kann. 1992 zum Beispiel gelang es ihm nicht: Der Fernsehjournalist Peter Merseburger drehte einen Film über Weimar und hatte ihn zu einem Besuch bewegen können. Bevor die Dreharbeiten begannen, lief Semprún über das Lagergelände, zum ersten Mal seitdem er es 1945 verlassen hatte. Niemals in ihrem Leben, sagt Sabine Merseburger, habe sie einen Menschen gesehen, der «so grün im Gesicht» gewesen sei.

Die Erinnerung ans Lager ist präsent, sie ist vermutlich viel gegenwärtiger, als Semprún seine Umwelt wissen läßt. Es ist ihm gelungen, sie in seinen Büchern mitzuteilen, aber teilen kann er sie nur mit jenen, von denen er weiß, daß sie genau wissen, wovon er spricht. Und mit ihnen muß er darüber nicht reden. Wenn er Stéphane Hessel trifft, der auch in Buchenwald war, dann lachen die beiden Männer miteinander. Worüber sie lachen, müssen sie einander nicht erzählen. Der Theaterregisseur George Tabori nannte es den kürzesten Witz der Weltgeschichte: «Auschwitz». Wenn Semprún dem ungarischen Schriftsteller Imre Kertész begegnet, der als Jugendlicher in Buchenwald war, dann umarmen die beiden einander innig. Weder Stéphane Hessel noch Imre Kertész haben Semprún in Buchenwald gekannt. Darauf kommt es nicht an. Jeder von ihnen kann darauf bauen, in den anderen Gefährten zu finden, denen nichts erklärt werden muß.

Fast alle Menschen freuen sich, wenn sie Leute treffen, die erlebt haben, was sie selbst kennen. Dann schwelgen sie in «Weißt-du-noch»-Gesprächen. Viele ehemalige KZ-Häftlinge haben daran keinen Bedarf. Die Freundschaft, die sie des geteilten Schicksals halber füreinander hegen, muß durch den Austausch von Erinnerungen nicht bestätigt werden. Es genügt, daß der andere *weiß*. Das ist der Unterschied.

Als politischer Mensch, der Semprún ist, und als literarischer Rockstar, der er auch ist, hält er mitunter Vorträge übers KZ. Das gehört zu seinem Selbstverständnis. Gleichwohl: Den pädagogischen Impetus anderer Überlebender teilt er nicht. Und noch weniger teilt er die Geduld, mit der sie auch auf penetrante Fragen freundlich eingehen. Jäh überfällt ihn das Gefühl, im falschen Film zu sein. Wem es so ergeht, für den kann die Gegenwart zu einer in sich zusammenfallenden Kulisse werden. Und aus den Mündern der Leute, die da reden, kommt nurmehr ein Geräusch.

Semprúns Haft in Buchenwald begann am 29. Januar 1944. Davor war er dreieinhalb Monate in Gefangenschaft in Auxerre und Compiègne gewesen, von wo die Güterwaggons in Richtung der KZs im Osten abgingen. Noch in Compiègne hatte er einen französischen kommunistischen Anführer der FTP getroffen, der ihn wiedererkannte. Gleich nach der Ankunft in Buchenwald berichtete dieser Mann dem illegalen Lagerkomitee, in dem die Kommunisten dominierten, von dem Genossen in seinem Transport. Wie zuverlässig die interne Widerstandsorganisation funktionierte, wußte Semprún anfangs noch nicht.

Sein Transport kam nachts in Buchenwald an. Er lief, einer im Strom hunderter Männer, auf dem sogenannten «Karachoweg» an dem Piedestal vorbei, auf dem ein Reichsadler thronte. Die Schuhe hatte man den Deportierten abgenommen, damit sie nicht entweichen konnten. Barfuß sprangen die Gefangenen über den kalten Boden, gehetzt von den Wachen, geblendet vom Licht der Scheinwerfer und der eigenen Erschöpfung. Auf diese Initiation, die ihm wagnerianisch vorkam, folgte die übliche Proze-

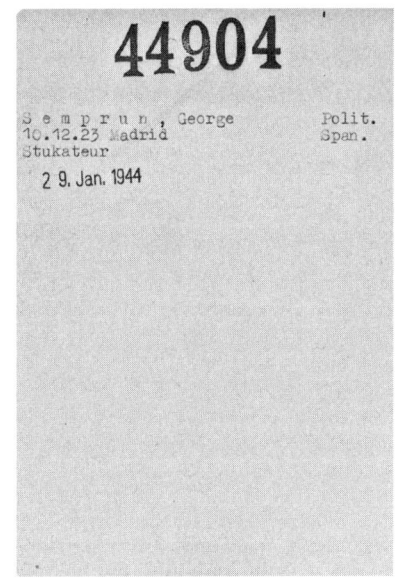

Bei seiner Registrierung in Buchenwald gab der Gefangene an, er sei Student. Der Häftling, der die Neuankömmlinge registrierte, wußte, daß die Überlebenschancen eines Handwerkers größer waren als die eines Studenten. Die erste Silbe ließ er stehen – und machte Semprún zum Stukkateur.

dur der Entwürdigung: Am ganzen Körper wurde er rasiert, mußte dann in eine desinfizierende Lauge springen, rannte hernach, von brüllenden Wachposten angetrieben, nackt durch den unterirdischen Tunnel, der die «Desinfektion» mit der «Effektenkammer» verband, stieg ein paar Treppen hinauf, ließ sich Klamotten und Holzpantinen falscher Größen zuwerfen und stand schließlich, wie eine Vogelscheuche gekleidet, vor dem Tisch, wo ein deutscher Häftling seine Karteikarte ausfüllte und ihm vermutlich das Leben rettete, indem er Semprún nicht als Studenten registrierte, sondern ihn zum «Stukateur» (sic!) promovierte – und damit zu einem potentiell nützlichen Mitglied der Lagergesellschaft, das nicht im ersten besten Außenkommando verheizt werden durfte.[8] Anschließend ist der Zwanzigjährige im Block 62 gelandet, der «Quarantäne», die sich im sogenannten Kleinen Lager befand.

Wer zwar geschwächt, aber gesund in Buchenwald aus dem Waggon sprang, und das galt für die meisten der mehr als neunzehntausend Deportierten, die im Winter 1943/44 aus Frankreich herbeigeschafft wurden, zog sich im Kleinen Lager die ersten Beschwerden zu. Diese Abkippstelle für Menschen war nie ordentlich ausgebaut worden, war immer überfüllt und ein Seuchenherd. Wanzen und Läuse machten sich über die Männer her. Daß es da einen Block namens «Quarantäne» gab, ist nicht dem zynischen Humor der Nationalsozialisten anzulasten, sondern dem Umstand, daß die Lagerleitung sich in ihrem eigenen Interesse Mühe gab, Seuchen nicht aufkommen zu lassen. Zu diesem Zweck hat sie sich sogar mit Professoren der Universität Jena besprochen.

Solange die alliierten Truppen noch weit entfernt waren, konnte man Buchenwald als einen ausgesprochen gut aufgeräumten Ort bezeichnen. Auf den Wegen lagen weder Papierfetzen noch Sterbende herum. Das Innere der Baracken mußte bei Strafe so sauber gehalten werden, daß man vom Fußboden hätte essen können. Die schäbige Kleidung wärmte zwar nicht, war dafür aber umso penibler in Schuß zu halten. Die Mützen saßen gerade auf den Köpfen, auch die abgerissensten Jacken wurden zur Appellstunde ordentlich zurechtgezupft, und selbst an den freien Sonntagnachmittagen sahen die Aufseher es nicht gern, wenn ein Muselmann vor einer Barackenwand auf dem Boden kauerte.*

* Muselmann: So wurden in den Lagern jene genannt, die sich selbst aufgegeben hatten und dem Tod entgegen vegetierten. Es gibt verschiedene Erklärungen für den Ursprung des Wortes. Die plausibelste nennt Stéphane Hessel: Der Ausdruck spiele auf den «seinerzeit dem Islam zugeschriebenen Fatalismus an» (Hessel: «Tanz mit dem Jahrhundert», S. 104).

Die Gefangenen in der «Quarantäne» verbrachten viele Tage auf ihren Pritschen. «Solange man in der Quarantäne war, mußte man nicht regelmäßig ausrücken. Block 62 war das Reservoir für unvorhergesehene Arbeiten. Je nach den Erfordernissen oder den Launen der Einsatzführer konnte es morgens heißen: Soundsoviel Mann für den Steinbruch! Soundsoviel für die Gärtnerei!* Die wurden dann aus der Quarantäne geholt. Wer nicht arbeiten mußte, verbrachte den Tag im Liegen. Zum Stehen oder Sitzen war kein Platz. Eines Tages hatte ich nichts zu tun. Ich lag auf der Pritsche. Und plötzlich hörte ich, wie einer rief: ‹Semprún!› Das war jemand von der spanischen KP, er hieß Julio Lucas. Sein Deckname war Falcó. Er hat mich mit dem kommunistischen Lagerkomitee in Kontakt gebracht.» Lucas, alias Falcó, wurde im Lager ein Freund.

Die Rolle der Spanier war in Buchenwald nicht bedeutend, was vor allem daran lag, daß sie nur wenige waren. Unter den acht- bis neuntausend Häftlingen, die das Große Lager 1944 einschloß, befanden sich bloß hundert bis dreihundert Spanier.[9] In der internen Hierarchie hatten die Deutschen das Sagen. Tschechen und Franzosen waren einflußreich. Die Russen waren zahlreich, aber die SS hätte, so Semprún, «nie zugelassen, daß sie in der internen Lagerverwaltung eine Rolle spielten». Die Spanier konnten froh sein, wenn sie ein wenig mitreden durften. Das geheime internationale Lagerkomitee beschloß, ein spanischer Kontaktmann in der Verwaltung könne nicht schaden. Weil er Deutsch sprach, bekam Semprún einen Posten in der Arbeitsstatistik. Seine Aufgabe war es, die Namen der «Abgänge» auf den Karteikarten auszuradieren, damit die Häftlingsnummern für neue Namen zur Verfügung standen. Auch war er an der Registrierung der Außenkommandos beteiligt. Auf Anweisung der kommunistischen Kameraden hat er oftmals Manipulationen vorgenommen, so daß Genossen gerettet und andere, Unbekannte, auf deren Zuverlässigkeit man nicht bauen konnte, an ihrer Stelle auf die lebensgefährlichen Kommandos geschickt wurden.

«Die Aufgabe, die von der Arbeitsstatistik bewältigt werden mußte – es kam vor, daß sie binnen zweier Stunden Tausende von Häftlingen bereitzustellen hatte –, war schwer und undankbar», schrieb Eugen Kogon.[10] Semprún war nun ein «Funktionshäftling». Er hatte das Glück, weder in

---

* Viele, die der «Gärtnerei» zugeteilt wurden, freuten sich umsonst auf die Arbeit in Gemüsebeeten. Der Begriff war auch ein sadistischer Euphemismus für die Aufgabe, Fäkalien zu entsorgen.

Der Appellplatz am 14. April 1945, kurz nachdem die Amerikaner das Lager übernommen hatten. Der Diplomat Stéphane Hessel, der auch in Buchenwald gefangen war, sagt: Bekannt seien vor allem die Bilder aus den Tagen der Befreiung, die von der Auflösung der Lagerstruktur zeugen – während die KZs im Sinn der SS funktionierten, habe dort mustergültige Ordnung geherrscht.

einer Fabrik noch im Freien arbeiten zu müssen. Zur internen Lagernomenklatur gehörte er freilich nie. Wäre nicht das Päckchen von Bekannten aus Lyon angekommen, das ein paar ordentliche Schuhe enthielt, hätte er seine Holzlatschen noch länger weitertragen müssen. Seine Essensrationen waren nicht besser als die der großen Mehrheit. Es gab zumeist wässerige Krautsuppe, einen Kanten Brot, etwas Margarine, ein paar Kartoffeln.[11] Sonntags war die Suppe dicker. Weil Semprún kein großes Tier in der Lagerhierarchie war und keine Beziehungen hatte, bekam er nur die üblichen Hungerrationen. Auch das unterschied ihn von den «Prominenten».

2002, als wir auf Deutsch miteinander sprachen, weil mein Französisch zu einer Unterhaltung noch nicht hinreichte, sagte er über die kommunistischen «Kumpel», die wichtige Stellungen innehatten: «Vor allem die Tschechen aus dem Protektorat Böhmen und Mähren und die Deutschen: die haben nie die Lagersuppe gegessen, nie! Die wußten nicht, was die Lagersuppe ist. Die waren anders genährt. Ha! Organisation! Ich war verblüfft durch die Fähigkeit. Die waren schon zehn Jahre eingesperrt, und die waren sicher, daß sie nicht überleben würden. Und trotzdem waren sie da, Tag und Nacht.»

Den jungen Mann hat die neue Bedeutung des Wortes «organisieren», die er in Buchenwald lernte, fasziniert. Die deutsche Gaunersprache hatten die Schweizer Gouvernanten ihm nicht beigebracht. Kant und Heidegger waren, was das anging, gleichfalls schlechte Lehrer gewesen. Aber im Lager, wo alles mörderische Organisation war, konnte man leicht einsehen, daß auch Bestechung, Diebstahl und heimliche Geschäfte unter diesem Begriff subsumiert wurden: «Darüber könnte man einen Habermas-Essay schreiben», hat Semprún 2002 im Scherz gesagt. Von den privilegierten Häftlingen, mit denen er in der Arbeitsstatistik zusammenarbeitete, erwartete er nicht, daß sie ihm von ihren Rationen abgäben. Sie sind auf diesen Gedanken auch nicht gekommen. Gleichwohl empfand er vor einigen erst eingeschüchterte, später distanzierte Hochachtung.

Willi Seifert, der noch nicht dreißigjährige Kapo der Arbeitsstatistik, war seit 1934 im Zuchthaus gewesen. 1938 ins kurz zuvor gegründete Lager überführt, hatte er selbst an dem Krematorium mitbauen müssen, von dem er ziemlich sicher annahm, daß eines Tages auch sein eigener Leichnam dort enden werde. Wenn Seifert in seinem Büro in der Arbeitsstatistik aus dem Fenster sah, blickte er auf den Schornstein des Krematoriums. Er hat Semprún darauf aufmerksam gemacht, daß er am Bau dieses sauber verfugten, hohen Ziegelschornsteins beteiligt gewesen war.[12] «Und trotzdem waren sie da, Tag und Nacht» – und taten, was sie konnten, um die Herrschaft der Nazis zu unterminieren, zäh, hart, unerbittlich, entschlossen bis zur völligen Gefühllosigkeit, jedoch fest im Glauben an die Partei und in der Hoffnung auf den Sieg der Sowjetunion über das Deutsche Reich.

Die für die Seelen der Kommunisten schlimmste Zeit in Buchenwald brach an, als sie vom Hitler-Stalin-Pakt erfuhren. Die Nazis waren im August 1939 zu Freunden der Sowjetunion geworden. De facto machte das die Lebensbedingungen für die kommunistischen Häftlinge ein bißchen leichter, weil die SS-Leute sie nun als mißratene Anhänger einer befreundeten Macht betrachteten. Aber der Lebenswille der Eingeschlossenen litt unter dem Verrat der Sowjetunion. Die Häftlinge fragten sich, wofür sie eigentlich gekämpft hatten.

Einer Anekdote zufolge, die auf Helene Weigel zurückgeht, soll Bertolt Brecht im Sommer 1939 in Dänemark bei dem Schriftsteller Martin Andersen-Nexø zu Gast gewesen sein. Der betagte dänische Kommunist kehrte gerade aus Moskau zurück. Brecht sprang ihn schon im Vorgarten an: Was sagten die russischen Genossen über den Pakt? Andersen-Nexø antwortete: Nun, die russischen Genossen sagten, daß die Deutschen, wenn sie den Sozialismus wahrmachten, genau das bekämen, was sie derzeit hätten – den Nationalsozialismus.[13] Die Moskowiter, die in den vorhergehenden Jahren die Schauprozesse hatten verfolgen müssen, werden über Stalins Beweggründe im Gespräch mit Fremden wenig spekuliert haben. Wer mochte, konnte aus ihren Kommentaren herauslesen, was vom stalinistischen Sozialismus zu halten war, der sich so ohne weiteres mit dem Nationalsozialismus vertrug. Brecht für sein Teil soll auf diese Nachricht hin monatelang deprimiert gewesen sein.

In der gesamten Geschichte der marxistischen Kollektivseele ist das dialektische Denken nie auf eine härtere Probe gestellt worden als anläßlich des Hitler-Stalin-Paktes. Die Häftlinge in Buchenwald waren tapfer; sie sagten sich, daß auch in diesem deutsch-sowjetischen Freundschaftsvertrag die Weisheit des «Stählernen» zum Ausdruck komme: Die Sowjetunion müsse Zeit gewinnen, sagten sie sich, deshalb sei der Vertrag ein wichtiger Schritt auf dem Weg zu Stalins Sieg und damit auch zu dem ihren.

In Wirklichkeit scherte der große Diktator sich herzlich wenig um die Anliegen auswärtiger Bruderparteien. Im Sinn der Strategie, die unter dem Motto läuft «was man hat, das hat man», war er darauf erpicht, seine Einflußsphäre auf Polen, die baltischen Staaten und andere Länder auszudehnen. Außerdem fand er (siehe die im zweiten Kapitel erwähnte «Kastanienrede»), daß Großbritannien, Frankreich und das Deutsche Reich in den anstehenden Kämpfen gern ein paar Federn lassen konnten, der Sowjetunion werde das nur nützen.[14] Wie schnell Frankreich kapitulieren würde, ahnte er nicht, wie er auch die Schlagkraft und die Aggressivität des Dritten Reichs unterschätzte. Daß Hitler sich auf einen Zweifrontenkrieg einlassen würde, hielt er für ausgeschlossen. Als die deutschen Truppen am 22. Juni 1941 in die Sowjetunion einmarschierten, waren Stalins Soldaten auf den unteren und mittleren Ebenen ebenso überrascht wie er selbst. Einige seiner Generäle hatten es kommen sehen und vergeblich eine Teilmobilisierung der Truppen an den westlichen Grenzen vorgeschlagen. Der Geheimdienst wußte ganz genau Bescheid. Aber ähnlich wie die CIA dem amerikanischen Präsidenten vor der Invasion im Irak 2003 nur das berichtet hat, was er hören wollte, drängte auch der NKWD dem Oberbefehlshaber seine Kenntnisse der Lage nicht auf. Nach den verheerenden Verlusten der ersten Kriegswoche zog Stalin sich auf seine Datscha im

Moskauer Umland zurück und war zwei Tage lang nicht ansprechbar: «Er ging ziellos in den Zimmern hin und her und starrte auf das Telefon.»[15]

Als Semprún nach Buchenwald kam, waren diese Prüfungen längst ausgestanden, die Schlacht um Stalingrad war für die Wehrmacht verloren, ebenso die Schlacht am Kursker Bogen. Jedoch hat keiner der alteingesessenen deutschen KZler dem spanischen Genossen gegenüber jemals auch nur ein einziges Wort über den Hitler-Stalin-Pakt verloren. Der gute Kommunist schaut nach vorn und nicht zurück. In der Vergangenheit – das war so und sollte so bleiben – taten sich zu viele Abgründe auf.

Semprún war im ersten Stock im Block 40 untergebracht.[16] Ursprünglich war dies der «harte Kaderblock», wo die Kommunisten hausten, die vor ihrer KZ-Haft für ihre Überzeugungen schon im Zuchthaus gesessen hatten. 1944 wurden die Zuordnungen nicht mehr so strikt vorgenommen. Im Block 40 waren nicht nur Deutsche, sondern auch Angehörige anderer Nationen, darunter einige Spanier, versammelt. Die steinerne Baracke umfaßte auf zwei Stockwerken vier Trakte, zwei rechts, zwei links: jeweils Schlaf- und Tagesräume, dazu die Stuben der Blockältesten. In der Mitte des Blocks befanden sich, oben und unten, die Waschräume: da gab es Toiletten und jeweils zwei freistehende runde Waschbecken mit Wasserhähnen und einer Brause, die in alle Richtungen spritzte, so daß viele Gefangene sich gleichzeitig waschen konnten. Jeder Trakt war für etwa einhundert Häftlinge ausgelegt. Doch waren 1944 sechshundert Männer in Behausungen untergebracht, die gebaut waren, um vierhundert eng zusammenzupferchen.

Daß sie noch nicht im innersten Kreis der Hölle angekommen waren, sahen die Männer, wenn sie zum Kleinen Lager hinüberblickten, dem mörderischen Provisorium. Als das NS-Reich vor der Roten Armee weichen mußte und seine Gefangenen mit sich nahm, wurde das Kleine Lager eine Auffangstelle der Transporte aus dem Osten. Die Ankömmlinge aus Auschwitz und anderen KZs wurden in Zelten und Pferdeställen ausgesetzt. In vielen Unterkünften gab es keine Fußböden. Oftmals erhielten die Gefangenen keine Decken und mußten auf bloßen Holzbohlen schlafen. Die Häftlinge aus Auschwitz brachten tödliche Epidemien mit, vor allem Typhus und Fleckfieber. In den letzten anderthalb Kriegsjahren trauten die SS-Leute sich kaum mehr ins Kleine Lager hinein. Verglichen mit den Zuständen dort war das Große Lager ein «Sanatorium». So nannten es die altgedienten Lagerinsassen. Bei allen möglichen Gelegenheiten, ob er etwas gesagt hatte oder auch nicht, fuhr man Semprún über den Mund: Er habe keine Ahnung, die Zustände im Großen Lager seien phänomenal auch in Anbetracht dessen, wie es dort einst zugegangen sei; es sei das reinste Sanatorium. Vielen Häftlingen half das gar nichts. Morgens im Waschraum sah Semprún dem Gesicht eines Kameraden an, wenn der «à l'autre côté» war – jenseits – und die nächsten Tage nicht überleben würde.

«Die jungen Männer um mich her hatten manchmal mehr zu essen als ich, wenn sie zum Beispiel in der Effektenkammer arbeiteten oder in der Küche. Aber ich habe erlebt, wie auch manche von ihnen allmählich eingingen. Um vier Uhr morgens tönt die Sirene.* Die Nacht ist vorbei. Man steht auf, läuft ins Bad, wäscht sich mit kaltem Wasser. Dann sieht man den Kameraden, der seit sechs Monaten drei Reihen entfernt schläft. Du siehst ihn an, und sein Blick hat sich über Nacht verändert: Er guckt wie ein Muselmann. Ich habe überlebt. Aus Zufall. Ich war kräftig und ausdauernd genug. Ich blieb an der Grenze der Erschöpfung, blieb diesseits der Grenze – gegen Ende nur so gerade eben. Noch ein paar Monate länger, und ich weiß nicht, was mit mir passiert wäre.»

Seine Schlafstelle in der unteren Etage der doppelstöckigen Holzgestelle teilte Semprún vom August 1944 an mit einem Spanier: Sebastián Manglano. Er war Kommunist, ein einfacher Mann, er kam aus Paris. Sein Transport landete zunächst in Auschwitz. Knapp drei Wochen später wurde er nach Buchenwald gebracht. Dies deshalb, glaubt Semprún, weil den Nazis aufgefallen sei, daß es sich bei jenem Transport um nicht-jüdische Häftlinge handelte, die fälschlich nach Auschwitz gebracht worden waren. Ihre Arbeitskraft konnte man in Buchenwald für den «Totalen Krieg» gebrauchen. «So kam es, daß Manglano neben mir lag. Er war sehr vital, sehr handfest. Ein Mechaniker. Nach dem Krieg war er Testfahrer bei Renault. Er war ein echter Proletarier und sehr nett. Bei den bunten Abenden, die die Spanier unter sich organisierten, hat er immer mitgespielt. Wir haben gern miteinander geredet. Er war der erste, der mir von Auschwitz erzählt hat. Ihm ging es dort besser als den Juden, aber er hat mir gesagt: ‹Du kannst es dir nicht vorstellen.› Damals wußte ich nicht, wo Auschwitz liegt. Im spanischen Bürgerkrieg hatte Manglano in einem kommunistischen Regiment gedient, das von Enrique Líster geführt wurde. Er war sehr mutig, ein guter Soldat – und unbeschreiblich doktrinär.»

Als Semprún dies sagte, senkte er bei den Worten «unbeschreiblich dok-

---

* Im Winter erscholl der Weckton der Sirene zwischen sechs und sieben Uhr.

trinär» die Stimme in geflüstertem Pathos. Manglano war älter als er. Er hatte den Bürgerkrieg mitgemacht, den Semprún verpaßt hatte. Auch Manglano war einsam in Buchenwald. Und indem Semprún ihm spanische Gedichte rezitierte, konnte er ihm aus seiner Einsamkeit heraushelfen. Viele Gelegenheiten zur Konversation gab es für die beiden nicht: «Wir trafen uns nach dem Abendappell. Er war viel müder als ich, weil er einem Kommando zugeteilt war, das härter war als das meine. Wir tauschten uns ein wenig aus über den Tag, über die politischen Neuigkeiten, wir sprachen über Madrid und über den Bürgerkrieg. Und er mochte es, wenn ich ihm spanische Gedichte aufsagte. Unsere Beziehung war intellektuell reduziert, es ging immer um einfache Dinge, aber gleichzeitig waren wir sehr eng miteinander.»

Wollte einer der beiden sich nachts auf die andere Seite drehen, mußte er den anderen verständigen. Manglano erzählte Semprún von seinen erotischen Träumen, und wenn er sich seine Lust übers Erwachen hinweg einmal sichtlich bewahren konnte, informierte er ihn auch davon. Die beiden mochten einander. Sie brauchten einander. Manglano brauchte die Erinnerung an seine Heimat. Und Semprún war selig, dank seiner und anderer Spanier zur Muttersprache zurückzufinden, die ihm bis dahin immer etwas zu pompös, etwas zu rhetorisch vorgekommen war. Er hat diesen Automechaniker, mit dem er die Pritsche teilte, auf eine nicht-sexuelle Weise geliebt. Für Semprún war Manglano ein großer kleiner Bruder. Groß, weil er im Bürgerkrieg gekämpft hatte. Klein, weil Semprún ihm in seiner Verlorenheit helfen konnte, indem er spanische Gedichte rezitierte. Der «Junge aus Saumur», der fiktive Gefährte, der in *Die große Reise* mit dem Erzähler zusammen von Compiègne nach Buchenwald deportiert wird, ähnelt Manglano. Er ist gelassen, manchmal derb, sarkastisch, liebebedürftig.[17]

Der Zuneigung anderer bedürftig zu sein, ist ein gefährliches Gefühl: Wer es zuläßt, muß sich eingestehen, daß er nicht autonom ist. Es ist ein Gefühl, das Semprún in seiner Jugend zu kontrollieren gelernt hat. Im KZ gestattete er sich, auf die Zuneigung anderer zu bauen. Hier fand er die Brüderlichkeit verwirklicht, die Malraux' in *L'Espoir* beschrieben hatte. «Die Idee der Brüderlichkeit: Sie kam von der Lektüre. Ihre Wirklichkeit: Das war Buchenwald.» Ohne die durch *L'Espoir* gesäte Sehnsucht hätte er dieses Gefühl in Buchenwald sicherlich nicht so belebend erfahren können, wie er es seither darstellt.

Eugen Kogon, der – «als Mensch, als Christ und als Politiker» – im Auftrag der Amerikaner 1945 einen Bericht über das Lager verfaßte, räumte ein, daß es Solidarität gegeben habe. Die Regel sei das jedoch nicht gewesen: «Am engsten auf dem Leib saßen dem KL-Gefangenen *die Mitgefangenen*. An sie war man gekettet, auf sie angewiesen, ihnen preisgegeben. Die vorherrschenden seelischen Kräfte, die das Leben unter ihnen bestimmten, waren Egoismus und zweckhaftes Denken, verschärft durch mannigfache Antipathien. Die nach dem Ende der KL viel gerühmte Solidarität war eine Klammer aus dem gleichen harten Seelenmaterial, das durch Sympathien von Individuum zu Individuum oder von Gruppe zu Gruppe gelegentlich geschmeidiger wurde.»[18] Semprún war nicht nur jünger als Kogon, er gehört auch zu den Leuten, die in der Lage sind, ihre Wahrnehmung der Wirklichkeit dem anzupassen, was sie sich vorstellen. Er wußte genau, was er suchte. Freundschaft und Zutrauen, mit denen er den spanischen und französischen Kameraden im Lager begegnete, werden das Ihre dazu getan haben, daß die Realität seine Sehnsucht bestätigte. Nicht immer in seinem Leben hat dieses Verfahren funktioniert. Selten hat es so gut funktioniert wie in Buchenwald. Deshalb hat er 1992, als er den Ort wieder besuchte, dem Filmemacher Peter Merseburger vor laufender Kamera anvertraut, es komme ihm vor, als sei er nach Haus zurückgekehrt.

Dieses Heimatgefühl, das sich 1992 in den Schrecken der schmerzwachen Erinnerung mischte, teilt er mit anderen. Volkhard Knigge, seit 1994 Direktor der Gedenkstätte Buchenwald, ist im Gespräch mit ehemaligen Häftlingen, die ähnlich denken. Knigge hat sogar den einen oder anderen Brief erhalten, darin der Verfasser sich erkundigte, ob es möglich sei, daß er eines Tages, wenn seine Stunde komme, in Buchenwald begraben werden könne.

Nahe dem Block 40, in dem Semprúns Schlafstelle war, stand die Goethe-Eiche, in deren Stamm Schiller und Goethe ihre Namen geritzt haben sollen. Als das Lager 1937 in den Wald hineingebaut wurde, gaben die SS-Fürsten dem Baum pietätvoll Pardon und ließen ihn stehen. Semprún meint, sich zu erinnern, daß eine kleine Tafel auf seine große Vergangenheit hinwies. Eichen graben sich mit Pfahlwurzeln tief ins Erdreich ein, der Mythos ihrer Standfestigkeit kommt nicht von ungefähr, sie «wollen», wie Friedrich Schiller schrieb, «den Sturm». Dem Bombardement, das die Amerikaner im August 1944 über Buchenwald niedergehen ließen, war die Goethe-Eiche jedoch nicht gewachsen. Das Lager wurde mit Brandbom-

ben beschossen. Die in Buchenwald ange-
siedelten Deutschen Ausrüstungswerke, die
zum Teil von der Bauschlosserei auf
Kriegsproduktion umgestellt waren, wurden schwer getroffen. Die Rüstungsbetriebe
der Gustloff-Werke, die auch Teile für die
V1- und V2-Raketen herstellten, waren
fortan in ihrer Produktionskraft stark reduziert. Und was von der verbrannten Goethe-Eiche übrigblieb, wurde auf Befehl der
KZ-Leitung gefällt und zu Feuerholz zer-
sägt. Der in den Vorjahren dem Arbeits-
kommando «Bildhauerei» zugeteilte, nun
im Kommando «Pathologie» beschäftigte
Bruno Apitz brachte ein Scheit an sich und
schnitzte das Gesicht eines Toten hinein,

«Das letzte Gesicht» von
Bruno Apitz

«Das letzte Gesicht»: «Hätte man mich dabei erwischt, wäre ich unweigerlich ‹hochgegangen›. Das bedeutete Bunker und Tod. Häftlinge des Kommandos sicherten mich bei der Arbeit ab. Ein anderer Häftling stand ständig neben mir und fegte die abfallenden Holzspäne weg, während wiederum andere Häftlinge auf dem Sprung standen, das Holzstück und das
Werkzeug bei Gefahr sofort zu verstecken.»[19]
     Für die Franzosen wurde das Bombardement am 24. August 1944, das
mehrere Hunderte Leben kostete, der Auftakt zu einem Freudentag: Am
25. August nahmen die Alliierten Paris ein. «Wir wußten es sofort», sagt
Semprún. Seit langem gab es im Lager gut getarnte, selbstgebastelte Kurz-
wellen-Apparate, mit denen die Gefangenen «regelmäßig alle Nachrichten
aus den alliierten Ländern» empfingen.[20] Über das Vorrücken der Alliierten waren die Häftlinge besser informiert als die meisten Deutschen. Die
gute Nachricht aus Paris machte die Runde.
     Die vielen Franzosen in Buchenwald waren notorisch miserable Mar-
schierer. Mit ihrem schlechten Tritt brachten sie die SS-Posten in Rage, die
dem Schauspiel dieser gallischen Unordnung beiwohnten. Weil im «Totalen Krieg» die Arbeitskraft der Männer nicht durch wahllose Prügeleien
beeinträchtigt werden sollte, konnten die SS-Männer bloß zuschauen und
sich untereinander über das angebliche Kulturvolk erregen. Jedoch, am
Tag nach der Befreiung von Paris zogen die Franzosen zu ihren Kommandos aus, wie wenn sie nie etwas anderes als den festen, geschlossenen

Marschtritt gekannt hätten. Es war eine stolze, patriotische Demonstration, ein heroisches Pendant zu der Episode in Jean Renoirs Film über den Ersten Weltkrieg, «Die große Illusion», wo die französischen Offiziere in deutschem Gewahrsam, den Deutschen zum Trotz, die Marseillaise singen. Ähnlich hat es Michael Curtiz 1942 in «Casablanca» in Szene gesetzt. Die Gäste in Rick's Café erheben sich spontan und singen die Marseillaise, singen mit ihr das von den deutschen Gästen angestimmte Lied «Die Wacht am Rhein» nieder. Mein Vater hat «Casablanca» viele Male angesehen; im Alter sagte er, nur noch auf diese eine Szene zu warten, die eigene Ergriffenheit zu genießen und dann den Fernseher auszuschalten. Die Männer in Buchenwald konnten den damals neuen amerikanischen Film «Casablanca» nicht kennen. Das Lagerkino, in dem die Gefangenen gegen Eintrittsgeld deutsche UfA-Filme sehen durften, wurde gelegentlich für Theateraufführungen, Sportveranstaltungen und Konzerte der Häftlinge des Großen Lagers freigegeben. Zu anderen Stunden wurden im Kinosaal die Prügelstrafen vollstreckt, die viele Opfer um ihre letzten Kräfte brachten. Keiner der Franzosen, die am 26. August 1944 auftrumpfend paradierten, hatte die Gelegenheit gehabt, «Casablanca» zu sehen. Und nicht wenige von ihnen sind im Lauf der folgenden Wochen, verzweifelte Hoffnung im ermatteten Herzen, gestorben.

Semprún hat die französischen Kameraden an jenem Tag marschieren sehen. Franzosen, die von seiner Vergangenheit als Résistancekämpfer wußten, nannten ihn Gérard. Die Spanier nannten ihn Jorge oder Semprún. Manche kannte er, die machten sich nicht mehr die Mühe, Namen zu lernen, und riefen ihn mit seiner Häftlingsnummer, die auf der Brust seiner Jacke zu lesen war.

Wenn Willi Seifert, der Kapo der Arbeitsstatistik, einem Untergebenen etwas Gutes tun wollte, teilte er ihn eine Woche lang zur Nachtschicht in der Schreibstube ein. Vorgeblich sollten die Häftlinge Aufgaben erledigen, die vom Tag liegengeblieben waren. «Die kommunistischen Veteranen machten die Nachtschicht nicht», sagt Semprún, «die hatten das nicht nötig. Für uns andere war es ein Geschenk. Es gab einen vereinbarten Turnus, alle drei oder vier Wochen kam man dran.» Zu arbeiten gab es nichts. Die Männer konnten in der Schreibstube dösen und am folgenden Tag im Block weiterschlafen, «richtig schlafen, weil der Block leer war». Diese Nächte in der Arbeitsstatistik verbrachte Semprún mit Lesen, «jede Zeile war eine Überwindung». Die Bücher hatte er in der Häftlingsbibliothek ausgeliehen.

Auf der ersten Seite prangte ein Stempeleintrag: «K. L. Buchenwald», gefolgt von Vorschriften, die endeten mit den Sätzen: «Verbummelst du ein Buch, bist du ersatzpflichtig! Du wirst bestraft, wenn du diese Anordnung nicht befolgst!» So stand es in Werken von Platon, Heine, Klabund, Galsworthy.

Buchenwald war nur dem Namen nach ein Umschulungslager. Kein Lagerkommandant hat das je ernst genommen. Trotzdem gab es – die deutsche Gefängnistradition machte sich geltend – eine Bibliothek. Anläßlich ihrer Einrichtung hatte die Kommandantur rund 250 Bücher erworben, darunter fünf Dutzend Exemplare von *Mein Kampf* und weitere fünf Dutzend Exemplare von Alfred Rosenbergs *Mythus des 20. Jahrhunderts*. Niemand las sie. Kein SS-Mann verfiel auf die Idee, in der spärlich besuchten Bibliothek eine Ansprache zu halten und zur Untermalung seiner Worte einen Band von *Mein Kampf* aus dem Regal zu ziehen. Hinter diesen Büchern, erzählt Semprún, habe man die Zeichnungen von Boris Taslitzky und anderen verborgen, die zeigten, wie es im Lager zuging. Der Bestand der Bibliothek, die 1945 fast vierzehntausend Bände umfaßte, wurde von den Häftlingen und ihren Angehörigen zusammengetragen. Auch verbotene Literatur, die eigentlich als Klosettpapier enden sollte, rettete man für die Bibliothek. Nach einigen Wochen der Gefangenschaft hatten allerdings nurmehr die wenigsten Kraft oder Lust zur bildenden Lektüre. Semprún gehörte zu den Ausnahmen. Er las nachts in der Arbeitsstatistik, Zeile um Zeile im Kampf mit seiner Müdigkeit. Er las *Absalom, Absalom!* von William Faulkner. Er las Hegels *Logik* und die *Phänomenologie des Geistes* – und wunderte sich, wie diese Werke in die Lagerbibliothek geraten waren.

Auch ein Kapitel der berühmten *Geschichte der KPdSU (Bolschewiki)* las er in der Arbeitsstatistik. Dort stand ein Spind, in dem er den gefährlichen Text deponieren und sicher sein konnte, daß kein SS-Mann ihn finden werde. Das Buch war in der Sowjetunion 1938 erschienen, gleichsam um die Schauprozesse ideologisch abzurunden. Wer noch im Zweifel über die rechte Lehre war, konnte nun diesen *Kurzen Lehrgang* zur Hand nehmen, der von einem Autorenkollektiv verfaßt war und den Generalsekretär wie einen Erlöser bejubelte. Dessen ungeachtet, firmierte Stalin wenig später als Autor der Schrift, deren Gesamtauflage Zeit des Bestehens der Sowjetunion auf 43 Millionen Exemplare anwuchs. Als Semprún den zweiten Abschnitt des vierten Kapitels las, in dem der historisch-dialektische Materialismus behandelt wird, glaubte er, Stalin habe immerhin diese Seiten selbst geschrieben. In Wahrheit war die Dialektik das letzte, worüber der sowjetische Führer sich hätte verbreiten können. Er verstand nichts davon. In einer schwachen Stunde hatte er es zugegeben und sich von Jan Sten, dem stellvertretenden Direktor des Marx-Engels-Instituts, Nachhilfe geben lassen. Als es an Hegel ging, war es dem Schüler zu bunt geworden: «Wer soll diesen ganzen Blödsinn in der Praxis anwenden?» 1937 wurde der Philosoph Sten verhaftet, des Trotzkismus beschuldigt und exekutiert. [21] So ward die Theorie nicht *in* der Praxis, wohl aber *von* ihr aufgehoben. Und Stalin wurde nun als großer Dialektiker gewürdigt, dessen Ruhm sich bis nach Buchenwald und zu Jorge Semprún herumsprach.

«Ein französischer Kommunist hatte die französische Übersetzung dieses berühmten Kapitels von Hand abgeschrieben, in ein blaues Schreibheft, das unter uns die Runde machte und sich allmählich in einzelne Blätter auflöste. Was ich da las, war alles klippschulmäßig: Für einen wie mich, der von Hegel und Lukács kam, war diese Darstellung der Dialektik das letzte. Es war eine große intellektuelle Enttäuschung. Für jemanden meiner Leseerfahrung war der Stalinismus sehr kümmerlich, sehr religiös. Ich habe mir dann gesagt: Das ist offenbar ein Text für die einfachen Leute an der Basis. Wir anderen aber wissen, daß der historische Materialismus in Wahrheit viel komplizierter, komplexer, gehaltvoller, widersprüchlicher ist.» Auf diese Lesart hat Semprún sich mit sich selbst und mit den französischen Genossen verständigt. Seine Stalinverehrung blieb ungebrochen.

Mit den Spaniern hat er darüber gar nicht erst gesprochen. «Das waren keine Intellektuellen. Unsere kompliziertesten Unterhaltungen drehten sich um den Hitler-Stalin-Pakt. Ich habe den Kameraden erklärt, dieser Vertrag sei zynisch und nur geschlossen worden, damit Stalin Zeit zum Aufrüsten habe. Das wollten die Spanier nicht hören: ‹Zynisch› durfte man nicht sagen. Sie erwarteten eine andere Erklärung. Sie wollten sich nicht im Stich gelassen fühlen. Der Pakt sollte sinnvoll sein. Aber sie mochten mich leiden und haben mich deshalb nicht gleich als Volksfeind behandelt.»

Viele Gespräche über Theorie, an denen Semprún teilnahm, handelten nicht von Politik. Oft ging es ums Essen. An den freien Sonntagen, wenn die Franzosen beisammen saßen, frönten sie mitunter einem unter Hungernden beliebten Gesellschaftsspiel: Einer mußte sich ein Menü ausdenken und es den übrigen bis hin zu den Beilagen der einzelnen Gänge vor Augen führen. Nicht erlaubt war, ein schon bekanntes Gericht erneut aufzutischen. An anderen Sonntagen wurde über Philosophie disputiert. Semprún weiß nicht mehr, ob er Schellings *Über das Wesen der menschlichen Freiheit* aus der Lagerbibliothek entlieh, oder ob ein Bibelforscher, ein Zeuge Jehovas, ihm das Buch zu lesen gab. «Diese ganz und gar romantisch-idealistische Sprache ist nichts für mich. Schelling beschwört das Dunkle in der Welt, das notwendig sei, weil der Mensch sonst ontologisch keine Freiheit habe; weil er nur dann frei sei, wenn er zwischen dem Guten und dem Bösen wählen könne. Damit kann ich nichts anfangen.» Dennoch hat Semprún Schelllings *Freiheitsschrift* aufmerksam gelesen und später des öfteren zitiert. Er, der ja Schriftsteller werden wollte, begann schon 1944 zu überlegen, wie er über das Lager schreiben werde, sollte er es lebend verlassen. Er verfaßte Gedichte, einige auf Spanisch, einige auf Französisch. Eines heißt «Der alte Traum»: «Es bleiben dies Nichts, dies Lachen, dieser alte Traum, es bleibt das Vorhaben aller Tage: trotzdem zu leben (…)» Das ambitionierte und kompositorisch komplexe Gedicht endet mit einem Binnenreim: «L'angoisse est un drapeau que l'infini vent froisse.»[22]

Im April 1945 näherte sich die 3. Armee unter General Patton dem Lager. Die SS-Truppen traten einen geordneten Rückzug an. Eine «Sonderkampfgruppe» wurde nach Weimar entsandt. Die übrigen wandten sich nach Westen und nahmen einige Tausend Gefangene mit sich. Als der Befehl zum Abmarsch erscholl, gaben Angehörige der kommunistischen Lagerleitung, Kapos und andere Häftlinge, die Parole aus: Alle sollten in den Baracken bleiben, keiner solle sich auf dem Appellplatz einfinden. Ein paar hundert Männer konnten die SS-Leute einfangen. Viele gingen freiwillig mit, darunter – wie Semprún erzählt – fast alle Polen, die sich vor der Roten Armee noch mehr fürchteten als vor den Deutschen. Am 11. April, als nur noch ein kleiner Teil der SS-Besatzung in Buchenwald geblieben war, die meisten ukrainische und lettische Hilfsleute, rollten Pattons Panzer am Lager vorbei. Weil sie nicht in ein Gefecht verwickelt wurden, fuhren sie weiter. Nun wagten die Kommunisten den Aufstand: Sie holten die versteckten Waffen hervor, die sie in Einzelteilen aus den Industriebetrieben herausgeschmuggelt hatten, und überwältigten die Wachmänner. Das ist der reale Kern der in der DDR offiziös kolportierten Geschichte von der «Selbstbefreiung» Buchenwalds.[23] Semprún sagt, daß die Männer in zwei Kohorten organisiert gewesen seien. Zuerst sprengten jene hervor, die mit Maschinenpistolen und Gewehren bewaffnet waren. Die Nachhut hatte schwereres Gerät. Semprún trug eine Panzerfaust. Er kam nicht mehr dazu, sie abzufeuern.

Die verängstigten Wachmänner hatten sich bereits ergeben. Dann lief der «Lagerälteste», Hans Eiden, zum Lagermikrophon. Seine kurze Ansprache begann mit dem Satz: «Kameraden, wir sind frei.» In der Erinnerung von Imre Kertész klingen die Worte bis heute nach. Ein anderer Häftling erzählte, Eiden habe dazu aufgerufen, Disziplin zu bewahren und niemanden zu lynchen: «Kumpels, wenn wir sie lynchen, sind wir nicht besser als sie selbst.»[24]

Nichts und niemand konnte die Häftlinge nunmehr daran hindern, das Lager zu verlassen. Man lief herum, nahm noch den einen oder anderen verirrten SS-Soldaten fest. In der Nacht machte ein bewaffneter Haufen von einigen hundert Mann sich auf nach Weimar. Semprún war dabei. Gegen zwei Uhr morgens begegnete die Truppe einer Einheit von Pattons Armee. Die Amerikaner waren streng und höflich: Die Häftlinge sollten unverzüglich ins Lager zurückgehen und sich ruhig verhalten. Semprún kehrte also mit den anderen um und nahm seinen Schlafplatz neben Sebastián Manglano wieder ein. Vielleicht am Abend des 12. April, vielleicht erst am 13. – der genaue Zeitpunkt ist ungewiß – kamen Pattons Soldaten dann auch nach Buchenwald.

Es dauerte eine Weile, bis die Amerikaner sich einen Überblick über das Lager verschafft hatten. Sie versuchten, die Sterbenden zu retten und den Ausgehungerten zu essen zu geben. Mit der Organisation der Heimreise der Deportierten konnten sie erst später beginnen. Semprún sagt: «Die Franzosen – sie waren ja Angehörige einer ‹Siegernation› – wurden vorgezogen, und ich mit ihnen.» Die Zeit zwischen der Befreiung und seiner Abreise hat er wie im Delirium erlebt: «Es waren etwa vierzehn Tage, aber in meiner Erinnerung waren es nur acht Stunden.» Am 23. April bestieg er einen Lastwagen und verließ das Lager. Ungern denkt er daran, daß seine spanischen Kameraden noch einige Wochen ausharren mußten, bis auch sie endlich fortkamen.

Den Herbst 1945 verbrachte Semprún bei seiner Schwester im Tessin. Maribel und ihre Familie hatten in dem Städtchen Solduno ein Haus gemietet. In *Schreiben oder Leben* hat er davon erzählt. Zu Gast bei Maribel und stetig von ihr ermuntert, bemühte er sich, etwas zu Papier zu bringen. «Anfangs habe ich versucht, über das Lager selbst zu schreiben. Ein Buch, wie ich es schon in Buchenwald im Kopf hatte. Aber es gelang mir nicht. Nachdem ich das ein paar Monate lang vergeblich probiert hatte, wußte ich warum: Ein Buch übers Lager schreiben hätte geheißen, daß ich mich in der

Erinnerung ans Lager verloren hätte, in der Erinnerung an den Tod. Ich hatte Angst, nein: nicht Angst, ich war sicher, ich nahm ganz sicher an, daß ich mich, wenn ich wirklich ein Buch übers Lager schreiben würde, am Ende nur noch umbringen konnte. Also habe ich nichts geschrieben. Ich hätte ja nicht anfangen können, eine Geschichte über meine Rückkehr zu verfassen, über Liebesaffären oder was auch immer. Das interessierte mich überhaupt nicht. Die einzige und beste Therapie für mich war die Politik.»

Maribel sagt, ihr Bruder habe damals wenig vom Lager erzählt. Tat er es mal, dann habe er geredet, wie wenn er nicht dabeigewesen wäre: «Ich hatte nie den Eindruck, daß er darüber wirklich sprechen wollte.» Gonzalo de Semprún schien es damals, als würde die Schwester Jorge fast ein bißchen antreiben. Ihre gut gemeinten Worte werden aber nicht ins Gewicht gefallen sein neben dem Druck, unter den Semprún selbst sich setzte. Vom Herbst 1945 bis zum Januar 1946, in jenen Monaten in der Nähe von Ascona, fand er keine Form für das, was er hätte erzählen wollen. Und je weniger er sie fand, je mehr er sich bei der fruchtlosen Arbeit ins Erlebte zurückversetzte, desto überwältigender wurden die Erinnerungen, bis die Mischung aus der Frustration bei der Arbeit und der dauernden Beschäftigung mit Tod und Angst ihm die Gegenwart so vergällte, daß er beschloß, das Schreiben vorerst sein zu lassen. Es war, so glaube ich, nicht bloß die Angst vor der Fertigstellung des Textes, sondern auch die Erfahrung des steten Mißlingens, die ihn einschüchterte und die Furcht vor dem Tod wiedererweckte. Als er in seinem ersten Fernsehinterview 1963 gefragt wurde, warum er siebzehn Jahre gewartet habe, bevor er ein Buch über das Lager publizierte, antwortete er, mit schüchterner Verhaltenheit und ohne seinen gestrengen TV-Einvernehmer anzusehen: Seine früheren Versuche seien «nicht gut» gewesen. Außerdem sei es nötig gewesen, «die Zeit ihr Werk» tun zu lassen, es habe eine Weile gebraucht, bis das Schreiben ihm leichter gefallen sei.[25] Wäre der Fernsehmoderator etwas einfühlsamer oder etwas besser vorbereitet gewesen, hätte er seine Frage anders gestellt. In *Die große Reise* hatte er nämlich lesen können: «Es ist noch zu früh, von dieser Reise zu erzählen, ich muß sie völlig vergessen, danach erst kann ich vielleicht von dieser Reise erzählen.»[26]

Mit zweiundzwanzig Jahren konnte Semprún seinen eigenen hohen Ansprüchen nicht gerecht werden. Nach seiner Rückkehr aus dem KZ, sagt er, sei er Anhänger eines «sozialen Realismus» gewesen. Mit dieser Formulierung will er sich von der damals gängigen Idee des «sozialistischen Realismus» distanzieren. Ob dies oder jenes, mit so einer Kunstauffassung war die subjektive Ehrlichkeit Michel Leiris', die er bewunderte, nicht ohne weiteres vereinbar. Er suchte seine Erfahrungen, sein eigenes Leid literarisch so zu verarbeiten, daß daraus etwas entstehe, was im Einklang mit seiner kommunistischen Überzeugung für die ganze Gesellschaft von Belang wäre. Doch das gelang ihm nicht. Den Zusammenprall zwischen der moralisch-literarischen Anforderung, die er an sich stellte, und seinen Erinnerungen konnte er mit zweiundzwanzig Jahren nicht bewältigen. Er fand nicht, was er sagen wollte. Erst viel später entdeckte er das Moment, in dem das eine mit dem anderen versöhnt war: Nicht bloß das *individuell* Grauenhafte des Lagers wollte er schildern, sondern das *universell* Wesentliche.

Hunger, Kälte, Schlafmangel, Gewalt, Zwang, Angst, Demütigung, Folter, Mord: Worin bestand das spezifisch Grauenhafte des Lagers? Wenn es um den Vergleich zwischen dem deutschen KZ-System und dem stalinistischen Gulag geht, kommen die meisten zu dem Schluß, daß ganz allein die Deutschen die Ausrottung von Menschen fabrikmäßig betrieben haben. In sämtlichen anderen Lagern, die es in der Geschichte gab, war der Tod der Insassen allenfalls erwünschter Nebeneffekt, nicht aber das erklärte und mit allen Mitteln moderner Chemie, Logistik und Ingenieurskunst beförderte Ziel des Staats, der sie einrichtete.[27]

Diese Antwort kann einen Schriftsteller nicht befriedigen, schon gar nicht einen Schriftsteller, der selbst in keinem Vernichtungslager gefangen war und genau wußte, warum man ihn ins KZ geschafft hatte: Weil man Semprún als politischen Feind identifiziert hatte, war er nach Buchenwald geraten. Nicht als Jude oder Zigeuner war er eingesperrt, sondern als politischer Gegner. Unter Rassismus hat er nie leiden müssen. Er wurde nicht wegen seiner Abstammung verfolgt. Er bekämpfte die Nazis, also bekämpften die Nazis ihn. Das eine folgte aus dem anderen. Die KZ-Haft bedrohte sein Leben, seine Selbstachtung blieb wenigstens halbwegs intakt. Der Unterschied ist gravierend. «Die Brutalität hat mich nie erstaunt. Wenn da Leute geklagt haben: Diese miesen Typen, was machen die mit uns? Dann habe ich gesagt: Was denkt ihr, habt ihr geglaubt, ihr seid hier in den Ferien, oder was?» Der letzte Satz erinnert an den Jargon der deutschen Kommunisten, die Buchenwald als «Sanatorium» bezeichneten.

Semprún sagt von sich, nicht heimgesucht zu werden von der Frage, warum ausgerechnet er überlebte und so viele andere nicht. «Ich bin eben nicht der einzig Übriggebliebene eines ganzen Dorfes, einer ganzen Familie gewesen.» Er muß nicht umzingelt von den Schlagschatten der Erinnerung an die Seinen leben. Die Frage «warum habe ich überlebt?» beschäftigte ihn nicht. Als politischer Häftling mußte er sich darüber keine Gedanken machen: Im Kampf gegen den Nationalsozialismus würde es Tote geben. Jeder Angehörige der Résistance hatte das von Anfang an wissen können. Für die Widerstandskämpfer war es eine Sache des Glücks und der Umsicht, ob sie mit dem Leben davonkommen würden. In den neunziger Jahren schrieb Semprún: «Ich habe nie verstanden, warum man sich schuldig fühlt, überlebt zu haben.»[28]

Die ersten Bücher, die er nach seiner Befreiung über das Lager las, waren – neben Eugen Kogons Bericht über den *SS-Staat* – die Erzählungen von David Rousset und Robert Antelme, beide umfangreich, beide 1947 erschienen. Antelmes *Das Menschengeschlecht* ist ein Kreuzweg von nicht vierzehn, sondern Hunderten Stationen. Diese Form der umfassenden Darstellung suchte Semprún zu vermeiden. Und weil er als Funktionshäftling in Buchenwald zumindest teilprivilegiert war, hätte er seine Zeit im Lager so auch nicht schildern wollen: Er hungerte, andere verhungerten. Er wurde bei der Büroarbeit immer schwächer, andere mußten tagsüber Steine schleppen. Er fror, andere starben vor Kälte, und in den Waggons, die aus dem Osten nach Buchenwald kamen, waren ihre froststarren Leiber mit anderen vereisten Leichnamen zu einem Menschenklumpen zusammengefroren. Bei allem, was Semprún von sich selbst erzählen konnte, hätte er darauf hinweisen wollen, daß es ihm im Vergleich zu zahllosen anderen besser ergangen war.

Nach der Rückkehr aus dem Tessin lebte Semprún in Paris. Gelegentlich fertigte er für die Unesco Übersetzungen an, ab und an verfaßte er einen Zeitungsartikel. Damals fanden Autoren es chic, unter Pseudonym zu schreiben. Semprún tat es auch. Im Gedanken an den Freund aus Buchenwald zeichnete er diese Texte mit Georges Falco. (Der Vorname ist die französisierte Form von Jorge.) Die wenigsten kannten den Autor hinter dem Namen. Die wenigsten konnten ihn auf einen Artikel ansprechen. Es blieb ganz ihm überlassen, mit wem er sich auf welche Gesprächsthemen einließ und auf welche nicht. Über das Konzentrationslager hat er nur im Kreis der Genossen gesprochen.

1947 verfaßte Georges Falco für die kleine kommunistische Wochenzeitung *Action* eine Rezension des Buches des neugewonnenen Freundes Robert Antelme, die erste Besprechung von *Das Menschengeschlecht*, die erschienen ist. Der kurze Artikel ist voll des Lobes. Über all die elenden Details seiner Gefangenschaft, die Antelme erzählt, verliert Semprún darin kein Wort. Weder über die Schwären, die von Hunger und Ungeziefer herrührten, noch darüber, wie Antelme seine bläulich angelaufenen, ausgemergelten Beine bis hinauf zum Geschlecht betrachtete und alles widerwärtig fand, was er sah. Semprún schilderte das Buch aus der Perspektive des Zeugen, der es nicht zu einer Publikation gebracht hatte: «All jene, die nicht sagen können, was sie hinter sich haben, die des Abends von ihren unerträglichen Erinnerungen eingeholt werden, von denen sie nur in banalen Sätzen berichten – ‹Es war hart›, ‹Man hatte Hunger› –, sie alle werden in diesem Buch das Nichtausgesprochene finden, die bewegten Worte, die sie selbst hätten sagen wollen.» Und anstatt das Ungesagte in seinem kurzen Artikel anzureißen, griff er einen anderen Gedanken auf: Antelme erwägt, ob ein politischer Gefangener seine Selbstachtung aufgibt, wenn er seine Rationen mit Küchenabfällen aus den Mülleimern anreichert. Antelme sah darin nicht Selbsterniedrigung, sondern Heroik: Wer Küchenabfälle esse, befinde sich «in einer äußersten Widerstandssituation». Diese Erfahrung sei aber lediglich die ins Extreme getriebene Alltagsnot des Proletariers: «Alles ist da: Zunächst die Verachtung desjenigen, der den Gefangenen in diese Lage zwingt und alles tut, um sie zu stabilisieren, so daß die ganze Person des Gefangenen sich aus seinem Zustand zu erklären scheint und damit zugleich den Unterdrücker in seiner Rolle rechtfertigt. Auf der anderen Seite der Anspruch auf die höchsten Werte, der sich darin zeigt, essen zu wollen, um am Leben zu bleiben. (…) Viele haben Abfälle gegessen. Sicherlich waren sie sich zumeist nicht der Größe bewußt, die man dieser Handlung zuerkennen kann. Sie empfanden eher den Niedergang, den Verfall, der damit verbunden war. Aber man konnte nicht tief sinken, wenn man Küchenabfälle auflas, so wenig wie der Proletarier, der ‹gemeine Materialist›, tief sinken kann, wenn er hartnäckig seine Befreiung und die aller andern fordert und unermüdlich dafür kämpft.»[29]

In seiner Rezension stimmte Semprún dem Freund rückhaltlos zu und überspitzte dessen Argument sogar: «Nach der Lektüre muß jedem Leser aufgehen, daß es – die Unterschiedlichkeit der Umstände und die Verschiedenheit der Details in Rechnung gestellt – im Hinblick auf das Alltägliche keinen radikalen Bruch gibt zwischen dem Lagerleben und dem heutigen.» Das Buch sei ein «Lehrgang der Freiheit».[30]

Antelme und Semprún hingen der damals gängigen «Dimitroff-These» an, derzufolge die bürgerlich-kapitalistische Wirtschaft im Faschismus kulminiere. Antelme war in einem Arbeitslager gewesen, Gaskammern gab es in Gandersheim nicht. Heute nimmt es wunder, daß er und Semprún die KZ-Häftlinge mit dem Proletariat verglichen, ohne der Millionen Opfer der Vernichtungslager zu gedenken. Semprún sagt, über die Vernichtung der Juden habe man damals nicht nachgedacht.

Seine Rezension kam der 1947 herrschenden Stimmung entgegen. Er schrieb seinen Artikel für eine Leserschaft, von der er annahm, daß sie nach dem endlich ausgestandenen Krieg zur Tagesordnung übergehen und von dem Hunger anderer nichts hören wollte. Wer sich überhaupt unterstand, davon anzufangen oder sich auch nur daran zu *erinnern*, was er im KZ ausgestanden hatte, mußte einen guten Grund dafür haben. Antelmes sehr detaillierte, individuelle Leidensgeschichte war gerechtfertigt, weil man sie über den Leisten der zeitgenössischen marxistischen Geschichtsauffassung schlagen und damit auch für jene Leser akzeptabel machen konnte, die sich von der ausführlichen Darstellung der täglichen Grausamkeiten im KZ nicht angesprochen fühlten. Zu ihnen zählte zuallererst der Rezensent selbst.

Fast sechzig Jahre später, im März 2005, hat Semprún mir gesagt, er habe sich in Antelmes Buch nicht wiedergefunden, als er es zum ersten Mal las. Ohne daß er sich dessen bewußt gewesen wäre, wiederholte er das zentrale Argument seines Artikels von 1947. In der Rezension schrieb er, Antelme spreche «für unsere Toten, für jene, die die Entfremdung des Menschen bis zum Ende erfahren haben». 2005 sagte er, *Das Menschengeschlecht* sei vor allem «ein Buch über die Demütigung und die Entfremdung des Menschen»; was das KZ ausgemacht habe und von anderen Formen der Quälerei unterscheide, werde darin nicht erklärt:

«Ich fand das Buch großartig. Allerdings fand ich, daß es nicht vom Lager handelte. Sicher: Es geht um Gandersheim, um ein Lager nicht sehr weit von Buchenwald, insofern handelt das Buch natürlich vom Lager. Eigentlich geht es darin aber um Demütigung, Entfremdung, körperlichen Verfall. Meine Sichtweise mag falsch sein, aber meiner Erfahrung nach bedeutete das Lager den Verlust der Individualität in der Masse. Bei Antelme kommen vierhundert Leute vor. Alle kennen einander. Man kennt jeden Kapo mit Namen, jeden SS-Mann. Es herrscht da, das Wort mag in diesem Zusammenhang frivol wirken, eine Familiarität, die ich nicht erlebt habe. Buchenwald, das war die Namenlosigkeit. Nie hast du gewußt, mit wem du es zu tun hattest. Du kanntest vier oder fünf Kameraden, fünf, sechs, sieben. Und die anderen – du kanntest sie irgendwie, aber du wußtest nicht einmal, wie sie hießen, allenfalls ihre Nummer kanntest du oder einen Vornamen, der im Zweifelsfall nicht viel bedeutete, weil es ein Deckname aus dem Widerstand war. Was Antelme über Gandersheim schreibt, hat für mich vor allem mit Entwürdigung zu tun. Ein Beispiel, eine der Schlüsselszenen des Buchs: Antelme schildert sehr schön, wie der Deportierte, er selbst, ein zivil geleitetes Büro ausfegt. Und da ist eine Frau anwesend, die angewidert auf diesen Häftling mit dem Besen schaut. Genau solche Szenen finden auch heutzutage statt: Da arbeitet irgendein schwarzer Immigrant in einem großen Büro im 16. Arrondissement von Paris, der kann genau das gleiche erleben: Die junge Frau oder der junge Mann oder der leitende Angestellte lassen den schwarzen Mann ihren Abscheu spüren. Das Entscheidende an der Geschichte hat mit dem Lager nicht viel zu tun, es geht um Rassismus, um Demütigung.»

Seitdem Semprún aus Buchenwald nach Paris zurückgekehrt war, mußte er mit den Albträumen zurechtkommen, die ihn künftig und viele Jahre lang heimsuchen sollten. Die Albträume, die er im Lager nie gehabt hatte, bedrängten ihn. Sie wurden zuverlässige Begleiter seines Lebens als Überlebender. Einen Refrain dieser Träume hat er in seinen Büchern erwähnt: «Krematorium ausmachen!» Das waren die Worte, mit denen ein SS-Offizier über das Lagermikrophon bekannt gab, wenn Luftangriffe drohten. Die SSler wollten nicht bombardiert werden. Sie unterbrachen die Verbrennung der Leichen für eine Weile – «Krematorium ausmachen».

Wenn der ehemalige Häftling aus einem solchen Traum wieder einmal erwacht war, konnte er sich nicht einfach hinsetzen und «Einen Tag im Leben des Jorge Semprún» beschreiben, angefangen beim Waschen bis hin zur dünnen Abendsuppe und dem in der Dunkelheit an Sebastián Manglano gerichteten Gute-Nacht-Gruß. Das gelang ihm erst 1980 in *Was für ein schöner Sonntag!* «Das ist das einzige meiner Bücher», sagt er, «in dem ich wirklich im Lager gelebt habe, das einzige.» Schon der Titel zeigt, wie sehr er vom täglichen Erleben abstrahiert hat, wie sehr er sich darum bemühte, eine zumutbare Form für das Erlebte zu finden. 1994 schrieb er: «Man hätte Stunden damit zubringen können, über das tägliche Grauen Zeugnis abzulegen, ohne dem Wesentlichen der Lagererfahrung nahe zu kommen.»[31] Statt sich in der Schilderung des Schrecklichen zu verlieren, überlegte er, was das Essentielle des Lagers gewesen sei. Dafür suchte er Begriffe, die auch seinen Albträumen gerecht würden. Was war das Wesentliche?

Mit seiner Heimstatt im Kommunismus hat Semprún auch die Möglichkeit verloren, das KZ als Folgeerscheinung des Kapitalismus darzustellen. 1947 konnte er schreiben, daß das Leben im Lager und die Lebenssituation des modernen Proletariats verwandt seien. Als er sich vom Kommunismus in den sechziger Jahren abkehrte, war die «Dimitroff-These» für ihn erledigt. Für soziologische Theorien hat er nicht viel übrig, weshalb ihm seither nur der Rückgriff auf allgemeine Formulierungen über die Natur des Menschen bleibt. Damit kommt man mühelos zum Bösen, aber nicht zum besonderen Bösen des Lagers.

Umso mehr Wert legt Semprún auf die einprägsame, literarische Form der Darstellung. Deshalb glaubt er, daß die Kunst dazu berufen sei, das Böse des Lagers zu zeigen. Vom Lager müssen Geschichten erzählt werden, die gerade in ihrer kunstvollen Beschränkung auf einzelne Figuren und einzelne Ereignisse über die simple Verallgemeinerung hinausgehen.

Die «Brüderlichkeit», wie Semprún sie im Lager erfuhr, hat er in keinem philosophischen Werk beschrieben gefunden, von historischen und soziologischen Arbeiten gar nicht zu reden, die er in toto – im Einzelfall macht er höfliche Ausnahmen – als verdienstvolles Geplänkel abtut. Die wissenschaftliche, analytisch-genaue Betrachtung des Lagers verschließt sich der Emphase, die er erwartet. Sie findet er mitunter im Film und vor allem in der Literatur. Malraux' *L'Espoir* liebt er, weil darin der Kampf des «absoluten Bösen» gegen die «Brüderlichkeit» gezeigt werde. So kraftvoll-bewegend wünscht er sich die Darstellung des Lagers. Je älter er wurde, desto öfter hat er es betont: Nur die Literatur habe die Worte, zu sagen, was das Lager war. Und weil es ihm wichtig ist, daß die Erinnerung daran wachgehalten wird, sollen es jüngere Autoren sein, Autoren ohne eigene KZ-Erfahrung, die sich des Themas annehmen.

2002 hat Semprún Soazig Arons Roman *Le Non de Klara* (Klaras Nein) über die Maßen gelobt. In dem Vorwort, das er für die deutsche Ausgabe verfaßte, steht zu lesen: «Wir können ruhig sterben: Unsere Stimme, die Stimme der Zeugen, wird in dieser wunderbaren Fiktion weitergegeben und bewahrt.»[32] Erst als er gebeten wurde, aus dieser Geschichte über eine Frau, die von Auschwitz nach Paris zurückgekehrt ist, ein Drehbuch zu machen, bemerkte er einige der nicht unbeträchtlichen Schwächen des kleinen Romans, der – meiner Ansicht nach – in zentralen Passagen nicht stark, sondern kitschig ist und aus zweiter Hand darstellt, wofür die Autorin keine eigenen Worte fand. Das Ende der Geschichte und damit ihre psychologische Dramatik wollte Semprún nun für das Drehbuch neu ersinnen.[33] Es war eine der Gelegenheiten, da seine Überzeugung von einer Sache stärker gewesen ist als die Sache selbst: Er hat, mit einem Körnchen Salz gesagt, weniger *Le Non de Klara* gelesen als vielmehr das Buch, auf das er seit langem gewartet hatte.

2006 erschien in Paris ein anderer Roman, der von der Vernichtung und dem Zweiten Weltkrieg handelt: Jonathan Littells *Les Bienveillantes*. Da Semprún bereits zu Protokoll gegeben hatte, «ruhig sterben» zu können, mußte er nach Littells Veröffentlichung noch kräftiger aufs Pedal treten. *Die Wohlgesinnten* bugsierte er auf den Gipfel des literarischen Parnaß: «Ich fürchte», erklärte er in der *Frankfurter Allgemeinen Zeitung*, «daß nach der Apotheose mit Littell erneut ein langes Schweigen beginnt. Vielleicht wird man sich erst in fünfzig Jahren wieder mit dem Thema befassen.»[34] Im Februar 2008 sagte er mir, Littells Sprache sei von durchschnittlicher Qualität, sein Buch habe unübersehbare dramaturgische Mängel, auch die Darstellung der Hauptfigur finde er nicht ganz überzeugend. Entscheidend sei aber, daß ein Schriftsteller den Historikern ihre Materie aus den Händen genommen und die Vernichtung der Juden, angereichert um seine schriftstellerische Erfindungs- und Darstellungsgabe, beschrieben habe. Die künstlerische Unvollkommenheit von Littells *Wohlgesinnten* störte Semprún nicht im geringsten. Seinen eigenen Geschmack stellte er hintan und erklärte auch jene Passagen für wichtig, in denen Sperma spritzt, Gedärme quellen und Exkremente rinnen. Die obszönen Partien, die auf manche Rezensenten nur pornographisch wirkten, fand er durch das Faktum der Shoah gerechtfertigt.

Während der mehr als zwei Dekaden, da Semprún sich erst von der Partei und dann vom Kommunismus verabschiedete, in den sechziger, siebziger und frühen achtziger Jahren, blieben ihm immer noch die Philosophie, die Poesie, die Künste. Das machte ihm den Bruch mit dem Kommunismus leichter: Er fand sich nicht plötzlich in der ideellen Wüste. Er verfaßte politische Aufsätze, Drehbücher und seine ersten Romane. Die Pariser Gesellschaft empfing ihn mit offenen Armen. Alles zusammen wird ihm das Renegatentum erspart haben. Was war nun aber das Wesentliche des Lagers? Seitdem Semprún sich ganz von der KP abgekehrt hat, besteht des Pudels Kern für ihn darin, daß im KZ das Böse Ereignis wurde.

1990 hielt er an der Sorbonne eine Vorlesung, *Das Böse und die Modernität*, in der er sich dem «radikal Bösen» von der klassischen Philosophie her zu nähern suchte. Dem Thema sind freilich lediglich drei Seiten gewidmet.[35] Er bezieht sich vor allem auf Friedrich Wilhelm Schelling und Immanuel Kant.

Beide, der Romantiker und der Aufklärungsphilosoph, variierten eine Argumentation von Augustinus: Gott und seine Absichten sind gut, daran besteht kein Zweifel. Das Böse ist Ausfluß der Willensfreiheit, die dem Menschen erlaubt, zwischen guten und bösen Taten zu wählen. Wer in Gott lebt, wird sich für das Gute entscheiden und damit die Idee der Schöpfung bekräftigen.

In Semprúns Vorlesung kommt Schelling besser weg als in der Unterhaltung, die er mit mir führte: In seiner Schrift *Über das Wesen der menschlichen Freiheit* (1809) habe Schelling das Böse «auf dem gleichen konstitutiven Grund» entstehen lassen, auf dem das ganze «menschliche Sein» beruhe. Insofern Gott also der Ursprung allen Seins ist, gehört das Böse auch zu ihm. Als politisch denkender Mensch findet Semprún zu dieser Argumentation zwar keinen Zugang. Zu einer philosophischen Exegese des Bösen aufgerufen, bequemte er sich indes dazu, Schellings Gedankengang zu akzeptieren.

Kants Bearbeitung des Problems, veröffentlicht in dem Traktat *Die Religion innerhalb der Grenzen der bloßen Vernunft* (1793), ist religiös abgeklärter und interessanter als Schellings *Freiheitsschrift*. Weil der Mensch die Wahl zwischen Gut und Böse hat und von Natur zwar kein Verbrecher, aber eben auch kein Engel ist – so das Argument –, muß das Gute formal definiert werden. Kant, der sich weder von der Idee der Erbsünde noch von Rousseaus Phantasma des ursprünglich guten Menschen beeindrukken ließ, hielt es für ausgeschlossen, daß man Moralfragen beikommen könne, indem man die menschliche Natur betrachtet. Das gute Handeln ist für den Menschen kein naturgemäßes Ziel an sich, sondern muß ihm plausibel gemacht werden: Ohne Vernunft gibt es das Gute nicht. Dieser Gedanke war es, der Kant in der *Metaphysik der Sitten* zur Formulierung des Kategorischen Imperativs bewog: Die Maxime unseres Handelns muß allgemeines Gesetz werden können. Nur wenn unsere Handlungsprinzipien für alle gelten können, handeln wir gut.

In seiner Vorlesung zitierte Semprún ein paar Gedanken aus *Die Religion innerhalb der Grenzen der bloßen Vernunft*, ein Buch, das er erstmals 1943 im Maquis in einer französischen Übersetzung gelesen hatte. (Als ob letzteres ehrenrührig wäre, erklärte er mir, daß man die deutschsprachige Bibliotheksausgabe schwerlich in einem Rucksack mit sich hätte herumschleppen können.) Das Böse, schrieb Semprún in seiner Vorlesung mit

Bezug auf Kant, sei radikal, weil es einerseits von der Unfähigkeit des Menschen zeuge, «seine Maximen zu universellen Gesetzen zu erheben», und weil es andererseits, ganz unabhängig von der Erbsünde und «unabhängig von jeder historischen oder sozialen Determination» im Menschen lebe, «als Quelle und Folge der Freiheit, die das Menschsein ausmacht».

Kants Moralphilosophie sagt Semprún womöglich noch weniger als die von Schelling. Er findet es enttäuschend, daß Kants «moralischer Imperativ» dazu «verurteilt» sei, «ein rein formales Gesetz» zu sein.[36] Im Konzentrationslager sind ihm «das absolute Böse und das absolute Gute» begegnet: «Wie Brot gestohlen wurde und wie es geteilt wurde.»[37] Der Intensität seines Empfindens wird eine Formel nicht gerecht, die das Gute als bloße Gesetzestreue definiert. Die Brüderlichkeit, die er im Lager erfuhr, war für ihn viel mehr als eine Vernunftentscheidung.

Was haben Schelling oder Kant zur Erklärung des essentiell Bösen des Lagers beigetragen, ob KZ oder Gulag? Nicht viel. Seine zentrale Ausführung über die menschliche Fähigkeit zum Bösen beschließt Kant 1793 mit dem glasklaren Satz: «Daß nun ein solcher verderbter Hang im Menschen gewurzelt sein müsse, darüber können wir uns bei der Menge schreiender Beispiele, welche uns die Erfahrung an den *Thaten* der Menschen vor Augen stellt, den förmlichen Beweis ersparen.»[38] Die Menschheit hat Auschwitz nicht abwarten müssen, um zu lernen, daß Menschen ihre Freiheit mißbrauchen können. Ob Kant selbst es für «radikal böse» gehalten hätte, wenn ein ausgemergelter, halbzerstörter Mann im KZ einem anderen sein Brot stahl? Und wieso nimmt der Schriftsteller Semprún, der über diese Dinge jahrzehntelang nachgedacht hat, ausgerechnet den Diebstahl von Brot als Beispiel für das radikale Böse, warum nicht die Taten der Nazis?

Semprún betrachtet das radikale Böse aus der Perspektive der Opfer. Die Täter interessieren ihn weniger. Gemeine Mörder hat es immer gegeben: «Das ist eine Mentalität, die immer wieder aufkommen kann», sagte er 1963 in dem schon erwähnten Fernsehinterview. Zwar trifft Kants Definition des radikalen Bösen auf sie zu, aber jedes Einzelnen Taten reichen nicht hin, das Wesen des KZ-Systems zu beschreiben. Es erfüllt sich nicht im Verbrechen, sondern darin, was an den Menschen verbrochen wird. Auch Semprún sieht das so: Das Wesentliche zeigt sich im Leiden der Kreaturen. Deshalb betrachtet er alles, was sich im Lager abspielte, aus der Perspektive der Häftlinge – und so eben auch die Frage nach dem radikalen Bösen. Mag er nicht auf den Punkt gebracht haben, worin es besteht, hat er es intuitiv doch erfaßt: Es ist in der Tat der Brotraub, freilich verstanden als Chiffre für jede Art von Versuch, das eigene Leben zu retten. Ethisch gesehen, besteht das zutiefst Verwerfliche an dem Diebstahl nicht bloß darin, daß der Dieb den Tod des Bestohlenen in Kauf nimmt, sondern darin, daß er sich im Interesse seiner Selbsterhaltung mit der waltenden Amoral gemein macht: Er kollaboriert mit dem KZ-System. Der Brotraub ist lediglich die verschärfte Variante jeglicher Anstrengungen eines Häftlings, für sein eigenes Überleben zu sorgen. Er ist letztlich nichts anderes als das Bemühen, spät und doch zeitig genug am Suppentopf anzukommen, so daß man eine Kellevoll vom Bodensatz erhält, in dem Fleischfasern und Gemüse schwimmen. Wem das gelingt, der weiß, daß andere nur wässerige Brühe bekommen haben. Der Brotraub ist nichts anderes als das Bemühen, beim Appell in der Mitte der Reihen zu stehen, so daß man keinem SS-Mann auffallen kann. Wem das gelingt, der weiß, daß andere die Angst vor den Prügeln durchstehen müssen, zu denen die Posten womöglich aufgelegt sind. Am Ende ist der Brotraub auch nichts anderes als die Fähigkeit, weiterzuarbeiten, während der Nebenmann vor Erschöpfung zusammenbricht. Wem das gelingt, der weiß, daß der andere geschlagen wird, während er, der Überlebenswillige, dazu verdammt ist, schweigend zuzuschauen und weiterzuarbeiten.

Es gibt auf der Welt keine Ethik, die den Selbstmord ohne höheren Zweck gutheißt. Nahezu alle Morallehren sehen es vor, daß der Mensch sich für eine gerechte Sache opfern darf. Daß er aber sein Leben sinnlos aufgibt, ist jenseits jeder Moral. Im KZ wurde diese Grundregel pervertiert: Wer überlebte, mußte sich an seinem Nächsten schuldig machen. Wer keine Schuld auf sich laden wollte, mußte seinen Überlebenswillen aufgeben.

Jorge Semprún hat das so nie gesehen. Anders als Imre Kertész, der als Fünfzehnjähriger im Kleinen Lager Buchenwalds fast zugrundeging, erlebte er das KZ nicht als Vernichtungsmaschinerie, sondern vor allem als politische Herausforderung. Und die Politik folgt ihren eigenen Prinzipien. Ihre Moral ist pragmatisch. Die kommunistischen Funktionshäftlinge haben vielen Menschen das Leben gerettet, indem sie zu Beginn der vierziger Jahre dafür sorgten, daß die Lebensbedingungen im Lager sich besserten. Dafür war es notwendig, möglichst viele Genossen auf die Posten der inneren Lagerverwaltung zu hieven. Auch war es sinnvoll, im Zweifelsfall die zuverlässigen Häftlinge zu schützen, von denen man wußte, daß sie sich nicht eigensüchtig, sondern solidarisch verhalten würden. Deshalb haben die Kommunisten die ihren nach Möglichkeit gerettet und andere an ihrer Statt den unmenschlich harten Arbeitskommandos überantwortet. Die Schaltstelle dieser Strategie war die Arbeitsstatistik, Semprúns Wirkungsraum, wo die Listen der Kommandos zusammengestellt beziehungsweise manipuliert wurden. Selbst Eugen Kogon, der mit dem Kommunismus nicht sympathisierte, verteidigte später den moralischen Pragmatismus, mit dem die geheime Lagerleitung sich dazu aufwarf, über Leben und Tod zu entscheiden: «Hunderte wertvoller Menschen konnten nur mit Hilfe der Arbeitsstatistik gerettet werden, teils indem sie von Todestransportlisten heimlich gestrichen, teils indem sie wegen Lebensgefährdung im Stammlager in Außenkommandos geschmuggelt wurden.»[39]

Heutzutage, da die Leute nicht wissen, was respektgebietender ist: Semprúns Bedeutung oder sein Alter, wird er nicht mehr oft gefragt, wie er es denn über sich habe bringen können, mit ein paar Ratschern des Radiergummis und etwas Graphit auf Geheiß der Genossen Unschuldige dem Tod zu überantworten. Früher, und zumal in den neunziger Jahren, mußte er sich des öfteren dafür rechtfertigen. Dem Filmemacher Patrick Rotman sagte er: «Da hieß es: Morgen dreitausend für Dora.» Dann habe man am nächsten Morgen dreitausend Männer aus dem Kleinen Lager geholt und zu den unterirdischen Rüstungsbetrieben des Lagers Dora geschickt. Es seien stets bestenfalls zwei Tage geblieben, um herauszufinden, ob ein Widerstandskämpfer für einen Transport vorgesehen war, manchmal bloß sechs Stunden. «Auch ohne die deutschen Kommunisten wären die dreitausend geholt worden. Man mußte eine Auswahl treffen. Das ist keine Moral für alle Tage, für die Ewigkeit, aber damals mußte man einige retten, weil sie Widerstandskämpfer waren.» Da Rotman nicht verstand oder nicht verstehen wollte, präzisierte Semprún: Es sei nicht darum gegangen, zwischen diesem oder jenem Mann zu entscheiden. «Es ging darum, den Soundso vor dem Tod zu retten!»

In der Vorlesung über *Das Böse und die Modernität* erwähnt Semprún auch den Theologen Jacques Maritain. Dem Neothomisten hielt er vor, sich als Zeitgenosse des zwanzigsten Jahrhunderts immer noch damit befaßt zu haben, «die Unschuld Gottes» zu belegen. «Dialektische Klimmzüge», befand Semprún.[40] Obzwar er von Maritains Theodizee nichts hält, hat er immerhin bei diesem Autor das moralische Dilemma beschwichtigt gefunden, vor das ihn seine Arbeit in der Arbeitsstatistik tagtäglich gestellt hatte. Wie konnte man das rechtfertigen, ob nun vor Gott oder vor der Welt? Maritain zeigte es 1951. In seinem Buch *L'Homme et l'état* bezeichnete er bestimmte Gesellschaften als so «barbarisiert», daß die allgemeine Moral außer Kraft gesetzt sei: «In einem Konzentrationslager oder auch unter ganz ungewöhnlichen Umständen, wie sie etwa im geheimen Widerstand unter einem Besatzungsregime herrschen, fallen viele Dinge, die ihrer moralischen Natur nach im gewöhnlichen zivilisierten Leben objektiv Betrug oder Mord oder Gemeinheit wären, nicht mehr unter diese Definitionen und sind, ihrer moralischen Natur nach, objektiv gerechtfertigte, ethische Taten.»[41]

Jacques Maritain gehörte der Generation von Semprúns Vater an. 1882 geboren, hat der schon in den dreißiger Jahren namhafte Theologe damals für die Zeitschrift *Esprit* drei Artikel verfaßt. Semprún senior hielt große Stücke auf ihn. Der Sohn, der den Disput mit dem Vater durchaus schätzte, hat Maritain ausführlich gelesen. Daß ausgerechnet ein erzkatholischer Neothomist die heimlichen Vorgänge in der Arbeitsstatistik theologisch-moralisch legitimierte, mußte ihm gefallen.[42]

Der alte Spanienkämpfer Kurt Julius Goldstein ließ auf die roten Kapos nichts kommen. Nachdem die Interbrigadisten aus Spanien hatten abziehen müssen, wurde er, ein Jude, in Frankreich interniert und im Sommer 1942 nach Auschwitz deportiert. Fast drei Jahre verbrachte er dort, bis das Lager angesichts der vordringenden Roten Armee evakuiert wurde. Goldstein gehörte zur ersten Kolonne:

«Wir sind am 17. Januar 1945 aus Auschwitz abmarschiert. Dreitausend Mann. Nicht ganz fünfhundert kamen in Buchenwald an. Drei Tage sind wir gelaufen, über tiefverschneite Straßen. Wir haben im Freien übernachtet bei 15 und 20 Grad unter Null. Wir hatten unsere dünnen Drillichanzüge an, dazu Drillichmäntel. Und jeder hatte eine Decke. Und wir haben uns dann immer zu drei, vier, fünf Leuten zusammengetan: Auf den Schnee haben wir eine Decke gelegt und uns mit den anderen Decken zugedeckt. Und wer im Morgengrauen auf den Ruf ‹Antreten!› nicht hochkam, wurde erschossen. Und dann sind wir an der polnisch-tschechischen Grenze an eine Eisenbahnstation gekommen. Da sind wir in offene Kohlewaggons verladen worden und sind darin nach Buchenwald gefahren. Und dort mußten wir die, die unterwegs erfroren waren, aus den Kohlewaggons rausholen und auf den Bahnsteig legen. Dann kamen wir in die Hände von Buchenwaldkapos. Die haben uns erst in die Duschen geführt und lauwarmes Wasser über uns laufen lassen. Da merkte man, wie das in den Füßen und den Händen und Armen anfing zu kribbeln, da kam Leben.

Dann kamen wir in den Speisesaal, kriegten jeder einen Kanten Brot, der mindestens dreimal so groß war wie die Scheibe Brot, die wir jeden Morgen und jeden Abend in Auschwitz kriegten. Dazu gab es süßen Tee, mit Sacharin gesüßt. Sie müssen sich vorstellen: Fast drei Jahre lang bekommen Sie zum Frühstück diese Kelle bittere Brühe, die aus Kräutern und Gräsern zusammengekocht war – ‹Bahndamm dritter Hieb› nannten wir das – und dann gibt es süßen Tee! Da gingen diese Buchenwaldkapos durch die Reihen und sagten: ‹Kameraden, eßt langsam. Trinkt zu jedem Bissen einen Schluck Tee. Tee könnt ihr noch nachhaben, Brot leider nicht mehr.› Nach vier, fünf Tagen in Buchenwald, als ich anfing, ein bißchen nachzudenken, habe ich mir vorgenommen: Wenn ich die Gelegenheit dazu bekomme, dann will ich mich bei den roten Kapos dafür bedanken, daß sie uns in diesen ersten Tagen dort von den fast Erfrorenen wieder ins Leben gebracht haben.»[43]

Goldstein betrachtet das Wirken der roten Kapos von der praktischen Seite, die er selbst erlebt hat. Semprún bedenkt es in all seinen Facetten. Beiden gemeinsam ist, daß sie sich bei Gedanken über die Täter, die Nazis, nicht aufhalten. Für alle Politgrößen, Bürochargen, Einsatzgruppen und KZ-Schranzen, die ihrem Werk mit mehr oder minder großer Lust nachgingen, haben beide nur ein Wort: Faschisten.

Wer hingegen wissen will, wie Auschwitz möglich werden konnte, muß sich mit den Tätern befassen. In keinem seiner Bücher hat Semprún das versucht. Sowie er 1945 wieder in Freiheit war, tat er etwas anderes: Er zog stillschweigend einen Schlußstrich und machte den Deutschen keinen Vorwurf. Einmal, als wir uns über alles mögliche unterhielten, hat er sich kurz echauffiert: Die Einwohner Weimars hätten nicht die Wahrheit gesagt, als sie behaupteten, von Buchenwald nichts gewußt zu haben: Die Deportationszüge hätten in Weimar Station gemacht, am Bahnhof, sichtbar für jeden, «die Leute müssen es gewußt haben». Diesem Gedanken und dem, was daraus folgen könnte, wenn man ihn auf ganz Deutschland ausdehnte, ist Semprún jedoch aus dem Weg gegangen. Er hat derlei Überlegungen vermieden. Jegliche Vorhaltungen, die er hätte machen können, wären für ihn selbst über die Maßen schmerzvoller gewesen als für jene, die sich davon hätten getroffen fühlen müssen.

Eine schrecklich plausible Darstellung der Motive der NS-Täter findet sich in einem Buch des Sozialpsychologen Harald Welzer, der Briefe und Zeugenaussagen der Männer untersucht hat, die während des Ostfeldzugs zu Massenmorden herangezogen wurden. Diese Leute waren nicht alle durchdrungen vom nationalsozialistischen Antisemitismus, doch weil das Dritte Reich im Krieg stand, sahen sie ein, daß «der Jude» als Feind zu behandeln war, einerlei ob Mann, Frau oder Kind. Sie betrachteten sich als Opfer einer harten Pflicht, als anständige Menschen, die aufgrund äußerer Zwänge genötigt waren, unerfreuliche Dinge zu verrichten. Das Töten hielten sie zwar für sinnvoll, dabei achteten sie indes darauf, den Handlungsspielraum, der ihnen im Rahmen dieser Aufgabe blieb, dazu zu nutzen, sich moralisch zu salvieren. Welzer zitiert die Aussage eines der Männer: «Ich habe mich, und das war mir möglich, bemüht, nur Kinder zu erschießen. Es ging so vor sich, daß die Mütter die Kinder bei sich an der Hand führten. Mein Nachbar erschoß dann die Mutter und ich das dazugehörige Kind, weil ich mir aus bestimmten Gründen sagte, daß das Kind ohne seine Mutter doch nicht mehr leben konnte. Es sollte gewissermaßen eine Gewissensberuhigung für mich selbst sein, die nicht ohne ihre Mutter mehr lebensfähigen Kinder zu erlösen.» Diese Einlassung ist vielsagend. Sie wirkt sogar ehrlich. Welzer schließt: «Daß so etwas möglich und von den Akteuren moralisch integrierbar ist, zeigt, daß die Täter keine mitgebrachten moralischen Hemmungen (…) überwinden oder sich korrumpieren lassen mußten.» Es zeige, daß sie sich selbst bestätigen wollten, sich ihr moralisches Vermögen trotz allem bewahrt zu haben, was «es ihnen erst ermöglichte, Morde zu begehen und sich dabei nicht als Mörder zu fühlen».[44] Oft ist gesagt worden, die Aufseher in den Konzentrationslagern seien gute Familienväter gewesen, die ihre Hunde sehr liebten. So und nicht anders war das Bild, das die meisten Aufseher von sich selbst hatten.

Hannah Arendt hat in den sechziger Jahren die Idee von der «Banalität des Bösen» in die Welt gesetzt, die seither landauf, landab zitiert wird, wenn es um die Shoah geht. Das Banale beruhte ihrer Ansicht nach darin, daß es «Gedankenlosigkeit» gewesen sei, die den Holocaust möglich machte: die Unfähigkeit, sich zu sich selbst und den eigenen Taten zu verhalten, der Verzicht auf die eigene Urteilskraft. Diese Annahme hatte Hannah Arendt philosophisch hergeleitet: Die verlogenen Aussagen, die Adolf Eichmann vor dem Gericht in Jerusalem machte, fügten sich gut in ihre Platon-Lektüre.[45] Mit Platon kann man freilich das KZ nicht erklären. Ohne historisch-soziologische Untersuchungen kommt man seinem Wesen nicht auf die Spur. Entsprechend wenig besagt das Wort von der Banalität des Bösen über die NS-Verbrechen. Harald Welzers Deutung ist überzeugender als die von Hannah Arendt, weil sie historisch informiert ist. Er schreibt: «Arbeitsteilige Massenverbrechen wie der Holocaust» lassen sich deshalb ins Werk setzen, «weil Menschen nicht einfach gedankenlos etwas tun, sondern ihre Handlungen subjektiv begründet ausführen und gerade darum entweder mehr tun, als von ihnen erwartet wird, oder zumindest ihre Aufgabe so erfüllen, daß sie subjektiv damit zurechtkommen, obwohl sie sie vielleicht als Zumutung empfinden.»[46] Der Leser dieser Zeilen muß kein Massenmörder sein, um zugeben zu können, daß auch er selbst versucht, das beste aus der Situation zu machen, in der er sich jeweils befindet. «Wegsehen, Dulden, Akzeptieren, Mittun und Aktivwerden sind keine grundlegend voneinander verschiedenen Verhaltensweisen, sondern Stadien auf einem Kontinuum der Veränderung von Verhaltensnormen», schreibt Harald Welzer.[47]

Im Frühjahr 2003, kurz nach Beginn der amerikanischen Invasion im Irak, die Semprún von Anfang an für einen verbrecherischen Fehler gehalten hat, befanden wir uns in einer lockeren Unterhaltung über alles und nichts. Unvermittelt verfiel er in ein sarkastisches, gezwungenes Lachen. Er erinnerte sich an die im Vorwort dieses Buches erzählte Begebenheit in Buchenwald: Wie er im Schnee vor einer großen Buche stehengeblieben war, einem herrlichen Baum. Wie ein SS-Offizier, der Obersturmbannführer Schwarz, ihn anbrüllte: «Was treibst du hier?» Wie er diesen Offizier darauf aufmerksam machte, «was für ein wunderschöner Baum» das sei,[48] und der Offizier ihn dann in ein kleines Gespräch verwickelte. Woher sein gutes Deutsch stamme? «Die Fräulein in Madrid haben es uns beigebracht.» Der Offizier konstatierte, daß Semprún aus gutem Haus sei, und fragte verwundert: «Was machen Sie unter diesen Schuften?» Genau das habe er gesagt: «Schufte»! Das hat Semprún noch im Frühjahr 2003 in kaltes Lachen ausbrechen lassen. Der Nazi respektierte seine Herkunft: Einer wie Semprún gehörte nicht ins KZ. Daß auch spanische Bürgersöhne Antifaschisten sein konnten, war dem Mann nicht eingefallen. Das Böse war manchmal auch absurd. Ich habe dann etwas gesagt, was einem der einsilbigen Sätze, die Semprún 1963 im Fernsehen geäußert hatte, sehr nahekam: Daß die Mentalität der SS-Leute nicht mit ihnen ein für alle Mal ins Grab gesunken sei, daß es also auch Konzentrationslager wieder geben könne, auf absehbare Zeit nicht in Europa, aber andernorts durchaus, an irgendwelchen anderen Orten auf der Erde. Da ist er hochgefahren, er sprach schnell, laut und eindringlich: «Weißt du, was du da sagst?!»

6

Pariser Eifer

Kurt Julius Goldstein kam 1914 zur Welt. In wenigen Wochen wird er 92 Jahre alt. Seine Stimme am Telefon ist brüsk, um nicht zu sagen einschüchternd streng: «Ich bin Deutscher, Jude und Kommunist!» Man soll wissen, mit wem man es zu tun hat, wenn man sich an Kurt Julius Goldstein wendet.

Goldstein hat vieles von dem mitgemacht, was die europäische Geschichte im zwanzigsten Jahrhundert zu bieten hatte. Den deutschen Antisemitismus lernte der Sohn aus bürgerlicher Familie, dessen Vater ein Kaufhaus besaß, erstmals 1924 kennen, als er bei der Aufnahmeprüfung in die Oberrealschule im westfälischen Hamm einem Antisemiten in die Hände fiel. Daraufhin hat er sich, «das war eine Trotzreaktion», einer jüdischen Pfadfinderorganisation angeschlossen, «die hatte einen linken und einen rechten Flügel». Goldstein landete beim linken Flügel. Von dort gelangte er zur Sozialistischen Arbeiterjugend, der zur selben Zeit, allerdings in Lübeck, der ein Jahr ältere Willy Brandt angehörte. 1928 fand er zur Jugendorganisation der Kommunistischen Partei. Er machte die Bekanntschaft des Bergarbeiters Max Reimann, nach dem Zweiten Weltkrieg der Vorsitzende der westdeutschen Kommunisten. 1930 bot Reimann ihm an, der KPD beizutreten. Wenn Goldstein heute «Sozialismus» sagt, schwingt darin das Echo des Tons, in dem die Genossen von einst das Wort aussprachen. In seinem Mund bekommt der Begriff etwas Verheißungsvolles.

Vor dem Krieg zählte Goldstein mehr als fünfzig Verwandte in seiner näheren Umgebung, 1945 waren dreizehn noch am Leben. Er bemühte sich, den Sozialismus aufzubauen. Weil das in Westdeutschland nicht erwünscht war, siedelte er 1951 in die DDR über. Er war SED-Mitglied, ein Rundfunkjournalist, der schließlich zum Intendanten des Senders

«Stimme der DDR» aufstieg. 1956 bekam Goldstein die geheime Abrechnung Chruschtschows mit Stalin zu lesen: Er dachte bei sich «endlich» und war nicht weiter irritiert. Das Ausmaß der stalinistischen Verbrechen habe er erst nach 1990 erkannt, sagt er. Zuvor habe er vieles einfach nicht wahrgenommen. Ein Buch wie Alexander Solschenizyns *Archipel Gulag* habe er nicht gelesen, als es 1974 in deutscher Sprache erschien: «Ja, warum nicht? Ich hatte soviel zu lesen, soviel zu tun. Ich war bis 1978 beim Rundfunk. Da war mein Lebensstil so: Morgens nach dem Frühstück setzte ich mich ins Auto und fuhr zum Funkhaus. Wenn ich abends früh zurückkam, kam ich gegen neun. Dann habe ich meistens noch die letzten aktuellen Nachrichten fertig gemacht. Außerdem hatte ich immer eine dicke Mappe dabei, mit Zeug darin, das noch abzuarbeiten war. Ich muß das mal selbstkritisch sagen: Ich bin ein sehr der Partei verbundener Mann. Bei mir hat es lange gedauert, bis ich die ganze Größe dessen, was durch Stalin und die anderen angerichtet worden ist, realisiert habe. Es hat keinen Moment bei mir gegeben, wo ich mich von meiner Partei abgewandt habe. Mit ‹meiner Partei› meine ich: die Idee, daß wir in Deutschland und auch woanders Sozialismus machen müssen, weil wir sonst ganz schreckliche Dinge noch erleben werden. Ich gehöre zu diesen Dummköpfen, die meinen, daß solche Leute wie der Präsident Bush Erzeugnisse des Kapitalismus sind und nur im Kapitalismus so etwas anrichten können, wie Bush es in den Jahren getan hat, seitdem er Präsident ist. Und es wird noch schlimmer kommen. Entweder es gelingt uns, das im 21. Jahrhundert zu ändern. Oder ich weiß nicht, ob die Menschheit noch ein 22. erleben wird.»

Kurt Julius Goldstein war ein Funktionär, der funktionierte. Er hat die Politik der DDR und der Sowjetunion hier und da im Detail kritisiert, ohne sich allzu weit aus dem Fenster zu lehnen. Seine Loyalität zum System ergab sich nicht bloß daraus, daß er in der DDR zur herrschenden Kaste gehörte, was der Kritikfähigkeit im allgemeinen nicht gut tut, sondern auch daraus, daß sein Glaube an den Sozialismus in Auschwitz gefestigt wurde.

1933 entkam Goldstein Hitlers Häschern, die, einen Haftbefehl in der Tasche, an seine Tür klopften. Er war in Luxemburg, in Frankreich, dann in Palästina. Gegen den Willen der Genossen in Erez Israel folgte er 1936 dem Aufruf der deutschen KP und nahm ein Schiff nach Europa, um am spanischen Bürgerkrieg teilzunehmen. Nachdem die Interbrigadisten die verlorene Republik verlassen hatten, wurden sie – nicht anders als die spanischen Flüchtlinge – in Frankreich eingesperrt. Von 1939 an lernte Goldstein verschiedene französische Internierungslager kennen: St. Cyprien am Strand, wo die Gefangenen sich zum Schutz vor Wind und Kälte in feuchten Löchern eingruben; Gurs, das bei Regen im Schlamm versank; schließlich das ehemalige Kriegsgefangenenlager Le Vernet, dessen Baracken seit dem Ersten Weltkrieg als Pferdeställe gedient hatten.[1] Im Juli 1942 wurde er nach Auschwitz gebracht. Auf den Rat eines Mithäftlings hin meldete er sich zur Arbeit im Bergwerk: Die räumliche Distanz zu den Gaskammern, flüsterte jener ihm zu, sei überlebenswichtig. 1930 war Goldstein in einer Zeche des Ruhrgebiets ein paar Mal unter Tage gewesen. Er hatte sich angeschaut, wie die Arbeitsverhältnisse beschaffen waren, die er als Kommunist verbessern wollte. Das nützte ihm nun: Er gab sich als «Püttmann» aus. Und weil alle anderen Kandidaten vom Bergbau noch viel weniger verstanden als er, wurde er schnell zum Kapo gemacht. Seine Position nutzte er, den Kameraden zu helfen, so gut er konnte, ohne selbst dabei draufzugehen.

«Da kam alle acht Tage die SS und hat selektiert. Die armen Kerle wurden wie Stück Vieh auf den Lastwagen geworfen und nach Birkenau zum Vergasen gebracht. Den nächsten Tag oder spätestens zwei Tage später kriegte ich neue. Die haben bald gemerkt, daß ihr Kapo nicht der schlechteste für sie war. Und da kamen nach zwei, drei Tagen immer mal welche zu mir, dem Kapo: ‹Als wir dort mit der Bahn angekommen sind, ist meine Frau mit den Kindern auf die andere Seite gekommen.›» Die Leute wollten natürlich wissen, was mit ihren Frauen und Kindern geschehen war. «Und da ist bei mir etwas entstanden, das war so etwas wie ein Morgen- und Nachtgebet. Wenn ich abends mit der Kolonne zur Grube marschierte und morgens von der Grube zurück ins Lager, dann ist mir immer durch den Kopf gegangen: Goldstein, dich kriegen diese verdammten Faschisten nicht kaputt; und wenn du das hier hinter dir hast, dann suchst du dir eine Frau, mit der du viele Kinder in die Welt setzt, für die, die sie hier jeden Tag umbringen! Und das habe ich nach ’45 sofort praktiziert.»

Seine erste Frau starb 1947, bald nach der Geburt des Sohnes Kurt. «Von da an war ich lange auf der Suche nach der Frau, von der ich mir sagen konnte: Das ist die Mutter deiner Kinder. Nur so habe ich Frauen, die mir über den Weg gelaufen sind, angeguckt.» Im Mai 1950, er war Leiter des FDJ-Zentralbüros in Essen, fand er sie: auf dem Abschiedsball des «1. Deutschlandtreffens der Jugend» in Berlin. Zu Beginn der Veranstaltung zogen ein paar sowjetische Kader ihn zu einer Unterredung beiseite. Als das für ihn etwas anstrengende Planungsgespräch beendet war, kehrte er zu der Feier zurück: «Dann komme ich in den Saal und gucke in einen tanzenden Saal. Und da kommt, in blauer FDJ-Bluse – ich sehe: sie kommt von dem Tisch, wo die Großkopfeten saßen, wo auch mein Platz war, nicht zu nah bei meinem Nichtfreund Erich Honecker –, kommt mir da also diese junge Frau entgegen. Und ich guck' die an, und irgendwie sagte mir etwas von Innen: Das könnte sie sein! Dann sag' ich ihr: ‹Jugendfreundin, wollen wir nicht 'nen Tanz miteinander machen?› Sagt sie: ‹Wenn du willst.› Ich wußte nicht, wer sie ist. Sie wußte nicht, wer ich bin. Dann haben wir zweimal getanzt, und dann haben wir uns draußen auf eine Bank gesetzt. Und dann habe ich ihr erzählt, wer ich bin. Und sie hat mir erzählt, wer sie ist. Und ich habe ihr gleich gesagt: Wenn du dich mit mir einläßt – viele Kinder.»[2]

Margot und Kurt Julius Goldstein haben vier Söhne bekommen, Kurt junior dazugerechnet, sind es fünf. Wenn der alte Goldstein seine Frau erwähnte, nannte er sie meistens «meine liebe Margot». Im September 2007, während ich an diesem Buch schrieb, ist Kurt Julius Goldstein, der Ehrenpräsident des Internationalen Auschwitz-Komitees, in Berlin gestorben.

• • •

Ende April 1945 brachte ein Lastwagen der französischen *Mission de repatriement* Jorge Semprún nach Paris zurück. «Die Rückreise habe ich in den Bäumen gemacht. Das heißt, meine Augen waren voller Bäume, Blätter, grüner Zweige. Ich lag hinten im überdeckten Lastwagen und schaute zum Himmel hinauf, und der Himmel war voller Bäume.»[3] Auf dem linken Seineufer, in der Rue de Vaugirard, wurden die Insassen abgesetzt, nahe dem Bahnhof Montparnasse. Raus aus dem Laster auf das Pariser Pflaster. Und nun? Semprún besaß nur, was er am Leibe trug: Russische Stiefel, eine Tuchhose und – in Buchenwald hatte man ein Depot geplündert – eine mit weißem Lammfell gefütterte Weste, die auf einen SS-Soldaten gewartet hatte, um ihn in Rußland zu wärmen: «Ein exorbitantes Kleidungsstück. Einer meiner Brüder hat diese Weste noch lange getragen.» Was aus seiner Familie geworden war, wußte er nicht genau. Immerhin hatte ihn einmal durch Vermittlung des Roten Kreuzes eine Postkarte von Maribel im Lager erreicht: «Die Karte kam an. In Buchenwald! Unglaublich!» sagt Maribel.

Abgesetzt auf der Rue de Vaugirard, was tat Semprún? Er fuhr nicht zu seinem Vater in den Vorort Saint-Prix. Er lief in die Rue du Dragon. Dort wohnte Pierre-Aimé Touchard, der väterliche Freund, der ihm am Gymnasium Henri IV beigestanden hatte. Touchard war zu Hause und mit ihm seine Stieftochter, Jeanine, deren Verlobten die Deutschen nach Buchenwald deportiert hatten. Jeanine wollte von Jorge wissen, was mit ihrem Yann, einem Kommilitonen Semprúns, geschehen sei – lebte er noch? Der Gefragte wußte nicht genug, und was er wußte, verschwieg er: Daß er und Yann Dessau, als sie sich in Buchenwald begegneten, einander zuerst nicht wiedererkannt hatten, daß Yann später nach Neuengamme gebracht worden war, daß die Nazis die Häftlinge aus Neuengamme per Schiff evakuiert hatten und der Transport von britischen Flugzeugen beschossen worden war.

Dann brach eine lange Nacht an. «Es war das erste und auf viele Jahre hin einzige Mal, daß ich vom Lager erzählt habe.» Touchard stellte keine «idiotischen Fragen. Als ich ins Reden kam, unterbrach er mich wenig. Er hörte zu, fast wie ein Psychoanalytiker. Er sprach mit mir wie einer, der wußte, wie schwierig es war, Fragen zu stellen. Er ersparte mir, antworten zu müssen auf Fragen wie: War es hart, war es nicht so hart? Er hat einfach nur zugehört, stundenlang, fast eine ganze Nacht.» Es tat Semprún gut.[4] Als das Gespräch abebbte, überkam ihn aber das beklemmende Gefühl, daß es nicht geholfen hatte: «Mir war bewußt, daß ich nichts gesagt hatte, gemessen an all dem, was man hätte sagen können. Und weil ich dann auch sehr schnell die Entscheidung traf – soweit man in so einer Sache frei handeln kann, war es wirklich eine Entscheidung –, über das Lager nicht mehr zu reden, blieb diese Nacht eine Ausnahme.» Semprún beschloß, lieber aus dem Nichts denn aus Buchenwald zu kommen. «Von zwei, drei oberflächlichen Erkundigungen abgesehen, stellte niemand echte Fragen. Es war, als wollte niemand etwas darüber wissen. Oder als wollten alle nur den allgemeinen Horror bestätigt bekommen, der in den Wochenschauen gezeigt wurde – den man seitdem tausendfach zu sehen bekommen hat: Wie die Bulldozer die Leichen in Bergen-Belsen vor sich herschieben, die Ankunft eines Deportationszuges, diese Bilder, die immer wiederkommen. Wie das Lager funktionierte, was sich da abspielte: Das interessierte niemanden.»

Als er sich zwei Tage später beim Vater meldete, wollte der auch nichts wissen. Soweit Semprún sich erinnert, hat sein Vater sich mit keinem Wort danach erkundigt, wie es ihm ergangen war. Für den alternden Spanier im

Exil waren anderthalb Jahre keine lange Zeit gewesen. Auch war er es nicht gewohnt, mit seinen Kindern über Dinge zu sprechen, die ihnen nahe gingen. Die erste Wohnung, die er in Saint-Prix zusammen mit seiner Frau und den drei jüngsten Söhnen bewohnte, war ein kaltes, freudloses Quartier, gegen das nur deshalb nichts einzuwenden war, weil Freunde von *Esprit* es gefunden hatten. «General Aupick», die Stiefmutter, führte ihr Regiment nun unter den Bedingungen der Mangelwirtschaft. Daß der einstmals angesehene Mann, den sie geheiratet hatte, gesellschaftlich degradiert und finanziell heruntergekommen war, muß sie gekränkt haben. Carlos und Paco durften während des Krieges nicht zur Schule gehen, weil sie im Haushalt und zum Schlangestehen gebraucht wurden. Den dritten Sohn, Álvaro, betrachtete die Stiefmutter als einen überflüssigen Esser. Álvaro wollte schon zu Beginn der vierziger Jahre nach Spanien zurückkehren. Von seinem ersten Versuch hat Jorge ihn auf dem Bahnsteig eben noch abhalten können. Wenig später ging er dann doch. Maribel glaubt, die Stiefmutter habe ihn «ein wenig gedrängt».

Der Vater hat den Geschehnissen hilflos zugesehen. Er wußte nicht, was er mit dem heute larmoyanten und morgen aggressiven Sohn anfangen sollte. In Spanien studierte Álvaro Medizin, hat seinen Beruf aber nie ausüben können, weil er selbst krank war. Daß die psychiatrischen Institutionen, in den er sich gelegentlich einfinden mußte, sein Seelenleiden nicht beheben konnten, nimmt seinen Bruder Jorge nicht wunder. Er betrachtet die Krankheit auch als eine Flucht aus den unangenehmen Verhältnissen, unter denen Álvaro bei seinen wenig großmütigen, franquistisch gesinnten spanischen Verwandten lebte. Als Jorge am 11. November 1942 in Paris gegen die Deutschen demonstrierte, nahm auf eigene Faust auch sein Bruder Álvaro an der Veranstaltung teil. Jorge entrann den Polizisten, Álvaro kam in Gewahrsam. Eine Kopie des Dokuments, das die Festnahme bezeugt, wurde Semprún etliche Jahre nach Álvaros Tod von einem seiner Leser zugeschickt.

Die Mathematik belegt, daß Koinzidenzen im Leben die Regel sind. Wenn zum Beispiel dreiundzwanzig Leute an einem Tisch sitzen, liegt die rechnerische Wahrscheinlichkeit, daß zwei von ihnen am selben Tag im Jahr Geburtstag haben, bei mehr als fünfzig Prozent. Im Falle der Semprúns waren dafür nur sechs Personen vonnöten: Susana Maura brachte ihr viertes Kind, Jorge, an ihrem eigenen Geburtstag, dem 10. Dezember, zur Welt. Alle Nicht-Mathematiker wundern sich, wenn ihnen so etwas auffällt, Übereinstimmungen, die sie für ganz unwahrscheinliche Zufälle halten. Semprúns Literatur lebt nicht zuletzt von seinem Erstaunen über die vielen Koinzidenzen, die ihm in seinem Leben begegnet sind. (Wo es sie nicht gibt, hilft er mitunter nach.) Die Nachricht, daß Álvaro in derselben Demonstration mitlief wie er, hat ihn bewegt.

Aus Spanien hatte der Vater ein oder zwei Dutzend Bücher gerettet. Anfangs dichtete er und verfaßte politische Artikel, mußte aber bald einsehen, daß er kein Publikum fand. Er verdingte sich als Spanischlehrer an einem katholischen Privatgymnasium in Saint-Prix, das er zu Fuß erreichen konnte; einige Damen der besseren Gesellschaft nahmen bei ihm Unterricht. Seit dem Umzug nach Paris hatte er für Jorges Lebensunterhalt nicht mehr aufkommen können. Auch sah er ihn bloß gelegentlich. Von der Widerstandstätigkeit seines Sohnes wußte er nichts. Als Michel Herr ihm im Oktober 1943 die Nachricht von Jorges Verhaftung überbracht hatte, war er von Entsetzen gepackt gewesen: Sein Sohn ein Terrorist? Unmöglich! Die Audienz beim franquistischen Botschafter Spaniens in Paris, die der Vater erbeten hatte, um seinen Sohn freizubekommen, war eine Übung in Demut. So fett der Botschafter war, so ölig habe er gesprochen, schreibt Jorges jüngerer Bruder Carlos, der dabei war. Carlos Semprún Maura, der als Publizist wie als Autobiograph oft Urteile fällt, die zu pointiert sind, um ganz glaubhaft zu sein, hat über den Vater geschrieben, er habe «niemals das geringste Interesse für den Holocaust oder auch nur das mindeste Mitleid» mit seinen Opfern gezeigt. Ein baskischer Priester, der einigen Juden vordatierte Konversionszertifikate ausstellte, habe Semprún Gurreas Empörung erregt: Wie konnte ein katholischer Priester offizielle Dokumente fälschen?!⁵ Jorge verteidigt seinen Vater, der den Heimkehrer behandelte, als sei er von einer belanglosen Reise zurückgekommen. Der Vater sei so schüchtern gewesen, «es kann sein, daß er sich einfach nicht getraut hat, mir eine Frage zu stellen». Außerdem, bitteschön, habe schließlich fast niemand nach 1945 über die Lager etwas wissen wollen. Jorge hat Verständnis für den Vater, den er seit Jahren schon nicht mehr als Familienoberhaupt, sondern lediglich als standhaften Republikaner respektierte. Wenn er die kleine rot-gold-violett-gestreifte Fahne der spanischen Republik sah, die der Vater zu Haus an die Wand gepinnt hatte, war er gerührt. In Semprúns Schilderung beginnt die nach Kindheit und Jugend «dritte Phase» seines Verhältnisses zum Vater 1939, als dieser nicht mehr für ihn aufkommen konnte. Also hatte er auch nichts mehr zu sagen. Aus war es

Nach Kriegsende, im Garten des Hauses im Pariser Vorort Saint-Prix.
Das Leben im Exil hatte Semprún Gurrea zu einem traurigen Mann gemacht.
Seine Frau war enttäuscht, weil er nicht mehr so wohlhabend war wie einst.
Links und rechts: die jüngsten Söhne Carlos und Paco.

mit der patriarchalischen Autorität, dem Einspruchsrecht, der Glaubwürdigkeit.

Semprún Gurrea erlebte den Zweiten Weltkrieg in dem Alter, das man «das beste» nennt. 1943 beging er seinen fünfzigsten Geburtstag. Von seiner Heimat, seinen Bekannten und seinen Konten getrennt, hatte er mit seinem Leben so gut wie abgeschlossen. Nach Francos Sieg hatte er dem Freund José Bergamín geschrieben: «Sollte ich, um nicht zu verhungern, ein Schiff besteigen müssen, werde ich es tun. Aber ob nun hier oder in Amerika oder in China, ich kann nur noch – ich will nur noch – ein Überlebender sein. Und ich wünsche mir nichts anderes, als mich in die Nische zurückzuziehen, die meinem Zustand eines wandelnden Leichnams entspricht.»[6] Jorge sagt: «Er war vollkommen verloren», war es im Großen wie im Kleinen: «Hatte er einen Brief geschrieben, rief er einen von uns herbei, irgendwen, wer gerade da war: ‹Schau dir den Brief an, habe ich ihn richtig frankiert, kann man die Adresse gut lesen?› Dann mußte der Sohn ihn zum Briefkasten begleiten. ‹Habe ich den Brief ordentlich einge-

worfen, ist er auch nicht zu Boden gefallen?› So war mein Vater, ich übertreibe nur wenig.»

Seit 1939 war kein Geld mehr aus Spanien geflossen. Erst nach Kriegsende konnte Semprún Gurrea wieder mit dem Verwalter in Kontakt treten,
der sich um das Erbe Susana Mauras kümmerte. Die gegen Spanien ver-
hängten Sanktionen machten den Geldtransfer freilich mühsam. Am
1. März 1946 ließ die französische Regierung die Grenze zu Spanien schließen. Im Dezember rieten die Vereinten Nationen allen Ländern, ihre Botschafter abzuziehen. «Der Verwalter war alt», sagt Semprún «und ziemlich anständig, er wird nicht allzuviel für sich auf die Seite gebracht haben.
Immer mal wieder hat er über seinen Sohn, der in Botschaftsdiensten
stand, etwas Geld nach Paris transferiert. Von da an war das Leben für
meinen Vater sehr viel einfacher. Überfluß kam nicht ins Haus, aber er hat
seine Wohnung in Saint-Prix gegen eine Villa mit drei Etagen eintauschen
können. Und er konnte nun leben, ohne zu arbeiten.» Manchmal suchte er
seine moralische Autorität zurückzugewinnen: «Er legte Wert darauf, mit
mir zu Mittag zu essen und lange politisch-metaphysische Gespräche mit
mir zu führen. Er wollte mich davon überzeugen, daß ich mit meinem
Marxismus Unrecht hatte. Seine liberal-katholischen Ansichten: Sie interessierten mich schon, auch wenn ich seine Meinungen nicht teilte. Angesichts meiner Starrhalsigkeit, meines Dogmatismus war er entgeistert. Bei
meiner Schwester Maribel hat er sich beschwert: Ich sei noch schlimmer
als die Jesuiten.» Bei diesen Worten grinst Semprún. Noch heute, mehr als
fünfzig Jahre später, amüsiert ihn der Gedanke, die Jesuiten ausgestochen
zu haben.

Im Sommer nach Kriegsende feierte Paris. «Wenn man heute nicht verkün-
det, daß Paris sich selbst befreit hat, gilt man als Volksfeind», schrieb Jean-
Paul Sartre im August 1945.[7] Auf sich allein gestellt, hat Semprún in jenem
Sommer dem Leben nachgestellt wie ein Jäger seiner Beute. Weil die jungen
Pariserinnen das auch taten, ging es recht bunt zu. Am Vormittag nach so
einer Nacht, in der er nicht geschlafen hatte, stand er übermüdet auf der
Plattform eines Eisenbahnwagens. Es war der 6. August, der Tag, an dem
die Bombe über Hiroshima explodierte. Er döste vor sich hin und verlor, als
der Zug in den Bahnhof von Saint-Prix einfuhr, plötzlich das Gleichge-
wicht.

Thomas Landman, der Enkel von Semprúns Frau Colette, glaubt, der
Sturz aus dem Zug sei ein Selbstmordversuch gewesen.[8] Semprún hinge-

«Wenn man heute nicht verkündet, daß Paris sich selbst befreit hat, gilt man als Volksfeind», schrieb Jean-Paul Sartre im August 1945. Die amerikanischen Soldaten fanden Paris eine sehr schöne Stadt.

gen hat mir mehr als einmal versichert: Nein, er sei aus Versehen gefallen. Thomas Landmans Ansicht rührt nicht bloß daher, daß er – Sohn eines Psychoanalytikers – durch eine achtjährige Analyse gegangen ist und deshalb Mühe hätte, einen Bleistift nur als Bleistift anzusehen. Sie rührt teils daher, daß sein nomineller Großvater ihm nicht erzählte, wie er die Nacht vor dem Sturz verbrachte. Außerdem hat Semprún mit der Idee des Suizids literarisch selbst geliebäugelt: «Aber war ich aus diesem banalen, überfüllten Vorortzug gefallen», sinniert er in *Schreiben oder Leben,* «oder hatte ich mich absichtlich auf das Gleis gestürzt? Die Meinungen darüber gingen auseinander, ich selbst hatte keine endgültige.»[9] Wer wäre nicht fasziniert, wenn Außenstehende einen dummen Sturz, den man erlitt, mit einem Selbstmordversuch verwechseln? Schon in seiner Erzählung *Die Ohnmacht* (1967) läßt Semprún einen Krankenpfleger sagen, das Leben bringe allerlei Zufälle mit sich, «man versucht, sich zu beseitigen, und findet sich lebendig wieder, bloß mit einem Ohr weniger».[10] Das Ohr konnte wieder angenäht werden, in der Wirklichkeit und auch im Buch.[11] Wer sich umbringen will, wird sich nicht aus einem langsam fahrenden Zug fallen lassen. Und die Annahme, ein junger, gesunder, politisch engagierter KZ-Überlebender könne eines von Verheißungen prallen Lebens in Freiheit nach drei Monaten überdrüssig werden und den Neuanfang der Welt nicht mehr mitmachen wollen, ist wenig einleuchtend.

Am Abend des 6. August 1945 notierte der britische Schriftsteller Evelyn Waugh in sein Tagebuch: «Nachricht im Radio um sechs, daß eine ‹atomare› Bombe auf Japan abgeworfen wurde.» Einen Tag später vermerkte er sarkastisch, die Zeitungen seien wieder einmal nicht auf der Höhe dessen, was jeder wisse: «Sie jubilieren über die Bombe, betrachten ihre Erfindung als Wohltat für die Welt. Die Queen Mary fährt über den Atlantik mit nur einem Kanister Treibstoff etc.». Abermals zwei Tage später stellte er fest, daß die Presse endlich den Stand der öffentlichen Meinung eingeholt habe, nun gebe sie sich entsetzt. Und «jedermann fühlt sich berufen, seine Meinung über die Bombe öffentlich zu äußern». Er habe auch begonnen, einen Kommentar zu verfassen, sei aber glücklicherweise wieder zu Sinnen gekommen.[12]

Irgendwie fand Semprún es mysteriös, daß sein Sturz und die Bombe auf denselben Tag fielen. Und noch ein anderes Erlebnis ist mit diesem Datum verknüpft. In jenen Tagen kam es zum Wiedersehen mit Claude-Edmonde Magny. Die geachtete Literaturwissenschaftlerin, eine Kennerin des modernen amerikanischen Romans, gehörte der *Esprit*-Bewegung an. Anfang der vierziger Jahre hatte sie sich des öfteren mit Semprún unterhalten. «Dank ihr hat die amerikanische Kultur mir schon sehr früh sehr nahe gelegen.» Er hat der älteren Frau mehr als gut gefallen, der hübsche, junge, begabte Mann. Im Februar 1943, nachdem er aus ihrem Blickfeld verschwunden war, hatte sie für ihn einen langen *Brief über das Vermögen zu schreiben* verfaßt, den sie ihm 1945 nach seiner Rückkehr aus Buchenwald vorlas.[13]

In ihrem *Brief* machte Claude-Edmonde Magny dem Adressaten nicht nur Komplimente. Er erinnert sich heute nur noch an die Mahnung, die sie ihm schon vor seiner Deportation erteilt hatte: daß er andere Schriftsteller nicht nachahmen solle. In Wahrheit ist ihr Argument umfassender: «An den zwei Polen des literarischen Schaffens liegen, auf der einen Seite, die allzu subjektiven Werke, das noch blutende, zuckende Fleisch, das man sich entrissen hat; und auf der anderen Seite die zu trockenen Werke, die lediglich dem Anschein nach etwas über den Menschen besagen.» Pointiert formuliert, müsse «die subjektive Erfahrung so gut verarbeitet werden, daß der Mensch vollständig hinter seinem Werk zurücktritt».[14] Genau das war Semprúns Dilemma nach Buchenwald. Er kam über seine Erfahrungen eben nicht hinweg, von ihnen konnte er sich nicht wegschreiben. Als ich ihn fragte, ob Claude-Edmonde Magnys Hinweis vielleicht dazu beigetragen habe, ihn zu hemmen, mochte er nicht zustimmen. «Allenfalls unbewußt», sagte er, der stets konziliant ist, wenn es auf nichts ankommt, und es zudem vermieden hat, im Freudschen Sinn ganz Herr im eigenen Haus zu sein. Er bleibt – auch als Autor – lieber nahe der ursprünglichen Empfindung seiner Erlebnisse. Bis heute ist Claude-Edmonde Magny für ihn die Literaturwissenschaftlerin, die ihm vorhielt, einen eigenen Stil erst noch entwickeln zu müssen. Das Bändchen ist in den folgenden Jahren für ihn immer wichtig gewesen, er hat es sogar in die kleine Madrider Wohnung mitgenommen, von der aus er Mitte der fünfziger Jahre seinen geheimen Aktivitäten für die spanische KP nachging: «Es war für mich ein Symbol dafür, daß ich mit der Vorstellung, eines Tages doch noch Schriftsteller zu werden, nicht vollkommen gebrochen hatte.»

Weil die Entbehrungen des Lagers ihm im Sommer 1945 noch in den Knochen steckten und er nichts besseres zu tun hatte, folgte er gern der Einladung seiner Schwester Maribel ins Tessin – nur um dort festzustellen, daß er sich zum Schriftsteller nicht eignete. Mit dieser Einsicht beschwert, reiste er 1946 nach Paris zurück. Die Tasche, in der er seine heillosen angefangenen Manuskripte transportierte, ließ er absichtlich-unabsichtlich irgendwo stehen. Seit seiner Rückkehr aus Buchenwald fürchtete er sich manchmal vor dem Schlaf, weil mit ihm die Albträume kamen. Bei Tage blieb ihm neben all seinen Beschäftigungen eine Ausflucht, eine ideale Zuflucht: Spanien.

Nach Kriegsende waren die Semprúns wie fast alle spanischen Emigranten überzeugt, die Tage der Franco-Diktatur seien gezählt. Jorges Identität wurde ihm in einem Ausweis für Staatenlose bescheinigt. Damals ahnte er nicht, daß er so schnell keine besseren Papiere bekommen würde. Die Demokratie mußte triumphieren. Es konnte nur eine Frage von Monaten sein, bis die Verhältnisse in Spanien sich wandelten.

Deutschland war besiegt. Der später höchst einflußreiche politische Publizist Joseph Rovan veröffentlichte in *Esprit* ein langes Plädoyer zugunsten des demoralisierten Nachbarn jenseits des Rheins: «Mit der Retourkutsche eines neuen Rassismus, der sich auf Rache und Vergeltung beruft, werden wir den Menschenrechten keinen guten Dienst tun.» Frankreich müsse den Deutschen helfen.[15] Die spanischen Exilanten träumten davon, auch ihr Land im Zeichen der republikanischen Farben bald in die Völkergemeinschaft zurückkehren zu sehen. Die französische Regierung stellte der Exilregierung, die den Krieg in Mexiko verbracht hatte, nun in Paris ein Gebäude zur Verfügung. Das Haus in der Avenue Foch stand dafür, daß die Republik nicht tot war.

1945, in Jalta und in Potsdam, hatten die Siegermächte vereinbart, keine Rücksicht auf die Staaten zu nehmen, die mit den Achsenmächten kollaboriert hatten. Der Eintritt in die UN wurde Spanien verwehrt. Die Vereinten Nationen riefen ihre Mitgliedstaaten auf, ihre Botschafter aus Spanien abzuziehen. Das Land war der Paria unter den Nationen, ausgeschlossen von den Segnungen des Marshall-Plans. Die Armut der Spanier war groß, viele Menschen litten unter Unterernährung und den daraus resultierenden Krankheiten. Wenn die Tarife der öffentlichen Transportmittel um minimale Beträge erhöht wurden, konnten die Arbeiter in den Städten sich ausrechnen, um wieviel Brot sie damit gebracht wurden. 1947 boykottierte die Arbeiterschaft Barcelonas deshalb die Straßenbahnen. Als die Regierung die Tariferhöhung daraufhin zurücknahm, fühlten die Arbeiter der Stadt sich zu einem Generalstreik ermutigt. Im selben Jahr fand auch im ganzen Baskenland ein Generalstreik statt. Es war ein fruchtloser Versuch der Basken, sich gegen die Zentralregierung in Madrid aufzulehnen, die der Region *Euskadi* keinerlei Autonomie mehr zugestand. Dieser Generalstreik war das Ereignis, um das Semprúns unveröffentlichtes Theaterstück *Soledad* sich dreht, das er 1948/49 verfaßte. Das Franco-Regime war von außen bedrängt und im Inneren vielerorts verhaßt. Der Streik im Baskenland bestätigte Semprúns Erwartung, der Fall des Franco-Regimes stehe unmittelbar bevor. Noch bis 1948, sagt er, habe er vieles als Zeichen dafür genommen, daß die Diktatur klein beigeben müsse.

Gleich nach seiner Ankunft in Paris meldete er sich bei den Genossen der spanischen Kommunistischen Partei. Auf dem Formular, das er nun wieder ausfüllen mußte, wurde er nach seinen «Zielen» gefragt. Seine Antwort: «nach Spanien gehen und dort im Untergrund arbeiten». Womit er sich für seine Ziele qualifiziere, lautete die nächste Frage. «Da habe ich geschrieben: Ich kenne mich mit Waffen gut aus, mit der Herstellung von Sprengstoff, mit Anschlägen und Sabotage.»

Zunächst dachten die Genossen aber nicht daran, den jungen Mann zu beschäftigen. Die Führung hatte mit ihren innerparteilichen Gegnern genug zu tun. Santiago Carrillo, der neue starke Mann, war der Sohn eines sozialistischen Abgeordneten und schon als Teenager Mitglied der spanischen «Sozialistischen Jugend» gewesen. 1936, mit einundzwanzig Jahren, trat er der kommunistischen Partei bei, und bereits ein Jahr später saß er im Zentralkomitee. In Madrid war er während des Bürgerkriegs zusammen mit anderen für die Aufrechterhaltung der öffentlichen Ordnung zuständig. Nicht zuletzt auf sowjetischen Ratschlag hin wurden

damals zweitausend, vielleicht auch fünftausend Madrider Gefängnis-
häftlinge exekutiert. Inwieweit Carrillo dafür verantwortlich war, ist un-
geklärt.

Seit den dreißiger Jahren unterhielt er beste Verbindungen zur Komintern. Er kannte ihren argentinischen Vertreter in Spanien, noch bevor er
der KP beigetreten war; er kannte den Italiener Palmiro Togliatti, der unter
dem Decknamen Alfredo als Abgesandter der Komintern die spanischen
Kommunisten im Bürgerkrieg beriet. 1939 emigrierte Carrillo nach Moskau, wo er eine Schnellausbildung auf einer Kaderschule erhielt, bevor
man ihn nach Lateinamerika schickte. In Moskau lebte auch Dolores Ibárruri, die «Pasionaria», von 1942 an Generalsekretärin der spanischen KP.
Sie war das Aushängeschild der Partei, eine Autoritätsperson. Eine tat-
kräftige Organisatorin war sie nicht. Sie ist denn auch bis an ihr Lebens-
ende, geehrt und hofiert, im Ostblock geblieben. 1944 übersiedelte Carrillo nach Toulouse, um die Leitung der paar tausend spanischen Kommunisten zu übernehmen, die sich gegen Ende des Zweiten Weltkriegs noch in
Frankreich und Spanien befanden. Andere Angehörige des Politbüros der
KP folgten nach. Auf der französischen Seite der Pyrenäengrenze postier-
ten sich die Genossen, um eine Invasion zur Befreiung Spaniens vorzubereiten. Die Organisation war zersplittert, doch gab es zwei führende
Funktionäre, die sich in Spanien bemüht hatten, die Partei zusammen-
zuhalten: Gabriel León Trilla und Jesús Monzón Reparaz. «Beide», sagt
Semprún, «wurden wie Handlanger des Feindes behandelt. Einen ließ die
Parteiführung umbringen, der andere kam knapp mit dem Leben davon.
Für den Tod von Trilla und einigen anderen Leuten, die mit ihm und Mon-
zón zusammenarbeiteten, sind die Pasionaria, ihr Stellvertreter Vicente
Uribe und Santiago Carrillo verantwortlich.»

Am 6. September 1945 wurde Gabriel León Trilla in Madrid ermordet.
Vergeblich hatte er sich zu retten gesucht, indem er alle Kontakte zu den
spanischen Genossen kappte. Der Attentäter war ein Auftragskiller und
gehörte einer Gruppe an, die von der Parteiführung in Toulouse ihre Be-
fehle bekam. Er war unter dem Namen «der Zigeuner» bekannt, weil er
seine Opfer mit dem Messer tötete. [16]

Jesús Monzón hatte vergleichsweise Glück: Er wurde von der Partei
nach Toulouse einberufen, vorgeblich damit er sein eigenmächtiges Handeln in den vorhergehenden Jahren rechtfertige. Er ahnte, daß es mit einer
Aussprache nicht sein Bewenden haben würde. Als Inlandschef der spanischen KP war er der meistgesuchte Mann Spaniens. Bei dem Versuch, im

Sommer 1945 heimlich die grüne Grenze zu Frankreich zu überqueren, wurde er gefaßt und zu dreißig Jahren Gefängnis verurteilt. «Nach seiner Freilassung», sagt Semprún, «ging er nach Mexiko.» Über die Umstände seiner Gefangennahme habe er nie ein Wort gesagt.

Weil die Parteioberen zunächst ihre eigene Machtbasis ausbauen mußten, hatten sie – auch nach ihrem Umzug von Toulouse nach Paris – keine Zeit, sich um tatengierige junge Aktivisten zu kümmern. Zudem wollten die Finanzen sortiert werden. Die monetären Transaktionen der KP waren geheim. Semprún weiß immerhin soviel: «Ein wenig Geld kam von den Mitgliedsbeiträgen, die in Frankreich erhoben wurden. Nicht viel, aber etwas. In Spanien gab es dergleichen nie. Da haben die Mitglieder gespendet, was sie erübrigen konnten. Außerdem hatte die Partei eine Art Kriegskasse, ein paar zehntausend US-Dollar – ich habe keine Ahnung, woher die kamen. Auf jeden Fall erwarb sie zwischen 1945 und 1947 einige Wälder in Südfrankreich: Die Forstwirtschaft sollte etwas Geld einbringen, im Schatten der Bäume wollte man Guerilleros ausbilden. Außerdem wurde die Partei immer auch von anderen KPs unterstützt. Wenn etwa die Franzosen uns ein Auto zur Verfügung stellten, mit dem man nach Spanien fahren konnte, dann haben sie dafür nichts verlangt.» Die spanische KP war kein profitabler Betrieb. Sie hielt sich über Wasser.[17]

Sein schnell Tempo aufnehmendes Pariser Leben begann Semprún 1946 auf zwei Fahrspuren: Einerseits waren da die Freunde, mit denen er sich auf Spanisch unterhielt, andererseits lebte er im Umkreis seiner französischen Bekannten. Beide Sphären berührten einander wenig: «Ich führte ein Doppelleben.» Der für ihn wichtigste Spanier war damals Benigno Rodríguez, den er in *Zwanzig Jahre und ein Tag* unter dem Namen Benigno Perales auftreten läßt. Benigno Rodríguez war Anarcho-Syndikalist, bevor er in die KP eintrat. Einmal Kommunist, erschien es ihm unverzeihlich, je Anhänger einer anderen politischen Doktrin gewesen zu sein. Während des Spanischen Bürgerkriegs arbeitete er als Sekretär des Linkssozialisten Juan Negrín, des letzten Premierministers der spanischen Republik, der noch in seiner Zeit als Finanzminister die spanischen Goldreserven an die Sowjetunion übergeben hatte und sich gegen Ende des Bürgerkrieges unter den Republikanern Feinde machte, weil er vielen als zu kommunistenfreundlich galt.[18]

Der Sekretär Negríns spielte im Pariser Exil keine Rolle mehr und hatte nur den einen Ehrgeiz, ein ergebener Genosse zu sein. Semprúns älterer

Bruder Gonzalo erinnert sich daran, wie er Benigno Rodríguez einmal in Venedig traf, weil dieser im Parteiauftrag einen ehemaligen Résistance-kämpfer besuchte, der sich nahe der Stadt niedergelassen hatte: «Wir überquerten die Piazza San Marco. Während der ganzen Zeit hielt Benigno die Augen gesenkt. Die Schönheit des Platzes: er durfte sie nicht genießen. Er war wie ein Mönch, der sich verbietet, Frauen anzusehen. Erst als wir am Bahnhof ankamen, hat er wieder hochgeschaut.» Jorge Semprún sagt, daß er in diesem Mann, der ihm etwa zehn Jahre voraus hatte, einen älteren Bruder gefunden habe. «Er kam aus kleinsten Verhältnissen, war der Sohn eines Kutschers und hat sich alles selbst beigebracht. Er lebte von einer bescheidenen Pension in einer Mansarde und besaß eine ziemlich seltsame Bibliothek. Darin habe ich eine Menge interessante Bücher entdeckt, aber, wie es bei Autodidakten immer ist, auch viele Lücken. Mit Benigno habe ich mich sehr, sehr oft unterhalten. Er war ein brillanter Stalinist, hochintelligent, ungemein liebenswürdig. Er hätte keiner Fliege etwas zuleide getan. Sein Stalinismus war nicht auf Repression aus. Von ihm habe ich eine Unmenge gelernt. Benigno hatte seinen Anteil daran, daß ich etliche politische Probleme ausklammerte, die mich sonst beschäftigt hätten. Seine Vorstellung entsprach genau dem, was Bertolt Brecht geschrieben hat: ‹Der Einzelne hat zwei Augen, die Partei hat tausend Augen›.»

Semprún lebte damals auch in einer Mansarde, in einem Hotelzimmer im Viertel Saint-Germain-des-Prés. Günstiger konnte man nicht unterkommen. Unter dem Dach des heute noch existierenden Hôtel de l'Université, in winzigen Kammern, in denen einstmals Dienstboten untergebracht waren, wohnten lauter Kommunisten: Semprún, zwei ägyptische Brüder namens Hanoka, ein Grieche und ein Schweizer, «der älter war als wir andern, aus irgendwelchen Quellen Einkünfte bezog, ohne dafür zu arbeiten, und ein bißchen die Rolle des Papas unserer kleinen Truppe übernahm». Er kümmerte sich um die jungen Kameraden, war der fürsorgliche Concierge ihrer alltäglichen Sorgen und half mit ein wenig Geld aus, wenn es eng wurde. Brot war noch rationiert, Tabak auch. Zum Mittagessen ging Semprún häufig in ein vietnamesisches Restaurant: Eine Schale Reis mit Gemüse oder Langusten, je nach Saison – das billigste Essen, das zu haben gewesen sei. «Mittags also der Vietnamese und als Treffpunkt das Café Flore. Irgendein Freund saß da immer.» Stammgast war der damals kommunistische Philosoph Maurice Merleau-Ponty, der für die Genossin Juliette Greco das eine oder andere Chanson schrieb. Auch Jean-Paul Sartre kam regelmäßig. Während der Besatzungszeit hatte er nicht zu den

Lieblingsgästen des Besitzers gehört. Der war ein bäurischer Mann aus der Auvergne – Paul Boubal. Nach dem Krieg mokierte er sich: «Sartre! Das war mein schlechtester Gast. Stundenlang beschmierte er Papier und blieb vor einem einzigen Getränk von morgens bis abends sitzen. Niemals bestellte er etwas Neues.»[19]

In den Cafés und Bars auf dem linken Seineufer wurde in den ersten Nachkriegsjahren die moderne französische Gesprächskultur vervollkommnet, die in einem Witz kulminiert, mit dem ein Bewerber für den Posten des UN-Generalsekretärs 2006 die Presse erfreute: Die UN hält eine Versammlung ab; es gibt ein Problem; die Amerikaner legen dar, wie es zu lösen sei. Alle Staaten stimmen zu. Nur der Franzose hat einen Einwand: «In der Praxis mag dieser Vorschlag funktionieren. Aber funktioniert er auch in der Theorie?»

Auf seiten der Linken war die Neigung, sich über die Wirklichkeit per Gespräch hinwegzusetzen, besonders ausgeprägt. «Der Marxist», schrieb Raymond Aron, «ist dann in seinem Normalzustand, wenn er mit einem anderen Marxisten über die richtige Interpretation streitet, sei es die von Texten, sei es die der Realität.»[20] Die Intellektuellen, die damals miteinander disputierten, hatten kein Geld, dafür aber einen hochfliegenden Möglichkeitssinn. Alles, was denkbar war, konnte auch wirklich werden, vorausgesetzt, daß man genug dafür agitierte. Sie hatten keine wichtigen Posten, dafür aber umso bedeutendere Überzeugungen. Letztere waren wandelbar. Der Dichter und Schriftsteller Claude Roy, der das zeitgenössische Intellektuellenmilieu in Saint-Germain-des-Prés später anschaulich geschildert hat, ist dafür ein gutes Beispiel. In den dreißiger Jahren, er war Anfang zwanzig, applaudierte er zusammen mit seinem Freund François Mitterrand den chauvinistischen Ansichten der *Action Française*. Erst als er ihren flagranten Antisemitismus entdeckte, suchte er neue Ideale. Er war Soldat gewesen, hatte kurz die Kriegsgefangenschaft kennengelernt, sich dann der Résistance angeschlossen und wurde 1943 wie fast alle seine Freunde Kommunist. Nachdem er sich in den fünfziger Jahren wegen seiner Kritik am Einmarsch in Ungarn von der Partei hatte exkommunizieren lassen, konzentrierte er seine Leidenschaft auf die Literatur.

Saint-Germain-des-Prés, vor dem Krieg ein Viertel des Kleinhandwerks, der Dichter und Philosophen, von denen viele so unbekannt waren wie ihre Einkünfte bescheiden, wurde nach der Befreiung von Paris die elektrisierte Tag- und Nachtküche, in der luzide und bizarre Geistesblitze aufleuchteten, deren Widerschein das Kulturleben der halben Welt jahrzehntelang unterhalten sollte. Diese Gegend des linken Seineufers, wo man abends im Bademantel durch die Straßen laufen konnte, ohne aufzufallen,[21] erstreckte sich von der Seine im Norden bis zur Brasserie «Vieux Colombier» in der Rue de Rennes, im Westen bis zur «Bar-Bac» und im Osten bis zum Jazzclub «Tabou», wo die vom Denken und Diskutieren Erschöpften sich tanzend erholten. Die Freunde des surrealistischen Dichters Jacques Prévert pfiffen auf die Parolen, mit denen Kommunisten und Gaullisten Frankreichs Zukunft auf Trab bringen wollten. Sartre und seine «Familie» sortierten Sein, Schein und Wahrheit; alle übrigen, die auch lange in der Kneipe saßen, wurden von den Zeitungen «Existentialisten» genannt, weil sie sich gern schwarz kleideten und ihre Existenz den braven Bürgern ein Dorn im Auge war. Die Kommunisten, zu denen Roy gehörte, bewahrten seiner Ansicht nach noch am ehesten den Blick für die Realität. Sie dachten an die Leute, denen es nach der Befreiung nicht gut ging, die sich von den Lebensmittelkarten kaum ernähren und ihre Miete nicht bezahlen konnten und die – was alle anderen aus den Augen verloren – nicht im schönen Pariser Zentrum lebten, sondern in unwirtlichen Löchern in den Vorstädten, die damals ebenso heruntergekommen waren wie heute.[22]

Wenn es nach dem Publizisten Guillaume Hanoteau geht, waren die Verhältnisse in Saint-Germain-des-Prés schon deshalb besser, weil es da viele «biedere, kleine Restaurants» gab, «die bereit waren, der Bewirtschaftungskontrolle, die dem kleinen Mann gegenüber umbarmherzig war, die Stirn zu bieten, damit ihre Stammgäste sich über Wasser halten konnten». Das Viertel, schreibt er, hätte seinen couragierten Metzgern «ein Denkmal setzen sollen. Dort nämlich, vor ihren fast leeren Marmorplatten, hat das Quartier, vor dem Kriege uneins, erstmalig seine Einigkeit gefunden, vielleicht sogar seinen Stil.»[23] Stilfragen beim Schlangestehen beiseite gelassen, müssen die meisten Café- und Kneipenbesucher des Viertels tatsächlich einiges geteilt haben. Claude Roy schrieb, das sei zum einen eine gewisse Sympathie für den Kommunismus gewesen, zum anderen die allen gemeinsame antifaschistische Haltung,[24] die der Historiker François Furet Jahrzehnte später als «eine Kultur» bezeichnete.

1946 mußten Franzosen nicht erklären, warum sie in der KP waren. Eher schon hatten jene sich zu rechtfertigen, die sich nicht mitreißen ließen. Damals, behauptete der ehemalige Kommunist und spätere Renegat Furet 1995 mit Bedauern, hatte «der Kommunismus im Westen keine offenen Feinde mehr».[25] Das war sehr frankozentrisch gesehen. In den westlichen Besatzungszonen Deutschlands wurde der beginnende Kalte Krieg im Widerstreit gegen die Politik in der sowjetisch besetzten Zone ausgelebt. Auch in anderen europäischen Demokratien, die der westlichen Einflußsphäre zugeschlagen waren, taten die KPs sich schwer: Die sozialdemokratischen Parteien stachen die Kommunisten aus. Nur wo letztere sich in der Résistance gegen die Deutschen bewährt hatten, in Frankreich und in Italien, fanden sie eine große Anhängerschaft. (In Griechenland hätte die KP eine starke Kraft werden können, wäre sie nicht während des Bürgerkriegs, der nach dem Zweiten Weltkrieg ausbrach, mit westlicher Hilfe blutig zerschlagen worden.)

Bei den Wahlen zur Nationalversammlung 1946 ging jede fünfte Stimme an die französische Kommunistische Partei. Die KPF hatte mehr als achthunderttausend Mitglieder. Wie imposant diese Ziffer ist, zeigt ein Vergleich mit der Bundesrepublik, die bis 1990 ungefähr ebensoviele Einwohner zählte wie Frankreich: Die SPD hatte zu ihren allerbesten Zeiten – 1976, als Helmut Schmidt Kanzler war – etwas mehr als eine Million Mitglieder (2007 waren es nur noch rund 540000); die CDU ist nie an diese Zahl herangekommen. Die französische KP zehrte nach dem Krieg von Mythen. Nun zahlte es sich für sie aus, daß sie sich mit Jeanne d'Arc, den Helden der Revolution und der Pariser *Commune* von 1871 geschmückt hatte. Die KPF war «die Partei der Füsilierten», eine Partei der Kämpfer und der Märtyrer; patriotischer Antifaschismus mit Heiligenschein – das kam an. Die KPF trug dazu bei, daß vom Winter 1944/45 an einige Schlüsselbranchen Frankreichs verstaatlicht wurden.

Die gebildete Klientel der Bistros und Cafés in Saint-Germain-des-Prés fand noch viel mehr Argumente für den Kommunismus, als den Parteioberen auf Dauer lieb war. So ungezwungen, wie da diskutiert wurde, sollte es unter dem Parteichef Maurice Thorez eigentlich nicht zugehen. Dieser Mann, dessen Karriere als hoher kommunistischer Kader 1944 in ihr zwanzigstes Jahr ging, hatte nach einer juvenilen Liebäugelei mit Trotzkis Gedanken sehr schnell gelernt, auf die «Ratschläge» von Väterchen Stalin zu hören. Weil der nicht mehr an der Verbreitung der Revolution, sondern an der Befestigung und Arrondierung seiner gigantischen Einflußsphäre interessiert war, empfing Thorez den Befehl, den Guerillakampf aufzugeben und den Genossen in den Fabriken beizubringen, sie sollten sich lieber ihrer Arbeit widmen als der Revolution. Im November 1944 löste Thorez die kommunistischen «patriotischen Milizen» auf. Fortan erklärte er die Produktion zur höchsten Pflicht der Arbeiterklasse.

Im Juli 1945 hielt er in der Kohlestadt Waziers eine Ansprache vor den Bergleuten: «Es handelt sich darum, für das Land zu fördern, um das Werk der Befreiung im Kampf gegen die Umtriebe der Reaktion und des Faschismus fortzusetzen! Die Faulen und die Lauen werden nie gute Kommunisten, gute Revolutionäre sein.»[26] Nicht «Bürgerkrieg spielen», sondern brav Kohle fördern – das war die Aufgabe der Kumpel. Daran war auch de Gaulle gelegen. Wie viele andere Antikommunisten traute der General dem Frieden nicht. Alle wußten, daß Thorez umsetzte, was Stalin ihm diktierte. Aber kaum jemand konnte sich vorstellen, daß Stalin Westeuropa aufgegeben hatte.[27] An der Destabilisierung der westlichen Demokratien war er interessiert, weil er sich davon erhoffte, daß diese, mit inneren Schwierigkeiten befaßt, nicht auf die Idee kämen, ihm an den Karren zu fahren. Aber die französischen Gegner der Kommunisten betrachteten die Sowjetunion als Bedrohung, vorneweg Charles de Gaulle, der sich noch im Dezember 1944 auf Besuch bei Stalin mit ihm über das weitere Vorgehen nach dem absehbaren Ende des Krieges verständigt hatte. Für Frankreich war bei der Unterredung wenig zu erwirken. De Gaulle war nach Moskau gereist, damit Stalin ihn als kommenden Präsidenten der Republik anerkenne.

Semprún, der von diesen Dingen damals nicht mehr wußte als andere und bloß merkte, daß die Spanier ihn vorerst nicht brauchen konnten, widmete sich – Mitglied der französischen KP war er auch – der Agitation in Paris. Er lebte in zwei Welten: Mit den spanischen Freunden wollte er feiern, wenn Francos Diktatur fiel. Vorderhand engagierte er sich in der KPF. Sonntags war er der Zeitungsjunge für die Parteizeitung *L'Humanité*. Er verteilte Flugschriften an den Eingängen der Metrostationen, klebte im Schutz der Nacht, zusammen mit Robert Antelme, Claude Roy und anderen, Plakate an Orten, die dafür nicht vorgesehen waren, und stand viele langwierige Debatten in seiner KP-Zelle durch. Lucienne Savarin, die Zellensekretärin, zu deren Aufgaben es gehörte, die Mitgliedsbeiträge einzusammeln, soll sich seiner als eines «sehr guten Genossen» erinnert haben, der «sehr unüberlegt» gewesen sei.[28] Semprún hat Lucienne Savarin nicht vergessen: «Sie war mit Michel Herr befreundet, eine freundliche, zurückhaltende Frau. Ihr Haar war weiß, obgleich sie noch jung war. Wenn sie mich unüberlegt genannt hat, würde mich das nicht wundern. Bei den Treffen der Zelle habe ich nie ein Blatt vor den Mund genommen. Es konnte leicht vorkommen, daß ich Sachen sagte wie ‹Hört mir auf mit dem Mist!› Das muß sie ein bißchen gequält haben.»

Mit der Idee des Parlamentarismus, sagt Semprún, habe er nicht viel anfangen können. Der Parlamentarismus sei für ihn vor allem das gewesen, was Lenin und Lukács daran kritisiert hatten. Auch egalitär dachte er nicht: «Ich war überzeugt: die Privilegien der Geburt, der sozialen Zugehörigkeit gehörten abgeschafft. Chancengleichheit war mir wichtig, nicht Gleichmacherei. Gegen die Gleichmacherei haben Marx und Lenin übrigens viele starke Argumente vorgebracht.»

Unter den Genossen, die der Zelle 722 angehörten, befanden sich lediglich zwei oder drei Arbeiter. «Die Mitglieder waren Intellektuelle, Hausmeister, Krankenpfleger, auch ein paar Schiffer waren dabei, die mit ihren Lastkähnen am Seineufer des Viertels Station machten und dann dieser Zelle zugeteilt wurden. Zum Proletariat konnte man die alle nicht zählen, eher zum Kleinbürgertum, zum *Lumpenkleinbürgertum*.» Das letzte Wort sagte Semprún auf Deutsch. Die Versammlungen, die in einem stundenweise gemieteten Raum nahe dem Café Flore stattfanden, waren in der Regel nicht spannender als andere Sitzungen bürokratischer Apparate: «Es begann immer mit einem Lagebericht, der von oben ausgegeben wurde und die Diskussionen rekapitulierte, die das Zentralkomitee für verbreitenswert hielt. Dann ging's an die praktische Organisation: Wer meldet sich zum Plakatekleben, wer macht dies, wer macht das? Es ging immer darum, wie man Geld für die Partei auftreiben könne, und um die Organisation der nächsten öffentlichen Veranstaltungen. Wenn das erledigt war, folgte die politische Debatte.»

Die Zelle 722 umfaßte einen guten Teil der Intellektuellen von Saint-Germain-des-Prés. Zu den Mitgliedern zählten die Schauspielerin Loleh Bellon, Semprúns erste Ehefrau; Colette Martinet, die Semprúns zweite Ehefrau werden sollte, sowie ihr damaliger Mann Jacques Martinet; die Soziologen Edgar Morin und Henri Lefebvre; der Philosoph Jean-Toussaint Desanti; Clara Malraux, die erste Ehefrau André Malraux'; Yann Dessau, der Verlobte von Touchards Stieftochter, der Neuengamme überlebt hatte und nur etwas verspätet nach Paris zurückgekehrt war; der Publizist Jacques-Francis Rolland; die Schriftstellerin Marguerite Duras samt Robert Antelme, der bis 1947 mit ihr verheiratet war, und Dionys Mascolo, ihr zweiter Ehemann. Dazu gehörte auch Claude Roy, der nach Semprúns Scheidung von Loleh Bellon ihr neuer Mann wurde und mit ihr zusammenblieb, bis er 1997 starb.[29]

Die jungen intellektuellen Genossen der Zelle 722 waren miteinander befreundet, manche fingen Liebschaften miteinander an, andere heirateten

– und das alles im Aspik ihrer gemeinsamen ideologischen Überzeugung. Sie waren wie Kinder in einer Schulklasse, die miteinander ausprobieren, was die Begriffe Freundschaft und Liebe bedeuten. Die Abiturientenklasse 722 löste sich allmählich auf. Manch eine Liebschaft und manch eine Ehe hatten sich als ein Irrtum erwiesen. In den fünfziger Jahren wußten fast alle, wohin oder zu wem sie gehörten.

Allein Marguerite Duras hat sich der Gelassenheit und der Selbstbescheidung, die das Älterwerden mit sich bringt, Zeit ihres Daseins und bis an die Grenze zur Selbstzerstörung verweigert. Sie wollte lieber im Verhängnis blühen als zur Ruhe kommen. In ihrer Jugend ging sie auf in der Ideologie des Kolonialismus. Später wandte sie sich dem Kommunismus zu und erwartete, daß er für sie gemacht sei, nicht etwa sie für ihn. In ihrer Wohnung in der Rue Saint Benoît versammelte sie nach dem Krieg ihre Freunde. Daß viele ansehnliche, vielversprechende junge Männer und ein paar – von der Gastgeberin nolens volens gelittene – Frauen sich dort trafen, hatte drei Gründe: Marguerite Duras galt als anziehend; ihre Wohnung war vergleichsweise geräumig; und ihre Mutter, die in Indochina lebte, ließ ihr während der mageren Zeit immer mal wieder einen Sack Reis zukommen.[30] Die Kombination dieser Umstände bot die Möglichkeit anregender Unterhaltungen in Gegenwart einer selbstgewissen Frau, die alles tat, den Hunger ihrer Gäste zu wecken und zu stillen.

Wenn André Malraux als Musterbeispiel des egozentrischen Mannes gelten darf, ist Marguerite Duras ihm darin auf feminine Weise ebenbürtig. Ihre Biographin Laure Adler erzählt, was geschah, als Robert Antelme Anfang Mai 1945 aus dem KZ Dachau, dem Tod sehr nahe und nur noch 35 Kilogramm wiegend, nach Paris zurückgebracht wurde. Mit Hilfe François Mitterrands war es gelungen, ihn aus dem nun von den Amerikanern besetzten Lager herauszuholen. Dionys Mascolo und ein Freund fuhren ihn im Auto nach Haus, zu seiner Frau: «Marguerite erwartete sie auf dem Treppenabsatz der ersten Etage. Als sie Robert sah, rannte sie davon. Schreiend lief sie in die Wohnung und kauerte sich in einem Schrank unter Kleidern zusammen. Erst einige Stunden später kam sie wieder heraus und brauchte dann noch einige weitere Stunden, bevor sie sich ihm näherte.»[31] Marguerite Duras war damals einunddreißig Jahre alt. Sie hatte etliche Wochen Zeit gehabt, sich anhand der Bilder aus den KZs darauf vorzubereiten, daß Antelme, falls er überhaupt noch lebte, dem Mann nicht mehr gleichen würde, der er gewesen war, als er im Juni 1944 gefangen genommen wurde. Ihr Aufenthalt im Schrank wird Dionys Mascolo und seinen Freund bewogen haben, sich schließlich auch um sie zu kümmern, nicht nur um Robert Antelme.

Michel Herr knüpfte im Sommer 1945 die Bekanntschaft zwischen seinem Freund Semprún und Robert Antelme. Von 1946 an ging Semprún in der Rue Saint Benoît ein und aus. Edgar Morin, der damals bei Marguerite Duras wohnte, erzählt, Semprún sei beliebt gewesen wie ein «kleiner Gott»: «Er war attraktiv, intelligent und kultiviert. Daß er das KZ erlebt hatte, machte uns allen großen Eindruck.»³² Semprún sagt über Morin, er habe einen «besonderen Humor, den jüdischen Witz. Er war bissig und sehr anregend».

Von den Leuten, die in der Rue Saint Benoît verkehrten, hatte Semprún Robert Antelme am liebsten. «Er war zugleich sehr gequält und sehr warmherzig. Nein, über die Lager haben wir uns nicht unterhalten. Wir hatten beide den gleichen Horror davor.» Marguerite Duras mochte er nicht besonders. «Ich fand sie nicht wirklich interessant. Sie wollte unbedingt Schriftstellerin sein, und weil sie es so dringend wollte, wurde sie es dann auch. Von ihrer Kunst wird meiner Ansicht nach zuviel hergemacht. Sie hat ihren Stil, diesen beschwörenden Stil der kurzen Sätze, das ist wahr. Allerdings glaube ich, daß sie ihn nicht ganz allein gefunden hat. Der entstand erst Ende der fünfziger Jahre, als sie für Alain Resnais das Drehbuch von ‹Hiroshima mon amour› schrieb. Resnais läßt seine Autoren nicht einfach schreiben, wie sie wollen. Vor ‹Hiroshima mon amour› hat sie ihren typischen Tonfall noch nicht gehabt. Die beschwörungshaften Wiederholungen, die kurzen Sätze, die oft ohne Verben auskommen und wie gesprochen wirken: Das alles kam erst mit ihrer Arbeit für Resnais. Als Regisseur verlangt er sehr viel, ich habe mit ihm zusammengearbeitet, ich weiß, wie er ist.» Außerdem, fügt Semprún an, sei Marguerite Duras für seinen Geschmack zu sehr aufs Geld fixiert gewesen, «wie es in Familien vorkommt, die gestrampelt haben, um sich etwas aufzubauen, was zweifellos für viele Familien gilt, die es in den Kolonien zu etwas bringen wollten». Als die Schriftstellerin 1985 unter dem Titel *La Douleur* (Der Schmerz) eine Textsammlung veröffentlichte, in der sie es für lustvoll erklärte, Verräter zu foltern, war die letzte Wertschätzung, die Semprún noch für sie hegte, getilgt.³³

Bei den Versammlungen der Zelle 722 trafen die beiden einander so gut wie nie. Marguerite Duras verkaufte Sonntags *L'Humanité*. Zu den wöchentlichen Versammlungen sei sie nur sehr selten erschienen, sagt Semprún. Das will freilich nicht viel heißen. Da fanden sich immer nur eine Handvoll Aktivisten ein. «Einmal in der Woche ging man zu ihr in die Rue Saint-Benoît, trank Orangeade oder Kaffee und unterhielt sich. Mitunter wurden wir auch bekocht. Mal waren wir sechs, mal zwölf. Irgendwann hatte einer die Idee, man könne jemanden einladen, um mit ihm zu diskutieren.» Der marxistische Philosoph Jean-Toussaint Desanti kam gern und hielt einen Vortrag, den nicht alle Gäste verstanden. Auch der talentierte Literaturkenner Maurice Nadeau nahm die Einladung mit Vergnügen an. Diese und andere Gespräche kamen dem Bedürfnis entgegen, Ideen für harte Währung zu nehmen. Man nannte sich nun «Groupe d'études marxistes». Michel Herr befand eines Tages, im Dienst an der Arbeiterklasse müßten die Ausgaben von *L'Humanité* sortiert und katalogisiert werden. Einige Angehörige der «Marxistischen Studiengruppe» machten sich mit Fleiß daran, Artikel auszuschneiden.

Wie sich zeigen sollte, war der politische Elan Michel Herrs so nicht zu befriedigen. Ein paar Jahre später ließ er sich als Soldat in den Indochinakrieg schicken. Er wollte die französische Armee zersetzen und dem französischen Kolonialismus ein Ende machen. Die Armee kam ihm schnell auf die Schliche und entledigte sich des Revoluzzers in ihren Reihen. Von Herrs weiteren Großprojekten ist nur bekannt, daß er sie mitunter in der Psychiatrie entwickelte. Von Mitte der sechziger Jahre an arbeitete er als Gymnasiallehrer. Er starb 2006.

Michel Herr war ein Mann, an den Semprún sich gern erinnert. In einem Roman, den er 2005 unter dem Arbeitstitel *La Feria du mois d'août* zu schreiben begann, läßt er Herr wiederauftreten. Den Namen «Marxistische Studiengruppe» will er nicht ernstgenommen haben, der sei ironisch gemeint gewesen. Es ist wahr, daß die Gruppe nichts zuwege brachte. Aber in den vierziger Jahren hatte niemand eine ironische Haltung zu den kommunistischen Aktivitäten. Der Eifer, von dem Semprún damals erfüllt war, ist in seiner Erinnerung weitgehend ausgelöscht.

Dionys Mascolo wurde allseits bewundert. Er arbeitete beim renommierten Verlag Gallimard und gab 1946 unter dem Pseudonym Jean Gratien die Schriften und Reden des französischen Revolutionärs Saint-Just heraus, der 1793 die Pariser *terreur* orchestrierte. Die französische Redewendung vom «kleinen Gott» wendet Semprún auf Mascolo an: «Er war der kleine Gott der Theorie in unserem Kreis. Seine Kommentare sind sehr schwer zu lesen, sehr verdreht geschrieben, aber ungeheuer bolschewistisch. Seine Eloge auf Saint-Just war eine Lobrede auf den Bolschewismus und den Leninismus. Außerdem wurde er so etwas wie der Chef des Clans, weil er Marguerite Duras ein Kind gemacht hat.»

Während Mascolo als Alphatier und Saint-Just redivivus beschäftigt war, schrieb Robert Antelme ein Buch über seine KZ-Erlebnisse. Die beiden Männer waren eng miteinander befreundet. Über ein kleingeistiges Gefühl wie Eifersucht wollte Antelme erhaben sein. Als *Das Menschengeschlecht* 1947 erschien, wurde es von einigen Zeitungen wahrgenommen und blieb im übrigen unbeachtet.[34] Auch das einzige Unternehmen, das er mit Unterstützung von Marguerite Duras auf die Beine stellte, endete mit einer Niederlage: «Weil Robert eine Arbeit haben mußte», wie Dionys Mascolo später erklärte,[35] gründete Antelme mit Unterstützung seiner Freunde unter dem Namen Les Editions de la Cité Universelle einen Verlag, der es zu nicht mehr als drei Veröffentlichungen brachte: Mascolos Saint-Just-Ausgabe, Antelmes *Menschengeschlecht* und ein Buch von Edgar Morin über Deutschland, *L'An zéro de l'Allemagne*, in dem der angehende Soziologe die absurden Ängste der Deutschen aufzeichnete, die ihm auf einer Reise durch Deutschland im Herbst 1945 zu Ohren gekommen waren. «Die Jahrgänge 1910 bis 1925 werden sterilisiert»; «Heiraten werden verboten»; «Die deutsche Kultur wird ausgelöscht»; «Den Deutschen ist der Konsum von Tabak und Alkohol verboten».[36]

Semprún schätzte Morin, Antelme war er zugetan. Antelme und Semprún waren deportiert gewesen und wußten, worüber sie gemeinsam schwiegen. Besser wäre es gewesen, sie hätten gar nicht erst versucht, miteinander Geschäfte zu machen. Aus Berlin hatte Edgar Morin einen der ersten Nachkriegsbestseller, Theodor Plieviers Roman *Stalingrad*, mit nach Paris gebracht, der 1945 erstmals in der deutschen Ostzone erschien und so ganz anders geschrieben war als die braunen Kriegsheldengeschichten. Zwei Verlage in den westlichen Zonen druckten das Buch 1947 und 1948 nach. Es wurde in 26 Sprachen übersetzt. Antelme wollte *Stalingrad* publizieren, und sein Freund Semprún, der keinen Pfennig auf der Naht hatte, sollte es übersetzen. Damit er sich der Arbeit widmen könne, erhielt er einen kleinen Vorschuß. Erst dann, sagt er, habe er das Buch genau gelesen und gemerkt, daß es ihm nicht gefiel.

Der Anarchist Plievier, der 1934 in die Sowjetunion gereist und dann dort geblieben war, begann die Arbeit an seinem Roman 1943. Die fiktive Handlung, die auf dokumentarischem Material basiert, ist ganz auf den Horror im Stalingrader Kessel fixiert. Von Politik und Ideologie ist wenig die Rede; Hitlers Regierung wird für den vermessen Griff zur Weltherrschaft verantwortlich gemacht; die hohen Militärchargen sind ihre Handlanger und die einfachen Soldaten teils bis zum Tod verblendete, teils einsichtsfähige Nationalsozialisten. Das ganze lange Buch schwelgt in der bildhaften Schilderung des physischen Grauens – eingetrockneter Eiter, gefrorener Schleim, abgerissene Gliedmaßen, und in den Büschen hängt Gedärm. Es handelt von all den Dingen, die der Krieg und dazu Wundbrand, Typhus und Ruhr an den Leibern der deutschen Soldaten bewirkten. Damit kam Plievier dem Zeitgefühl in Ost und West entgegen. Das Nachempfinden der Leiden war wichtiger als die Analyse, und vor allem deckte es nach dem Krieg alle politischen Differenzen zu. Das von den Sowjetbehörden protegierte Buch wurde im Westen eifrig nachgedruckt.[37] Nichts gab es in dem Roman, was Semprún ideologisch hätte irritieren können. Freilich wird er darin viele Dinge beschrieben gefunden haben, die er aus Buchenwald kannte, angefangen mit dem toten Blick der Männer, die den folgenden Tag nicht überleben würden. Die Auswirkungen von Hunger, Krankheit und Gewalt hatte er selbst viele Monate lang mitangesehen. Was man nicht zu Papier bringen will oder kann, mag man nicht aus einer expressionistisch angefärbten Vorlage mühselig übersetzen.

In *Das Menschengeschlecht* hat Robert Antelme den schrecklich anzusehenden Verfall des eigenen Körpers geschildert. Ähnliche Beschreibungen fand er in *Stalingrad*. Auch deshalb wird er den Roman für gut gehalten haben. Semprún hingegen scheute und verabscheute «das Pittoreske des Grauens», die elende Wahrhaftigkeit.[38] «Und anstatt zu sagen ‹Liebe Freunde, das Buch ist ein Dreck, ich gebe den Auftrag zurück›, habe ich die Sache schleifen lassen. Das war sicherlich ein Fehler.» Sein Vorschuß sei ganz unbeträchtlich gewesen. Dennoch, sagt er, hätte er selbst diese lächerliche Summe nicht zurückzahlen können. Plieviers erfolgreicher Roman hätte Antelmes kleinem Unternehmen vermutlich Auftrieb gegeben. Aber Semprún widmete sich anderen Dingen und brachte einige Monate damit zu, dem Freund nicht zu sagen, daß er die Arbeit nicht machen wollte. Cité Universelle ging ein. Antelme gab die Rechte an den Pariser Verlag Flammarion, der *Stalingrad* 1948 herausgab. So beschwerte ein aus Enttäuschung geborenes Mißtrauen eine Freundschaft, die eigentlich hätte haltbar sein sollen.

Das Kaffeehausleben nahm seinen Gang. Um ein Bohemien zu sein, genügt es nicht, achtlos, extravagant oder bescheiden gekleidet herumzulaufen und zu unmöglichen Zeiten schlafen zu gehen. Ein echter Bohemien ist jemand, der später nicht erklären kann, wovon er eigentlich gelebt hat.

Semprún für sein Teil vermag es nicht zu sagen. Die gelegentlichen Übersetzungen für die Unesco erbrachten wenig. Manchmal ließ sein Vater ihm
etwas Geld zukommen. Wie Semprún die Hotelmiete und das tägliche Essen bezahlte: Er weiß es nicht mehr. Er genoß das Leben.

In jener Zeit kam ein osteuropäischer Film in die Kinos, seinen Titel hat
Semprún vergessen. Es sei ein streng kommunistisches Werk gewesen, in
dem die Figuren ihre politischen Pflichten über alles stellen. «Immer wenn
das Paar im Begriff ist, sich der Liebe hinzugeben, hält einer der beiden
inne und raunt mit verklärtem Gesicht: ‹Jetzt muß ich an die erleuchteten
Fenster des Kreml denken, Stalin wacht über das Wohl des Volkes.› Hatte
einer von uns eine lange Kneipennacht hinter sich, fragten die übrigen ihn
am nächsten Tag: Naa, hast du den Kreml gesehen?»

Die sowjetische Vorstellung von realistischer Kunst hatte damals in Paris zwei führende Sachwalter: Jean Kanapa, der Sartre viel zu verdanken
hatte, bevor er die kommunistische Zeitschrift *Nouvelle Critique* gründete
und Kafka für morbid erklärte, sowie Laurent Casanova, den Kulturbe-
auftragten der KPF. Beide suchten in Paris die Schdanowsche Kulturpoli-
tik durchzusetzen, die von Stalin vorgegeben war, den «sozialistischen
Realismus». Der hörte genau da auf, wo die psychologisch und phänome-
nologisch realistische Darstellung in der Kunst beginnt.

Nachdem Stalin 1946 den soeben fertiggestellten zweiten Teil von Sergej
Eisensteins Film über Iwan den Schrecklichen gesehen hatte, in dem der
Diktator eine Tyrannenseele analysiert fand, setzte er im Februar 1947
dem Hauptdarsteller und dem Regisseur auseinander, was sie falsch gemacht hatten: «Iwan der Schreckliche war sehr grausam. Sie können zeigen, daß er grausam war, aber Sie müssen auch zeigen, warum er es sein
mußte.» Andrej Schdanow, der bei dem Treffen zugegen war und sich als
guter Apparatschik bemühte, Stalins Ärger in Worte zu fassen, nannte Eisensteins Iwan «neurotisch». Neurotisch wie der grausame Zar wollte Stalin offenbar denn doch nicht sein. Seine Vorliebe für den Schauspieler Ni-
kolai Tscherkassow wird seiner Milde Flügel gemacht haben. Und Tscherkassow schmeichelte dem Diktator an jenem Abend nach Kräften.[39] Es
verstand sich, daß Eisenstein am nächsten Tag öffentlich kundtat, einen
schlechten Film gedreht und den Zaren Iwan ganz falsch dargestellt zu
haben.

Eine Weile dauerte es, bis die französischen Funktionäre begriffen hatten, woher der Wind wehte. Die Wochenzeitung *Action*, in der Semprún
seine Rezension von Antelmes Buch publizierte, wurde von der KPF unter-

halten. Auch Claude Roy schrieb für *Action*. 1946 vertrat ein Autor in ihren Spalten die Idee, eine «kommunistische Ästhetik» könne es nicht geben.[40] Solche Thesen sollten künftig nicht mehr vorkommen. Im August desselben Jahres hielt Andrej Schdanow vor Leningrader Schriftstellern eine Rede, die auch an die Genossen im Westen gerichtet war. Der Chefideologe der KPdSU verurteilte den «Kosmopolitismus» und damit jede freie Kunst jenseits des sozialistischen Realismus. In Frankreich erklärten Elsa Triolet, die Gefährtin Louis Aragons, und Laurent Casanova, daß ein antikommunistischer Autor unmöglich Talent haben könne.[41] Casanova forderte von den Intellektuellen, sie sollten sich mit der politischen und ideologischen Sichtweise der Arbeiterklasse identifizieren.[42] Künstler und Literaten: Trommler für die KP. So war das gedacht.

Die Sowjetunion erklärte sich damals für ein demokratisches Land, für ein Bollwerk des Friedens gegenüber dem imperialistischen Westen. Die Pariser Intellektuellen waren nur allzu bereit, das zu glauben. Sie träumten von einer demokratischen Revolution, die aus dem politisch rückständigen Frankreich ein modernes Land machen würde, avanciert wie die Sowjetunion, ein Land, in dem Arbeiter und Intellektuelle gut leben konnten. Auf die parteibürokratischen Stereotype davon, was «der Arbeiter» angeblich dachte, wollten sie sich jedoch nicht herunterstutzen lassen. Schdanows Direktiven boten ihnen die Möglichkeit, über die Themen zu streiten, über die sie ohnedies am liebsten diskutierten: Künstlerische und literarisch-philosophische Fragen. Was sich in der Sowjetunion wirklich abspielte, interessierte die wenigsten. Die Schauprozesse im Ostblock nahm man billigend hin. Zweifellos mußte es sich um Verräter handeln, andernfalls wären sie ja nicht verurteilt worden. Im übrigen hatten die Intellektuellen bürgerlicher Herkunft genug damit zu tun, ihre Wurzeln zu verleugnen. Man quittierte die Photos von neuen Stahlwerken mit Bewunderung und wandte sich hernach wieder der Frage zu, ob der sozialistisch-realistische Maler André Fougeron, der von der KPF hochgelobt wurde, ein sehr schlechter oder ein unerträglich schlechter Künstler sei. «Die beste Partei der Welt wäre vollkommen gewesen», schrieb Edgar Morin 1970 in *Autocritique*, «hätte sie Picasso besser gefunden als Fougeron.»[43]

1945 hatten die USA ihre Atombomben über Hiroshima und Nagasaki abgeworfen und die gewaltige Zerstörungsmacht dieser Waffenart entdeckt. Bald darauf fanden die Amerikaner heraus, daß die Sowjetunion das Teufelszeug demnächst auch besitzen werde. Das war eine unangenehme

Vorstellung, und so verfielen die Amerikaner zusammen mit Großbritannien und Kanada im November 1945 auf die Idee, eine internationale Kontrollbehörde einzurichten, die alle neuen kerntechnischen Vorhaben überwachen sollte. Die Vereinigten Staaten hatten die Bombe, in den Augen ihrer Politiker war das genug. 1945 und 1946 kündete die Weltpresse von allerlei apokalyptischen Szenarien. Als Stalin dem Westen den Stand der sowjetischen Atompläne nicht mitteilen wollte, trug man in Washington und London den Zorn der Gerechten zur Schau.[44]

Jenseits der Pariser Cafés begann der Kalte Krieg schon im Mai 1945. Am 12. Mai schrieb Winston Churchill an den Kollegen Truman einen Brief, der vieles von dem vorwegnahm, was er 1946 in seiner berühmtem Fulton-Rede sagen sollte: «Ein eiserner Vorhang» sei vor der russischen Front niedergegangen, «was dahinter vorgeht, wissen wir nicht. Es ist kaum zu bezweifeln, daß der gesamte Raum östlich der Linie Lübeck-Triest-Korfu schon binnen kurzem in ihrer Hand sein wird», in der Hand der Sowjetunion.

Stalin hat sich an die Abmachungen bezüglich der Einflußsphären des Westens und Ostens, über die er mit Churchill im Oktober 1944 konferierte, im großen und ganzen gehalten. In Rumänien sollte er zum Beispiel, wie Churchill auf einem berühmt gewordenen Stück Papier notierte, «90 %» Einfluß bekommen. Die Aufrundung aufs Ganze ergab sich dann von selbst. In Griechenland waren für Stalin hingegen nur «10 %» vorgesehen. Deshalb erhielten die Kommunisten im griechischen Bürgerkrieg so gut wie keine Unterstützung der Bruderparteien. Stalin wies die Albaner an, sich aus dem Konflikt herauszuhalten, und die griechischen Kommunisten gingen grausam geschlagen zugrunde. Jugoslawien sollte halbe-halbe zwischen dem Westen und dem Osten aufgeteilt werden. Churchills Notiz anläßlich des Treffens im Oktober 1944, die als «Zettelchen» in die Weltgeschichte einging, hat Stalin mit einem großen Haken paraphiert. Und Tito hat die sein Land betreffenden Prozentangaben dann auf seine Weise ausgelegt.

Nach dem Krieg machte Stalin keine Anstalten, auf die Einflußsphäre der USA in Europa überzugreifen. Die österreichischen Kommunisten revoltierten 1947 umsonst; aus Moskau bekamen sie keine Hilfe. Auch Finnland blieb sich selbst überlassen, dies allerdings vor allem deshalb, weil die finnischen Kommunisten sich von Anfang an ausgesprochen eigensinnig gezeigt hatten. Zu gut erinnerten sie sich an die russische Herrschaft, der ihr Land bis 1917 unterworfen gewesen war.

Präsident Roosevelt hatte sich gegenüber Stalin konziliant gegeben. Die Alliierten hielten zueinander. Nach Roosevelts Tod 1945, schreibt der Historiker Bernd Stöver, seien «die antikommunistischen Reflexe wieder deutlich in den Vordergrund getreten». Harry S. Truman wollte keine Kompromisse. Aus Sicht der Vereinigten Staaten rückte nun die Sowjetunion an die Stelle, die zuvor NS-Deutschland eingenommen hatte. Am 12. März 1947 verlas Truman vor dem Kongreß seine neue Doktrin. Von nun an sollten alle – Länder, Gruppen oder wer immer –, die sich gegen den Kommunismus wandten, auf die Hilfe der USA zählen können. Es wurde ein «politischer Planungsstab» eingerichtet, der Umsturzversuche in kommunistisch regierten Staaten organisieren und befördern sollte. «Bis weit in die achtziger Jahre hinein», schreibt Stöver, «wurden kontinuierlich geheime Operationen auch in den ostmitteleuropäischen Satellitenstaaten durchgeführt.» Stalin war mit seinem Riesenreich, den schon unterworfenen oder noch zu unterwerfenden osteuropäischen Staaten und der Behandlung seiner angeblichen Feinde im Land und in der Partei beschäftigt. Um aber Zähne zu zeigen, antwortete die Sowjetunion auf die Truman-Doktrin mit der «Zwei-Lager-Theorie»: Hier die demokratische Sowjetunion, da der imperialistische Westen. Als Maos Truppen die des Generals Tschiang Kai-schek 1949 niedergerungen hatten, schloß die Sowjetunion ein Freundschaftsabkommen mit der chinesischen Volksrepublik. Das irritierte den Westen zutiefst. Die Blockade Berlins 1948/49 war schockierend und fachte die Furcht vor einer sowjetischen Invasion heftig an. Nun schien bewiesen: Stalin würde sich jeden Landzipfel zu eigen machen, der nicht gut bewacht wäre.

Frankreich nahm am Kalten Krieg außenpolitisch keinen großen Anteil. In der Folge sollte das Land eigene Atomwaffen bauen und sich aus den von den zwei Großmächten angeheizten Stellvertreterkriegen heraushalten. Der Kalte Krieg wurde in Frankreich innenpolitisch ausgetragen. Maurice Thorez, Chef der KPF, hatte sich den Moskauer Direktiven gefügt und die «patriotischen Milizen» der Kommunisten aufgelöst. 1947 erhielt der sozialistische Regierungschef Paul Ramadier von der amerikanischen Regierung den Hinweis, «daß es die französisch-amerikanischen Beziehungen erleichtern würde, wenn die Kommunisten nicht mehr in der Regierung säßen».[45] Nachdem Ramadier den kommunistischen Ministern kurz darauf die Stühle vor die Tür setzte, hielt man das zunächst in der KPF – gut dialektisch gesehen – für ein Ereignis, aus dem die Partei gestärkt hervorgehen werde. Immerhin hatte Thorez die KPF zu einer Massenpartei gemacht. Bauern, Frauen, Intellektuelle, alle waren willkommen.[46]

Gegen den Marshallplan hatte Thorez nichts einzuwenden. 1947 offerierten die USA auch der Sowjetunion und osteuropäischen Ländern Finanzhilfe im Rahmen des Marshallplans. Außenminister Molotow, der das Angebot zunächst ernst genommen und fünf Dutzend Experten zu den Unterredungen mitgebracht hatte, gewann bald den Eindruck, der Vorschlag ziele darauf ab, «den amerikanischen Einfluß auf Polen, die Tschechoslowakei usw. auszudehnen».[47]

Im selben Jahr, 1947, wurde das Kominform gegründet, das Kommunistische Informationsbüro, die Nachfolgeorganisation der 1943 aufgelösten Komintern. Jorge Semprún war begeistert. Die Idee des Weltkommunismus schien wieder einen starken Arm bekommen zu haben: «Mit der Gründung des Kominform», sagt er, «schien uns jungen Kommunisten die nationale Zerstreuung zu einem Ende zu kommen. Endlich würde es wieder eine internationale Gemeinschaft geben. Wir fanden es großartig, daß der Kommunismus wieder eine länderübergreifende Idee geworden war, die über den nationalen Opportunismus der Italiener und Franzosen hinausgehen würde. Als wir dann aber die in Bukarest gedruckte Postille des Kominform zu lesen bekamen, haben wir gesagt: o là là!»

Auf der ersten Tagung des Kominform im September 1947 erhielten die kommunistischen Parteien des Westens den Auftrag, alles zu tun, um einen neuen Krieg zu verhindern. Gleichzeitig verkündete Schdanow die «Zwei-Lager-Theorie». Den KPs von Frankreich und Italien wurden Vorwürfe gemacht: Unverzeihlich sei es, daß sie nach dem Ausschluß ihrer Minister aus den jeweiligen Regierungen weiterhin eine regierungsfreundliche Politik betrieben hätten. Unerhört sei es, daß sie den amerikanischen Imperialismus in Gestalt des Marshallplans in ihre Länder einließen.[48]

Maurice Thorez hat seine Linie daraufhin sofort geändert. Seit dem Herbst 1947 wurde in Frankreich sehr viel mehr gestreikt als zuvor, was entscheidend auf die Politik der KPF zurückging. Mehr als 23 Millionen Arbeitstage gingen 1947 verloren.[49] Die kommunistischen Literaten fühlten sich ermutigt. Sie meinten, sie würden nun mit den Arbeitern Hand in Hand für dieselbe Sache streiten.

Auf seiner zweiten Konferenz im Juni 1948 verurteilte das Kominform in einer kollektiven Resolution Titos Bemühungen um eine eigenständige Politik. Das «Informationsbüro» war nicht eingerichtet worden, um die

Idee der Internationale wiederzubeleben, sondern damit die Sowjetunion eine bessere Kontrolle über auswärtige KPs hatte.

Der Kalte Krieg kam im Herbst 1947 auf Touren. Hier die Trumandoktrin, dort die Zwei-Lager-Theorie. Die Gaullisten sammelten hinter sich fast alle, die einst mit der Vichy-Regierung einverstanden gewesen waren. Raymond Aron erklärte die Sowjetunion für eine imperialistische Macht, während die USA es nicht seien.[50] Viele Zeitgenossen rechneten mit einem neuen heißen Krieg. Der amerikanische Politiker George Kennan, der die Vorzüge der Entspannungspolitik 1948 noch nicht entdeckt hatte, war anläßlich der bevorstehenden Wahlen in Italien äußerst beunruhigt. Er schickte «eine panische Notiz» an die damalige italienische Regierung: Bevor Togliattis Kommunisten die Wahlen gewönnen, solle die Regierung die KPI lieber verbieten, dann werde es einen Bürgerkrieg geben. Er, Kennan, könne für diesen Fall zusichern, daß amerikanische Truppen wenigstens Teile Italiens schnell zurückerobern würden.[51] Togliatti war damals noch ein guter Stalinist, genauso wie Maurice Thorez. Eben deshalb kamen beide nicht auf die verblendete Idee, ihre politischen Vorstellungen durch einen gewaltsamen Umsturz zu realisieren. Die westlichen Antikommunisten trauten ihnen jedoch ebensowenig wie Stalin. Es war ein Mißverständnis, das sich in Frankreich schon während des Zweiten Weltkriegs bemerkbar gemacht hatte.

1943 hatten der angebliche Gärtner Gérard und sein Freund Jacques – alias Semprún und Michel Herr – im Maquis bemerkt, daß die Kommunisten der Organisation *Franc-tireurs et partisans* (FTP) keine Waffen aus England bekamen, obwohl de Gaulle es versprochen hatte. Dreißig Jahre später traf Semprún bei den Freunden Yves Montand und Simone Signoret den Oberst Passy, der dafür verantwortlich war. In ihren Memoiren erwähnt die Schauspielerin Simone Signoret, wie Semprún die Debatte begonnen habe: «Alors, Colonel, auf die Maschinenpistolen warten wir noch heute...»[52]

Semprún erzählt die Geschichte so: Anfang der siebziger Jahre habe er wieder einmal das Wochenende im Landhaus von Simone Signoret und Yves Montand verbracht. Als Oberst Passy zum Essen angekündigt wurde, habe er Simone Signoret erzählt, was er an ihm auszusetzen hatte. «Bei Tisch begann Simone eine Unterhaltung: ‹Mein Freund Semprún möchte wissen, warum die FTP damals keine Waffen bekommen hat.› Und dann hat Passy mir erklärt, man sei in London bis zu de Gaulles Reise nach

Moskau im Jahr 1944 überzeugt gewesen, die KPF werde nach der Befreiung radikal den Umsturz der Verhältnisse betreiben. Erst Ende 1944, als Thorez auf Stalins Geheiß die ‹patriotischen Milizen› auflöste, habe man begriffen, so Passy, daß die französischen Kommunisten keine Revolution planten. Die ganze Diskussion verlief sehr höflich und war rein historisch. – Die Vorstellung, Stalin werde eine Revolution im Westen zulassen, war vollkommen illusionär. Aber diese Leute haben genau das geglaubt. Passy hat mir gesagt: Deshalb habe er den Auftrag bekommen, den Kommunisten möglichst wenig Waffen in die Hand zu geben, ohne Rücksicht darauf, wer im Kampf gegen die Nazis am effizientesten vorging. Man stellte sich schon während des Krieges darauf ein, daß die Sowjetunion anschließend der Hauptfeind sein werde.»

In seinen im Jahr 2000 erschienenen Memoiren hat Colonel Passy das Gespräch mit Semprún nicht erwähnt. Von einem Irrtum seitens der Franzosen in London ist in dem Buch keine Rede, sondern vielmehr von dem während des Krieges «auch für die Naivsten deutlich erkennbaren» Plan der Kommunisten, «alle Räder stillstehen zu lassen», um das Land ins Chaos zu stürzen und dann «in der uferlosen Anarchie, die entstünde, ganz bequem die Macht zu ergreifen».53 Als Antikommunist hatte Passy eine sehr schlechte Meinung von den kommunistischen Résistancekämpfern. Semprún sah das natürlich anders. Im Haus von Simone Signoret und Yves Montand müssen die beiden in der Tat sehr höflich miteinander umgegangen sein. So höflich, daß anschließend der eine wie der andere sich in der eigenen Meinung bestärkt fühlte.

1946 wünschte Semprún sich keine gewaltsame Revolution in Frankreich. Er wußte von dem Bürgerkrieg, der in Griechenland tobte, wo ganze Dörfer ausgelöscht wurden, weil sie vielleicht Kommunisten versteckten. Im großen und ganzen fand er die Politik der KPF vernünftig: friedliche Agitation ja, Bürgerkrieg nein.

Als der internationale Zwist sich zuspitzte und nachdem die KPF vom Kominform gerügt worden war, zog freilich auch Maurice Thorez rhetorisch alle Register. Im Sommer 1948 verkündete er, das französische Volk werde niemals einen Krieg gegen die Sowjetunion führen. Ein paar Monate später wurde Thorez gefragt, was er zu tun gedenke, wenn die Rote Armee Paris besetze. Er antwortete: Wenn die Bemühungen der Franzosen um Frieden und Demokratie in ihrem Land untergraben würden und es in der Folge einen Krieg gegen die Sowjetunion gebe, der es mit sich bringe, daß die Rote Armee «die Aggressoren bis auf unseren Boden verfolgt», dann würden die Arbeiter, das französische Volk sich nicht anders verhalten «als die Völker Polens, Rumäniens, Jugoslawiens etc.»[54]

Diese Bemerkungen sind kein Indiz für Thorez' Militanz, sie belegen lediglich, wie sehr sein Denken auf Moskau gepolt war. Semprún empfand genauso. Väterchen Stalin war gleich einem Gott, der über jedes einzelne Menschenkind in seinem Machtbereich mit grenzenloser Liebe wachte. Der große Führer, der sich im Kreml keine Ruhe gönnt, weil er soviel zu tun hat, war die allseits angebetete und besungene Ikone: «Spät leg' ich meine Feder aus der Hand, / als schon die Dämmrung aus den Wolken bricht. / Ich schau' zum Kreml. Ruhig schläft das Land. / Sein Herz blieb wach. Im Kreml ist noch Licht.» So beendete Erich Weinert, der Präsident des zu Kriegszeiten gegründeten «Nationalkomitee Freies Deutschland», ein Gedicht, dessen übrige Strophen nicht minder herzig sind. Es stimmte schon: Die Lichter im Kreml erloschen erst in den frühen Morgenstunden. Im Kreml wurde gesoffen und gehurt. Stalin war ein begeisterter Sänger und ließ oft zum Tanz aufspielen.

Auch Semprún hat peinliche Verse auf Stalin und allerlei sozialistischen Kitsch verfaßt: eine «Ode auf einfache Kleider», eine «Ode auf das kollektive Eigentum» und eine «Ode auf die Sterne des Kreml».[55]

Seine ideologische Haltung mag er mit dem Wort «Schdanowismus» nicht beschreiben. Er redet von seinem «marxistoiden Rigorismus».[56] Über die Traktoristen-Kunst, die den unausweichlichen Sieg des Antifaschismus und der Arbeiterklasse illustrieren sollte, setzte sein Geschmack sich hinweg. «Mein Stalinismus war immer nur politisch, niemals kulturell.» Semprún befaßte sich mit den Theorien der Psychoanalyse, liebte viele Werke der verpönten, weil «imperialistischen» amerikanischen Literatur und hielt große Stücke auf Kafka.

So schildert er sich. Mit gutem Willen kann man diese Haltung aus seinen damaligen Artikeln herauslesen.

Mit verächtlichem Spott tat er 1946 Bücher ab, die er für Auswüchse des Verfalls der Bourgeoisie hielt, für allgemeines, unpolitisches Geschwafel. Kritik an der Sowjetunion tolerierte er erst recht nicht. Er war damals zweiundzwanzig Jahre alt und hatte die Weisheit mit Löffeln gefressen. Als ein Sammelwerk erschien, *Franchise 3. Le temps des assassin*, in dem Jean-Paul Sartre, Albert Camus, der *Esprit*-Herausgeber Emmanuel Mounier und andere sich über einen möglichen Atomkrieg Gedanken machten, schmähte Semprún unter seinem Pseudonym Georges Falco die «pessimistische Internationale», die sämtliche «Gemeinplätze der bourgeoisen Intelligenzija» wiederhole. Das Buch sei auf allen Tischen der Cafés in Saint-Germain-des-Prés zu sehen. Doch sei Intelligenz «das Gut, das unter bürgerlichen Intellektuellen am wenigsten verbreitet ist». Er zitierte: «die bürokratische und primitive Unmenschlichkeit der sowjetischen Gesellschaft», «die einzige Zuflucht: die Gnade», «das atomare Zeitalter ist das schwarze Zeitalter der Kali». Solches Zeug, schloß Semprún hochmütig, «haben wir in der Pubertät geschrieben».[57] Ein Dorn im Auge waren ihm auch die Surrealisten. Er pflichtete Maurice Nadeau bei, der den Surrealismus für «gescheitert» erklärte: Es sei Zeit, ihm «den Totenschein auszustellen».[58] André Bretons *Arkanum 17* erledigte Georges Falco mit wenigen Federstrichen: mythographischer «Blödsinn», Tinneff ohne Bezug zur Gegenwart. Der Surrealismus sei aus dem «schlechten Gewissen junger bürgerlicher Intellektueller» erwachsen. Nun, nach dem zweiten großen Krieg, hätten sie endlich ein «wahres revolutionäres Bewußtsein» entwickeln müssen. Das sei jedoch Sache des Einzelnen. Die Surrealisten, «Breton an der Spitze», hätten diesen Entschuß nicht gefaßt und sich stattdessen «ins Lager der Mystifizierer aller Art» geschlagen.[59] Semprún hielt Bretons Gedanken für apolitischen Kokolorus. Denn Breton berief sich auf den utopischen Frühsozialisten Charles Fourier, anstatt Karl Marx zu zitieren; und aus der friedenstiftenden Kraft des Weiblichen sollte die Menschheit ihre Weisheit beziehen, das «männliche», kriegerische Wesen zu überwinden.[60] Semprún betrachtete Bretons Thesen von A bis Z als Unsinn.

Die besondere Verachtung des Kritikers und all seine juvenil-rechthaberische Herablassung galten dem Bürgertum ohne revolutionäres Bewußtsein. Natürlich sprach er von sich selbst, als er schrieb, die Abkehr von den falschen bürgerlichen Idealen sei eine individuelle Entscheidung. Das war zwar nicht stalinistisch gedacht, paßte aber zu seiner Lektüre von Marx und Lukács.

Der «soziale Realismus», den er vertrat, wurzelte in dem nach Kriegsende sehr weit verbreiteten Wunsch, es möchten die Künstler sich nicht bloß um ihr eigenes kleines Ich, sondern um die Gesellschaft kümmern. Diese Überzeugung war es, die es Semprún so schwer machte, über Buchenwald zu schreiben. Er hätte von sich selbst erzählen wollen, doch das konnte er sich nicht erlauben. Sein politisches Engagement und sein marxistisch-leninistisches Credo halfen ihm über die Erlebnisse in Buchenwald und die schmählichen Umstände seiner Jugendtage im Exil hinweg. Zugleich hinderten sie ihn daran, eine Erzählung zu Papier zu bringen, die ihm wirklich gefallen hätte. Erst als er begann, sich von der Partei zu emanzipieren, konnte er schreiben, wie es ihm gemäß ist: über sich und seine Erlebnisse und ohne daß er dabei die Vorboten einer glorreichen sozialistischen Zukunft durchs Bild trappeln lassen mußte.

Als der ehemalige Kommunist Viktor Krawtschenko 1946 in den Vereinigten Staaten ein Buch publizierte («I Chose Freedom»), darin er das Unrecht in den sowjetischen Lagern anprangerte, nahmen die Pariser Kommunisten die Veröffentlichung als üble Agitation des Klassenfeindes auf. Letzteres könnte sich damit entschuldigen lassen, daß Krawtschenko bereits während des Zweiten Weltkriegs in den Vereinigten Staaten Asyl gefunden hatte: Er schien wirklich ins andere Lager übergewechselt zu sein. Der Dichter Louis Aragon leitete damals die von der KPF finanzierte Kulturzeitschrift *Les Lettres françaises*. Anläßlich der französischen Publikation des Buches erschien darin ein angeblich von einem Amerikaner verfaßter Artikel, der Krawtschenko der Lüge bezichtigte. Der Autor klagte und konnte mit vielen Zeugen aufwarten, die im Gulag gewesen waren. Der sogenannte «amerikanische Autor» des Artikels war und blieb hingegen unauffindbar. Nicht Krawtschenkos Text, wohl aber die Aussagen der Zeugen, zu denen auch Margarete Buber-Neumann zählte, die Schwiegertochter des Religionsphilosophen Martin Buber, die erst in einem sowjetischen Lager und dann im KZ Ravensbrück gewesen war, hätten den Pariser Genossen zu denken geben müssen. Das war nicht der Fall.

Drei Jahre später, im November 1949, veröffentlichte David Rousset, ein KZ-Überlebender und Kommunist, einen Aufruf im *Figaro littéraire*: Auch in der Sowjetunion gebe es Konzentrationslager. Er forderte die Einsetzung einer Untersuchungskommission, die erkunden solle, was sich dort abspielte. Von da an ist Rousset für fast alle Genossen Luft gewesen. Semprún reagierte wie die anderen. Von Lagern in der Sowjetunion wollte er nichts wissen. Nachrichten vom Gulag wurden nicht einfach verdrängt, sondern schlichtweg für falsch gehalten. Alle Zeugen zusammen waren weniger wert als Stalins kleiner Finger.

Vieles von dem, was Semprún heute sagt, ist durch seine spätere Selbstkritik gefiltert. An seine Stalinverehrung erinnert er sich sehr gut, anderes hat er vergessen. Im Rückblick hält er sich für einen Individualisten, der nicht anstand, dumme Parolen der Partei zu kritisieren. Wie konformistisch er damals war, wie sehr er sich zum Sprachrohr der Parteiideologie machte, ist ihm nicht mehr präsent. Als er mir vom Kalten Krieg erzählte, erwähnte er mit Bedauern, daß einige Genossen dazu übergegangen seien, sogar einen Mann wie Sartre anzufeinden, weil er nicht auf Linie war. Seine eigene Kritik an Sartre, die er im Dezember 1946 in *Action* publizierte, hatte er sechzig Jahre später aus dem Gedächtnis verloren.

«1946 merkte man den Kalten Krieg noch nicht, aber dann ging es los. Die kommunistischen Parteien des Westens, und besonders die Franzosen, die Kritik aus Moskau empfangen hatten, wollten im heiligen Schoß der Mutter Kirche wohlangesehen sein. Das beeinflußte auch die Freundschaften, die während der Résistance geschlossen worden waren, es verdarb die Stimmung in den Bars. Zuvor hatte man mit den verschiedensten Leuten im ‹Méphisto› diskutiert. Das ‹Méphisto› lag in der Nähe vom ‹Old Navy›, das wir aus Jux ‹La Vieux Marine› nannten. Da wurde keine Life-Musik gespielt. Man konnte den Wirt bitten, die Musik leiser zu stellen, und dann konnte man sich unterhalten, mit Maurice Merleau-Ponty, mit Sartre, mit Pierre Courtade, dem Chefredakteur von *L'Humanité*, und mit Pierre Hervé, der Courtade als Chefredakteur von *Action* gefolgt war. All das war eines Tages vorbei, zerstreut. Die Leute trauten einander plötzlich nicht mehr und waren nur noch darauf aus, ideologisch zu legitimieren, warum ihre Freundschaften zerbrachen. Einige fingen an, Artikel gegen Jean-Paul Sartre zu schreiben, mit dem sie sich jahrelang animiert unterhalten hatten. Seine Bücher waren ihnen nicht stalinistisch genug (paradoxerweise hat Sartre ultrabolschewistische Texte erst verfaßt, nachdem er mit dem Stalinismus gebrochen hatte). So begann der Kalte Krieg in Paris. Er bewirkte eine Radikalisierung der Linken, eine Radikalisierung, die in Wahrheit nicht ‹links›, sondern von der Partei und durch ihre stalinistischen Interessen bestimmt war. Man wollte einen Kalten Bürgerkrieg in Frankreich.»

Der politischen Verhärtung fiel auch Semprúns Theaterstück *Soledad* zum Opfer. Es handelt von dem Generalstreik, der im baskischen Bilbao 1947 stattgefunden hatte, und endet mit einem Schußhagel, in dem Semprúns Alter ego Santiago ums Leben kommt. Der spanische Parteifunktionär, Antonio Mije, dem er das Manuskript zu lesen gab, monierte einen Mangel an «positiver» Ausrichtung, das Stück war ihm nicht optimistisch genug. Die Protagonisten sind tatsächlich ziemlich melancholisch, trotz ihrer Jugend leben sie in der Vergangenheit ihrer Erinnerungen, was den Fortgang der Handlung beeinträchtigt.[61] Im Grunde ist *Soledad* ein Monolog des jungen Autors, verteilt auf verschiedene Stimmen. Was darin nicht sozialistische Entschlossenheit ist, das ist pathetische Tristesse. Weil sein Stück einem Pariser Theatermacher «zu politisch» war und der Partei zu unpolitisch, versenkte Semprún es in der Schublade. Weggeworfen hat er es nicht, weil es deutlich umriß, wie er sich seinen künftigen Lebensweg vorstellte. Er sah für sich vor: Kampf im spanischen Untergrund, gefährliche Aktionen für die politische Sache, Gefangennahme, möglicherweise den Tod.

Unterdessen taten sich in Paris ganz andere Dinge, die auf einem sehr viel banaleren Niveau inszeniert wurden. 1949 erfaßte, was Semprún den Kalten Bürgerkrieg nennt, die Zelle 722 in Saint-Germain-des-Prés. Die kleinbürgerlichen Genossen hatten gemerkt, daß die Intellektuellen auf anderem Fuße lebten als sie. Keine geregelten Arbeitszeiten, nächtliches Herumgammeln in den Bars, Liebschaften kreuz und quer: Das schuf böses Blut. Und auch die intellektuellen Kommunisten waren zunehmend uneins. 1949 wurden Marguerite Duras, Robert Antelme und Dionys Mascolo bei der Führung der KPF wegen Abweichlertums angezeigt. Die drei waren entsetzt. Auf der Suche nach dem Urheber ihrer Kalamität einigten sie sich auf Semprún. Er soll die Freunde angeschwärzt haben, die genau dasselbe dachten wie er: Daß Laurent Casanova dummes Zeug rede, daß Jean Kanapa ein Trottel sei und so weiter. Nach etlichen Debatten mit den Genossen beschlossen Duras und Mascolo, ihre Parteimitgliedschaft aufzugeben. Aber so einfach konnte man sich von einer KP nicht trennen. Man trat nicht aus, man wurde ausgeschlossen. Am 7. März 1950 fand eine Sitzung der Zelle 722 statt, auf der ein Funktionär einen Bericht vorlas, der von Semprún verfaßt worden sein soll.[62] Schon 1949 war Semprún in ein anderes Arrondissement umgezogen. Dem Reglement der KPF entsprechend, bestimmte der Wohnort darüber, welcher Zelle ein Genosse zugeordnet wurde. An sich hätte Semprún bei den Sitzungen in Saint-Germain-des-Prés 1950 nichts mehr verloren gehabt. Die Regeln wurden allerdings nicht immer strikt eingehalten. Höchst unwahrscheinlich war es indes, daß jemand einen kritischen Bericht über Genossen verfaßte und dann bei seiner Verlesung nicht zugegen war. Semprún sagt, bei der Versammlung im März 1950 nicht dabeigewesen zu sein.

Jahrzehntelang sprach niemand von der Affäre. Erst als Laure Adler ihre Duras-Biographie schrieb, stieß sie darauf und berichtete davon 1998 in der Zeitschrift *Lire*. Semprún war entgeistert und veröffentlichte in *Le Monde* eine Entgegnung. Damit erreichte er, daß nun weltweit über den Fall diskutiert wurde.[63]

Der Bericht, in dem Duras, Mascolo und Antelme beschuldigt wurden, ist nicht mehr auffindbar. Fraglich ist, wer ihn verfaßte. Semprún sagt, ihn nicht geschrieben zu haben, was man schon daran sehen könne, daß er bei der Sitzung im März nicht anwesend gewesen sei. Monique Antelme, die damals Régnier hieß, aber schon mit Robert Antelme zusammenlebte, sagt, sie habe Semprún an jenem Tag dort gesehen. Edgar Morin, der selbst Kommunist war und mit den drei Beschuldigten eng befreundet, glaubte dem Zeugnis von Monique und Robert Antelme. Heute sagt er: «Ich bin ziemlich sicher, daß ein psychischer Mechanismus, eine Art Verdrängung, Semprún dazu gebracht hat, seine Rolle in der Geschichte zu vergessen.» Semprún sei jung gewesen, ein überzeugter Kommunist. Von «Verrat» könne man deshalb nicht sprechen. Er habe damals getan, was er als Parteijünger für seine Pflicht gehalten habe. Eines Tages, erzählt Morin, habe er Semprún zufällig wiedergetroffen. Die Gelegenheit habe er genutzt, um sich zu erkundigen, was genau sich 1949 und 1950 zutrug. «Semprúns Erklärung, warum er mit der Sache nichts zu tun gehabt habe, wirkte vollkommen glaubwürdig. Deshalb meine ich, daß er das Ganze verdrängt hat.» So gelassen wie Morin spricht auch Monique Antelme. Sie ist nicht zornig und nicht nachtragend: «Das sind alte Geschichten. Die muß man nicht aufwärmen. Semprún hat sich geändert.»[64] Semprún beharrt: Antelme habe ihn zu Unrecht beschuldigt, gerade weil beide einander nahestanden und Antelme ihm übelgenommen habe, daß er Plieviers *Stalingrad* nicht übersetzen wollte.[65] Damals schon sei er von den Anschuldigungen dermaßen angewidert gewesen, daß er seine Mitgliedschaft bei der KPF nach seinem Umzug ins IX. Arrondissement nicht mehr verlängerte.*

Die häßliche Geschichte, in deren Verlauf Semprún zum Verräter gestempelt wurde, hat er 2006 auf hundert Manuskriptseiten rekonstruiert. Vor lauter Ärger trug er sich eine Zeitlang mit dem Gedanken, seine Selbstverteidigung als Buch zu publizieren. Ein paar Monate später erkannte er, daß schon hundert Seiten viel zu lang gewesen waren. Er beschloß, dieses Kapitel seines Buches *Essais de survivre* werde entweder gar nicht vorkommen oder nur in sehr gekürzter Form.

---

* Er zog ins Pariser Atelier André Bretons, der sich im darunterliegenden Stockwerk eine größere Wohnung einrichtete. Entweder störte es Breton nicht, daß Semprún sein «Arkanum 17» in «Action» verrissen hatte, oder er hatte den Artikel nicht gelesen, oder er wußte nicht, wer sich hinter dem Namen Georges Falco verbarg. Semprún erinnert sich, daß in der Atelierwohnung in der rue Fontaine, die Breton ihm zeitweilig überlassen hatte, noch etliche Werke von Bretons großer Kunstsammlung standen. Deren Transport ins untere Geschoß war übrigens höchst mühselig. Vgl. Polizotti: «Revolution des Geistes», S. 812.

In den offiziellen Archiven der KPF findet sich die abschließende Beurteilung der Pariser Kontrollkommission von 1951. Darin steht unter anderem: Duras «gilt als Nymphomanin, was unbewiesen ist. Zweifellos pflegt sie leichte Sitten». Über Semprún und einen der ägyptischen Brüder Hanoka, der im Hôtel de l'Université Semprúns Zimmernachbar war, heißt es: Man müsse die Parteifunktionäre wissen lassen, daß es beiden «zumindest an politischen Kenntnissen» fehle, womit sich wohl auch erkläre, daß sie eine dubiose Wochenzeitschrift wie *Parallèle 50* leiteten. Was Semprún angehe, sei das besonders bedeutsam, da sein Schwager der französische Kulturattaché in Jugoslawien sei, «eine höchst suspekte Person, vermutlich ein Spion».[66]

Für die kleine Pariser Zeitung *Parallèle 50*, die von der tschechischen Botschaft in Paris finanziert wurde und nach der Übernahme der tschechischen Regierung durch sowjettreue Vasallen noch einige Monate brauchte, bis sie politisch eingetrimmt war, hat Semprún nicht gearbeitet. Lediglich sein Freund Hanoka und Edgar Morin schrieben für *Parallèle 50*. Semprúns Schwager Jean-Marie Soutou, Maribels Ehemann, war als diplomatischer Vertreter Frankreichs nach Jugoslawien entsandt worden. Soutou, der niemals mit dem Kommunismus liebäugelte, ließ sich von Titos Sozialismus ebensowenig begeistern wie vom Stalinismus. Aber solche Feinheiten interessierten die KPF nicht. Wer noch Kontakte zu Jugoslawien pflegte, nachdem die Sowjetunion im Sommer 1948 mit Tito gebrochen hatte, war verdächtig. Für die Verwandten eines solchen Mannes galt das gleiche. Semprún fehlte es also an «politischen Kenntnissen», und sein Schwager war «ein Spion».

Dieselben Worte, in einer Akte in Moskau niedergelegt, genügten damals, einen Menschen dem Gulag zu überantworten. 1949 wurde László Rajk, der ungarische Außenminister und stellvertretende Generalsekretär der ungarischen KP, dazu gepreßt, sich zu den größten Vergehen zu bekennen. Er sollte einräumen, für die Gestapo und den amerikanischen Geheimdienst gearbeitet zu haben und außerdem Titoist zu sein. Der Schauprozeß, der im September jenes Jahres in Budapest stattfand, endete mit der Hinrichtung des unschuldigen Rajk. Frankreich war zivilisierter. Die KPF beschied sich damit, Semprún als suspektes Subjekt ad acta zu nehmen. Was hingegen die Genossen Duras, Mascolo und Antelme anging, beschloß die Partei, sie lediglich für ein Jahr auszuschließen und sodann wieder in ihre Reihen aufzunehmen.[67] Alle drei haben auf diesen Gnadenakt keinen Wert mehr gelegt.

Der doktrinäre Antikommunismus machte sich breit in Frankreich. Die ideologischen Motoren liefen heiß. Hubert Beuve-Méry, Gründungsherausgeber von *Le Monde*, erklärte: «Es kommt noch so weit, daß man als Kommunist gilt, wenn man sagt, es regnet, weil das gerade vorher ein Kommunist gesagt hat.»[68] Paranoia beherrschte beide Seiten. Die Inszenierung stalinistischer parteiinterner Ausschlußverfahren war von 1949 an in Paris gang und gäbe. Lang ist die Liste der Philosophen, Literaten, Künstler, Journalisten, Verleger, von denen die Partei sich in den folgenden Jahren trennte.

Groucho Marx sagte, einem Club, der ihn aufnehme, wolle er nicht angehören. Dies Paradox hat die KPF umgedreht: Wer ihr angehörte, stand unter Verdacht, des Parteibuches unwürdig oder gar ein Verräter zu sein. Die KPF handelte nach einem Motto, das inhaltlich, wenn auch nicht wortwörtlich, auf Lenin zurückgeht: Vertrauen ist gut, Kontrolle ist besser. Hinter dem Eisernen Vorhang hat die Methode einige Jahrzehnte lang funktioniert. Unter demokratischen Bedingungen untergräbt eine Partei, die das Mißtrauen kultiviert, sich selbst, bis sie eines Tages nicht mehr gewählt wird.

Semprún war ein begeisterter Kommunist und auch ein guter Stalinist. Den Rajk-Prozeß nahm er billigend in Kauf, ohne näheres darüber zu wissen, desgleichen den Slánský-Prozeß, der Ende 1952 in der Tschechoslowakei stattfand und bewies, daß der Antisemitismus auch dem Sowjetreich nicht fremd war. Nachdem Semprúns Freunde ihn als Denunzianten sahen, mochte er mit der KPF nichts mehr zu tun haben. Für ihn kam Ende der vierziger Jahre das Üble mit dem Schlimmen zusammen.

1946 hatte er Marie-Laure Bellon kennengelernt, eine junge Schauspielerin, die unter dem Künstlernamen Loleh Bellon in der Pariser Theaterlandschaft Fuß zu fassen suchte. Er fand sie schöner als andere Frauen, die er begehrt hatte. Er fand sie wunderschön. Ihr wird er imponiert haben, außerdem war sie bald schwanger. Die Hochzeit wurde 1947 in der Wohnung von Marguerite Duras gefeiert. Im selben Jahr kam der Sohn, Jaime, zur Welt. Ein Wortspiel gab ihm den Namen: Jaime liest sich auf Französisch wie *j'aime* – ich liebe. Die Namenswahl, zweifellos ein Vorschlag des Vaters, war eines der letzten Dinge, über welche die Eltern sich ohne Mühe verständigten. Ihre Bekanntschaft dürfte eine narzißtische Liebe gewesen sein. Wer jung ist und sich selbst noch nicht kennt, dem kann es passieren, daß er sich in die eigene Vorstellung vom anderen verguckt. Man sieht den

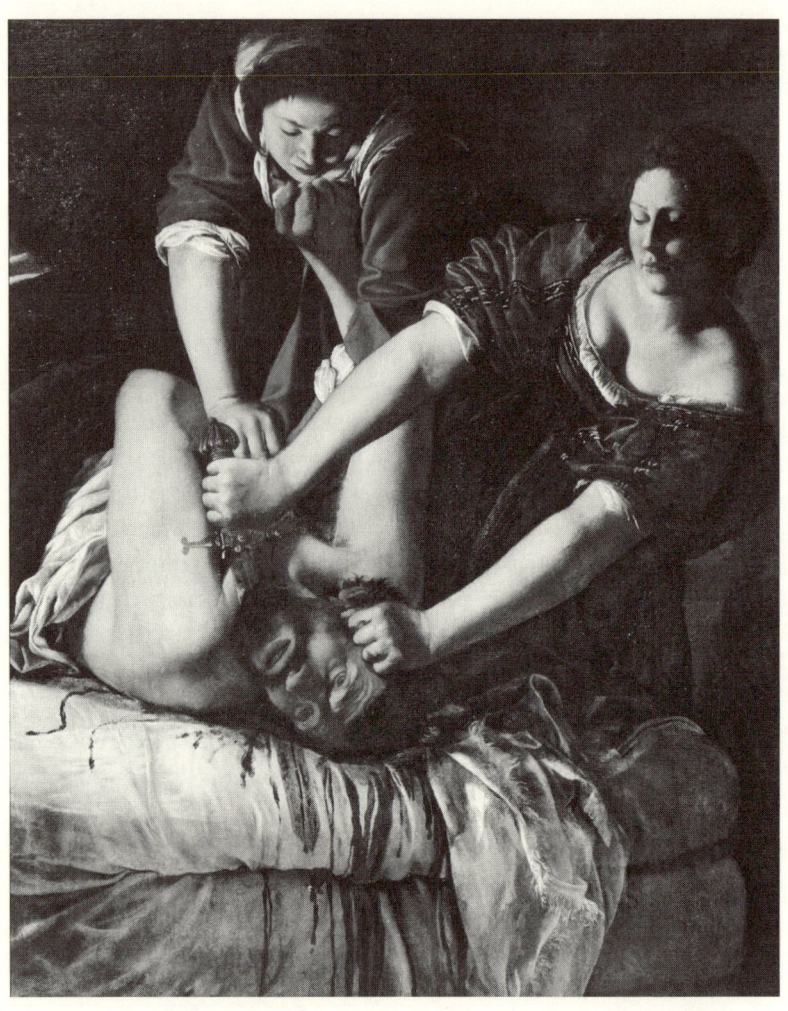

«Judith enthauptet Holofernes» von Artemisia Gentileschi (1612/1613).
Semprún entdeckte das Gemälde in einer Ausstellung neapolitanischer Meister:
«Das Bild ist grandios, es hat mich fasziniert, ich wußte:
Eines Tages schreibe ich ein Buch darüber.»

anderen nicht, sondern spiegelt sich in dem Bild, das man sich von ihm gemacht hat. Dann dauert es einige Zeit, bis man sich eingesteht, daß der Betreffende dem idealen Bild wenig genügt. Bertolt Brecht hat seinen Herrn Keuner sagen lassen, wenn er einen Menschen liebe, mache er sich einen Entwurf von ihm und wirke dann darauf hin, daß der Mensch dem Ent-

200

wurf ähnlich werde. Und wirklich hat Brecht ja ein paar Frauen gekannt, die bereit waren, seine Geschöpfe zu werden. Die Eheleute Jorge und Marie-Laure haben sich an diesem Kunststück gar nicht erst versucht.

Semprún findet es verständlich, daß sein Vater sich nicht nach dem KZ erkundigte. Daß hingegen Loleh Bellon ihm während der rund drei Jahre des Beisammenseins niemals auch nur eine einzige Frage danach stellte, schmerzte ihn: «Ich hätte ihr vermutlich nicht geantwortet. Aber wenigstens einmal hätte sie mich fragen müssen.» Wie hätte er reagiert, wenn sie sich ihm mit selbstloser Neugierde zugewandt hätte? Wie hätte sie reagiert, wenn sie hätte erleben müssen, daß Semprún auf ihre Fragen nicht eingehen mochte? Wie auch immer: Die ausgebliebene Frage war symptomatisch für ein grundsätzliches Nichtverständnis. Die Ehe war recht bald ein mißgelauntes Nebeneinander und ging dann in die Brüche. Semprún hat die Kränkung nie ganz verwunden. In der Erinnerung an die 1999 verstorbene Loleh Bellon steht er ihr bis heute als der junge Mann gegenüber, der er einst war: Er sieht sich als einen, der mit dem, was sie ihm zufügte, fertig werden mußte. Ich glaube, daß er Bertolt Brecht nicht nur für seine Poesie und seine Klugheit schätzt, sondern insgeheim auch deshalb, weil der es so wunderbar verstand, sich von seinen Frauen nicht unterkriegen zu lassen.

1985 besuchte Semprún in Madrid eine Ausstellung neapolitanischer Meister: «Da finde ich ein herrliches Gemälde einer mir unbekannten Malerin – ‹Judith enthauptet Holofernes› von Artemisia Gentileschi. Das Bild ist grandios, es hat mich fasziniert, ich wußte: Eines Tages schreibe ich ein Buch darüber.» Als *Zwanzig Jahre und ein Tag* 2005 in der deutschen Übersetzung erschien, hatte ich im Münchner Instituto Cervantes die Gelegenheit, mit Semprún vor Publikum darüber zu reden. Unvermittelt übernahm er die Gesprächsführung: «Jetzt will ich eine Frage beantworten, die Franziska mir nicht gestellt hat: Weshalb ist das Bild der Judith wichtig für mich?» Dann erzählte er von seinem Museumsbesuch. Nach der Veranstaltung wollte er wissen, wieso ich die doch so offensichtliche Frage übergangen hatte.*

Die Suche nach Wahrheit ist wie Zwiebeln pellen. Ibsens Peer Gynt ist der Mann, der auf der Suche nach Wahrheit von einer Zwiebel Schicht um

---

* Es gab dafür einen einfachen Grund: In «Zwanzig Jahre und ein Tag» (S. 241 f.) läßt Semprún eine Figur genau diese Frage stellen. «‹Tja, mein Lieber›, antwortete Larrea ihm, ‹ein wenig Mysterium muß bleiben, muß sogar vorherrschen im literarischen Schaffensprozeß.›»

Schicht abschält, bis nichts mehr von ihr übrig bleibt. Semprún ist anders. Gäbe man ihm eine Zwiebel, würde er sie beiseitelegen, oder er würde sie von der Spitze her aufblättern, bis sie schließlich ausschaute wie eine seltsame Blume. Wie er ist, wird er beim Nichts nie ankommen. Er hat freilich eine sonderbare Freude daran, wenn man ihm einige der Häute vorlegt, aus denen seine Zwiebel besteht.

Warum also hat das Gemälde der Enthauptung des Holofernes ihm so viel gesagt? In *Zwanzig Jahre und ein Tag* steht zu lesen: «Er hatte konzentriert, erschauernd das Bild betrachtet, das trotz der blutigen Brutalität der dargestellten Szene deutlich erotisch aufgeladen war, zweifellos aufgrund der Jugend und Schönheit der beiden weiblichen Gestalten, ihrer sich über dem Körper des Mannes kreuzenden Hände, die ihn, statt ihn zu enthaupten, ebensogut liebkost haben konnten.»[69] Semprún ist von dem Bild entzückt, weil darauf zwei Komplizinnen gemeinsam am Werk sind. Das französische Wort *complicité* und das spanische *complicidad* figurieren in beiden Sprachen nicht bloß in Justizangelegenheiten, sondern auch in denen des Boudoirs. Gut, das ist eine Erklärung.

Michel Leiris kommt in *Zwanzig Jahre und ein Tag* nicht vor. Doch hat Semprúns literarisches Erweckungserlebnis angesichts der Judith von Artemisia Gentileschi mit ihm und seinem Judith-Bild sehr viel zu tun. Ein Buch, das analytisch-exhibitionistisch ehrlich wäre wie Leiris' *Mannesalter*, wird Semprún nie schreiben. Seiner Faszination tut das keinen Abbruch. *Mannesalter* sei «das erste Buch, das ich als Junge gelesen habe, in dem die Sphäre des Intimen im Zentrum steht». Die Lektüre hatte ihm intellektuelles Vergnügen bereitet und ihm gezeigt, daß er nicht der einzige kleine Junge aus gutem Haus gewesen war, der jenseits des Dekorums der Außenwelt und ihrer Lehrstoffe ein Gefühlsinnenleben besaß und sich schon Jahre vor der Reife sinnlichen Empfindungen hingegeben hatte.

Leiris war bewegt von der «erotischen Aura», die Judith und Lucretia umgebe.* Wenn die beiden Frauengestalten in einem Theaterstück aufeinander träfen, schrieb er, «dann ließe sich das Thema (…) folgendermaßen zusammenfassen: wie der Held – das heißt Holofernes – wohl oder übel – mehr übel als wohl – aus dem wundervollen Chaos der Kindheit zur grausamen Ordnung des Mannesalters gelangt».[70] Er beginnt mit Lucretia und findet sein Ende bei Judith. Der Tod als Vollendung der Erziehung: So ein

---

* Siehe oben S. 63.

Gedanke gefällt Semprún. In dem spanischen Winkel seiner Seele denkt er, daß man mit dem Tod kaum früh genug Bekanntschaft machen kann.

Das Theaterstück über Judith und Lucretia, von dem Leiris in *Mannesalter* 1939 spricht, gibt es nicht. Jean Giraudoux hatte 1931 ein Drama verfaßt, das er *Judith* nannte. Holofernes tritt darin prononciert männlich auf. Frauen betrachtet er als ihm sehr fremde Geschöpfe. Bei seiner ersten Begegnung mit Judith sagt er: «Ich vergesse immer, wie die Frauen weggehen, wie sie aus meinem Leben verschwinden. Aber ich erinnere mich an jedes Detail ihrer Erscheinung, an die Farbe ihrer Kleider und der Sonne, auch an das Weiß ihrer Zähne, wenn sie zum ersten Mal lächeln; man denkt an Elfenbein, an ein elfenbeinernes Skelett.» Giraudoux' Holofernes sind Frauen unheimlich. Diese Angst teilte Michel Leiris und sprach sie aus: Die Frau ist Repräsentantin des Todes. Semprún stimmt Leiris zu, und mag es nur daran liegen, daß er es sich als Spanier schuldig ist, das Weib als gefährliche Macht zu sehen. In *Was für ein schöner Sonntag!* hat er geschrieben: «Der Tod war eine junge Frau, die mich nicht sah.»[71] In seiner Jugend hatte er eine Aufführung von Giraudoux' Drama besucht, die auf ihn großen Eindruck machte. Das Theatererlebnis gesellte sich zu Michel Leiris' großartiger Darstellung der Judith. Das ist Semprúns private Erklärung dafür, warum *Zwanzig Jahre und ein Tag* in den Farben des Gemäldes von Artemisia Gentileschi geschrieben ist.

1961 wurde Giraudoux' *Judith* am Pariser Théâtre Odéon inszeniert. Jean-Louis Barrault führte die Regie, Max Ernst entwarf das Bühnenbild. Und die Rolle der Judith spielte Loleh Bellon. Darauf aufmerksam gemacht, war Semprún überrascht – er hatte es vergessen. Im zeitgenössischen Programmheft sind Photos seiner einstigen Ehefrau Loleh abgedruckt. Ihre Gesichtszüge sind fein und ebenmäßig, heutzutage würde man sagen: Sie sind symmetrisch. Semprúns Wort wäre «Madonnengesicht». Da seine Ehe mit der Madonna Marie-Laure aber so unschön zu Ende ging, schlug ich ihm vor, dies möge der Grund sein, warum «Die Enthauptung des Holofernes» einen verborgenen Angelpunkt seines Romans *Zwanzig Jahre und ein Tag* darstellt. Seine Antwort: «Vielleicht gab es da eine Verbindung, einen Transfer, eine Übertragung. Giraudoux, den ich verehrte, sein Stück *Judith*, Loleh Bellon, die Judith in Leiris' Buch: All das vermischt sich ein wenig.» Und hat nicht er, Semprún, sich als Holofernes gesehen, als Opfer seiner Judith? Er lachte, freudig-überrascht, als habe er eine literarische Koinzidenz entdeckt: «Vielleicht. Ja, vielleicht. Diese Ehe hatte objektiv etwas von einer Kastration. Die Enthauptung des Holofernes ist eine Art Kastration. Wenn es so sein sollte, ist mir das beim Schreiben aber nicht bewußt gewesen.»

1950 war Semprún nicht zum Lachen. Die Ehe wurde geschieden. Nach Jaimes Geburt hatte Jorge sich um einen soliden Broterwerb bemüht und sich bei der Unesco als Übersetzer fest verpflichtet. Von der KPF hatte er sich getrennt. Nur noch die Mitgliedschaft in der spanischen KP nahm er ernst: «Bei den spanischen Kommunisten habe ich allerlei kulturelle Aufgaben übernommen, weil ich die Oberen der Partei kennenlernen wollte. Ich hatte nur noch einen Gedanken: nach Spanien geschickt zu werden.» Er schrieb Artikel für eine kommunistische Publikation namens *Independencia*, die von seinem Freund Benigno Rodríguez geleitet wurde, sowie für die damals in Frankreich noch legale spanische Parteizeitung *Mundo Obrero*. Dann wurde er mit der Herausgeberschaft einer Monatszeitschrift betraut, *Cultura y Democracia*. Das Blatt erschien erstmals im Januar 1950 und ging nach fünf Nummern ein, noch bevor die spanische KP – auch dies ein Begleitumstand des Kalten Krieges – im September jenes Jahres in Frankreich verboten wurde.

Heutzutage hat Semprún für Carmen Laforets Roman *Nada* viel Lob übrig. Die Geschichte einer jungen Frau, die ihre verkommene Familie nicht mehr erträgt, bringe die spanische Gesellschaft unter dem Joch des Franquismus auf den Begriff. Die Rezension, die er 1950 in der Parteizeitschrift *Cultura y Democracia* unter dem Titel «Nihilistische Literatur des dekadenten Kapitalismus» publizierte, fiel indes anders aus: «Der Arbeiterklasse, den Bauern und den Kräften des Volkes, die den Franquismus bekämpfen, nützt ein Buch wie *Nada* gar nichts. (…) Auf jeden Fall, um zum Ende zu kommen, kann man nicht bestreiten, daß der Titel gut gewählt ist: ‹Nichts!›»[72]

In *Cultura y Democracia* übertraf Semprún sich in seiner Kritik an Jean-Paul Sartre: In einem Aufsatz über «Die Kultur unter dem Franquismus» befand er, Sartres Werke seien «nicht bloß Spielereien einer verdrehten Phantasie: In ihnen spiegelt sich die verzweifelte, pessimistische und würdelose bourgeoise Dekadenz».[73]

In einer dritten Nummer von *Cultura y Democracia* klagte er, «der angelsächsische Imperialismus» habe Spanien zu einer amerikanischen Kolonie gemacht, was dazu führe, daß die Themen der spanischen Literatur «bar jedes authentischen, eigenen Inhalts sind» und sich nur aus dem «bürgerlichen Kosmopolitismus» speisen. Der war von Übel. Denn die kapitalistische Ideologie war «korrumpiert» und «unfähig zur Kreativität».

Die Vertreter der westlichen Kultur seien «zu wertvollen Hilfskräften der kriegstreiberischen Politik des Yankee-Außenministeriums» geworden. Der Kalte Krieg schien Semprún erfaßt zu haben. In der antibürgerlichen, antiintellektuellen Selbstverleugnung ging der Sechsundzwanzigjährige recht weit. Auf den verehrten Lukács berief er sich nicht, sondern explizit auf Andrej Schdanow. Er postulierte: «Die Quelle aller moralischen und intellektuellen Werte liegt im Proletariat, im Kampf um seine endgültige Befreiung, durch den zugleich auch die ganze Gesellschaft befreit werden wird.»[74]

Im Vergleich zu den auch nicht eben liberal gesinnten Rezensionen, die Semprún 1946 für *Action* verfaßt hatte, waren seine Texte in *Cultura y Democracia* schablonenhaft doktrinär. Warum 1950 der blühende Kulturschdanowismus?

Nachdem er mit seinem Stück *Soledad* bei Antonio Mije abgeblitzt war, sah Semprún ein, daß nur der in der Partei etwas werden konnte, der ihre Sprache beherrschte. Der Artikel, in dem er Schdanow zitiert, trägt den Titel «Die kommunistische Ideologie weist der intellektuellen Jugend Spaniens den Weg». Seinen wichtigsten Gedanken zu dem Thema hat der Autor in dem Text nicht angeführt: Er selbst wollte derjenige sein, der den Weg aufzeigte. Um nach Spanien zu gelangen, hätte er zur Not sämtliche Schriften Schdanows auswendig gelernt. Die stereotypen Formulierungen vom dekadenten Kapitalismus und dem Yankee-Imperialismus dienten ihm dazu, sich den Parteioberen als einer der Ihren erkennbar zu machen. Mit den Artikeln, die Semprún in *Cultura y Democracia* publizierte, stellte er sich selbst Empfehlungsschreiben aus. Und das Kalkül ging auf. *Cultura y Democracia* existierte während eines knappen halben Jahrs – lang genug, daß Santiago Carrillo auf den Mann, der dahinterstand, aufmerksam wurde.

Der Devise folgend, die das Kominform ausgegeben hatte, ging es nun darum, den Frieden zu gewinnen. Dafür mußten die Intellektuellen mobilisiert werden.[75] Carrillo suchte jemanden, der in Madrid einen Kulturkampf gegen Franco entfachte. «Ich entsprach genau dem Phantombild, das er sich von der Person gemacht hatte», sagt Semprún, «er brauchte jemanden, der zwei oder drei Sprachen fließend beherrschte, der gebildet war und in der Lage, mit jedermann ins Gespräch zu kommen.»

Die erste geheime Reise nach Madrid fand im Juni 1953 statt. «Beim letzten Treffen vor dem Aufbruch sagte Carrillo: Ich habe von den Franzosen einen Bericht über dich erhalten, der gegen dich spricht – er sagte nicht einmal ‹von den Genossen›. Diesen Bericht: er werde ihn ignorieren. Carrillo brauchte mich so nötig, daß ihm alles andere einerlei war: ob ich ein verkappter Titoist sei oder eine sonstwie verdächtige Figur.»

Santiago, der Protagonist in dem Stück *Soledad*, reist nach einigen Jahren, die er (der Not gehorchend) im Ausland verbrachte, 1947 wieder in seine Heimat, er will den Genossen in ihrem Kampf zur Seite stehen. Aus seinem Herzen kam Semprún die Standpauke, die er der jungen, tapferen und liebenswürdigen Aktivistin Soledad in den Mund legte: «Und jetzt bist du zurück, um mit uns zu arbeiten. Aber weißt du, was es bedeutet hat, hier achtzehn Jahre alt zu werden? Ich rede nicht vom Unglück, das Unglück ist überall gleich. Ich rede auch nicht vom Leiden. Leiden spielt keine Rolle. Ich rede davon, daß Du nicht da warst. Weißt du, was das bedeutet: Wegsein?»

Beurteilt man die Worte der weltunerfahrenen Soledad im Hinblick auf ihre dramatische Glaubwürdigkeit, muß man sagen, daß ihr altkluger Ton zur Anlage dieser sympathischen Heldin nicht paßt. Verständlich wird Soledads Rede hingegen, wenn man sie als private Meinung des mittzwanzigjährigen Jorge Semprún auffaßt. Er stilisierte seine Existenz im Exil zu einem unerträglichen Zustand, schlimmer als das Leiden und das Unglück, das er selbst kennengelernt hatte.

Semprún beendete die Szene mit einer in seinem Sinn glücklichen Auflösung. Denn auf die Vorhaltung Soledads, er sei zu lange fort gewesen, entgegnet Santiago: «Deshalb bin ich zurückgekommen.»

7

Die Eroberung Madrids

Fahnen, allüberall an den Fenstern der Mietshäuser am Berliner Breiten-
bachplatz hingen zu Beginn der dreißiger Jahre Fahnen, die jedem Passan-
ten zeigten, daß der Nationalsozialismus unter den Künstlern, die hier
wohnten, nicht Fuß fassen würde. Vertreter der KPD und der «Eisernen
Front», dem Bund der Sozialdemokraten, wetteiferten darum, ihre Sym-
bole an den Mann zu bringen. Hammer und Sichel oder die drei Pfeile der
Eisernen Front. Aber Susanne Leonhard fühlte sich von beiden Emblemen
nicht angesprochen. Sie, die mit Rosa Luxemburg und Karl Liebknecht
befreundet gewesen war, hatte ihre eigenen Vorstellungen vom Sozialismus. Sie hielt es mit dem Stalin-Kritiker Karl Korsch, bei dem auch Bertolt
Brecht politisch in die Lehre ging.

Den politischen Eigensinn, den Jorge Semprúns Mutter Susana im April
1931 an den Tag legte, indem sie in der Calle Alfonso XI. die Fenster ihrer
Wohnung mit den republikanischen Farben schmückte, bewies in denselben Tagen und Wochen die Journalistin und kommunistische Aktivistin
Susanne in Berlin. Vor ihren Fenstern flatterte eine schlichte rote Fahne.
Der Überzeugung, die sie verkündete, ist Susanne Leonhard bis an ihr Le-
bensende treu geblieben. Weder zwölf Jahre in einem sowjetischen Arbeitslager noch das Warenangebot in der westdeutschen Marktwirtschaft
hatten sie davon abbringen können.

Die Söhne dieser zwei Frauen haben einiges gemeinsam. Beide glaubten
in ihrer Jugend an den Stalinismus, und beide kehrten sich von ihm ab.
Keiner der beiden hat im Schoß der Reaktion Zuflucht gesucht. Semprún
und Leonhard sind nicht zu Renegaten geworden.

Eine Familie, sagt Wolfgang Leonhard, habe er nie gehabt. Damit sie sich
der Agitation widmen könne, gab die alleinstehende Mutter ihren sechs-

jährigen Sohn für vier Jahre in eine kommunistische Gastfamilie. Nach Hitlers Machtergreifung 1933 wollte Susanne Leonhard verhindern, daß Wolfgang auch nur einen Tag in einer Nazischule verbringe. Sie schickte ihn in ein schwedisches Landschulheim, wo schon andere Kinder kommunistischer Deutscher versammelt waren. 1935 nahm sie ihn mit nach Moskau. Doch das Wiedersehen währte nicht lange. Kaum daß Stalins Säuberungen begonnen hatten, im Herbst 1936, wurde die parteilose Deutsche in ein Lager verschleppt. Von einem Tag auf den anderen war sie fort. Der Sohn, an ihre Abwesenheit gewöhnt, lebte da schon in einem Moskauer Kinderheim, das vor der Zeit der Säuberungen für den Nachwuchs der österreichischen und deutschen Emigranten eingerichtet worden war. Die Räumlichkeiten waren angenehm, die Lehrer freundlich, die Kinder fühlten sich wohl.

Wolfgang Leonhard wurde ein beseelter Komsomolze, hatte gelernt, die Gesellschaft über das Individuum zu stellen, und machte 1942 auf einer in Baschkirien gelegenen Kaderschule der Komintern eine gute Figur. «Jeden Abend, wenn ich ins Bett ging, habe ich überlegt, was ich am Tag gehört, was ich gesagt hatte, ob ich aus Versehen eine parteifeindliche Äußerung gemacht hatte.» Er war «unter ständiger Selbstkontrolle» und hatte sich schnell angewöhnt, das für normal zu halten. Er war Stahl, der für die sozialistische Zukunft gehärtet wurde. In dem Flugzeug, das am 30. April 1945 die «Gruppe Ulbricht» von Moskau nach Berlin brachte, saß auch er. Ein kommunistisches Deutschland sollte er aufbauen helfen. Mit Leib und Seele war er dabei, ungeachtet der Anfechtungen, die er durchgestanden hatte. In seinem Buch *Die Revolution entläßt ihre Kinder*, das erstmals 1955 erschien, hat er sie zusammengefaßt:

«Während meines zehnjährigen Aufenthaltes in der Sowjetunion hatte ich viel gesehen und erlebt. Es gab Entscheidungen und Verhältnisse, die mir gefielen und die mit der marxistischen Theorie in Einklang zu stehen schienen, aber es gab auch Maßnahmen, die ich ablehnte und bei denen ich das Gefühl nicht loswerden konnte, daß sie eigentlich im Widerspruch zum Marxismus stünden. Es gab manches, was mir unerklärlich schien und mich beunruhigte, und schließlich auch manches, was ich verabscheute und ablehnte. Ich machte mir oft ernste Gedanken über die riesige Verhaftungswelle von 1936 bis 1938 und über den allmächtigen Apparat des sowjetischen Geheimdienstes, ich hatte manchmal meine Zweifel an der Berechtigung des Paktes mit Hitler-Deutschland und an der ‹Notwendigkeit› des finnischen Krieges; ich erinnere mich gelegentlich mit einem recht unangenehmen Gefühl daran, wie nach der Besetzung Ostpolens 1939 und der baltischen Staaten 1940 lange Eisenbahnzüge mit Beutegut nach Moskau rollten, noch mehr an die arbeiterfeindlichen Gesetze von 1940, an die Unterdrückung jeder selbständigen Meinungsäußerung und die grauenvollen Formen der Kritik und Selbstkritik. Immer wieder war ich jedoch bestrebt, solche Dinge vor mir selbst zu rechtfertigen.»[1] Er sagte sich, daß es eine fast übermenschliche Aufgabe sei, das große rückständige Rußland in einen modernen, sozialistischen Staat zu verwandeln. Er hielt sich vor Augen, daß angesichts der ungeheuren Aufgabe eine straffe Führung notwendig und der kollektive Fortschritt ohne Opfer eben nicht zu haben sei. Seine Mutter war unschuldig verhaftet worden. Dergleichen kam vor. Vereinzelte Irrtümer waren unvermeidlich in einem so großen Land.

Im Juni 2007 hat Wolfgang Leonhard mit anderen Worten geschildert, welche Vorbehalte er hatte und wie er sie überwand, nur um von ihnen wieder eingeholt zu werden: «Die Abkehr vom Stalinismus verlief bei mir ganz widerspruchsvoll, in großen Wogen. Es gibt Perioden, da war ich sehr kritisch, fast hoffnungslos, fast schon Opposition. Die erste erlebte ich 1937, als Fünfzehnjähriger. Ich war so entsetzt über die großen Säuberungen – daß man die Helden der Oktoberrevolution zu Verrätern erklärte! Die Verhaftungen waren so alltäglich, daß dieser Begriff gar nicht mehr benutzt wurde. Man sagte nicht: Soundso ist verhaftet, man sagte *jewo wsjali*: ‹Man hat ihn genommen.› Aber dann, Ende 1938, hörte das auf. Auf einmal war Schluß, es war zu Ende. Und dann war es, wie wenn ein Zauberstab über alle hinweggegangen sei: Niemand sprach mehr davon. Den Begriff ‹Verdrängung› habe ich damals natürlich nicht gekannt, Psychologie war unter Stalin ja verboten. Aber das war es, was nun alle praktizierten. Man konnte nicht mehr, es war zu schlimm gewesen, man freute sich, man sprach von etwas anderem. Nur die deutschen Emigranten hatten bloß acht Monate Atempause – bis zum 23. August 1939 und dem Hitler-Stalin-Pakt. Freudestrahlend gingen die Außenminister Molotow und Ribbentrop auf dem Moskauer Flughafen aufeinander zu. Und die Deutschen dachten: Um Gottes Willen, wenn die jetzt anfangen, Dokumente auszutauschen… . In der ganzen Sowjetunion waren in den folgenden Tagen die Bibliotheken geschlossen. Man benötigte fünf, sechs Tage, um die antifaschistische Literatur aus den Regalen zu nehmen. Erst nach dem deutschen Angriff 1941 kamen die Dinge wieder ins Lot, von da an war in der *Prawda* auch wieder vom Faschismus die Rede. Und dann, gegen Ende des Krieges, hat Stalin etwas Ungeheuerliches gemacht. Fast niemand weiß davon, aber historisch war es einmalig. Er hat den Geniestreich fertiggebracht, 1944 und 1945 seine Bevölkerung, die ja weiß Gott auch kriegsmüde war, neue Hoffnung schöpfen zu lassen. Stalin hat die Hoffnung vermittelt, daß mit dem Sieg über den Faschismus die Sowjetunion selbst ein freieres Land werden, daß sie dann eine ganz andere Sowjetunion sein würde. Wenn ihr jetzt noch ordentlich kämpft, das war seine Botschaft, dann kriegt ihr endlich Freiheit. Eine so geniale Idee hat kein anderer Diktator gehabt. Und zudem hat Stalin sie sehr geschickt umgesetzt. Filmmanuskripte hat er – anders als Goebbels – selbst gelesen und korrigiert. Das wußten wir. Und da gab es 1944 einen Film, in dem ein Parteiloser zum Parteisekretär kommt und sagt: Jetzt ist der Sieg bald da, und dann wird alles so, wie es früher war. Und darauf sagt der Parteisekretär: ‹Oh, nein! Wir Kommunisten haben auch entsetzliche Fehler begangen, wir waren viel zu hart zu den Menschen, wir haben uns um die Menschen nicht genug gekümmert. Wenn wir siegen, dann wird es nicht sein wie früher, es wird viel besser!› Das hat Stalin diktiert, 1944. Zusätzlich hat der Geheimdienst allerlei Gerüchte verbreitet, die dann ausgeschmückt wurden: Alle unschuldig Verhafteten kommen wieder frei, die Kirchen werden toleriert, der sozialistische Realismus ist nicht mehr Zwang, es wird Freiheit in Kunst, Kultur und Wissenschaft herrschen. Das haben wir alle geglaubt. Nie war ich so optimistisch wie 1944.»[2]

Als Wolfgang Leonhard im April 1945 kurz nach seinem 24. Geburtstag mit der «Gruppe Ulbricht» nach Berlin flog, um sich an die Organisation der ostdeutschen Besatzungszone zu machen, war er in Hochstimmung. Während der ersten Monate in Deutschland hielt sie an, er spricht von einem «kulturellen Rausch». Man beauftragte ihn, kommunistisches Schulungsmaterial zu entwerfen. Im Frühjahr 1946 las er mit Begeisterung den aufsehenerregenden Artikel, den der hohe Funktionär Anton Ackermann verfaßt hatte, auch er ein Mitglied der «Gruppe Ulbricht». Ackermann hatte die Fusion von KPD und SPD zur SED vorbereitet und plädierte nun für einen «besonderen deutschen Weg zum Sozialismus», einen nämlich, der sich friedlich vollziehen könne und ohne die Unterdrückung der Meinungsfreiheit im Namen des proletarischen Klasseninteresses. Ackermann argumentierte, daß in Deutschland – anders als im rückständigen Rußland – die Arbeiterschaft ohnedies die Mehrheit der Bevölkerung ausmache und es daher für den Aufbau eines deutschen Sozialismus nicht so vieler Opfer bedürfe wie in Rußland. Einige deutsche Schriftsteller, Dichter und Theaterregisseure veröffentlichten damals eine kleine gemeinsame Resolution, in der sie sich zum Antifaschismus bekannten, jedoch erklärten, sich grundsätzlich weder für West noch Ost entscheiden zu wollen. «Es war nicht so», sagt Wolfgang Leonhard, «daß das braune System bruchlos in ein rotes überging. Bis Ende 1946, vielleicht sogar bis Frühjahr '47 gab es eine wunderbare Zwischenperiode.»

Walter Ulbricht hatte im Umgang mit Moskau wenig Spielraum. Und den wenigen, der ihm zur Verfügung stand, nutzte er nicht. Die Stalinisierung der ostdeutschen Politik machte sich immer deutlicher bemerkbar. Ende der vierziger Jahre war Wolfgang Leonhard vom Gang der Dinge in der sowjetischen Besatzungszone enttäuscht. Was Tito in Jugoslawien betrieb, nämlich sein Land dem stalinistischen Zugriff zu entziehen, hatte Walter Ulbricht gar nicht erst versucht. Im September 1948 kroch Anton Ackermann zu Kreuze: «Über den einzig möglichen Weg zum Sozialismus» hieß der Artikel, mit dem er nun sich selbst demütig widerlegen mußte. Mittlerweile konnten kritische Berliner Kommunisten nur noch in den Westsektoren der Stadt unbesorgt offen miteinander reden.[3]

Im Sommer 1948, als Tito und Stalin miteinander brachen, verabschiedete Leonhard sich innerlich von der SED. Weil er sich mit jugoslawischen Politikern allzugut verstand, fürchtete er, vom Staatssicherheitsdienst der Ostzone entführt zu werden. Auf der Kaderschule der Komintern hatte er gelernt, wie man sich unter solchen Umständen verhält. Man meidet Getränke wie Whisky oder Bier, denen man nicht anmerken kann, ob sie mit einer Droge versetzt wurden. In der Öffentlichkeit ist man auf der Hut: «Niemals, unter keinen Umständen, ging ich auf dem rechten Bürgersteig, denn ich malte mir ständig folgendes Schreckensszenario aus: Ein Auto würde von hinten angefahren kommen, die Tür flöge auf, jemand würde mir einen Schwamm zur Betäubung ins Gesicht drücken, ich würde in den Wagen gezerrt und in den Osten verschleppt» – in ein fernes Lager in der Sowjetunion, an einen Ort wie den, wo seine Mutter in Gefangenschaft gelebt hatte. Auf Betreiben des SED-Vorsitzenden Wilhelm Pieck war sie im Sommer 1948 endlich entlassen worden. Als sie ihren Sohn nach zwölf Jahren der Trennung wiedersah, «sprach sie Klartext: ‹Die Sowjetunion ist kein sozialistisches Land!›»[4] Im März 1949 setzte Leonhard sich heimlich nach Jugoslawien ab.

Bis heute betrachtet er Titos Jugoslawien als den besten Versuch, einen sozialistischen *und* liberalen Staat zu begründen. «Ich bin ja blockfrei. Im Osten hat man allgemeine Dinge zu sehr ins Zentrum gesetzt und das Individuelle völlig negiert. Hier in der Bundesrepublik bin ich umgekehrt oppositionell. Das unpolitische, individualistische Herumgerede hierzulande: Ich kann es bald nicht mehr ausstehen. Der Verleger Heinrich Maria Ledig-Rowohlt hat vor Jahren auf mich eingeredet: ‹Haben Sie Verständnis mit den Deutschen, die wollen halt Familie.› Ich habe nie Familie gehabt, ich kann nicht davon absehen, daß gesellschaftliche Belange sehr wichtig, zuweilen sogar entscheidend sind.»

In *Die Revolution entläßt ihre Kinder* erzählte Leonhard in den fünfziger Jahren, wie es ihm als Jugendlichem in der Sowjetunion ergangen war und warum er zehn Jahre lang bei der Fahne blieb, obwohl seine Mutter im Gulag war, obwohl die Säuberungen ihn verstört hatten, obwohl, obwohl. Wie wenig man bereit ist, eine einmal gefaßte ideologische Meinung zu überprüfen, habe ich mit vierzehn Jahren anhand des Buchs selbst erfahren. Zu meinem Geburtstag, 1978, machte eine Schulfreundin es mir – möglicherweise auf Anraten ihrer Mutter – zum Geschenk. Das Mädchen hatte die Sommerferien bei deutschen Verwandten in Namibia verbracht und sich bei denen angewöhnt, das Land mit seinem alten Kolonialnamen «Deutsch-Südwestafrika» zu nennen. Das hielt ich für reaktionär. Als nun meine Freundin mir die Erinnerungen eines ehemaligen Kommunisten schenkte, nahm ich an, die seien ebenso reaktionär: antikommunistisches Palaver, wie man es aus der Springer-Presse kannte. Vom Antikommunismus wußte ich vor allem, daß ich ihn nicht näher studieren wollte. Das Vorurteil der Vierzehnjährigen war dämlich, aber solide – damals habe ich das Buch von Wolfgang Leonhard nicht einmal aufgeschlagen.

• • •

Anders als Wolfgang Leonhard kannte Jorge Semprún den unmittelbaren Zugriff des Sowjetstaates auf den Einzelnen nicht. Stalin war sein Held. Die Nachrichten von Zwangsarbeitslagern in der Sowjetunion tat er ab: Da machte kontrarevolutionäre Propaganda oder verirrtes Denken sich geltend. Die Franco-Diktatur wurde zunehmend respektabel. Einer nach dem anderen waren die Botschafter nach Madrid zurückgekehrt. 1951 hob die Uno ihre Sanktionen auf. Die USA unterhielten beste Beziehungen zur Franco-Regierung. Sie richteten ein halbes Dutzend Militärstützpunkte in Spanien ein und zahlten nicht schlecht dafür. Zwischen 1953 und 1957 erhielt das Land eine halbe Milliarde Dollar.[5] Wenn die spanischen Kommunisten den amerikanischen Imperialismus verdammten, dann dachten sie an die Militärbasen in ihrem eigenen Land. Und während die Welt sich in Ost und West zerteilte und über das Verhältnis von Freiheit und Sozialismus debattierte, befanden die spanischen Kommunisten sich immer noch im antifaschistischen Kampf.

Der französische Parlamentarismus nach Kriegsende war zu chaotisch, um sich zu empfehlen. Die französischen Regierungen und ihre Minister wechselten damals mitunter schnell wie die Jahreszeiten. Die Parteienlandschaft war für westeuropäische Verhältnisse beunruhigend üppig. Nur in einer Hinsicht waren die meisten Franzosen sich einig: Die Deutschen sollten ihren Garten bestellen und das bitte möglichst wörtlich verstehen. Als die Vereinigten Staaten die Wiederbewaffnung Westdeutschlands betrieben, waren viele Franzosen empört. Im Mai 1952 richtete ihr Zorn sich gegen General Ridgway, den neu ernannten Oberbefehlshaber der Nato in Europa, der sich im Koreakrieg einen Namen gemacht hatte – fälschlich wurde behauptet, er habe bakteriologische Waffen eingesetzt. Anläßlich seines Besuches in Paris sorgte die Polizei dafür, daß es zu schlagzeilenträchtigen Unruhen kam. Der britische Publizist Alexander Werth berichtete davon: «Die Polizei und die *Gardes mobiles* gingen mit Gummiknüppeln, Pistolen und Tränengas gegen die Demonstranten vor. Da es einigen Mut erforderte, unter solchen Bedingungen zu ‹demonstrieren›, war die Teilnahme sehr gering.» Der stellvertretende Parteichef der KPF, Jacques Duclos, wurde hernach festgenommen. In seinem Auto, so hieß es, habe man eine geladene Pistole, einen Gummiknüppel und einen Geheimsender gefunden, zudem zwei Brieftauben, die «Kampfberichte» an Stalin hätten übermitteln sollen. Wie sich herausstellte, gehörten die Waffen Duclos' Chauffeur; der Geheimsender enttarnte sich als gewöhnliches Autoradio; und die zwei toten Tauben, die der Politiker von einem Bauernhof mitgebracht hatte, gedachte er am Abend zu verspeisen. Doch selbst nachdem die Umstände geklärt waren, wurde er nicht auf freien Fuß gesetzt.[6]

Die brachiale Ausgrenzung der Kommunisten, die absurde Szenen zeitigte und mit rechtsstaatlichen Verfahrensweisen oft unvereinbar war, prägte nicht nur die französische Politik. In seinen Albträumen sah Konrad Adenauer die Rote Armee am Rhein. Zu Beginn der fünfziger Jahre forderte der Kanzler ein Verbot der KPD. Fünf Jahre lang sträubte sich das Bundesverfassungsgericht, bevor es nachgab und das politisch gewünschte, juristisch zweifelhafte Urteil fällte. In jenem Jahr, 1956, war die KPD nurmehr eine Splitterpartei. Konrad Adenauer hätte ihren Niedergang in Ruhe abwarten können. Stattdessen tat der Staat sich nicht genug damit, die KPD zu verbieten, obendrein wurden alle Parteimitglieder rückwirkend zu Staatsfeinden erklärt und mit Strafverfahren überzogen, darunter auch demokratisch gewählte Landtagsabgeordnete und Stadträte.

Während der Kommunismus in Westdeutschland keine Chance hatte, war er in Frankreich die Zuflucht vieler. Dem Land ging es nicht gut. Die Bürger hatten wirtschaftliche Sorgen, es herrschte Wohnungsnot, die Angst vor einem Atomkrieg ging um. Das alles, schrieb Alexander Werth, «beförderte den Antiamerikanismus und verschaffte den Kommunisten Zulauf».[7] Der Krieg gegen die algerischen Freiheitskämpfer, der Ende 1954 begann, gab den französischen Nationalgefühlen keinen Auftrieb. Jahrzehnte später hat Egon Bahr, in den fünfziger Jahren ein engagierter Kalter Krieger, über diese Epoche in der französischen Politik ganz ähnlich geurteilt wie Alexander Werth: «Das starke Votum für die Kommunisten» schien ihm «weniger ein Bekenntnis zum dogmatischem Marxismus oder für das sowjetische System als vielmehr der vernünftige, vielleicht sogar nützlichste Protest gegen die eigene Regierung» zu sein.[8]

Auf der anderen Seite griff antikommunistische Hysterie um sich. Schon 1950 waren die spanische KP verboten und im Rahmen der Polizeiaktion «Boléro-Paprika» etliche Parteimitglieder in Internierungslager gebracht worden. Das widersprach dem Geist des Rechtsstaats ebenso wie die Verfolgung der westdeutschen Kommunisten sechs Jahre später. Semprún sah keinen Grund, das französische System für besser als das sowjetische zu halten.

An Stalins Genie hegte er keinen Zweifel. Das «berühmte Kapitel» in der *Geschichte der KPdSU (Bolschewiki)* war zwar nicht der Rede wert, doch dafür bewies «der große, geniale Führer und Lehrer», wie er sich gern nennen ließ, seine Weisheit in der politischen Praxis. Schon 1936, während des spanischen Bürgerkriegs, hatte er dem damaligen sozialistischen Ministerpräsidenten Francisco Largo Caballero einen seiner berühmten brüderlichen Ratschläge gegeben: In Spanien müsse die Revolution evolutionär-parlamentarisch vonstatten gehen. Zugleich gab die Komintern die Devise aus, in Spanien solle eine «Volksdemokratie» erstehen. Es war die Basis der Volksfrontpolitik.

1948 erteilte Stalin dem KP-Funktionär Santiago Carrillo die gleiche Weisung wie dem Ministerpräsidenten Caballero. Auf einer langen gemeinsamen Autofahrt Mitte der fünfziger Jahre hat Carrillo dem neun Jahre jüngeren Semprún von der Unterredung mit dem «Vater der Völker» erzählt: «Stalin gab Carrillo den Auftrag, den Guerrillakrieg aufzugeben und stattdessen die franquistischen Gewerkschaften von innen heraus zu verändern. Seine Instruktion lautete: Die Bolschewiken arbeiten da, wo die Massen sind. Und die Massen sind gezwungenermaßen in den faschistischen Gewerkschaften. Trotz eurer Geschichte, eurer Traditionen und Gewohnheiten: Dort ist auch euer Platz.» Gegenüber den Parteigenossen habe Carrillo diese kluge und realistische Taktik als seine eigene Idee präsentiert, sagt Semprún. Ihm selbst stand der Sinn nicht mehr nach zündenden Attentaten. Das Programm der Unterwanderung des Franquismus schien vernünftiger zu sein. Weil die KP in Spanien völlig isoliert war, mußte sie Mitstreiter finden. Über alle ideologischen Grenzen hinweg galt es, die Gegner des Regimes im Kampf gegen Franco zu vereinen und peu à peu die Arbeiter und die spanische Intelligenzija für die Standpunkte der Kommunisten einzunehmen. Von der Diktatur des Proletariats war bei der spanischen KP denn auch nicht die Rede.

Bald nach der Trennung von Loleh Bellon tat Semprún sich mit Colette Leloup zusammen. Sie war so alt wie er, und ihre erste Ehe hatte sich zur gleichen Zeit wie die seine zerschlagen. In jenen Jahren wäre es für Genossen nicht in Frage gekommen, außerhalb der Partei nach Lebensgefährten Ausschau zu halten. In Colette, der Genossin aus der Zelle 722, fand Semprún eine Frau, die es hinnahm, daß er in Spanien im Untergrund arbeiten wollte. Hätte sie es nicht getan, wären die beiden nicht lange beieinander geblieben. Über Semprúns KZ-Haft war Colette im Bilde, weil er bei den Treffen mit den Genossen darüber sprach. Privat, sagt er, habe er mit ihr nie darüber geredet. Der Vater, Marcel Leloup, ein standhafter Sozialist, der keinen Tag lang mit Vichy oder den Deutschen kollaboriert hatte, war nach dem Krieg erst zum Leiter der französischen Staatsverwaltung «Gewässer und Wälder» bestellt worden und später bei der UN-Welternährungsorganisation zuständig für die Forstwirtschaft. Marcel Leloups Amtssitz war nun Rom. Im Dienst an den Wäldern reiste er um die ganze Welt. Der neue Mann seiner Tochter gefiel ihm sehr gut. Anläßlich eines Treffens mit einem Vertreter der franquistischen Regierung in Madrid machte er sich den Spaß, Semprún dazu zu bitten. Ohne es zu wissen, lud das Regime den durch einen Decknamen geschützten kommunistischen Umstürzler zum Essen ein.

Aus ihrer ersten Ehe hatte Colette Leloup eine kleine Tochter, Dominique. Die drei bezogen eine Wohnung am Boulevard St. Germain in Paris.

Colette wurde Cutterin. Semprún hatte seine Beschäftigung für die Unesco 1952 beendet, gab nun aber vor, als Übersetzer für die Vereinten Nationen zu arbeiten, was seine Abwesenheit von Fall zu Fall rechtfertigte. 1953 und 1954 waren seine Spanienreisen übers Jahr hin noch in Wochen zu zählen, danach waren es pro Jahr vier bis sechs Monate. Das hat Colette Leloup neun Jahre lang ertragen. Als ehemaliger Deportierter besaß Semprún eine unbefristete Aufenthaltsgenehmigung in Frankreich. Er war ein *résident privilégié*, einer also, der sich nicht alle paar Monate bei der Ausländerbehörde melden muß (1990 sollte er in einer französischen Talkshow sein Lieblingswort nennen, er antwortete: «résident privilégié»). Solange sein Leben der Arbeit im Untergrund gewidmet war, scheute er vor dem Heiraten zurück. Bis 1963 lebten er und seine Frau ohne Trauschein, in ungeordneten Verhältnissen. Auch das ertrug Colette. Wenn Semprún sich in den Jahrzehnten, die nach seinem Parteiausschluß ins Land gingen, für eine kleine Reise oder eine Verabredung in Paris von seiner Frau trennte, wollte sie über seine Schritte auf dem Laufenden sein. Nachdem sie ihre Arbeit als Cutterin aufgegeben hatte, begehrte sie auf die Minute genau zu wissen, wann er wieder zu Hause sein würde. Verspätungen waren nicht hinnehmbar. Damit hat er sich ganz gern eingerichtet: Freiheit im Sinn der völlig freien Wahl macht ihm keinen Spaß. Er wüßte nicht viel mit ihr anzufangen. Um seine Freiheit genießen zu können, braucht er ein Reglement, von dem er sich hin und wieder losmacht. Wer will, mag darin eine Parallele zu seinem literarischen Schaffen entdecken. Seine Bücher fußen auf seinen Erlebnissen. Die sind die Grundlage all seiner Erzählungen. Seine literarische Freiheit besteht darin, sich vom Erlebten zu lösen – Orte und Personen zu verfremden und disparate Ereignisse zusammenzudenken.

Vor Stalins Tod wollten die kommunistischen Parteien Westeuropas ebenso unerbittlich sein wie der Kreml. Man mußte – wenngleich unblutig – mit den Säuberungen im Ostblock Schritt halten. Das war eine moskautreue Partei sich schuldig. Die Zahl der angeblichen westlichen Titoisten, Trotzkisten und Handlanger des amerikanischen Imperialismus war Legion. Ein Genosse, der in jenen Jahren verreisen wollte, ob er nun Franzose, Deutscher oder ein anderer Landsmann war, mußte bei seiner Partei um Erlaubnis nachsuchen. In Frankreich strengte die KPF Untersuchungen gegen die Genossen bürgerlicher Abkunft an. «Ich weiß das», sagt Semprún, «weil Colette Leloup und ihre Schwester davon betroffen waren. Sie gerieten in

Verruf, weil ihr Vater als Beamter im Dienst einer internationalen Organisation stand. Die Partei forderte sie auf, mit ihm zu brechen. Als die beiden sich weigerten, leitete die KPF ein Ausschlußverfahren ein.» Die Prozedur wurde nicht zu Ende geführt, weil Stalin im März 1953 starb. Damit hatte sich in Moskau auch der berüchtigte Prozeß gegen die jüdischen Ärzte erledigt. Auf seine alten Tage war Stalin völlig paranoid geworden und bildete sich ein, seine jüdischen Ärzte wollten ihm ans Leben. Alle sollten hingerichtet werden. Als Stalin einem Schlaganfall zum Opfer fiel und im Sterben lag, trauten die nun zuständigen Ärzte sich nicht, ihn anzufassen.[9] Nach seinem Tod verzichtete die KPF darauf, die Schwestern Leloup weiterhin zu belangen.

Weil Semprún 1953 in den Augen der älteren spanischen Kommunisten ein Anfänger war und – vielleicht wegen seiner großbürgerlichen Herkunft – schlechter als andere Genossen behandelt wurde, mußte er selbst einen unbescholtenen Franzosen finden, der ihm seine Identität für die erste Reise lieh. «Ich hätte die Grenze auch ohne Paß überquert, als Schmuggelgut, auf den Knien, robbend oder schwimmend.»[10] Ein Bekannter, Jacques Grador, erklärte sich bereit, ihm seinen Paß zu überlassen. Auf der spanischen Botschaft in Paris ließ Grador sich ein Touristenvisum ausstellen, dann vertraute er seinen Paß Semprún an, der ihn den Genossen übergab, die das Glück hatten, einen gewieften Fälscher zu den Ihren zu zählen. Domingo Malagón produzierte falsche Picassos und falsche Dalís. Seine wichtigste Tätigkeit bestand in der Anfertigung falscher Ausweispapiere. Er konnte Photos auswechseln, ohne Spuren zu hinterlassen, er konnte jeden Stempel täuschend echt nachahmen. Ein Perfektionist ersten Ranges, sorgte er jahrzehntelang dafür, daß die spanischen Kommunisten ungehindert zwischen Spanien und Frankreich hin- und herreisten.

Mit seinem Photo im Paß von Jacques Grador fuhr Semprún im Juni 1953 für drei Wochen nach Spanien. Die Stationen seiner Reise kann er noch heute der Reihe nach aufzählen wie versierte Köche die Zutaten ihrer Leibspeise: Barcelona, Valencia, Madrid, Salamanca, San Sebastián. Man hatte ihm die Adressen einiger Kommunisten mitgegeben, welche die franquistischen Säuberungen der Vorjahre überstanden hatten. Die meisten waren im Gefängnis gewesen, sie konnten damit rechnen, daß die Polizei bei ihnen auftauchen würde, sowie die KP von sich reden machte. Sie waren als Kommunisten registriert und mußten stets gewärtigen, neuen Repressalien unterworfen zu werden. Auch mit den Adressen von ein paar

Intellektuellen war Semprún versehen worden. Unklar war, ob es sich um Sympathisanten oder völlig Ahnungslose handelte.

Seit jenem Sommer hat Semprún viele Namen getragen. Er hieß Jacques Grador, Rafael Artigas, Juan Larrea, Ramón Barreto, Rafael Bustamonte, Camille Salignac und vor allem Federico Sánchez. Das war sein *nom de guerre*, den die Führung der spanischen KP ihm gegeben hatte und unter dem er zu einem der meistgesuchten Männer Spaniens wurde. Den Vornamen erhielt er 1953 anläßlich seiner ersten Reise. Der Nachname wurde ihm bei seiner Aufnahme ins Zentralkomitee der Partei 1954 angehängt. Einen falschen Paß hat er als Federico Sánchez nie besessen. In den ersten Jahren nannten nur die Genossen des näheren Umfelds ihn Federico. Allen übrigen wurde er unter dem Namen vorgestellt, der in seinem jeweiligen Ausweis stand. Wenn er dann «Juan» oder «Rafael» gerufen wurde, mußte er spontan aufmerken. Diese für Geheimdienstler selbstverständliche Übung wurde auch ihm zur Gewohnheit. Er war aber kein professioneller Agent, sondern ein Intellektueller und ein Spieler. Er beobachtete sich selbst und fand amüsant, was seine Untergrundtätigkeiten an merkwürdigen Begleitumständen mit sich brachten. Jahrzehnte später, als er endlich frei reden konnte, hat er gern zum besten gegeben, er wisse oftmals nicht, wer er sei.

Sicherlich ist er von alten Kameraden als Federico angesprochen worden. Sicherlich hat die nunmehr überholte Anrede eine Fülle von Gefühlen in ihm wachgerufen, die Erinnerung an ein Leben, das er hinter sich gelassen hatte. Um seine legal-bürgerliche Existenz ein wenig anzureichern, hat er das Rollenspiel früherer Tage zumindest insoweit fortgesetzt, als er nun vorgab, er wisse nicht genau, wer er sei. So ein Geständnis kommt dem Geschmack von Journalisten entgegen, die intime Einsichten in Autorenleben gewinnen wollen. 2003 suchte der berühmte TV-Literat Bernard Pivot den Fall Semprún in einer Talkshow auf den Punkt zu bringen und fragte angelegentlich, wie es sich denn lebe mit einer multiplen Identität. Da zog Semprún die Notbremse und korrigierte lapidar: «Ich weiß sehr genau, wer ich bin.»

Das Doppelspiel, die Camouflage, die Maskierung, die lediglich eine andere Maske verbirgt: Semprún hat nie ein Hehl daraus gemacht, daß all das ihm ein Heidenvergnügen bereitete, trotz oder wegen der Gefahr, die damit verbunden war: «Alle, die mich auch nur ein bißchen kennen, wissen ganz genau, daß die politische Untergrundarbeit in meinem Leben das ist, was mich am meisten erregt und mir das größte Vergnügen bereitet hat, was mich vor allem interessiert, am besten unterhalten und am meisten bewegt hat.»¹¹ 1986 erzählte er in einem Interview von den Höhenflügen des Doppellebens. Er endete: «Jetzt gibt es kein Geheimleben mehr. Diese romantische Zeit, sie ist aus und vorbei.»¹² Wer ein Bekenntnis sucht, findet es hier. 2006 hat Semprún in einer Ansprache in Madrid jene Jahre seine *faena* genannt.¹³ In der Sprache der Stierkämpfer ist die *faena* der Gnadenstoß. Im übertragenen Sinn bedeutet das Wort, daß eine Sache gut zu Ende gebracht sei. «In technischer, politischer, ideologischer sowie persönlicher Hinsicht und auch im Hinblick auf die Kohärenz zwischen dem Zweck und den Mitteln waren die Jahre in Madrid die gelungensten meines Lebens.» Semprún hat als kommunistischer Antifranquist einiges bewirkt, aber den Stier hat er nicht bezwungen, der starb 1975 im Bett. Im Nachhinein hat Semprún erkannt, daß für ihn der Weg das Ziel gewesen war.

Seine Arbeit als Widerstandskämpfer im Untergrund war die wohl ernsthafteste Spielerei, die ein Mensch betreiben kann. Es war ein Leben im *als ob*, das mit dem Tod enden konnte. Wer in einem geheimen Leben aufgeht, das einem höheren Zweck geweiht ist, existiert in der besten aller Welten. Die selbstlose Hingabe an die Sache paart sich mit tiefem Selbsterlebnis. Wie schon im KZ machte Semprún nun abermals die Erfahrung, daß Freundschaften unter den Umständen der kommunistischen Untergrundarbeit besonders innig waren. Wenn er sagt, daß er in Buchenwald zur Sprache seiner Kindheit zurückgefunden habe, dann meint er damit auch die spanische Männerfreundschaft, die er im KZ erlebte. Intimität unter Männern, die kurz vor der sexuellen Begierde halt macht, wurde in Spanien nicht bloß gepflegt, sondern zelebriert. Da kam es darauf an, wer der «beste» Freund von dem Soundso sei oder sich selbst dafür hielt. Da zählte es, damit prahlen zu können, die eigenen Freunde in der Freundschaft zu einem Dritten ausgestochen zu haben. Ein wichtiges Moment war natürlich auch die Zuneigung auf den ersten Blick, die plötzlich über zwei Männer hereinbrechende Begeisterung füreinander. Während seiner Untergrundarbeit hat Semprún des öfteren einen, wie er es nennt, *coup de foudre* mit einem anderen Mann erlebt: Zwei Herzen und ein Schlag, in literarischer, intellektueller und politischer Hinsicht.

Auf seiner ersten Sondierungsreise nach Spanien im Juni 1953 konnte Semprún sich davon überzeugen, daß die franquistische Polizei ganze Arbeit geleistet hatte. Bei dem Versuch, ihr Netz zu reparieren, war es den spanischen Kommunisten ergangen wie Maulwürfen, die ihre Schnauze in die frische Luft stecken und von wachsamen Gärtnern sofort erschlagen werden. Anfang der fünfziger Jahre war die kommunistische Organisation untergepflügt. Man mußte ganz von vorn beginnen. Es kam nicht nur darauf an, neue Genossen zu rekrutieren. Fast wichtiger war, Kritiker des Franquismus zu sammeln und zu gemeinsamen Unternehmungen zu bewegen. Daß Kommunisten ihre Hände im Spiel hatten, würden nur jene in Erfahrung bringen, die es wirklich wissen wollten: potentielle Genossen und natürlich, nach «methodischer» Befragung des richtigen Mannes, die Polizei.

An der Madrider Universität Complutense war es leicht, Dissidenten aufzutreiben. Die Studenten hatten allerlei Sorgen, die von dem offiziellen akademischen Syndikat nicht beachtet wurden, dem jeder Hochschüler automatisch angehörte. «Die Aktivisten an der Uni gaben ihren Kommilitonen Flugschriften, Artikel über kulturpolitische oder universitäre Angelegenheiten und sagten: Wenn dich das interessiert, kannst du es ja weiterreichen. Wenn jeder Aktivist, sagen wir, zehn Leute kennt, von denen auch jeder wieder zehn kennt, dann ist der Text sehr schnell verbreitet. Dann wird er von vierhundert Leuten gelesen, und zehn von denen kommen dann und sagen: Wer hat das geschrieben, kann man darüber irgendwie weiterdiskutieren? Und derjenige, der ihnen das Papier gegeben hat, macht sie dann mit jemandem bekannt. So funktionierte das, es gab keine Regeln, es lief sehr spontan. Und die Grenzen zwischen echten Aktivisten und Sympathisanten waren fließend. Es gab welche, die gar nicht merkten, daß sie schon Aktivisten geworden waren, und sich selbst bloß für Sympathisanten hielten. Andere gab es, die sich fürchteten, eine Flugschrift von uns überhaupt in die Hand zu nehmen. Die mußte man beruhigen: Du kannst immer behaupten, du habest den Text gar nicht gelesen, sondern gleich weggeworfen.»

Einige Studenten hatten Anfang der fünfziger Jahre auf eigene Faust eine kleine linke Zelle gegründet, mit der sie an die zerschlagene kommunistische Studentenorganisation anknüpfen wollten. Ein Medizinstudent, Julio Diamante, zählte dazu, der dann Filmemacher wurde, und ein Student der Rechte, Enrique Múgica Herzog, von 1988 bis 1991 Justizminister in der sozialistischen Regierung Felipe González'. Múgica organisierte Lyrik-Seminare an der Madrider Universität. 1955 planten er, Semprún und andere einen «Kongreß junger Schriftsteller». Der falangistische und von Franco enttäuschte Dichter Dionisio Ridruejo übernahm die Schirmherrschaft. Auch der Rektor der Universität, Pedro Laín Entralgo, der mit

Ridruejo gut bekannt war, unterstützte das vielversprechende kulturelle Projekt, das im Oktober 1955 in einem Flugblatt dafür warb, angesichts der «Krise», in der das Land sich befinde, «unterschiedliche Meinungen» zu Gehör zu bringen.[14] Die Behörden fühlten sich provoziert. Den intellektuellen Nachwuchs stellte die spanische Regierung sich anders vor. 1943 hatte sie gesetzlich beschlossen, «daß die Studenten ein theologisches Heer sein müssen, um die Ketzerei zu bekämpfen und die religiöse Einheit Europas zu verteidigen».[15]

Semprún verachtet Franco. Seinen Leumund als mediokrer Spießer habe der verdient. Andererseits habe Franco, wäre er bloß mittelmäßig gewesen, sich nicht jahrzehntelang an der Macht halten können. Semprún entschied, Francos Provinzialismus habe ihn stark gemacht. Einmal hat er den Caudillo als eine Person bezeichnet, die den Werken Benito Pérez Galdós' hätte entsprungen sein können. Der 1843 geborene Schriftsteller beschrieb die spanischen Städte des neunzehnten Jahrhunderts als Orte, «wo das Leben stockt, wo das Unveränderliche und Reglose zu einem Ideal geworden ist und wo man alles ablehnt, was die allgemein respektierten Sitten und Gewohnheiten zu zerstören droht».[16] Franco ging pragmatisch vor. Er handelte nach der Devise, daß ein Problem erst dann gelöst werden müsse, wenn es unumgänglich sei.[17] Der Schriftsteller Juan Goytisolo schrieb: «Er verlangte keine Treue gegenüber irgendeiner Weltanschauung, sondern nur den schlichten Gehorsam.»[18] Franco erwarb sich den Ruf, der einzige Taktiker in einem Volk von Strategen zu sein.

Auf die Dauer nützte das Franco freilich wenig. Im Lauf der Zeit schuf er sich in allen Schichten der Bevölkerung immer mehr Gegner. Es waren nicht nur analphabetische, drangsalierte Arbeiter und die Eltern unterernährter Kinder, die sich mit den Zuständen nicht abfinden konnten, es waren nicht nur Intellektuelle, die nicht in neue spanische Stiefel eingeschnürt sein wollten, sondern auch Geschäftsleute und Vertreter der Kirche. Die einen, weil das Franco-Regime sie am Geschäftemachen hinderte, die anderen, weil in Spanien Ungerechtigkeit und Armut regierten.

Santiago Carrillo, der sich von Paris aus um die Parteiaktivitäten in Spanien kümmerte, hatte den «Kongreß junger Schriftsteller» abgesegnet. Semprún war der Mittelsmann, der die Ereignisse in Madrid aus der Nähe verfolgte. 1954 war für ihn ein großes Jahr. Endlich führte er das Leben, das er seit langem ersehnt hatte. Im September hielt die Partei – erstmals seit 1932 – wieder einen Kongreß ab. Weil sie in Frankreich verboten war, fand der V. Parteitag in der Tschechoslowakei statt. Die dortigen Genossen

1954 hielt die spanische KP ihren V. Parteitag ab.
Die Delegierten singen die Internationale. In der ersten Reihe ganz rechts
steht Federico Sánchez. Da war er schon ins Zentralkomitee aufgenommen.
An sich habe er gern gesungen, sagt Semprún, aber leider immer falsch,
weshalb man ihn stets gebeten habe, still zu sein.

stellten ein Gewerkschaftswohnheim am Ufer des Dosky-Sees zur Verfügung. Semprún war einer der Auserwählten, denen Carrillo schon vor der
Veranstaltung als künftigem ZK-Angehörigen Rede- und Stimmrecht verlieh. Dortselbst wurde er offiziell ins Zentralkomitee aufgenommen. Es
umfaßte 39 reguläre Mitglieder und 22 Nachrücker. Die Erweiterung des
ZK sollte der wachsenden Bedeutung der Genossen gerecht werden, die in
Spanien im Untergrund für die KP agitierten.[19]

In Madrid war Semprún hoch anerkannt. Er machte die Bekanntschaft
von Männern, mit denen und in deren Kreisen er sich wohlfühlte: 1954 befreundete er sich mit Ricardo Muñoz Suay. 1955 kam Javier Pradera hinzu,
1956 Domingo Dominguín. Die Lebensläufe der drei illustrieren, welch altmodische, auch absonderliche Diktatur das franquistische Spanien gewesen
und wie wenig es mit dem Nationalsozialismus vergleichbar ist.

Domingo Dominguín entstammte einer Familie von Toreros. Sein Vater
war ein gefeierter Matador, er und seine zwei jüngeren Brüder José und
Luis Miguel gingen auch in die Arena. Allein der 1926 geborene Luis Miguel brachte es zu vergleichbar großer Prominenz wie der Vater. Er war ein
spanischer Nationalheld, allseits verehrt, ein Mann ohne Feinde, der sich
alles erlauben konnte, politisch und privat. Semprún fand ihn «zynisch und

sehr intelligent. Er war ein Opportunist, der sagte: Ich stehe auf seiten der Machthaber. Denn wir Toreros müssen uns mit dem Geld gut verstehen. Ihr werdet sehen: Wenn eines Tages Carrillo die Macht übernommen hat, dann werde ich mit ihm befreundet sein, und ihr werdet aus der Partei ausgeschlossen».

Luis Miguels Reputation schützte seine ganze Familie, die auf großem Fuße lebte. Die Dominguíns verkehrten mit den hochmögendsten Leuten. Sie hatten die schicksten Autos und die schönsten Häuser. «Die Reichen, die Armen, die Geistlichen: alle liebten die Dominguíns. Die Familie war wichtiger als Franco.»[20] Luis Miguel ging mit Franco auf die Jagd. Domingo war in seiner Jugend Falangist gewesen und wandte sich dann den Kommunisten zu. Doch das zählte nicht. Der ehemalige Stierkämpfer war Holz vom Stamm seiner Familie. Seine Herkunft verschaffte ihm Narrenfreiheit.

General Camilo Alonso Vega, Francos Spießgeselle, der 1957 zum Innenminister gemacht wurde und die Folter von Regimegegnern für eine heilsame, nützliche Praxis hielt, war bei Luis Miguel gern zu Gast. Einmal fragte er, welcher der drei Brüder denn nun der Kommunist sei, von dem er gehört habe. Und der bewunderte Matador antwortete: «Alle drei, Don Camilo, alle drei.»[21] Domingo selbst ist mit Camilo Alonso Vega gelegentlich ausgegangen, auch in seinen eigenen vier Wänden hat er ihn empfangen. Fachsimpeleien über den Stierkampf waren dem grausamen Politikergeneral wichtiger als seine Ideologie. Es kam vor, daß Federico Sánchez sich in Windeseile verstecken mußte, weil der Innenminister dem Stierkampfexperten unangekündigt ins Haus schneite. Oft war Semprún in der Calle Ferraz in Madrid in Domingos geräumiger Wohnung zu Gast, mitunter besuchte er ihn auf seiner in der Provinz Toledo gelegenen Finca. Domingo Dominguín, der in seiner Jugend Falangist gewesen war, unterhielt seine Neigung zur kommunistischen Partei wie eine Liebschaft: Weil es ihm so gefiel, aus Freude am geheimbündlerischen Kitzel, aus Zuneigung zu seinen Freunden.

Den Mangel an unterwürfiger Treue zur Sache bemerkten die Spitzen der KP-Führung sofort, als Semprún ihnen den neuen Freund in Paris vorstellte. Carrillo und andere Funktionäre nahmen den Adepten nicht ganz ernst. Semprún sagt, sie hätten in ihm bloß «einen Dominguín» gesehen. Er sagt aber auch, sein Freund habe eine «feudalistische» Attitüde gehabt. Mitte der fünfziger Jahre arbeitete Domingo Dominguín als Impresario des Stierkampfs. Er leitete eine Arena in Madrid, die der Familie gehörte.

Andere Arenen mietete er. Mitunter nahm er viel Geld auf einen Schlag ein, das er dann ebenso schnell wieder ausgab. Wenn Not am Mann war, half er – aus Freundschaft und aus Freude am noblen Abenteuer. Er war ein generöser Gastgeber, er lieh den Genossen sein Auto samt Fahrer und spendete viel Geld. «Als eines Tages ein Vervielfältigungsapparat kaputt gegangen war, beschaffte er einen neuen, der war sogar elektrisch.»[22] Den Verkauf solcher Geräte, potentieller Instrumente des Aufrührertums, hat der Staat damals überwacht. In Dominguíns geräumiger, stets gastfreier Behausung in der Calle Ferraz wurde der Apparat aufgestellt. Domingo Dominguín, der erst Ende dreißig und viel zu lebenshungrig war, um sich mit Verwaltungsarbeiten zufrieden zu geben, produzierte zusammen mit Federico Sánchez fünftausend Exemplare der Untergrundzeitschrift *Verdad*, die eigentlich schon aufgegeben worden war. Dem ehemaligen Stierkämpfer machte es Vergnügen, die Polizei zu ärgern und sie mit dieser letzten Ausgabe von *Verdad* auf eine falsche Fährte zu setzen.

Alle Welt erinnert sich Domingo Dominguíns als eines überschwenglichen, großzügigen Mannes. Einige Frauen fügen an, man habe ihm seine oft ungehobelte Art allseits verziehen. In den fünfziger Jahren buhlten die Männer um ihn. Ricardo Muñoz Suay behauptete, seine guten Freunde Jorge Semprún und Javier Pradera hätten es ungern gesehen, daß er mit Domingo bekannt wurde. Sie hätten geahnt, in ihm einen schwer auszustechenden Konkurrenten in der Freundschaft zu dem Umschwärmten zu entdecken.

1975 hat Domingo Dominguín, der mittlerweile ins ecuadorianische Guayaquil übersiedelt war, sich erschossen. Im Abschiedsbrief an seine Frau zitierte er – in spanischer Übersetzung – die Worte, mit denen Semprún 1969 seinen französischen Roman *Der zweite Tod des Ramon Mercader* seiner eigenen Frau Colette gewidmet hat: «por los soles compartidos».[23] Die Formulierung «für die geteilten Sonnen» ergab sich bei der Arbeit an Constantin Costa-Gavras Film «L'Aveu» (Das Geständnis, 1969), für den Semprún das Drehbuch schrieb. Die Handlung ist den Memoiren des einstigen tschechischen Vize-Außenministers Arthur London entlehnt, der 1952 zum Opfer eines Schauprozesses wurde und in der Haft zu einem falschen Geständnis gepreßt werden sollte. Er und Semprún hatten einander in Paris kennengelernt. «Das Geständnis» wird aus der rückschauenden Perspektive erzählt. Mitunter sieht man den ehemaligen Genossen, wie er, nun im Exil in Frankreich, auf einer schattigen Veranda in der Sommerhitze von seinem Martyrium in den Händen der Geheimpolizei berichtet. Diese Szenen nannten die Filmemacher unter sich «die Sonnen».[24] Es sind die lichten Momente in einer qualvollen Geschichte. «Für die geteilten Sonnen»: Domingo Dominguín wählte die Abschiedsworte an seine Frau mit Bedacht. Viele Jahre später, im Oktober 2007, ist Colette Semprún ganz plötzlich an einem Herzanfall gestorben. In der Todesanzeige, die in *Le Monde* erschien, führte ihr Mann die Widmung aus seinem Roman wieder an: «Pour les soleils partagés.»

Javier Pradera und Semprún trafen einander in einer lauen Sommernacht 1955 auf der Gran Vía in Madrid, wo man in der Dunkelheit gern spazierenging, wenn es tagsüber für Unterhaltungen zu heiß gewesen war. Javier promenierte zusammen mit Julio Diamante, dem schon erwähnten Medizinstudenten, der sich seit ein paar Jahren für die Partei engagierte. Pradera weiß noch genau, wie er Semprún kennenlernte: «Unmittelbar vor dem imposanten Gebäude der *Telefónica* hielt Diamante plötzlich inne und rief: Oh, Federico! Und der andere rief: Julio! Wir sind dann zu dritt weitergelaufen und haben uns unterhalten. Und mir fiel auf: Jorge sprach Deutsch. Ein betrunkener Tourist rempelte ihn an, lallte eine Entschuldigung, und Jorge antwortete auf Deutsch. Von da an haben Jorge und ich einander oft gesehen, in den Cafés, und wir haben politisch zusammengearbeitet. Domingo Dominguín, Jorge und ich, wir waren unzertrennlich. Als ich in die Partei eingetreten bin, habe ich mich nicht an die Kommunisten in Spanien gewandt, sondern an Jorge. Der bewaffnete Kampf sei allerdings nichts für mich, habe ich ihm gesagt. Und darauf er: Darum gehe es auch nicht.»[25]

Javier Pradera ist Baske, zehn Jahre jünger als Semprún. Er zählt zu den Journalisten, die 1976, kurz nach Francos Tod, die Tageszeitung *El País* gründeten. Zusammen mit seiner Frau Natalia lebt er in einem modernen Wohnblock in Madrid. Sofern seine Gesundheit es zuläßt, schreibt er nach wie vor Kommentare für *El País*. Er ist einer der letzten, wenn nicht der allerletzte Freund Sempúns aus alten Zeiten, der noch am Leben ist. In den fünfziger Jahren kannte seine Bewunderung für Federico Sánchez keine Grenzen.

An der Madrider Universität beteiligte der Student der Jurisprudenz sich an den Aktivitäten der kommunistischen Kommilitonen. Das war eine eigenwillige Wahl. Sein Großvater, Víctor Pradera, war ein führender Karlist gewesen, Anhänger einer Seitenlinie der spanischen Bourbonen. Er war reaktionärer als die Monarchisten und gab mehr auf Traditionen als die Franquisten. 1934 versuchte der Politiker sich an einem Komplott gegen

Einer der Führer einer kleinen Organisation, der Agrupación Socialista Universitaria, die nach den Studentenunruhen 1956 entstand, war der ältere Bruder Javier Praderas, Víctor. Er fürchtete, Semprún könne die ASU von Kommunisten infiltrieren lassen. Anfang der sechziger Jahre bat er ihn zu einem Treffen – bei der Gelegenheit wurde heimlich dies Photo geschossen. Dann ließ die ASU den Genossen Federico wissen: Gegebenenfalls werde man nicht zögern, sein Bild der Polizei zuzuspielen. Die Drohung fand nicht nur Semprún abscheulich. Es habe damals keine geplante Infiltration gegeben, sagt er: Viele Leute hätten sich spontan mal dieser, mal jener verbotenen Organisation zugewandt. «Víctor Pradera hatte Angst vor mir, besser gesagt: vor der KP.»

die republikanische Regierung, wofür er 1936 von anarchistischen Milizen in San Sebastián füsiliert wurde. Weil man gerade dabei war, hat man seinen Sohn, den Vater Javier Praderas, gleich mit erschossen. Die Franquisten haben die beiden Karlisten, die für Gott und Vaterland ihr Leben gaben, zu Märtyrern stilisiert. Ausgerechnet ein Sproß dieser Familie unterstützte nun den Kommunismus.

Trotz seiner Jugend war Javier Pradera damals schon mit vielen Dichtern, Filmemachern und Publizisten gut bekannt. Die wenigsten waren Genossen. Mit ihnen brachte er Federico Sánchez zusammen. Er verstand sich als dessen «Assistent». Die konkrete Arbeit an der Universität blieb anderen überlassen. Federico und Javier ersannen kulturelle Taktiken, sie planten Veranstaltungen und Demonstrationen, für die sie nicht-kommunistische Organisationen zu gewinnen trachteten.

Dreimal in seinem Leben ist Javier Pradera von den Franquisten eingesperrt worden. Das erste Mal, 1956, währte die Haft nur wenige Monate, 1958 und 1962/63 war es jeweils ein ganzes Jahr. Die zweite Gefängnisstrafe, die über ihn verhängt wurde, weil man seinen Namen aus einem

Kameraden herausgeprügelt hatte, war härter als die erste. Pradera saß in einer Einzelzelle. Allerdings hatte er Lektüre: «Die Aufseher gewährten mir ein paar Bücher, eines davon war *Das Kapital*. Der Beamte sagte zu mir: Das sei sicherlich ein nützliches Buch, da lerne man etwas über Wirtschaft.» Gefoltert wurde Pradera nicht. Mit Söhnen aus gutem Hause machte man das nicht. Zu groß war das Risiko, daß irgendein einflußreicher Verwandter sich darüber aufregen könnte.

Praderas erste Inhaftierung war hingegen recht ungezwungen. Nach beendetem Studium leistete er seinen Militärdienst bei der Luftwaffe ab. Als er im Zuge der Verhaftungswelle nach einer großen Studentendemonstration 1956 in Madrid festgesetzt wurde, überstellte man ihn in das Militärgefängnis seiner Luftbasis, die Spanier und Amerikaner gemeinsam verwalteten. Als Unterleutnant wurde er mit Respekt behandelt. Er gab sein Ehrenwort, nicht zu entweichen, und konnte sich frei auf dem Areal des Stützpunktes bewegen: «Eines Tages bekam ich Besuch. Ich war damals mit der Tochter des falangistischen Schriftstellers Rafael Sánchez Mazas verlobt: Gabriela. Sie kam, begleitet von ihrem Bruder, Rafael Sánchez Ferlosio (der kurz zuvor mit dem Roman *El Jarama* berühmt geworden war), und – ich dachte, ich seh' nicht recht: dabei war auch Federico Sánchez. Im ersten Moment war das für mich schrecklich: Der meistgesuchte Mann Spaniens mitten unter spanischen Militärs! Er hatte sich als Federico Artigas vorgestellt. Aber was wäre gewesen, wenn jemand Verdacht geschöpft hätte? 1956 hatte Federico Sánchez in *Mundo Obrero* einen langen Artikel veröffentlicht, den die spanische Polizei ganz richtig interpretierte. Darin hatte er den Studenten Ratschläge gegeben, wie sie den Franquismus bekämpfen sollten, mit legalen und illegalen Mitteln. Seitdem suchte der Staat den Autor, von dem bekannt war, daß er in Paris lebte. In die Messe, wo die Militärs saßen, konnten wir natürlich nicht gehen. Also sind wir zwischen den amerikanischen Flugzeugen umherspaziert. Das ganze war eine Szene wie aus dem Kino.»

Semprún erinnert sich so gut wie sein Freund an den denkwürdigen Besuch. «Die Wachen warfen keinen Blick auf meine Papiere; sie gaben sich damit zufrieden, daß die Tochter des bekannten Falangisten Sánchez Mazas mich als einen Freund vorstellte. Im Nationalsozialismus wäre so etwas nicht möglich gewesen.»

Die Einwohner Valencias gelten als ruppig. Das ist ein altes Vorurteil, das manch einer mit Fleiß bestätigte. Semprún sagt, es gebe das Sprichwort von der schlechten valencianischen Milch – die Kinder der Stadt sögen ihre rüde Art schon mit der Muttermilch ein. «Und an jedem 19. März, zum Abschluß des Volksfestes *Las Fallas*, werden in Valencia Pappmaché-Figuren verbrannt, die Politiker oder historische Figuren darstellen. Sogar zu Francos Zeiten hat man das gemacht, wenngleich natürlich sehr vorsichtig. Das ist ein roher Ritus, typisch für Valencia. Und ganz danach war Ricardo Muñoz Suay. Er war intelligent, kultiviert und bei vielen beliebt, konnte aber auch sehr unangenehm sein. Ohne weiteres war er in der Lage, unvermittelt irgendjemanden als alten Falangisten zu beschimpfen. Manchmal traf das zu, manchmal nicht. Er hatte einen schwarzen Humor und war oft ziemlich gemein.»

Bei der ersten Begegnung mit Semprún hat der Valencianer auf Kosten Colette Leloups sein Mütchen gekühlt. Im Juli 1953, einen Monat nach Semprúns erster Spanienreise, war er anläßlich einer wichtigen Unterredung mit der Pariser KP-Spitze in der Wohnung des Paars am Boulevard St. Germain zu Gast. Die Hausfrau hatte einen großen Salat zubereitet, und Muñoz Suay erkundigte sich boshaft, wie man denn so absurd viele verschiedene Zutaten zusammenrühren könne. Er muß das auf Französisch gesagt haben, denn Semprúns Frau hat es in den mehr als fünfzig Jahren des Zusammenseins mit ihrem Mann vermieden, sich mit der spanischen Sprache vertraut zu machen. Weinend verließ Colette Leloup den Raum. Die Kader der Kommunistischen Partei wirkten auf Muñoz Suay ein, der sich, so gedrängt, in die Küche bemühte und die gekränkte Frau bat, sie möge ihm das Rezept für den fabelhaften Salat aufschreiben.[26] Dann konnten die Männer sich wieder ihrer Unterhaltung zuwenden. An jenem Tag wurden für Semprúns künftige Arbeit in Madrid die Weichen gestellt. Ricardo Muñoz Suay war nicht irgendein Genosse.

Der Sohn eines liberal denkenden Arztes kam 1917 zur Welt. Sein Abscheu gegenüber den herrschenden Verhältnissen, den er mit seinen Geschwistern teilte, bewog ihn, sich für die KP zu engagieren. Als Student der Literatur an der Universität von Valencia wurde Muñoz Suay schnell ein führendes Mitglied der Schüler- und Studentenorganisation FUE (*Federación Universitaria Escolar*), auch in der Union der kommunistischen Jugend UJCE (*Unión de las Juventudes Comunistas*) machte er mit. Nach den großen Streiks und der blutigen Niederschlagung der spanischen «Oktoberrevolution» 1934, als kommunistische Vereinigungen verboten wurden, griff die Polizei ihn erstmals auf. Eingeschüchtert hat ihn die Festnahme nicht. Während des Bürgerkriegs trachtete der Studentenführer, die

Universität zu einer Bastion gegen den Faschismus zu machen. Wenige Tage nach der Niederlage der Republik setzten die Franquisten ihn fest. Er hatte Glück und kam wieder frei. Weil er jedoch zu denen gehörte, die zum Abschuß freigegeben waren, versteckte er sich. Im Wohnhaus seiner Eltern gab es zwischen Küche und Bibliothek eine Kammer, in die man durch einen Schrank hindurch gelangte. In dem Zimmerchen hauste er von Mai 1940 bis Juni 1945. Durch ein kleines Loch in der Wand hatte er einen Blick in die Bibliothek seines Vaters und konnte nichts machen, wenn Bekannte auf Besuch ein Buch aus den Regalen klauten. Weil man nie wissen konnte, wer sich im Haus befand, durfte Muñoz Suay nur flüstern, wenn er seine Kammer verlassen wollte. Anstatt zu rufen, hat er Papierkügelchen durch das Loch geschnipst. War die Luft rein, ließ man ihn heraus. Nur selten in jenen fünf Jahren hat er sich nachts zu einem kleinen Spaziergang auf die Straße getraut.

Nach dem Ende des Zweiten Weltkriegs verließ er sein Versteck und nahm die kommunistische Agitation wieder auf. Keine zwölf Monate lang hielt er sich in Freiheit. 1946 wurden er und seine Lebensgefährtin Nieves Arrazola Gómez vor Gericht gestellt. Die Frau verbrachte anderthalb Jahre im Gefängnis, er selbst wurde erst 1949 entlassen. Ein anderer an seiner Stelle wäre nach zehn Jahren der Weltabwesenheit wahrscheinlich verloren gewesen. Nicht so Ricardo Muñoz Suay. Er liebte das Kino und wurde binnen kurzem, mit einem Wort Semprúns, zur «grauen Eminenz» in der spanischen Filmindustrie, deren Niveaulosigkeit er auf gut valencianische Art herzlich verfluchte. Von 1941 bis 1953 hat Spanien im Schnitt nicht mehr als vierzig Spielfilme pro Jahr zustande gebracht. Jedes Drehbuch mußte von der Zensur genehmigt werden. Muñoz Suay arbeitete als Regieassistent und war Inspirator sowie intellektueller Begleiter der spanischen Filmindustrie. Er gehörte 1953 zu den Begründern der Filmzeitschrift *Objetivo*, die nach neun Ausgaben Ende 1955 eingestellt wurde. Wäre sie nicht verboten worden, hätte der Geldmangel sie erledigt. Dann wurde Muñoz Suay Produzent. Mit der Produktionsgesellschaft «Uninci», in der etliche Kommunisten arbeiteten – Anfang der sechziger Jahre auch Domingo Dominguín –, verlor er einen Batzen Geld, rund hunderttausend Peseten. Nun war er mittellos. Ausgerechnet ein Film des großen Luis Buñuel trieb die Uninci in den Ruin: «Viridiana». Die Geschichte einer Nonne, in der die Menschenfeindlichkeit des damaligen Katholizismus entlarvt wurde, hatte das Plazet der Zensur bekommen, weil die Beamten sich nicht vorstellen konnten, was Buñuel aus dem Drehbuch machen würde. 1961 erhielt der Film in Cannes die Goldene Palme. Prompt erregte sich der Vatikan über diese «roheste und gräßlichste Blasphemie», woraufhin «Viridiana» in Spanien verboten wurde. In dem Film kommt ein bizarres Accessoire vor, das es im Land damals überall zu kaufen gab, ein Taschenmesser in Form eines Kruzifixes. Der Vertrieb des Messers wurde gleich mit verboten. Die Investitionen der Uninci waren beim Teufel.

Die KP war für das geschäftliche Pech der Produktionsgesellschaft nicht verantwortlich. Ihre Führer, Semprún eingeschlossen, sahen nicht ein, warum die Partei Muñoz Suays finanzielle Verluste ausgleichen sollte. Muñoz Suay war anderer Ansicht. 1962 zog er sich grollend zurück. Er war ein überzeugter Genosse gewesen, fühlte sich nun aber schlecht behandelt. Kommunisten, die drei Jahrzehnte lang durch dick und dünn loyal zur Partei standen und dann wegen einer Streiterei über Geld keine Lust mehr hatten, kann man mit der Lupe suchen.

Die franquistische Diktatur betrachtete das Kino als potentielles Ärgernis. In ihrem Kampf gegen die Unsittlichkeit hatten die Zensoren viel zu tun. Selbst amerikanische Melodramen konnten ihnen Kopfzerbrechen bereiten. Bis 1955 war es zum Beispiel an den Badestränden der Provinz Valencia Gesetz, daß eine Frau, sowie sie – selbstverständlich mit einem Badeanzug bekleidet – aus dem Wasser kam, sich unverzüglich von Kopf bis Fuß zu verhüllen hatte. Männer waren gehalten, ein Badekostüm zu tragen.[27] Angesichts dieser Auflagen erschienen viele Szenen in den Filmen des damals durchaus prüden Hollywood fast schon verderbt. Welch subversive Kraft das Kino in Spanien auch dann war, wenn alle Darsteller immer bis zum Hals bekleidet auftraten, entging den meisten Zensoren.

In der Filmwelt kamen allerlei Zeitgenossen zusammen, die gegen das Regime opponierten. Jede politische Anspielung, die die Zensur passierte, war für sie ein kleiner Triumph. An zentraler Stelle dieser heimlichen Agitation saß Muñoz Suay, der während des Bürgerkrieges, wie Semprún sagt, «fast im Rang eines ZK-Mitglieds der KP» gestanden hatte und sich von seinen Idealen nicht abbringen ließ. 1953 reiste er wegen einer spanisch-französischen Filmproduktion nach Paris. Dort traf er mit Santiago Carrillo zusammen, und wenig später, in der Wohnung am Boulevard St. Germain, begegnete er Semprún, Colette Leloup und ihrem Salat. Bei dem Mittagessen regte er an, man solle eine Produktionsgesellschaft oder einen Verlag gründen, die als legale Deckorganisationen dienen könnten und in deren Hinterzimmern die KP arbeitete. Der Vorschlag erschien den Parteioberen zu kostspielig. So wurde die Wohnung Muñoz Suays zu einem Zentrum der kommunistischen Aktivitäten.

Das Appartement in der Calle Príncipe de Asturias, das Muñoz Suay und Nieves Arrazola zu Beginn der fünfziger Jahre bezogen, befand sich in einem mehrstöckigen Wohnhaus, das durch seine Modernität herausstach. In jeder Wohnung stand ein elektrischer Kühlschrank, und auf dem Dach gab es einen Swimmingpool. Von 1954 an ließ Semprún sich bei seinen Aufenthalten in Madrid von Muñoz Suay mit Intellektuellen bekanntmachen, die dem Kommunismus nahestanden. Ihre Kräfte wollte man bündeln. Die spanische KP wollte sich im Schutz legaler Tätigkeiten entfalten. Jede Tagung, auf der offen diskutiert wurde, jede Filmkritik, die dem franquistischen Geschmack zuwiderlief, jeder künstlerische Hinweis auf das Elend der Landbevölkerung, die Ausbeutung der Arbeiter, die Unterdrückung der Meinungsfreiheit oder die amerikanische Militärpräsenz in Spanien konnte als ein kleiner Sieg verbucht werden. Es begann mit Leuten aus dem Filmgewerbe, mit den Regisseuren Juan Antonio Bardem, Luis García Berlanga und Carlos Saura, sowie einigen Kritikern wie etwa Luciano Egido, die alle zum Kommunismus nicht bekehrt werden mußten.[28] Bald war der Kern einer losen Organisation geschaffen. Die Schriftsteller Armando López Salinas und Antonio Ferres, Maler, Schauspieler und andere kamen hinzu. Semprún war ein fabelhafter Botschafter der Partei. Indem er die Leute für sich einnahm, nahm er sie für die Sache ein. Jedem Einzelnen gab er das Gefühl, wichtig zu sein.

Als Agent der KP im Untergrund in Madrid ist Jorge Semprún sehr umsichtig vorgegangen. Anders hätte er nicht neun Jahre lang unentdeckt bleiben können. Aber auch er mußte sich in sein neues Metier erst hineinfinden. Als er 1954 erstmals an der Tür der Madrider Wohnung von Ricardo Muñoz Suay und seiner Gefährtin Nieves klingelte, öffnete die Gastgeberin, blickte auf seine Schuhe, grinste und teilte ihm mit, daß Schuhe wie die seinen in Spanien nicht erhältlich seien. Weil Semprún unter der Legende nach Madrid gereist war, ein französischer Hispanist zu sein, der seine Studien vervollkommnen wolle, machte das nicht allzuviel aus. Nieves hatte dennoch recht. Er mußte in der Tat «spanisch» aussehen. Zwar wäre er an der Universität als Ausländer nicht aufgefallen, dort ließ er sich aber so gut wie nie blicken. Er war der Drahtzieher im Hintergrund, ein Stichwortgeber, ein *agent provocateur* im besten Sinn. Die Umsetzung seiner Taktiken betrieben andere. Semprún mied das studentische Milieu, möglichst niemand sollte bei einem allfälligen Polizeiverhör sein Äußeres beschreiben können. Und auf den Madrider Straßen, wo die konspirativen Treffen mit Genossen und Sympathisanten sich abspielten, kam es für ihn sehr wohl darauf an, unauffällig und nicht als Fremder erkennbar zu sein. Er achtete also darauf, daß seine Haare kurz genug geschnitten waren für den damals in Spanien gängigen Geschmack. Wenn er an einem Tag verschiedene Verabredungen hatte, wechselte er von einer zur anderen das Jackett oder das Hemd, mal ging er mit Sonnenbrille, mal ohne. Zeitweise ließ er sich einen Bart stehen, dann nahm er ihn wieder ab.

Er glaubt, das Spanische mit einem französischen Akzent sehr flüssig gesprochen zu haben. Nur einmal sei er damit nicht durchgekommen: Um sich «einen Eindruck des intellektuellen Umfelds zu verschaffen», suchte er auf einer seiner ersten Reisen nach Madrid den Dichter Vicente Aleixandre auf, der 1977 den Literaturnobelpreis erhalten sollte. Und dieser Mann, der damals in der inneren Emigration in Madrid recht gut lebte, ließ sich nicht täuschen. «Am Ende der Unterhaltung sagte er: Sie sind französischer Hispanist? Wissen Sie, daß ich noch nie einen Hispanisten getroffen habe, der das Spanische so gut beherrscht wie Sie?» Semprún hat bald darauf seine Legende geändert. Fortan reiste er nicht mehr als Hispanist, sondern gab sich als Soziologe aus, der sich in Madrid um eine akademische Karriere bemühte. Das machte ihn glaubwürdiger, hatte aber den Nachteil, daß er die Bücher Max Webers lesen mußte, den die spanische Soziologie seinerzeit entdeckt hatte. Und Max Weber interessierte ihn nicht. In seinen kommunistischen Jahren war nur die quantifizierende Soziologie für Semprún relevant, Studien, die zeigten, wie sehr die spanischen Arbeiter litten, wie ungerecht die Bauern behandelt wurden. Er betrachtete die Soziologie als eine Hilfswissenschaft, die Daten sammelte, mit denen die politisch Aktiven arbeiten konnten.

1953 und 1954 wohnte er in Hotels. Dann mietete er sich für die Dauer seines Aufenthalts in Madrid in einem Zimmer ein. Für gewöhnlich waren es Witwen franquistischer Offiziere, die solche Unterkünfte anboten. «Wenn ich nach Paris zurückkehrte, habe ich mein Zimmer oft behalten. Bei den Witwen habe ich mich entschuldigt: Ich müsse für ein paar Wochen nach Frankreich fahren wegen irgendwelcher Familiengeschichten.»

Als angeblich angehender Universitätsdozent durfte er nicht auffallen, indem er seine Tage wie ein Faulenzer in seinen vier Wänden verbrachte. Die Zeit zwischen einzelnen Treffen mußte er außer Haus totschlagen. Ihm boten sich an: das Domizil von Ricardo Muñoz Suay, die Wohnung von Domingo Dominguín, der Prado und diverse Madrider Cafés. Wenn Semprún Ricardo und Nieves besuchte, brachte er aus Paris die neuesten Schallplatten mit. Einspielungen von Sängern wie Yves Montand und Nat King Cole waren in Spanien schwer erhältlich. Auf der Dachterrasse des Hauses war es angenehm, nur daß der Gast nicht schwimmen gehen mochte, wenn Kinder im Wasser waren. Berta, die kleine Tochter des Paares, konnte damals den Namen Federico noch nicht aussprechen. Leichter über die Zunge ging ihr «pajarito», Vögelchen. So haben dann viele, Freunde und Kritiker, Semprún genannt.

Im Prado studierte er jede Rockfalte in Velázquez' «Las Meninas». In den fünfziger Jahren hing das Bild am hinteren Ende eines Saals, der allein dem Meisterwerk vorbehalten war. An der Eingangsseite war über Eck ein großer Spiegel angebracht. In seinen Büchern, in vielen Artikeln und Interviews hat Semprún erzählt, wie er diesen Spiegel dazu benutzt habe, etwaige Verfolger auszumachen.[29] Wäre das wirklich der Fall gewesen, hätte er sich so postieren müssen, daß er jeden Ankömmling sofort gesehen hätte; den Spiegel hätte er dazu nicht gebraucht. Auf den Widerspruch aufmerksam gemacht, stellte er die Situation denn auch anders dar: Ein echter Kunstfreund stehe nicht stocksteif zehn Minuten vor einem Bild; er bewege sich, bald zur einen, bald zur andern Seite, um Einzelheiten des Gemäldes näher in Augenschein zu nehmen. Polizisten sind in der Regel keine Kunstfreunde und schauen sich Bilder nicht genau an. Sie bleiben stehen und langweilen sich. Daran allein schon, sagt Semprún, hätte er einen Verfolger erkannt. In dem Spiegel habe er ihn nicht gesucht. Darin habe er allenfalls gelegentlich das Gemälde betrachtet.

In den Madrider Cafés las Semprún die Zeitung, manchmal beteiligte er sich am Tresengespräch. Einmal unterlief ihm ein Patzer: «Die Männer unterhielten sich angeregt über einen Typen namens Di Stéfano. Den Namen kannte ich nicht und habe mich erkundigt, wer das sei. Das hätte ich besser bleiben lassen. Alfredo Di Stéfano war damals ein großer Fußballstar.» Also mußte Semprún nicht nur Max Weber lesen, sondern sich auch einen Überblick über die Fußballwelt verschaffen. Seitdem begeistert er sich dafür. Die Erzählung, wie er zum Fußballfan wurde, gehört zu den Anekdoten, mit denen er bei jedem Publikum Anklang findet. Während des im ersten Kapitel erwähnten französischen Literaturfestivals zu Ehren von Günter Grass erschien er ein einziges Mal verspätet zum allgemeinen Aufbruch in der Hotelhalle. Der Mann, der stets überpünktlich ist und im Untergrund «Genosse Uhr» tituliert wurde, hatte sich im Fernsehen ein Spiel zwischen der Schweiz und Frankreich angesehen.

«Meine Pünktlichkeit war legendär. Ich bin immer noch ein bißchen stolz darauf. Gelegentlich traf ich mich mit einem jungen Metallarbeiter, fast immer auf einem der Boulevards. Der Genosse sollte zu einem bestimmten Zeitpunkt loslaufen, und noch bevor er in der Mitte des Boulevards angekommen war, stieß er regelmäßig auf mich, der ich aus der entgegengesetzten Richtung kam. Eines Tages hat er mich mit ‹Genosse Uhr› begrüßt.»

Pünktlichkeit ist eine elementare Voraussetzung bei jeglicher Untergrundarbeit, eine Verspätung ist grundsätzlich als Gefahrenzeichen zu deuten. Wenn das Eintreffen des Gesprächspartners sich um mehr als ein oder zwei Minuten verzögert, räumt der erfahrene Agent das Feld. In Spanien, wo Pünktlichkeit bis vor etwa dreißig Jahren nicht bloß unüblich, sondern auffällig war, imponierte Semprúns Genauigkeit dem jüngeren Genossen. Daß der Junge den Titel *camarada reloj* ebenfalls verdiente, darüber ist Semprún großmütig hinweggegangen.

1957 oder 1958 wurden Semprúns Wohnverhältnisse komfortabler. Die Partei hatte im Namen einiger zuverlässiger Ehepaare, die als Strohmänner fungierten, in billigen Vierteln Madrids zwei oder drei Wohnungen erworben. Bei so einem Paar konnte es sich zum Beispiel um Republikaner handeln, die während des Bürgerkrieges vor den Franquisten geflohen und dann in ihre Heimat zurückgekehrt waren. Wenn sie Kontakte mit der KP knüpften, übertrug man ihnen risikolose Aufgaben wie die, als Vermieter einer parteieigenen Wohnung aufzutreten. Dem Schein nach gaben sie eine Annonce für ein freies Zimmer in der Zeitung auf. Sollte der Funktionär, der dort einquartiert war, je von der Polizei befragt werden, würde er sich auf die Annonce berufen können. Das Logis in der Calle Concepción Bahamonde, wo Semprún als Mitglied des Politbüros unterkam, wurde von María und Manolo Azaustre geführt. Der Mann, ein Arbeiter, hatte das KZ Mauthausen überlebt und ging Semprún mit seinen Erzählungen vom Lager auf die Nerven. Federico Sánchez mußte ihm mitfühlend zuhören und durfte – zum Schutz seiner eigentlichen Identität – kein Detail ergänzen und nichts besser wissen.

Obgleich der Gast aus Paris seine zwei kleinen Zimmer in der Calle Concepción Bahamonde ganz legal bewohnte und eine plausible Legende hatte, achtete er stets darauf, daß der Nachtwächter des Viertels ihn nicht zu Gesicht bekam. Jahrelang sei es ihm gelungen, des Abends das Haus zu betreten, ohne dem Nachtwächter, der sich durch das Klacken seines Stabes auf dem Trottoir bemerkbar machte, je direkt ins Gesicht zu blicken. Ein Phantom wollte Semprún sein, aufgesplittert in verschiedene Namen, persönlich nicht greifbar, bekannt nur jenen, die zum innersten Kreis zählten.

Schweizer bauen vor. In den schneereichen Regionen ihres kleinen Landes hängen mancherorts an den Parkbänken Handbesen, mit denen die Spaziergänger sich ihren Sitzplatz freifegen können. So fürsorglich hat auch ein Offizier der Schweizer Armee gedacht und 1958 ein Handbuch verfaßt, für den Fall, daß ein ganz ungewöhnlich dummer Unhold das Land usurpiere, als komme es nicht auf seine Banken an, sondern auf den Besitz seiner Berge. «Der totale Widerstand. Eine Kleinkriegsanleitung für Jedermann» – dies der Name des Vademecums, das der Major Hans von Dach für Schweizer Offiziere verfaßte. Das Buch ist im Hinblick auf alle Aspekte der Nachrichtentechnik mittlerweile veraltet. Die Umstände, unter denen Jorge Semprún in den fünfziger Jahren im spanischen Untergrund tätig war, beschreibt es indes präzise. Ein Kapitel trägt die Überschrift: «Allgemeines Verhalten als Widerstandskämpfer».

«Als Widerstandskämpfer», schreibt Hans von Dach, «bist du Tag und Nacht im Gefecht mit der politischen Polizei. Du musst mehr auf der Hut sein als ein Soldat auf Spähtrupp. Deine Art Kampf ist ja auch entnervender, zeitlich ausgedehnter und grausamer als alle Kämpfe an der Front des ‹grossen Krieges›!» In seiner Anleitung gibt der Autor unter anderem folgende Tips:

– Beobachte vor dem Verlassen der Wohnung die Strasse, um festzustellen, ob dein Haus überwacht wird.
– Benimm dich auf der Strasse natürlich. Tue nichts auffälliges.
– Gehe immer auf der Gehsteig-Innenseite. Du wirst so vom fahrenden Auto aus weniger erkannt.
– Blicke nie unmotiviert zurück. Das fällt auf und macht den Eindruck eines schlechten Gewissens. In den folgenden Situationen kannst du dich unauffällig umsehen:
  1. Einer schönen Frau oder einem auffälligen Auto nachblicken.
  2. Vor dem Überqueren der Strasse. Aber Achtung! Du darfst nicht unauf hörlich von einer Strassenseite zur andern wechseln.
  3. Blicke in ein Schaufenster mit Spiegel. (Oft spiegelt die Schaufensterscheibe allein schon genügend!)
  4. Tritt in ein Geschäft. Siehe dich beim Wiederverlassen des Lokals um.

- Achte auf das wiederholte Auftauchen der gleichen Person (Spitzel, Mitglied der politischen Polizei). Gesichter sind schwer zu merken, achte daher auf die Kleidung.
- Bei schlechtem Wetter nicht bummeln. Ist unnatürlich und fällt auf. An einem schönen Sommerabend dagegen wirkt es natürlich.
- Wenn du langsamer gehen willst: Tempo beibehalten, aber kürzere Schritte machen.
- Umwege zum Ziel fallen auf. Du musst dafür ein Alibi haben, z. B. noch rasch am Bahnhof vorbeigehen und in den Fahrplan blicken, im Kiosk eine Zeitung kaufen usw.
- Benütze die öffentlichen Verkehrsmittel (Strassenbahn, Autobus, Eisenbahn) in den Stosszeiten. Je überfüllter sie sind, um so sicherer bist du.»[30]

Einige der genannten Verhaltensvorschriften hat Semprún angewandt, andere nicht. Natürlich sah er gelegentlich argwöhnisch aus dem Fenster der Wohnung in der Calle Concepción Bahamonde. Natürlich zog er öffentliche Verkehrsmittel einem Taxi vor. Wenn er in Madrid mit der U-Bahn fuhr, ist er immer eine Station zu früh oder eine nach dem eigentlichen Ziel ausgestiegen. Den Rest des Wegs legte er zu Fuß zurück, um sich vergewissern zu können, daß niemand ihm folgte. Und er achtete darauf, stets vor der verabredeten Zeit am Treffpunkt zu sein. Er zieht die Nase kraus, um ein Schnuppern anzudeuten – «ich wollte erkunden, wie die Atmosphäre im Viertel war. In neun von zehn Fällen wußten die Genossen nicht, mit wem sie es zu tun hatten, man hatte ihnen ein Pseudonym genannt, irgendeinen Namen, der allein für den anstehenden Termin gewählt war. Nur selten kam es vor, daß der Mann wußte, er werde Federico Sánchez treffen, der dringend gesucht wurde. Wäre da einer, mit dem ich verabredet war, aufgegriffen und zum Reden gebracht worden, hätte ich das bemerkt. Die ganze Umgebung wäre mehr oder minder von der Polizei besetzt gewesen. Wenn man geübt ist, dann nimmt man verdächtige Autos wahr, Gäste in den Bistros, die da nicht hingehören, seltsame Bewegungen. Also: Man muß vor der verabredeten Zeit da sein und sich einen Eindruck verschaffen.»

Vor jedem Treffen an einem öffentlichen Ort sondierte Semprún die Umgebung: Ein Mann, der eine Zeitung kauft und im Stehen den Sportteil liest, fällt nur einem Beobachter auf, der nach einem verdächtigen Subjekt Ausschau hält. Die franquistische Polizei rechnete jedoch nicht damit, selbst observiert zu werden. Semprún war ihr stets einen Schritt voraus.

Als Fußgänger hat er sich hingegen oftmals ausgesprochen verdächtig benommen:

Ein Mann geht die Straße entlang, die Hände in den Jackentaschen vergraben. Er geht nicht besonders aufrecht wie einer, der sich des Interesses anderer bewußt ist und immer damit rechnet, gegrüßt zu werden. Hier kommt ein Jedermann des Wegs, einer, der nicht auf die Umgebung achtet, denn die kennt er ja gut. Er denkt an nichts besonderes, an Fußball, ans Abendessen. Schaut er Frauen an, die ihm begegnen? Wahrscheinlich. Das tut fast jeder. Er ist ein ganz gewöhnlicher Mann, einer unter vielen. Wer ihm aber folgte, der würde ein merkwürdiges Schauspiel erleben: Aus heiterem Himmel macht der Mann einen rasanten Kehrtsprung, sekundenschnell hüpft er halb um die eigene Achse, guckt, was sich in seinem Rücken tut. – Wer ihm da heimlich auf den Fersen wäre, wüßte nun, daß er dem Richtigen hinterher ist.

Diese sonderbare Art, sich umzuwenden, hat Semprún noch mit achtzig Jahren praktiziert, einmal sogar auf offener Straße, wahrscheinlich zum Beweis, daß er's noch konnte. (Ich hatte ihn auf die Gewohnheit angesprochen.) In seiner Madrider Zeit, erklärte er mir, habe er auf diese Weise herausfinden wollen, ob jemand ihm folgte. Major Hans von Dach hätte ihm von der Angewohnheit dringend abgeraten. Wäre Semprún verfolgt worden und als verdächtig eingestuft gewesen, das gab er zu, dann hätte sein ungewöhnliches Verhalten ihn überführt. Wozu also die Eigenart? Wie man es dreht und wendet, gibt es nur eine plausible Antwort: Sie diente der Steigerung des Risikos, mag es ihm bewußt gewesen sein oder auch nicht.

Eben weil Semprún meistens vorsichtig war, fühlte er sich in Madrid häufig unterbeschäftigt. Die Tage waren lang, und oft hatte er nichts zu tun. Der unterforderte Untergrundkämpfer neigt dazu, sich ein wenig Spannung zu verschaffen. Die spanischen Polizeiorgane trugen nicht viel dazu bei, Semprún die Mühe abzunehmen. Im Lauf seiner Untergrundtätigkeit in Spanien ist er kein einziges Mal kontrolliert worden, kein Schutzmann wollte je seine Papiere sehen, nicht zu reden von der *Brigada Político-Social.* «Daran zeigte sich», sagt er, «daß die Korrosion des Regimes schon sehr früh begann.»

In den Zellen der Staatspolizei in einem äußerlich ausnehmend schönen Backsteinbau an Madrids historischer Plaza Puerta del Sol wurden viele Genossen wochenlang gequält. Semprún ist mehr stolz darauf denn verwundert, daß ihm diese Behandlung erspart blieb. Als er von dem Filmemacher Patrick Rotman gefragt wurde, ob er gefürchtet habe, eines Tages dort oder an einem vergleichbaren Ort zu landen, antwortete er: Er habe es nicht befürchtet, sondern sei sich dessen ganz sicher gewesen. Mir erklärte er, schon aus statistischen Erwägungen sei es ihm zunehmend unwahrscheinlich erschienen, der Polizei zu entrinnen. «Objektiv gesehen, war es klar, daß ich verhaftet werden würde. Zugleich war ich meiner selbst ziemlich sicher. Ich sagte mir: du kommst durch, du bist immer durchgekommen, und dann: du bist vorsichtig, bist geschickt. Auf der einen Seite bestand da die quasi wissenschaftlich fundierte Annahme, daß die Polizei mich finden würde. Auf der anderen Seite war ich innerlich gewiß, besser zu sein als sie.» Für alle Fälle hatte er sein Verhalten unter der Folter im Vorab geplant und ermahnte sich selbst regelmäßig, im gegebenen Moment seine selbstverordneten Maßregeln zu beherzigen. Er sei davongekommen, weil er der Gefahr gewahr und die franquistische Polizei unfähig gewesen sei. Sie war auf jeden Fall weniger auf dem Quivive als die Gestapo.

Dem traditionellen mediterranen Laisser-faire ganz abhold war Domingo Malagón, der Paßfälscher, dessen Arbeit jeden Polizisten überzeugte. Semprún erzählt eine wahre Geschichte: «Ein kommunistischer Aktivist lebte in Madrid im Untergrund in einer Pension. Die Polizei machte eine normale Razzia in der Pension. Der Genosse hat seinen Ausweis vorgezeigt: Der schien in Ordnung. Am nächsten Tag taucht der Polizist in der Pension wieder auf: ‹Ich möchte mit dem jungen Mann nochmal reden.› Der wird also gerufen. Der Polizist sagt: ‹Wir haben Ihren Ausweis überprüft. Die Nummer entspricht eigentlich der einer Frau.› Der junge Mann erregt sich. ‹Sehe ich etwa aus wie eine Frau?!› Und der Polizist zieht wieder ab. Der junge Mann hat dann die Pension gewechselt, klar. Aber fürs erste traute die Polizei dem Ausweis mehr als ihrer eigenen Registratur. Nachdem Spanien eine Demokratie geworden war und Domingo Malagóns Fähigkeiten als Fälscher nicht mehr benötigt wurden, machte man ihn zum Leiter des Parteiarchivs. ‹Hör mal›, habe ich zu ihm gesagt, ‹da kann man doch jetzt alles mögliche unterbringen, kannst du nicht ein paar Briefe Stalins schreiben?› Etwas später hat er sich einen Wunsch aus Jugendtagen erfüllt: Er wurde Künstler. Vor einigen Jahren fand in Madrid seine erste Ausstellung statt. Wie nicht anders zu erwarten, malt er naturalistisch.»

Die Nachlässigkeit der spanischen Polizei und der selbstmörderische Aktionismus vieler spanischer Genossen hielten einander die Waage. Die Truppen des Staatssicherheitschefs Roberto Conesa hatten deshalb etliche grausige Erfolgserlebnisse. Die gefälschten Papiere Domingo Malagóns passierten auch deshalb alle Kontrollen, weil der spanische Sicherheitsapparat sich an Dilettantismus mit der KP messen konnte. Bei seinen Reisen von Paris nach Spanien verstieß Semprún jedes Mal gegen eine Faustregel des Geheimdienstwesens: Man ist nicht mit zwei verschiedenen Ausweisen unterwegs! Ein Mann, der unter zwei Identitäten reist, hat in Wahrheit eine dritte. Der professionelle Agent reist mit einem Ausweis in ein anderes Land ein, wird dort in Empfang genommen und erhält dann erst seine neuen Papiere. Dazu reichte die Organisation der Partei aber nicht hin.

Semprúns Fahrten von Paris nach Madrid spielten sich anders ab. Er bestieg in Paris den Zug nach Süden, meistens fuhr er zur baskischen Grenze nach Hendaye, seltener nahm er den Weg über Perpignan, der ihn durch Katalonien nach Madrid führte. An der Grenze angekommen, traf er französische Genossen – einen Mann, eine Frau, ein Ehepaar –, die ihn in ihrem Auto nach Madrid fuhren. Semprún sagt, daß sie alle ihn jeweils ohne Wissen der KPF nach Madrid gebracht hätten. Das sei für sie eine heimliche Nebentätigkeit gewesen, über die sie der Partei keine Rechenschaft ablegten. Semprún brauchte einen Chauffeur, weil es zu umständlich gewesen wäre, jeweils neue gefälschte Fahrzeugpapiere und neue Autos zu beschaffen. Nicht zuletzt deshalb hat er nie den Führerschein gemacht. Mit seinen automobilen Gastgebern verständigte er sich über den Vorwand, warum man die Reise gemeinsam unternahm und welcher Name in seinem falschen französischen Paß jeweils notiert war. Er besaß einen Koffer und ein Reisenecessaire, beide mit doppeltem Boden. In Madrid angekommen, öffnete er eines dieser Fächer und tauschte seinen falschen spanischen Ausweis gegen den französischen Paß. Er hat Glück gehabt. Er ist auf seinen Reisen nie systematisch gefilzt worden.

Auch die Autos, die illegale Parteizeitungen nach Madrid brachten, wurden in der Regel nicht entdeckt. Da präparierte man etwa den Raum hinter der inneren Türverkleidung als Versteck, worin *Mundo Obrero* (Arbeiterwelt) und *Nuestra Bandera* (Unsere Fahne) nach Spanien geschmuggelt wurden. Hin und wieder hat Semprún solche Schriften im doppelten Boden seines Koffers mitgenommen. Die Texte waren auf Bibelpapier gedruckt, was in der Not dazu verleitete, sie im Klo zu entsorgen. Muñoz Suays Tochter Berta erinnert sich, daß die heimische Toilette deshalb einmal zwei Tage lang verstopft gewesen sei. Weil Semprún es mit der spanischen Polizei zu tun hatte, die genauso ineffizient war wie die ganze

Diktatur, konnte er es sich leisten, im doppelten Boden seines Koffers gefährliche Güter zu transportieren.

Als er 1956 Javier Pradera im Militärgefängnis besuchte, leistete er sich sogar, unter einem Namen vorstellig zu werden, der eigentlich «verbrannt» war: Ausgestattet mit den Papieren eines Federico Artigas erschien er am Tor der Luftbasis, wo der Freund seine Strafe absaß. Unter diesem Namen hatte er 1954 eine Filmkritik in der Zeitschrift *Objetivo* veröffentlicht, die Ende 1955 verboten wurde.[31] Aber Semprún vertraute auf die Unfähigkeit der spanischen Bürokratie, sagte sich: sei's drum – und hatte recht damit. In einer Zeit, da die Polizei noch mit Karteikarten arbeitete, mußte man sich vor dem landesweiten Datenabgleich nicht allzu sehr fürchten. Mißtrauisch, engstirnig und inkompetent, wie die Franco-Diktatur war, hatte sie es Mitte der fünfziger Jahre mit so vielen Unzufriedenen zu tun, daß sie unmöglich alle hätte kontrollieren können. Der fließende Übergang zwischen legalen und illegalen Aktivitäten machte es schwierig zu erkennen, wo Subversion am Werk war und wo bloß schlechte Laune sich Luft machte. Selbst viele Studenten oder Intellektuelle, die sich an Tagungen, Filmvorführungen oder Lyrikzirkeln beteiligten, wußten es nicht, wenn die KP die Veranstaltung eingefädelt hatte. Auch die weltweit aufsehenerregenden Madrider Studentenunruhen des Jahres 1956, von denen jetzt erzählt werden soll, waren von der spanischen KP organisiert.

Damals hat Jorge Semprún die Verwirklichung der Theorie erlebt, die er bei Lenin und Georg Lukács kennengelernt hatte: Daß die Partei eine spontane Aufwallung der Massen lenken kann. «In Spanien kam es darauf an, das Wesentliche des Leninismus auf die dortige Lage anzuwenden. Das funktionierte damals geradezu von allein.»

1956 gelang es der KP, eine Regierungskrise auszulösen. Der Aufruhr entzündete sich nach dem Tode von José Ortega y Gasset: Nach Ausbruch des Bürgerkriegs hatte der Philosoph sich weder auf die eine noch auf die andere Seite geschlagen, sondern das Land verlassen. Er verbrachte einige Jahre in den Niederlanden, Argentinien und Portugal. Erst 1955 kehrte er nach Spanien zurück. Das Regime konnte mit ihm nichts anfangen und er nichts mit dem Regime. Der Gelehrte plädierte für eine Öffnung Spaniens nach Europa. Er versammelte ein paar Schüler um sich und betrieb eine kleine private Akademie. Seine internationale Bekanntheit schützte ihn, das Regime ließ ihn links liegen. Nachdem er am 18. Oktober 1955 im Alter von zweiundsiebzig Jahren gestorben war, meldeten die franquistischen Zeitungen, er sei im Einklang mit Gott und der Kirche aus der Welt gegangen. Ob er sich die Sterbesakramente tatsächlich geben ließ, ist allerdings ungewiß. Unbestritten ist lediglich, daß der Geistliche, der ihm die letzte Ölung verabreichen wollte, ungerufen an der Tür erschien. Einer Legende zufolge sagte Ortega: «In diesem Land läßt man einen nicht mal in Frieden sterben.»[32] Es sollen seine letzten Worte gewesen sein.

Die Studenten der Madrider Universität, die den «Kongreß junger Schriftsteller» organisiert hatten, ließen eine Todesanzeige veröffentlichen: «José Ortega y Gasset. Philosoph und Liberaler.» Gekrönt wurde die Provokation durch eine freche Auslassung – es fehlte auf der Annonce das Kreuz. Der bloße Umstand, daß Ortega beim Franco-Regime nicht wohlgelitten war, machte den Philosophen in den Augen der Dissidenten zu einem Helden.

Nicht nur bei linken Studenten war das Regime verschrien, sondern auch bei vielen rechten, darunter vor allem Anhänger der Falange, die sich von ihrer offiziellen Führung, die mit Franco paktierte, nicht vertreten fühlten und sich nach der Verwirklichung des antibürgerlichen, sozialrevolutionären Heldentums sehnten, das Programm der Falange gewesen war, als José Antonio Primo de Rivera sie 1933 gründete. Am 9. November demonstrierten viele studentische Falangisten vor Francos Palast für die Restauration der Republik. Um die gleiche Zeit wurde eine Umfrage veröffentlicht, die ein Meinungsforschungsinstitut unter zwanzigtausend Studenten an einigen Universitäten des Landes, darunter auch staatlich anerkannte katholische Hochschulen, angestellt hatte. Achtzig Prozent der Befragten votierten für eine Republik. Das war ein unangenehmes Resultat für Franco, der sich ein Jahr zuvor mit dem Thronfolger Juan de Borbón y Battenberg über eine mögliche monarchische Zukunft Spaniens verständigt hatte, und ein noch unangenehmeres Resultat für die Initiatoren der Umfrage, die nun fürchteten, dafür geradestehen zu müssen.

Im Herbst 1955 war der «Kongreß junger Schriftsteller» untersagt worden. Das offizielle, falangistisch dominierte Universitätssyndikat (*Sindicato Español Universitario*, SEU), in das jeder Student automatisch aufgenommen wurde, hatte sich von dem Unterfangen voll Mißbilligung distanziert. Unter dem politischen Druck verschiedener Seiten hatte der Universitätsrektor Laín Entralgo nachgegeben: Die Räume, die er den Studenten hatte zur Verfügung stellen wollen, waren von Woche zu Woche kleiner geworden. Seine Gegner wurden dadurch jedoch nicht milder gestimmt. *Die Welt* berichtete am 2. Januar 1956 über die Affäre: «Im November hielt der Rektor der Universität Madrid, Prof. Laín Entralgo, seine Rede zum Gedächtnis Ortegas. Darin rief er auf zur Toleranz und sagte, daß in den Idealen Spaniens die Geisteswelt des Thomas von Aquin mit der Unamunos und die des Ignatius von Loyola mit der Ortega y Gassets zusammenleben könne. Diese Rede veranlaßte den Primas von Spanien, Dr. Enrique Pla y Deniel – obwohl keine Schrift des Philosophen auf dem Index steht –, zu verkünden, die Lektüre der Schriften Ortega y Gassets sei gefährlich für die Jugend. Diese Äußerung hatte eine Kette von weiteren Angriffen kirchlicher und staatlicher Behörden gegen die Rede des Madrider Rektors zur Folge. Jetzt erklärte Prof. Laín Entralgo aus Protest gegen diese Kritiker seinen Rücktritt.» Verärgert über die Vorgänge in Madrid, reichten fünf Universitätsrektoren in anderen Städten ebenfalls ihren Abschied ein und bestätigten damit einen Satz des Schriftstellers Max Aub: «Widerstand leisten tut ein Spanier eh von Geburt an.»[33]

Die Madrider Studenten ließen sich ihren Schneid nicht abkaufen. Javier Pradera, Enrique Múgica Herzog und andere Anführer der im Frühjahr 1955 gegründeten, geheimen kommunistischen Studentenorganisation machten sich nach der Liquidierung des «Kongresses junger Schriftsteller» an neue Projekte. Nun planten sie einen Studentenkongreß. Werke von Rafael Alberti und Pablo Neruda, zwei kommunistischen Dichtern, wollten sie öffentlich vortragen lassen.

An der juristischen Fakultät, der Múgica Herzog angehörte, fanden Anfang Februar 1956 Wahlen für den akademischen Gewerkschaftsrat statt. Die meisten Studenten votierten nicht für die offiziellen Kandidaten der SEU, sondern für jene, die sie selbst aufgestellt hatten. Weil die Machthaber sich eine neue Studentenschaft nicht wählen konnten, erklärten sie die Wahlen für ungültig und setzten eine Wiederholung an, die ungeschickterweise für den 8. Februar anberaumt wurde. An jenem Tag prügelten falangistische Studenten sich mit Anhängern der Monarchie. Einen Tag später ging es weiter. Der 9. Februar war der «Tag des gefallenen Studenten», im falangistischen Festtagskalender ein wichtiges Datum, das auf das Jahr 1934 zurückging. Im gemeinsamen Gedenken an den Bürgerkrieg prügelten die Falangisten sich am 9. Februar auch mit ihren linken Gegnern. Der Schuß, der an jenem Tag abgefeuert wurde und einen falangistischen Studenten schwer verletzte, kam vermutlich aus seinen eigenen Reihen oder aus denen der franquistischen Polizei. Anders, sagt Semprún, könne es nicht gewesen sein: «Alle übrigen Studenten waren nicht bewaffnet.» Am

10. Februar war Franco mit seiner Geduld am Ende. Er setzte zwei der wenigen spanischen Grundrechte außer Kraft – Artikel 14, demzufolge jedem Spanier die freie Wahl seines Wohnsitzes zustand, sowie Artikel 18, der verfügte, daß niemand ohne Haftbefehl festgenommen werden durfte. Zudem ließ Franco die Universität Complutense auf unbestimmte Zeit schließen. Etliche Studenten und Künstler wurden nach dem 9. Februar verhaftet. Dazu zählten Javier Pradera, der kommunistische Regisseur Antonio Bardem und der Dichter Dionisio Ridruejo. Pradera landete im Militärgefängnis. Ridruejos Festnahme währte nur kurz. Und auch Bardem wurde nach der Intervention einiger Kollegen aus dem Ausland schnell wieder freigelassen. Offiziell hieß es, Freimaurer und Kommunisten hätten den Aufstand geprobt. Da aber auch junge Falangisten an den Demonstrationen beteiligt gewesen waren, schaßte Franco seinen Kulturminister und den Generalsekretär der Falange, der als Parteiminister der Regierung angehörte.

«Es war die erste Demonstration, in der die Studenten für die Demokratie auf die Straße gegangen sind!» – darüber freut Semprún sich bis heute – «gegen den Franquismus, für die Demokratie, und das, weil wir, die Partei, Parolen und Forderungen vorgeschlagen hatten, die den Studenten einleuchteten.» Dies eine Mal hatten Lenins Thesen vom Zusammenspiel zwischen Partei und Masse sich als praktikable politische Gebrauchsanleitung erwiesen. Der Coup war gelungen. Die KP hatte sich eine spontane Volksbewegung zunutze gemacht und es vermocht, den Unmut an der Madrider Universität auf die von oben gesteuerte Wahl des Gewerkschaftsrates und andere undemokratische Usancen zu lenken. «Zwar haben die Arbeiter die Ereignisse in Madrid nur erstaunt zur Kenntnis genommen, sie hatten nicht das Gefühl, davon betroffen zu sein. Aber von nun an begannen unsere Aktivitäten in den staatlichen Gewerkschaftssyndikaten zu wirken. Es gab jetzt eine Phase, in der in Spanien viel gestreikt wurde, mal lokal, mal landesweit.» Im April 1956 verfügte die Regierung eine allgemeine Lohn- und Gehaltserhöhung um zwanzig Prozent, außerdem wurden die Sozialabgaben gesenkt. Die spanische Wirtschaft war indes so marode, daß den Arbeitern damit nicht geholfen war. In Bilbao und anderen nordspanischen Städten brachen Streiks aus. Und die Kommunisten frohlockten. Wenn eine Krise die nächste jagte, mußte es irgendwann zum Umsturz kommen. «Es gab keinen Tag», sagt Semprún, «an dem nicht irgendwo in Spanien kommunistische Aktivitäten stattfanden.»

Die Rolle der spanischen KP blieb auch für den Dichter Dionisio Ridruejo lange undurchschaubar. Im Krieg hatte der Falangist freiwillig in der «Blauen Division» auf deutscher Seite gekämpft. Nach seiner Rückkehr wurde er mit dem franquistischen Regime nicht mehr warm. Die bigotte Bürgerlichkeit, die der kleine, feiste, intrigante Staatschef förderte und verkörperte, hatte die Glaubensbekenntnisse der Falangisten verraten, der Franquismus war zu einem national-katholischen Regime geworden. Und die Bonzen der Falange, die in die Regierung eingebunden waren, hatten sich als Profiteure und Apparatschiks offenbart. «Ein Regime geht unter wie eine Firma», befand Ridruejo, «auch wenn es sich als Jahrmarktsbudenensemble noch eine Zeitlang halten kann.» Zu Beginn der fünfziger Jahre hatte der wütende, enttäuschte Dichter in Madrid eine kleine Partei gegründet, den *Partido Social de Acción Democrática*. Sie hatte nur ein paar tausend Anhänger. Einige hatten sich an den Demonstrationen in Madrid beteiligt. Aber auch viele Falangisten, die für Francos geplante Ständemonarchie nichts übrig hatten und sich vom staatlichen falangistischen Studentensyndikat nicht bevormunden lassen wollten, waren auf die Straße gegangen. Als die franquistische Presse Kommunisten und Freimaurer zu den Schuldigen erklärte, mochte Ridruejo es nicht glauben. Semprún erzählt: «Er schrieb einen Brief an die Falangeführer: Sie irrten sich, wenn sie annähmen, die Demonstrationen seien von den Kommunisten geplant gewesen. Es hätten ernstzunehmende Interessen dahintergestanden, anständige junge Männer. Den Brief hat er Javier Pradera gezeigt, dem er vertraute. Und der sagte ihm: ‹Mein lieber Dionisio, du bist es, der sich irrt. Die Demonstrationen waren spontan, das stimmt schon. Aber es gab einen organisatorischen Kern, der sich die Unruhen zunutze machte, um Ziele auszugeben, die über die ersten Anliegen hinausgingen. Und der Kern, das war die Kommunistische Partei Spaniens. Willst du einen ihrer Leute kennenlernen?›» Ridruejo wollte, zögerlich. «Er war nervös bei unserem ersten Treffen. Das war für ihn eine ungehörige Sache – mit einem Kommunisten zu sprechen! Er war erst nervös und dann überrascht. Vermutlich hatte er einen tumben Doktrinär erwartet, einen, der seinen Vorurteilen entsprach. Und dann traf er jemanden, der seine Gedichte gelesen hatte und sich mit ihm über Literatur unterhielt.»

Ridruejo blieb skeptisch, war von nun an aber offen für Gespräche. Federico Sánchez hoffte, eines Tages auf ihn und einige Dutzend engagierte Anhänger seiner Partei setzen zu können. Auch gelang es ihm, mit Jesús Barros de Lis, einem wichtigen Repräsentanten christdemokratischen politischen Denkens, ins Gespräch zu kommen. Sogar zur sozialistischen Partei, deren Spitze im Exil in Toulouse residierte, knüpfte er Kontakte, was besonders schwierig war, weil die PSOE nicht vergessen hatte, wie sie während des Bürgerkriegs von den Kommunisten bekämpft worden war. Wenn Semprún daran zweifelte, sich auf seine Gesprächspartner verlassen zu können, trat er nicht als Federico Sánchez auf. Er war dann lediglich «ein Funktionär der kommunistischen Partei». Die KP-Führung baute darauf, eines Tages gemeinsam mit diesen Organisationen ein großes Rad zu drehen. «Entscheidend war, sie erst einmal mit uns vertraut zu machen und sie daran zu gewöhnen, daß es unter den demokratischen Kräften im Land auch Kommunisten gab. Sie mußten begreifen, daß wir anders waren, als sie sich das vorstellten.»

Die spanische KP schrieb die «nationale Versöhnung» auf ihr Banner. Das war das Schlagwort, mit dem sie sich bündnisfähig machen wollte. «*Reconciliación Nacional*, das bedeutete: Die Feindschaften des Bürgerkriegs sind überwunden; die neue Frontlinie liegt zwischen den Demokraten und den Franquisten; man muß nicht an die Revolution glauben, um gegen Franco zu sein und sich gegen ihn zusammenzuschließen; wenn alle seine Gegner sich zusammentun, werden sie stärker sein als die Republikaner zu Zeiten des Bürgerkriegs, dies ganz davon abgesehen, daß die Republikaner damals untereinander zerstritten waren. Die ‹nationale Versöhnung› war, was die Leute wollten. Sie entsprach dem Allgemeinwillen des Volkes, was damals aber nicht geschrieben werden konnte, weil die Nachrichten von der Regierung diktiert wurden.»

Die Strategie der «nationalen Versöhnung» ist mal Dolores Ibárruri zugeschrieben worden, der Ikone des kommunistischen Widerstands gegen die franquistischen Putschisten, und mal Vicente Uribe, dem zweiten Mann in der Partei nach der Pasionaria. Beides kann man aus den Parteireden herauslesen. In Wahrheit, meint Semprún, habe sich das Konzept aus der praktischen Agitation an der Madrider Universität ergeben, wo die Söhne der Elite des Landes aufeinandertrafen und merkten, daß sie miteinander mehr gemein hatten als mit der Generation der Altvorderen. Im Februar 1956 veröffentlichten Studenten der Madrider Universität ein Manifest, einen der wichtigsten Texte, die der Journalist Javier Pradera je geschrieben hat. «Es wurde von vielen Studenten verabschiedet, aber die Kommunisten haben seinen Inhalt entworfen, und Pradera hat ihn in Form gebracht, Pradera, der Sohn und Enkelsohn karlistischer ‹Märtyrer›.» *Wir, Söhne der Sieger und Söhne der Besiegten…*: So beginnt das Manifest. Von

Paris aus überwachte Santiago Carrillo die Ereignisse. Semprún meint, das Schlagwort «nationale Versöhnung» sei eine Formulierung Carrillos. Das Konzept lag auf der Linie der Direktiven, die Stalin 1936 Largo Caballero und 1948 Carrillo gegeben hatte: keine Revolution, sondern eine demokratische Evolution sei in Spanien geboten. In ihrem Manifest plädierten die Studenten dafür, alle wohlmeinenden Bürger sollten gemeinsam einen Umschwung der franquistischen Konfrontationspolitik bewirken. Carrillo entwickelte daraus dann die Theorie der «nationalen Versöhnung».

Im Nachhinein nimmt seine Politik sich in Sempráns Augen noch klüger aus, als er es damals gesehen hat: «Mit der Linie mußte die Partei sich vom Klassenkampf verabschieden und sich für alle Schichten der Gesellschaft öffnen. Das fand nicht mit Francos Tod sein Ende, es mündete in den Übergang zur Demokratie, in die Phase der spanischen ‹Transition›. Die Kommunisten hatten erkannt, daß sie sich von der aus dem Bürgerkrieg gewohnten Polarisierung befreien mußten. Hätte die KP ihre Politik der nationalen Versöhnung bis in die letzte Konsequenz hinein betrieben, dann wäre es zur Ausbildung innerparteilicher demokratischer Strukturen gekommen, mit denen die Partei sich während der ‹Transition› nach Francos Tod sehr viel leichter getan hätte.»

Doch die alten Anführer, Dolores Ibárruri und Vicente Uribe, mißtrauten der vernünftigen Idee von der nationalen Versöhnung. Die Pasionaria hatte das Amt der Generalsekretärin nicht wegen ihrer Fähigkeiten, sondern wegen ihrer historischen Verdienste übertragen bekommen. Sie lebte mittlerweile in Bukarest. Ihre Tochter war mit einem hohen sowjetischen Militär verheiratet. Uribe wohnte mit seiner Familie in Prag. Beide wußten noch viel weniger von den Vorgängen in Spanien als die Exilführung in Paris, bezogen ihre Informationen aus dritter Hand und hausten in einem Nirgendwo zwischen alter Zeit und unbegriffener Gegenwart. Zwar hatte die Pasionaria einmal 1948 und dann wieder auf dem V. Parteitag im September 1954 erklärt, daß «alle gegen den Faschismus gerichteten Kräfte in einer einheitlichen Nationalen Front» zusammengeschlossen werden sollten.[34] Die Konsequenzen, die daraus folgten, waren ihr aber neu: Carrillo begrüßte den internationalen Entschluß, Spanien in die Vereinten Nationen aufzunehmen. Um die Jahreswende 1955/56 schrieb er für *Nuestra Bandera* einen programmatischen Artikel in diesem Sinn. Kurz bevor die Zeitschrift in Druck ging, erfuhr Carrillo, daß Dolores Ibárruri, Uribe und andere das Gegenteil verkündet hatten: Francos faschistisches Regime habe in der UN nichts zu suchen. Carrillos Kontakte nach Moskau waren seit den dreißiger Jahren sehr gut, und Chruscht-schows Sowjetunion hatte für den Beitritt Spaniens in die UN gestimmt. Gleichwohl war Carrillo mulmig zumute. Um etwaigen Einsprüchen zu-vorzukommen, entsandte er im Januar 1956 Semprún nach Prag, wo die Pasionaria sich zu jener Zeit zu einer Stippvisite aufhielt. Semprún beglei-tete die alte Dame in der Eisenbahn von dort heim nach Bukarest. Auf der Fahrt, für die man ihr eigens einen Salonwagen zur Verfügung gestellt hatte, legte er ihr die Fahnen von *Nuestra Bandera* vor und suchte, ihr die Politik der Pariser Genossen nahezubringen. Sie hörte zu; was sie dachte, behielt sie für sich.

Die Ausgabe von *Nuestra Bandera*, die im März 1956 erschien, war re-volutionär: Carrillo und seine Leute verabschiedeten sich von den Ansich-ten der alten Parteiführer. Das Blatt annoncierte der franquistischen Poli-zei, daß die KP wieder eine Kraft geworden war, mit der gerechnet werden mußte.

Die Studentenunruhen hatten nach dem Tod Ortega y Gassets begon-nen. Als Freund der Philosophie klopfte Semprún Ortegas Ansichten dar-auf ab, inwieweit sie mit dem Marxismus-Leninismus und mit Lukács ver-einbar seien. Heute sagt er: «Ortega ist der einzige spanische Philosoph des zwanzigsten Jahrhunderts von Weltrang. Er war der erste spanische Philosoph, der sich der Medien bediente. In den zwanziger Jahren publi-zierte er regelmäßig politisch-philosophische Feuilletons in *El Sol*, dem damaligen Äquivalent des heutigen *El País*. Grob zusammengefaßt, hat Ortega in Spanien eine abgewandelte Form der Existenzphilosophie ein-geführt. Die alte akademische Debatte zwischen Materialisten und Idea-listen hat er überwunden, indem er sagte: Es gibt kein Bewußtsein jenseits der Welt, und es gibt für das Individuum keine Welt jenseits seines Be-wußtseins. Das ‹Ich› entstehe erst im Zusammenspiel zwischen dem sub-jektiven Bewußtsein und seiner Umgebung.»

Wenn Ortega von der äußeren Realität sprach, konnte man darunter «die Gesellschaft» oder «die herrschenden Verhältnisse» verstehen. Soweit kam der Philosoph den Marxisten entgegen, was sich in dem spektakulä-ren Essay niederschlug, den Semprún in der März-Ausgabe von *Nuestra Bandera* publizierte. Von diesen Passagen hat der Schriftsteller in seinem Roman *Zwanzig Jahre und ein Tag* kurz erzählt. Nicht erwähnt hat er in dem Roman, daß er auch schrieb, der «Ortegismus» entbehre «jeder wis-senschaftlichen Basis» und müsse mitsamt «Hegels arrogantem System» endlich überwunden werden.[35] Wie er darauf kam, ist ihm heute ein Rätsel

– es möge daran gelegen haben, daß «Ortega den Klassenkampf durch den Kampf der Generationen ersetzen wollte. Dafür wurde er von den Marxisten endlos attackiert.» Und eben nicht zuletzt von Semprún, genauer: von Federico Sánchez, der damals noch der Meinung war, die nationale Versöhnung und der Klassenkampf seien irgendwie miteinander vereinbar.

Mit Hegel ist Semprún übrigens nie ganz warm geworden. Die Lektüre von Lukács' *Geschichte und Klassenbewußtsein* führte ihn zu Hegel zurück. Aber bei Hegel fand er Lukács nicht mehr. In seiner kommunistischen Zeit betrachtete er ihn als bürgerlichen Idealisten und gesellschaftspolitisch tauben Dialektiker, dessen Philosophie weiß Gott auf die Füße gestellt werden mußte. Und seitdem er der KP den Rücken gekehrt hat, ist er oft kurz davor gewesen, es Hegel ein bißchen übel zu nehmen, daß dieser seine Dialektik überhaupt erdacht und damit allen kommunistischen Parteien ein Instrument an die Hand gegeben hat, auch noch ihre größten Fehler als Erfolge auszugeben, stets nach dem vulgärdialektischen Motto: Je größer die Krise, desto näher der Umschwung.

Doch nicht Semprúns Ansichten über Hegel und die idealistische Philosophie waren es, die Federico Sánchez' Aufsatz «Ortega y Gasset oder die Philosophie in Krisenzeiten» bei spanischen Kommunisten und Polizisten berühmt machten. Es ging vielmehr um die Schlüsse, die Federico Sánchez aus seinen philosophischen Erwägungen zog, und um das Umfeld, in dem er sie äußerte, jene 15. Ausgabe von *Nuestra Bandera* vom März 1956, in der die künftige Linie der Partei dargelegt wurde.

Schon einen Monat zuvor, im Februar 1956, hatte Federico Sánchez mit einem Artikel in *Mundo Obrero* von sich reden gemacht: Er gab den Studenten Hinweise, wie der friedliche Kampf gegen die Regierung zu führen sei. Radio España Independiente, das vom Zweiten Weltkrieg an in Moskau ansässig gewesen und 1955 nach Bukarest abgeschoben worden war, weil der Kreml sich mit dem Sender der spanischen Exilkommunisten vor der westlichen Weltgemeinschaft nicht kompromittieren wollte, brachte eine Lesung von Semprúns Text. Ahh, dachten die erfahrenen Kommunisten, da ist ein neuer Kopf. Ahh, sagten die spanischen Sicherheitsleute, diesen Federico Sánchez müssen wir dingfest machen.

Javier Pradera war von Semprún mehr als angetan: «Als ich jung war, hörte ich von einem Mann in der Dritten Internationale reden, den alle als eine Art Meister ansahen. So ein Meister war Semprún. Er war wichtiger als alle anderen Genossen, viel wichtiger. Für alle.»[36]

Die Madrider Intellektuellen fühlten sich in den fünfziger Jahren eingeengt, eingeschnürt und allein. «Bis 1955», schreibt Juan Goytisolo, «war
es für die große Mehrheit der Spanier praktisch unmöglich, das Land zu
verlassen. Um von einer Stadt zur anderen reisen zu können, benötigte
man einen Passierschein, und der Besitz eines Passes war das Privileg einer
begünstigten Minderheit. (...) Damals war es verboten, Geschäften, Kinos, Bars oder anderen Einrichtungen ausländische Namen zu geben.» Die
franquistischen Zeitungen erklärten den Spaniern, daß die Unterschiede
zwischen ihnen und allen anderen europäischen Nationen unwandelbar
seien.[37] Aus dem Ausland kam damals nicht viel Besuch. Und der franquistische Staat lud zum freien künstlerischen Austausch nicht ein. Mit seinen
Pariser Schuhen, den Schallplatten von Yves Montand, seiner Belesenheit
und seiner Freude am intellektuellen Disput brachte Semprún die große
weite Welt ins Haus. Als Mitglied des Zentralkomitees und – seit 1956 –
als Mitglied des Politbüros stand Federico Sánchez hoch oben in der Par-
teihierarchie. Das allein war es aber nicht. Wenn er Pradera als ein «Meister» erschien, lag das nicht bloß an seiner bedeutenden Stellung und seinem stupenden Wissen. Die Leute, denen er sich zuwandte, waren von ihm
fasziniert und bereit, für ihn jederlei Unbequemlichkeit und Unbill auf sich
zu nehmen. Er hat die Gabe, anderen das Gefühl zu geben, ganz besonders
angesprochen und ganz besonders geschätzt zu sein.

Berta, der kleinen Tochter Nieves Arrazolas, die ihm den Namen
«Vögelchen» gegeben hatte, kam er wie «ein Schauspieler» vor. Die Familie hatte ein Dienstmädchen, das meldete, wenn «der Herr Pajarito» vor
der Tür stand. Oftmals hat Semprún sich zum Lesen in das Bibliotheks-
zimmer zurückgezogen. Wenn sie aus der Schule kam, sagt Berta Muñoz
Arrazola, habe sie seine Anwesenheit sofort bemerkt: Die Wohnung sei
dann von einem anderen Duft erfüllt gewesen. «Die Bibliothek war vom
Eßzimmer durch Türen getrennt, in die Kristallglasscheiben eingesetzt waren. Die Türen öffneten sich – und Jorge trat auf.»[38]

Genauso, wenngleich mit weniger freundlichen Gefühlen, sahen das
auch andere, die nicht zum engsten Freundeskreis Ricardo Muñoz Suays
gehörten. Basilio Martín Patino zum Beispiel, der bei Muñoz Suay oft zu
Gast war und sich da immer etwas unter Wert behandelt fühlte: «Wir waren zwar Provinzler, aber wir hatten einen Universitätsabschluß, und im
Ausland waren wir auch schon gewesen. Wir waren also schon verdorben,
was die aber nicht verstanden. Die sind mit uns umgegangen, als wären
wir Schüler im Katechismusunterricht. Als ich bereits auf die Filmhoch-

schule ging (...), trafen wir uns einmal in der Woche in Ricardos Wohnung. Semprún war hinter einer Gardine versteckt und tauchte dann plötzlich im Wohnzimmer auf. Das war herrlich komisch. Kaum aus der Wohnung hinaus, haben wir uns schiefgelacht. Der Auftritt war so, als würde die Heilige Jungfrau von Fatima erscheinen. Das hatte etwas Apostolisches, Paternalistisches an sich, und wir waren die Jünger.»39

Daß Semprún beim unerwarteten Eintreffen von Besuchern ein Versteck aufsuchte und dann wie aus dem Nichts auftauchte, war freilich keine priesterliche Zeremonie, sondern eine Vorsichtsmaßnahme: Man konnte nie wissen, wer ins Haus kam. Wenn gutwillige Geister erschienen, verwandelte die Umsicht sich im Nu in ein unterhaltsames Spiel, das auf Kosten all jener Gäste ging, deren Stolz schnell gekränkt war.

Eines Tages mußte die Pariser Parteidirektion Federico Sánchez in Madrid eine Warnung zukommen lassen. Sie hatte erfahren, daß ein Genosse verhaftet worden war, mit dem Semprún sich binnen kurzem treffen wollte: Telefonieren durften die Funktionäre nicht, weil Telefonate abgehört wurden; selber konnten sie nicht reisen, weil das zu gefährlich gewesen wäre; einen Fremden konnten sie nicht schicken, weil Semprún ihm nicht vertraut hätte; und Colette Leloup, die damals an einem Filmschnitt arbeitete, sagte, sie sei unabkömmlich. Sie schickte ihre Tochter Dominique auf einen Kurzausflug nach Madrid. Man gab der Fünfzehnjährigen eine präparierte Zahnpastatube mit, in der sich eine Botschaft befand. Dem Mädchen hat die aufregende Reise viel Spaß gemacht, und Federico Sánchez freute sich über die frische Zahnpasta.

Elena, die ältere Tocher von Nieves Arrazola, lernte Semprún kennen, als sie zehn Jahre alt war. Sie fand ihn sehr nett, er half ihr bei den Hausaufgaben und blieb oft auch dann im Haus, wenn ihre Eltern ausgingen. Das Mädchen wußte warum: Er mußte sich verstecken, durfte nicht gesehen werden, nicht einmal von Mitgliedern der Partei. Neben Semprún gab es damals noch zwei andere Männer, die in Elenas Wahrnehmung zum allerengsten Kreis Muñoz Suays gehörten: Domingo Dominguín, der Stierkampfimpresario, und Pere Portabella, der Abkömmling einer alten, reichen katalanischen Familie und laut Semprún der einzige, der je in einem Jaguar zu einem Untergrundtreffen gefahren ist. Alle drei, sagt Elena Tuñón Arrazola, «waren sehr verführerisch, wahre Charmeure, Dominguín in seiner Leichtlebigkeit, Jorge in seiner Egozentrik und Portabella in seiner jungen Herrenhaftigkeit».40

Als «braver Bolschewik», wie er sich selbst ironisch nennt, war Semprún sehr dafür, daß auch seine Brüder für die Partei arbeiteten. Der ältere, Gonzalo, ließ sich eine Zeitlang darauf ein, Botendienste zu verrichten. Er war mit dem Genossen Benigno Rodríguez befreundet, der ihn bat, bei seinen Reisen nach Spanien ein wenig Propagandamaterial mitzunehmen. «Ich war nicht in der Partei, aber für Benigno habe ich gelegentlich irgendwelche Druckschriften nach Spanien gebracht. Man hatte mir die Adresse eines Arztes in Madrid gegeben, bei dem ich das Material abliefern sollte.» Der Arzt hieß Hernandez und hegte große Sympathien für die Kommunisten. Er war der erste, den Jorge Semprún 1953 bei seiner ersten Rückkehr nach Madrid aufgesucht hatte. Auf seine Empfehlung hin waren Ricardo Muñoz Suay und Nieves Arrazola in das Haus mit dem Schwimmbecken in der Calle Príncipe de Asturias eingezogen. «Ich bin also auf Besuch bei dem mir unbekannten Arzt», erzählt Gonzalo, «und plötzlich öffnet sich die Tür, und Jorge tritt ein. Das kam überraschend. Ich wußte zwar, daß Jorge sich des öfteren heimlich in Spanien aufhielt, aber für die näheren Umstände habe ich mich nicht interessiert. Man sprach nicht darüber, man war diskret. Wie aus heiterem Himmel steht Jorge in der Tür. Und da habe ich einen Satz aus einer Geschichte zitiert, die José Bergamín uns in unserer Kindheit erzählt hatte, eine Ermahnung an Jesus Christus beim Kartenspiel: ‹Keine kleinen Wunder hier, wir spielen mit Einsatz!› Das rutschte mir instinktiv heraus. Na, da haben er und ich sehr gelacht. Am Abend sind wir alle zusammen essen gegangen, wir taten wie alte Bekannte, die sich zufällig getroffen haben. Über Politik wurde nicht geredet.»⁴¹

Semprúns Romane sind mit solchen Bonmots wie mit Nelken besteckt. Einer macht eine pointierte Bemerkung, und beide verlieren sich für ein paar Sekunden in einem herzlichen Lachen – genauso wie Gonzalo es mit seinem Bruder erlebt hat. Viele gebildete Blödeleien in seinen Büchern erfindet Semprún, damit er schreiben kann, wie sie in einem gemeinsamen Lachen, einem Moment vertraulicher Eintracht enden.

Der Jüngere, Carlos Semprún Maura, der als Teenager zu Zeiten der Résistance nach Jorges Urteil für das politische Engagement «noch nicht alt genug» gewesen war, mußte sich nicht lange bitten lassen, gegen Franco zu arbeiten. Er erhielt einen französischen Paß, der ihn als Dreher auswies. Ausgerechnet als Dreher, schreibt er, habe er sich einen Vortrag über spanische Poesie anhören sollen. In Madrid sei er von seinem «Bruderboss» als «Thermometer» eingesetzt worden, um die «Reaktionen der Massen» zu messen, einmal etwa anläßlich eines Fußballspiels zwischen Real Madrid und der jugoslawischen Mannschaft Dinamo Zagreb: Er habe herausfinden sollen, ob die Spanier indirekt Titos Regierung applaudierten. «Mir fiel nichts auf», schreibt er, «Di Stéfano spielte großartig.»[42] Nach wenigen Jahren fühlte Carlos sich in der Partei nicht mehr wohl. Vermutlich wollte er auch seinem «Bruderboss» entkommen. Er schloß sich anderen linken Gruppierungen an, die nach den Studentenunruhen 1956 in Spanien enstanden waren; Anfang der sechziger Jahre der «Volksbefreiungsfront» FLP, der *Frente de Liberación Popular*, und dann, Mitte der sechziger Jahre, der AC, der *Acción Comunista*. Die FLP, erklärt Jorge Semprún, sei anfangs eine christlich inspirierte linke Gruppierung gewesen, die aber zunehmend auf Gewalt setzte. Sie berief sich auf Fidel Castro und auf die revolutionären Schriften Frantz Fanons, der in Algerien gegen die französische Kolonialherrschaft kämpfte. Carlos berichtet, französische Intellektuelle hätten der FLP vorgeschlagen, die übriggebliebenen Gewehre und das schwere Gerät der algerischen Widerstandskämpfer aufzukaufen. Aber der Waffenexperte seiner Organisation habe erklärt, das Zeug sei nicht brauchbar. Sehr bald war die FLP Carlos «zu sektiererisch». Er habe sich als Trotzkist schmähen lassen und sei dann zur AC gewechselt. Das war eine Gruppierung, die genauso phantastische Umsturzphantasien hegte wie die FLP. Jorge Semprún hat diese und andere linksradikale, teils spontaneistische Parteiungen nie ernst genommen. Jenseits der KP gab es für ihn keine vernünftige Politik.

Gonzalo versuchte nicht, es Jorge gleichzutun. Er hat den Jüngeren machen lassen, politisch und beruflich, und sich nicht in Konkurrenz zu ihm begeben. Carlos hat es sich nicht ersparen können, sich mit seinem älteren Bruder zu messen. Im Lauf der Jahre war er ihm zunehmend übel gesinnt. Am Ende seines Lebensrückblicks von 1998 stehen einige bittere Worte, die lustig gemeint sind: Er, Carlos, habe die Begabung und Jorge den Ruhm; das sei doch fabelhaft, so bleibe alles in der Familie.[43]

Das intellektuelle Spanien war damals überschaubar. Wer ein bißchen von sich reden machte, war bald bekannt wie ein bunter Hund. Federico Sánchez inspirierte die Künstler. Antonio Bardem drehte 1956 den Film «Calle Mayor», die Geschichte handelt von den bedrückenden Verhältnissen in einer Provinzstadt. Dort erscheint eines Tages ein Intellektueller, ein Mann, auf den irgendwie alle gewartet haben. Sein Name: Federico Artigas. Bardems nächster Film, «La Venganza» (Die Rache), beschreibt die Odyssee einfacher Bauern, die sich eines Winters Richtung Kastilien aufmachen, weil sie für die nationale Versöhnung eintreten wollen. Fernando Rey spielt einen Fremden, der die Rolle eines Heilsbringers einnimmt, eine

Figur, von der Muñoz Suays Biograph Esteve Riambau schreibt, sie sei nach dem Vorbild Federico Sánchez' entworfen. Semprún ist das unangenehm: «Rey spielt die Karikatur eines Menschenfängers, der ununterbrochen von der nationalen Versöhnung schwafelt.» 1957 publizierte Carmen Martín Gaite, die Frau des Romanciers Rafael Sánchez Ferlosio, den Roman *Entre Visillos*, was man mit «Hinter den Vorhängen» übersetzen kann. Darin kommt ein Fremder vor, der das Licht der Welt in das arme, abgeschiedene Spanien bringt. Es heißt, die Autorin habe für ihre Romanfigur an Semprún Maß genommen.

Zu Madrids linken Intellektuellen kam er als Lichtgestalt. «Weißt du, was das bedeutet: Wegsein?», hatte er Ende der vierziger Jahre in seinem Theaterstück *Soledad* geschrieben. Nun war er da, war verehrt und umworben, Vorreiter einer friedlichen Revolutionsbewegung. Die von der KP organisierten Studentenproteste des Februar 1956 schienen lediglich der Anfang zu sein. Es galt, neue Wellen der Krise hochzupeitschen, bis diese über dem Regime zusammenschlügen. Die spanischen Kommunisten rechneten mit dem baldigen Sturz der Franco-Diktatur. Wo sie hinblickten, sahen sie die Zeichen an die Wand geschrieben.

Während die Studenten in Madrid rebellierten, tagte in Moskau der XX. Kongreß der KPdSU, auf dem Chruschtschow Stalin zum Verbrecher erklärte.

8

Streit in der spanischen KP

«Die *Hamburger Volkszeitung*, das Landesorgan der Kommunistischen Partei Deutschlands, war noch provisorisch in der bürgerlichen Druckerei eines Elbvorortes untergebracht, als im Sommer 1946 ein junger Mann ihre Räume betrat. Sein Eintritt in die Partei hatte sich wie selbstverständlich vollzogen: im April 1933, als Sextaner seiner jüdischen Abstammung wegen für ‹unrein› erklärt, war er im Mai 1945 aus kellerdunkler Illegalität taumelnd in das ungewohnte Licht des Tages gekrochen. Die Kommunistische Partei, tausendfach beschworener Hauptfeind des Faschismus, erschien ihm als seine natürliche politische Heimat.»

So beginnt Ralph Giordanos Bericht seiner eigenen Entstalinisierung. *Die Partei hat immer recht* (1961) schildert Ängste und Selbstentfremdung des KP-Mitglieds in einer westlichen Demokratie.[1] Der Journalist und Schriftsteller hatte sich aus freien Stücken der Parteiräson unterworfen, bis er 1956 mit den Kommunisten brach. 1956: Das nimmt sich aus, als habe Giordano der Partei aus Abscheu über den sowjetischen Einmarsch in Ungarn den Rücken gekehrt. Im Rückblick gilt die Niederschlagung des Aufstands in Ungarn als eines der Momente, auf das jeder Genosse reagieren mußte. Wer damals ein überzeugter Kommunist war und der Partei danach nicht Adieu sagte, muß sich heutzutage rechtfertigen. Ralph Giordanos Geschichte zeigt das Anachronistische dieser rückwärts gewandten Moralität. Das Schicksal der Ungarn hat ihn damals sehr bewegt, aber nicht deswegen gab er den Kommunismus auf, sondern weil in seinem Verhältnis zur Partei eine Enttäuschung sich auf die nächste häufte, bis er sich schlecht behandelt und in seinem guten Willen mißbraucht fühlte, zunehmend kritisch wurde, immer nur auf taube Ohren stieß und schließlich innerlich erkaltete. Er beschreibt seine Parteizugehörigkeit als die Geschichte eines «Liebenden». Wer wirklich liebt, der läßt sich nicht durch ein einzelnes Ereignis verjagen, auch nicht durch eines, das desillusionierend ist wie der Einmarsch in Ungarn.

Von 1946 an arbeitete Giordano als Journalist für linke Zeitungen in Ost- und Westdeutschland. In seiner sozialistischen Begeisterung brach er einmal eine Lanze zuviel. 1950 berichtete er in der *Weltbühne* über eine FDJ-Demonstration, die von der Hamburger Polizei zusammengeknüppelt worden war. Den sozialdemokratischen Bürgermeister Max Brauer nannte er einen «nachgemachten Superamerikaner Altonaer Provenienz». Unter kommunistischen Journalisten war dieser Tonfall üblich, bei dieser Gelegenheit paßte er der Partei aber nicht. In der Hamburger Bürgerschaft sah die KPD-Fraktion sich desavouiert. Giordano bekam zu spüren, daß er sich schuldig gemacht hatte.

«Die Methode der schwelenden Diskriminierung, die wirksamer sein kann als jeder offene Angriff, mag überall unter Menschen und in jeder Organisation auftauchen. Unter den Gesetzen einer zentralistisch aufgebauten Partei jedoch erhält sie ihr spezifisches Gesicht und Gewicht. Sie zeugt und fördert, unterstützt durch das Trauma des Schuldkomplexes bei völlig reinem Gewissen, eine Erscheinung, die für eine große Schicht zu einem typischen Merkmal wird: die Katastrophenerwartung als integraler Bestandteil des Lebensgefühls, eine Erwartung, die einem wohlgemerkt nicht aus den Reihen der politischen Gegner, sondern der Gleichgesinnten suggeriert wird! Hat sie einmal das Individuum erfaßt, so wird sie zum bestimmenden Element seiner Gefühlswelt. Da der Betroffene ständig auf die Auflösung der Unbefangenheit in seiner Gegenwart stößt, rettet ihn nichts vor der Zwangsvorstellung, daß sich an höchster Stelle ununterbrochen negativ mit ihm beschäftigt wird. Hier kommt das Liebste, Teuerste und Höchste in Gefahr: seine Übereinstimmung mit der Obersten Gerichtsbarkeit! Angesichts dieser Fusionen gewinnen ein einziger Blick, eine halbe Geste, ein unerwarteter Besuch, ein abgebrochenes Gespräch, ein ausbleibender Brief, eine nicht eingehaltene Zusammenkunft, fast die Bedeutung von Leben und Tod.»

Nachdem er sich mit dem Artikel über den Ersten Bürgermeister Hamburgs kompromittiert hatte, machte Giordano noch auf andere Weise unliebsam von sich reden. In den stalinisierten Volksdemokratien galt es als eines der schlimmsten Vergehen, Kontakte zu offiziellen Vertretern der sogenannten imperialistischen Kriegstreiber zu unterhalten. Und *er* hatte 1947, mit Wissen der Partei, einmal zwei britische Presseoffiziere getroffen! 1951 bestellte die Hamburger «Kontrollkommission» ihn ein, der er einfach nur ein zuverlässiger Genosse sein wollte. Giordano wurde einem Verhör ausgesetzt, das Beweisaufnahme, Überführung, Anklage und Urteil in einem war: «Nach etwa einer Stunde taumelte ich aus dem Gebäude auf die Straße. (...) Der Leser mag den Kopf schütteln und verständnislos fragen, warum ich diese Tortur hier, in der Bundesrepublik, ausgehalten habe, da ich doch mit einem Schritt hinaus als freier Mann durch Hamburgs Straßen hätte wandeln und diesem unheimlichen Apparat der organisierten Verdrehung und methodischen Selbstzerstörung ins Gesicht hätte lachen können. Aber die innere Abhängigkeit ist keine Frage der Geographie. Es ist gleichgültig, wo der gläubig Liebende wohnt, ob in Moskau oder Paris, Warschau oder Hamburg. Sein Zustand der Wehrlosigkeit, der Preisgabe, der Lähmung und der Bereitschaft zur Selbstverleugnung und Unterwerfung, dieser ganze Zusammenbruch der Persönlichkeit wird bestimmt durch eine Furcht, die immer besessenere Formen anzunehmen beginnt: die Zugehörigkeit zur Partei einzubüßen. Diese inbrünstige und anonyme Magie, genannt ‹Liebe zur Partei›, ist der Schlüssel für das gesamte Verhalten, in ihr laufen alle Fäden zusammen: *es gibt keine Alternative zur Partei!* Das bewirkt die innere Auswegslosigkeit, die bedingungslose Selbstauslieferung und macht die Unterwerfung logisch. Und dabei vollzieht sich von allen Metamorphosen die schrecklichste: die Verwandlung des Liebenden in seine eigene Kontrollkommission.»

Der Liebende nahm es hin, solange er es vermochte, allen inneren Zweifeln zum Trotz der Außenwelt mit Überzeugung entgegenzutreten. Als westdeutscher FDJ-Aktivist ist Ralph Giordano diverse Male festgenommen worden und nutzte die Zeit auf der Wache, die Beamten rhetorisch zu bearbeiten: «Nicht daß unsere stalinistische Vereinfachung sie von vornherein in die Defensive getrieben hätte; auch der jugendliche Elan, mit dem wir die Stätte beherrschten, sobald unser Thema angesprochen war», konnte nicht erklären, «warum die örtlichen Polizeistationen eher froh waren, wenn eine Streife niemanden von uns mitbrachte. Was diese Männer, und fast alle anderen Diskussionspartner auch, mit denen wir unter einigermaßen gleichen Bedingungen je in Berührung kamen, so hilflos machte, war, daß sie der Selbstverständlichkeit unseres Überlegenheitsgefühls nichts entgegenzusetzen hatten! Dieses Überlegenheitsgefühl bezogen wir von der Sowjetunion, und dafür waren wir ihr dankbar.»

1955/56 verbrachte Giordano ein Dreivierteljahr am Leipziger Literaturinstitut. Er hatte ein Buch geschrieben, ein DDR-Verlag hatte es angenommen. Er wartete monatelang. Dann wurde er beschieden: Nun müsse noch das «Amt für Literatur» seine Zustimmung geben.

Ein Grund, warum Schriftsteller gute Dissidenten abgeben, besteht in der technischen Natur ihrer Arbeit. Ein Buch schreibt sich nicht in zwei Wochen. Wird ein Buch aus politischen Gründen nicht gedruckt, empfindet der Autor das als Liquidierung eines Teils seines Lebens und seiner selbst. Je länger Giordano auf das Votum des «Amts für Literatur» warten mußte, desto anfälliger wurde er für den Zweifel. Und er merkte, daß er damit nicht allein war. In der DDR stieß er allenthalben auf verzweifelnden Idealismus. Als er im Zwiegespräch mit einer jungen Frau einmal wieder rhetorisch ausholte, traf er auf sanften Widerstand: «Ich bin für den Sozialismus, Sie brauchen mich nicht zu bekehren. Aber die Wirklichkeit! Es ist... .» Dieses «es ist...», schreibt Giordano, sei ihm nicht mehr aus dem Kopf gegangen.

Daß Chruschtschow auf dem XX. Parteitag, im Februar 1956, mit Stalin abgerechnet hatte, war auch für Giordano eine gute Nachricht. Allerdings hatte die Rede einen großen Pferdefuß. Chruschtschow machte Stalin allein verantwortlich. Die abertausende tote Kulaken, die vielen tausend Ermordeten der Säuberungen, die Hunderttausende Tote des Gulag: Chruschtschow zufolge waren sie die bedauernswerten Opfer von Stalins «Persönlichkeitskult». An der Partei und am stalinistischen System fand der Parteivorsitzende nichts zu bemängeln. Die SED-Kader taten sich schwer, Stalins Schuld anzuerkennen. Sie erklärten, das einzig wichtige Ergebnis des XX. Parteitags sei die Verabschiedung des neuen Fünfjahresplans. Immer öfter vernahm Giordano den Namen des Chefs des sowjetischen Geheimdienstes NKWD, Lawrenti Berija, der ein Dreivierteljahr nach Stalins Tod exekutiert worden war. In einem kleinen Hamburger Blatt, das nicht umsonst *Die andere Zeitung* hieß, veröffentlichte er einen Artikel: Seien die schrecklichen Auswüchse des Stalinismus lediglich einer Person anzulasten oder nicht doch eher dem ganzen System? Er optierte für das zweite. Das ganze Stalinsche System sei «vom marxistischen Wege» abgewichen, «weil es der sozialistischen Demokratie so gut wie keinen Spielraum ließ». Kurz darauf fand er sich abermals vor einer Parteikontrollkommission. Drei Mitglieder der SED redeten in Ost-Berlin drei Tage lang auf ihn ein. Auch bei dieser Gelegenheit wurden Berijas Untaten erwähnt. Am Ende sollte Giordano sich selbstkritisch äußern. Stift und Papier lagen bereit. «Ich nahm den Stift und begann zu schreiben. Zunächst einige belanglose Floskeln, übliche Wendungen, früher zu häufig in inbrünstiger Übereinstimmung aufgezeichnet. Dann weiter: Der Grund meiner Abirrungen habe darin gelegen, daß ich Stalin für den Hauptverantwortlichen gehalten habe, indes mir nun klar gemacht worden sei, daß der Hauptschuldige Berija heiße.»

Er hatte die Kommission auf die Schippe genommen. «Aber natürlich mußte dieser Betrug, dieser deutliche Hinterhalt sofort entdeckt und geahndet werden!» Doch nichts dergleichen: Der Sprecher der Kontrollkommission «nahm das Blatt und vertiefte sich in den kurzen Text. Aber er neigte nicht den Kopf zur Seite, sondern er nickte, langsam und zustimmend.» Diesen Dank des Herrn begehrte Giordano nicht. Das war das Ende seiner großen Liebe. Zehn Jahre lang war er ein treuer Genosse gewesen.

● ● ●

In Madrid waren ausländische Zeitungen in den fünfziger Jahren Mangelware. Die einzige französische Zeitung, die Semprún vorfand, war *Le Monde*. Wenn das Blatt über Spanien berichtete, wurde es an der Grenze zurückgewiesen. Im Juni brachte *Le Monde* Auszüge aus Chruschtschows Geheimrapport in einer Ausgabe, die nicht von Kommentaren über Spanien kontaminiert war und den Weg an den Madrider Kiosk fand. Bis dahin kannten nur Carrillo und die Pasionaria den Text. Sie hatten ihn lesen dürfen, ihn aber nach der Lektüre sofort an die sowjetischen Genossen zurückreichen müssen. Die übrigen Spanier nährten ihre Neugier aus Gerüchten.

Als Semprún in einer Juni-Nummer des *Monde* las, was sich unter Stalin in der Sowjetunion abgespielt hatte, glaubte er es sofort. «Chruschtschows Text war nicht besonders subtil, er enthielt keinerlei durchdachte Bemerkungen über die Entwicklung des Klassenbewußtseins, den Apparat und sein Verhältnis zu den Massen. Nichts dergleichen. Aus marxistisch-analytischer Perspektive war es ein flacher Text. Er sollte schockieren und Angst machen. Trotzdem war er für mich wichtig. In seinem Licht erschien die Geschichte der vergangenen Jahre auf einmal begreifbar, rational verständlich. Es hatte zum Beispiel immer geheißen, Trotzki sei ein Agent der Gestapo gewesen. Das war offensichtlich nicht wahr. Trotzki mochte sich geirrt haben, dachte ich, er mochte Fehler gemacht haben, aber ein Agent der Gestapo war er nicht. Und nun erscheint dieser Bericht, der belegt, daß Stalin und seine Bande sich die Geschichte einfach zurechtschrieben.» Semprún zweifelte keine Sekunde lang an der Wahrhaftigkeit des Berichts. Auf einen Schlag rehabilitierte dieser den *Common sense*, den das stalinsche System außer Kraft gesetzt hatte – das Verhältnis zwischen Ursache und Wirkung, das Verhältnis zwischen Wort und Sache, zwischen Tat und Verantwortung. Mit Chruschtschows Rede vor dem XX. Kongreß der KPdSU nahm ein gelebter Albtraum sein Ende.

Der Marxismus und seine Auslegung durch seinen Vertreter auf Erden, Stalin, hatten die Grenzen dessen bezeichnet, was man überhaupt denken und sagen durfte. Ein jeder war gut beraten, lieber mit der Partei in die Irre zu gehen, als ohne die Partei Recht zu behalten. Diese Trope ist übrigens sehr alt. Cicero sagte: «Ich will lieber mit Platon irren, als mit anderen richtig urteilen.» Meister Eckhart bekannte, er wäre lieber mit Gott in der Hölle als ohne ihn im Paradies. Nicht wo man lebte, ob in der Wahrheit oder in der Lüge, war entscheidend, sondern mit wem. In den ersten Jahren der DDR hielten die Präsidien der Künstlerverbände bei ihren Versammlungen stets einen Stuhl für den Genossen Stalin frei, damit niemand bei den Diskussionen den obersten Richter vergesse. Den Kommunisten war aufgegeben, zwischen Vernunft und Parteimoral keinen Unterschied zu machen. Die Kommunisten hatten sich der Partei unterstellt, und wenn deren Glaubenssätze ihnen widersinnig erschienen, mußten sie ihre Zweifel unterdrücken oder verdrängen.

Aus den Helden der Oktoberrevolution waren «Verräter» geworden, aus den antinazistischen Widerstandskämpfern «Agenten des Imperialismus». Solange Stalin und seine Kamarilla die Realität definierten, lebten viele Kommunisten wie in einer Welt, in der jeder Schreibblock sich auf einmal in ein Manuskript verwandeln kann und jedes Manuskript in ein Beweisstück für konterrevolutionäre Bestrebungen.

In den dreißiger Jahren hatte Heinrich Mann im Exil in Paris eine Unterredung mit dem späteren DDR-Staatsratsvorsitzenden Walter Ulbricht. Die KPD wollte Mann zum Präsidenten einer deutschen Exilregierung ernennen. Das Gespräch verlief jedoch ergebnislos. Heinrich Mann sagte später, er könne nicht mit einem Mann Pläne schmieden, der behaupte, der Tisch, an dem man sitzt, sei in Wahrheit ein Ententeich.

Die Welt der Stalinisten war irre. Und viele Menschen, die sie bevölkerten, machten eine wahnwitzige Metamorphose durch. Sie transformierten sich in seelenlose Funktionäre oder begannen, an sich selbst irre zu werden, weil sie die Parteidisziplin nicht mit dem eigenen Urteil in Einklang brachten. Viele richteten sich damit ein, daß sie keinen Durchblick hatten. Wieder andere blendeten alle kritischen Fragen aus und konzentrierten sich auf ihre unmittelbare Aufgabe, etwa auf den Umsturz des Franco-Regimes. Zweifel stellten sich dennoch ein. Es war nicht einfach, den Wahnsinn in allen seinen Windungen mitzumachen. Daher Jorge Semprúns Erleichterung angesichts des Chruschtschow-Berichts, der die Geschichte endlich «transparent» gemacht habe.

Die spanische Parteiführung in Paris sah sofort, daß mit diesen Offenbarungen eine neue Zeit anbrach. «Das war ein Vorzug, den wir gegenüber den Franzosen hatten», sagt Semprún, «Maurice Thorez war durch und durch stalinisiert. Von den Enthüllungen wollte er nichts wissen. Er hatte sich den Persönlichkeitskult von Stalin abgeschaut und ließ sich feiern – er, der sich in Stalins Westentasche verlaufen hätte. Noch Jahre nach 1956 sprach die KPF von dem ‹Chruschtschow zugeschriebenen Bericht›. Die französischen Genossen hielten ihn für einen Propagandatrick des amerikanischen State Department. Wäre ich nicht bei den Spaniern, sondern in der KPF gewesen, ich wäre 1956 ausgetreten.» Auch in Spanien verschlossen viele Genossen sich den Neuigkeiten des XX. Parteitages. «Die Arbeiter wollten es schon deshalb nicht glauben, weil sie darin die Parolen wiedererkannten, die ihnen von den Franquisten zwanzig Jahre lang vorgebetet worden waren.»

Bereits im Konzentrationslager hatte Semprún verstanden, daß es zwei Wahrheiten gab, eine für die ungebildeten Genossen und eine für die anderen. Mitte der vierziger Jahre trieb der kommunistische Historiker Emili Gómez Nadal den Keil noch tiefer: «Nadal wußte ganz genau, daß viele Dinge als Wahrheiten ausgegeben wurden, die falsch oder verkürzt waren. Ihm war klar, daß Trotzki kein Agent der Gestapo war. Aber er sagte: ‹Was willst du?! Wenn die Umstände erfordern, daß man etwas anderes unterschreibt, dann tut man es eben.› Er war ein Zyniker, der resigniert hatte. Er sagte: In der Partei muß man auf einem Niveau argumentieren, das allen verständlich ist, man muß alles vereinfachen.›»

Es gab zwei Wahrheiten, eine komplexe und eine für das Volk. Indes kam es vielen intellektuellen spanischen Genossen nicht in den Sinn, sich als herrschende Kaste zu betrachten. Sie meinten, im Gegenteil, demütig im Dienst am Proletariat, an der Geschichte und der Wahrheit zu arbeiten, wenn sie mit ihren Ansichten hinterm Berg hielten. Sie richteten sich ein mit einem gespaltenen Bewußtsein. Das war das Sektenhafte der stalinistischen Glaubensrichtung. Die Widersprüche zwischen den eigenen Gedanken und den Parteidirektiven, zwischen dem Ideal und der Realität lösten die Genossen dialektisch auf. Dank der Dialektik konnte man im Handumdrehen die Nacht zum Tage machen. Noch in der finstersten Dunkelheit zeichnete das Nahen der Dämmerung sich ab. Neben dem religiösen Glauben und der Liebe ist die Dialektik ein einzigartiges Herrschaftsinstrument. Die Partei, die sich ihrer bedient, darf sich unfehlbar nennen und ist sich der Loyalität ihrer Gefolgsleute gewiß.

«Euphorie», hat der Soziologe Edgar Morin geschrieben, der 1951 aus der KPF ausgeschlossen wurde, sei der vorherrschende Geisteszustand des Genossen in den Zeiten des Stalinismus gewesen. Morins *Autocritique* (1970) erklärt den Mechanismus, der aus der Anwendung der dialektischen Methode eine Gehirnwäsche machte. Rückschauend beschreibt der Soziologe die Gedanken, die ihn Mitte der vierziger Jahre bewegten, ihn und die Redakteure der Zeitschrift *Action*, zu der ja auch Semprún Artikel beisteuerte. Der Ausgangspunkt seien ein paar sehr vereinfachte Vorstellungen des jungen Marx gewesen: Der Mensch sollte frei sein, niemandem unterworfen, weder weltlichen noch transzendenten Mächten und nicht einmal der Geschichte selbst. Freilich, damit Marx' Philosophie der Emanzipation verwirklicht werden konnte, mußte sie sich in einer «revolutionären Praxis» manifestieren. «Man mußte auf die Geschichte hören, um sie lenken zu können, man mußte die Wirklichkeit hinnehmen, um sie beherrschen zu können. Es ist die Praxis, die die Welt verändert. Aus dieser Perspektive interpretierten wir alle schlechten Eigenheiten des stalinistischen Kommunismus – Terror, Entfremdung, Betrug – als Zeichen seiner geglückten Anpassung an die Realität. Wir dachten, der Stalinismus lasse sich auf das rohe Niveau der Welt hinab, um die Dinge anzupacken und sie zu verändern.»[2]

Der deutsche Überfall auf die Sowjetunion hatte gezeigt, daß Stalins Staat es sich nicht leisten konnte, nett zu sein. Wer die Moskauer Säuberungen Ende der dreißiger Jahre für fürchterlich gehalten hatte, maßte sich nun nicht mehr an, sie zu verurteilen. «Wir kannten das doppelte Spiel der Geschichte», schreibt Morin, «wir wußten, daß die Geschichte – mit Marx gesagt – über ihre schlechten Seiten voranschreitet.» In *Das Elend der Philosophie* schrieb Marx: «Die schlechte Seite ist es, welche die Bewegung ins Leben ruft, welche die Geschichte macht, dadurch, daß sie den Kampf zeitigt.»[3] Auf die «schlechte Seite» berief sich Morin: «Wir wußten, daß die Hölle mit guten Absichten gepflastert ist, und daß, umgekehrt, teuflische Methoden den Fortschritt herbeiführen. Die List der Vernunft! Wir wußten, daß die Dialektik der Freiheit Terror erfordern konnte, der die Feinde der Freiheit zerschmettern würde.»

Der Widerspruch war es, der die Geschichte bewegte: «Unter der Maske – oder durch Vermittlung – des Nationalismus würde der kommunistische Internationalismus triumphieren. Durch mitleidlose Härte würde er die Herrschaft des Guten erwirken. Zwang und Gewalt würden der Gerechtigkeit den Weg bahnen.»

Es verstand sich von selbst, daß Morin und die Genossen ihre Anschauungen nicht öffentlich darlegten. Sie wußten, was sie wußten, und vertrauten auf die «List der Vernunft», mit der die Partei im Bunde war. Abweichungen nahmen sie sich heraus: «Wir dachten nicht, daß die Partei immer Recht habe. Wir dachten, daß sie im Recht *sei*. (...) Wie die Wissenschaft entwickelte sie sich über Experimente und Irrtümer voran; wie die Wissenschaft besaß sie die Kraft zu Selbstkorrektur und Selbstkontrolle.»

Im Einzelfall – zumeist ging es lediglich um Geschmacksfragen, um ästhetische Urteile – wollten Morin und seine Freunde der Partei nicht folgen. Auch Semprún legt Wert darauf, kein typischer, parteihöriger Genosse gewesen zu sein: «Ich war kein bolschewistischer Roboter. Ich war in der Lage zu sagen: ‹Was redet ihr da, woher habt ihr diese Idee? Das hat mit Marxismus nichts zu tun.›»

Gregorio Morán, der die Parteireden der spanischen KP ausgiebig studiert hat, beschreibt Semprún als «Star» – und auch als «enfant terrible» – an Carrillos Seite, der die Strategie des Parteichefs ausdeutete und den spanischen Genossen nahebrachte. Auf dem V. Parteitag 1954 setzte Federico Sánchez sich als Intellektueller in Szene. Die Exilzeitschriften der Kommunisten seien im Jahr 1939 stehengeblieben und nicht auf der Höhe der spanischen Gegenwart, monierte er. Die abgestandenen Ergebnisse der verbreiteten Gedankenarmut seien am Ende zwar nichts anderes als «der schmutzige Schaum, den Meereswellen am Strand zurücklassen, ohne daß die See in ihrer Reinheit davon berührt ist». Nun jedoch müsse die Mittelmäßigkeit der Debatte unbedingt überwunden werden. Außerdem verurteilte er «die degenerierten Formen des Kosmopolitismus» und tat kund: «Gäbe es die Sowjetunion nicht, es würde sich nicht lohnen zu leben.»[4] Zwei Jahre später, einige Monate nach dem XX. Parteitag und einige Monate vor dem Aufstand in Ungarn, bezeichnete er die Sowjetunion als «die vollendete, höchste Form der Demokratie». Heute weiß Semprún nicht mehr, was er sich dabei gedacht hat. «Der XX. Parteitag gab objektiv Anlaß zu allerlei Hoffnungen. Vielleicht habe ich wirklich geglaubt, was ich sagte, vielleicht hielt ich mich an die Partei-Vulgata.»

Für die meisten Mitglieder des ZK und des Politbüros hatte Semprún nicht viel übrig. Er fand sie rigide, dogmatisch, langweilig. Carrillo war anders. Einige Jahre lang haben die beiden sich ausgezeichnet verstanden. Die Frage des spanischen Beitritts zur UN und der XX. Parteitag der KPdSU gaben dem Pariser KP-Chef und seinen Leuten die Gelegenheit, die alte Garde, die noch zu Kriegszeiten von der Komintern eingesetzt worden war, an den Rand zu drängen: Dolores Ibárruri, die im Bürgerkrieg nach Moskau ins Exil gegangen war, Vicente Uribe, der die Kriegsjahre in Mexiko verbrachte, Uribes rechte Hand Antonio Mije und der Bürgerkriegsgeneral Enrique Líster. Alle vier hatten gegen Spaniens Beitritt zur UN gewettert.

Ende Juli und Anfang August 1956 hielt das Zentralkomitee der KP in der DDR ein Plenum ab. Zuvor hatte Carrillo Chruschtschows Bericht verteilen lassen. Er setzte sich an die Spitze der Stalinkritiker und hielt eine glänzende Rede gegen den Persönlichkeitskult. Seit dem XX. Parteitag waren die alten Parteiführer in die Enge getrieben. Es tat nichts zur Sache, daß Carrillo und die Leute, die ihn umgaben, auch begeisterte Stalinisten gewesen waren. Kurz nach dem XX. Parteitag hatte die Pasionaria sich vergeblich dafür stark gemacht, Carrillo aus der Partei hinauszuwerfen. Das war mißlungen. Nun, auf der Sommersitzung in der DDR, votierten Carrillo und Semprún dafür, «das politische Zentrum» der Partei nach Spanien zu verlegen. Uribe hielt das für voreilig. Semprún attackierte ihn: Der Genosse übertreibe die Stärke des franquistischen Regimes, er sei zu negativ und begebe sich in Widerspruch zu den Interessen der Partei. Außerdem machte er Uribe einen Vorwurf, der im Rahmen einer KP-Sitzung wirklich ungewöhnlich war: Er sei intellektuellenfeindlich; schon die Art, wie er von Intellektuellen rede, zeige seine altmodische Verankerung in der Arbeiterbewegung von einst. Den «ideologischen Problemen» der Gegenwart sei er nicht gewachsen.

Semprún schlug vor, die KP solle ein «Kompendium der Grundprinzipien des Marxismus und der dialektischen Methode» herausgeben. Er dachte an ein kluges spanisches Pendant zur *Geschichte der KPdSU (Bolschewiki)*. Es sei «ein bißchen peinlich», daß so etwas noch nicht existiere.[5] Mit der Aufgabe wären die allermeisten ZK-Mitglieder überfordert gewesen. Nicht so Semprún, der in der marxistischen Literatur zuhause war und schon in den vierziger Jahren Werke des Großen Vorsitzenden Mao gelesen hatte.

Der zweite, der darauf pochte, daß die spanische KP sich den Marxismus wissenschaftlich erschließen müsse, war Fernando Claudín. Er hatte lange in Moskau gelebt und dort eine Parteischule besucht. Im Frühjahr 1956 wählte die spanische KP ihn ins Politbüro. Er war dogmatischer als Semprún, geradliniger und bedächtiger, ein Mann mit einem gutmütigen, zerknautschten Gesicht. Semprún und Claudín waren die theoretischen Köpfe ihrer Partei. Auf dem Plenum in der DDR wurde, entgegen den KP-Usancen, in geheimer Abstimmung eine Kommission bestimmt, welche die Ergebnisse der Diskussionen festhalten sollte. Die meisten Stimmen erhielten Semprún und Claudín, gefolgt von der Pasionaria und Carrillo. Bis zum Vorabend dieser denkwürdigen Sitzung, sagt Semprún, habe Dolores Ibárruri Carrillos neuen Kurs immer noch nicht hinnehmen wollen. «Erst als sie sah, daß sie verloren hatte, gab sie nach.» Und Semprún war von nun an Mitglied des Politbüros.

Mit Ausnahme von Antonio Mije, der *Mundo Obrero* leitete und dessen Qualitäten als Politiker sich wohl in seiner Treue zu Uribe erschöpften, hatten die «Alten» ihre Meriten. Enrique Líster, Jahrgang 1907, war im Bürgerkrieg ein heldenhafter Heerführer gewesen, der sich und den Truppen der berühmten «11. Division Líster» nichts schenkte.

Semprún fand ihn «sehr sympathisch, aber auch sehr sowjetisch. Im Zweiten Weltkrieg war er zum General der Roten Armee ernannt worden. Und dann, während der Zeit der Schauprozesse, kam bei den Vernehmungen immer mal wieder sein Name zur Sprache. Es war nicht ganz klar, ob ein Engländer dieses Nachnamens gemeint sei oder er selbst. Aber das war egal. Líster fühlte sich angesprochen. Als Carrillo und die Pasionaria 1948 ihre Unterredung mit Stalin hatten, machte dieser eine düstere Andeutung: ‹Líster hat ein Problem.› So arbeitete der sowjetische Geheimdienst. Er säte die Angst, deren Früchte die Repression verschärften. Líster hatte Angst. Deshalb war er für Chruschtschow. Er wollte die Zeit des Mißtrauens, als die Geheimpolizei allerorten war, hinter sich lassen. Als Kommunist war er untypisch. Er kam aus Galizien, war gelernter Steinmetz, wie viele in der Region. Die Gegend hat mehr Anarchisten als Kommunisten hervorgebracht. Líster war Anarchosyndikalist. In Spanien ist er oft mit der Polizei aneinandergeraten und mußte immer mal wieder irgendjemandes Ehre verteidigen. Erst in den dreißiger Jahren, als er in Moskau war, wurde er Kommunist. Als Militärführer hat er gezeigt, was er konnte. Eigentlich war er ein Abenteurer. Er war wirklich untypisch – und deshalb sympathisch. Und er gab an wie eine Tüte Mücken. Mit ihm konnte man keine Viertelstunde zusammen sein, ohne daß er von einer Schlacht erzählte, die er gewonnen hatte.» Líster stellte sich hinter Carrillo, auch Antonio Mije blieb am Ende nichts anderes übrig.

An Vicente Uribe denkt Semprún nicht ohne Mitleid. Er sei ein kluger Mann gewesen, der im Parteiapparat aufgerieben wurde. Seine Skepsis wandelte sich in Zynismus, und schließlich war der Alkohol das einzige, dem er sich mit Fleiß und Hingabe widmete. Uribe hielt die Untergrundarbeit der KP in Spanien für reines Abenteurerwesen. «Letzten Endes», gibt Semprún zu, «lag er damit nicht völlig falsch. Der Franquismus hat sich nicht, wie Carrillo annahm, binnen fünf oder sechs Jahren aufgelöst. Andererseits hat die KP dazu beigetragen, die Bedingungen zu schaffen, die nach 1975 den Übergang zur Demokratie ermöglichten.» 1956 wurde Uribe neunundfünfzig Jahre alt. Er war ein desillusionierter Faulpelz und gleichwohl ein größeres Hindernis als die Pasionaria. «Carrillo hat einen Arzt, ein Mitglied des Zentralkomitees, ein ausführliches Gutachten über Uribes Alkoholismus erstellen lassen. Na, das war's dann.»

Während Semprún in Den Haag seinen Glauben an Gott verloren hatte, weil er ihn nicht sah, gab er den an Dolores Ibárruri auf, als er sie näher kennenlernte. Für ihre Worte, lieber «stehend sterben als kniend leben» zu wollen, ist die Pasionaria, die «Passionsblume», in die Geschichte eingegangen. In den vierziger Jahren verehrte Semprún sie aus der Ferne, wie man eine Heilige adoriert. 1947 durfte er ihr in Paris einmal guten Tag sagen. «Ton sourire, Dolores, j'en garde souvenir...» Sein Herz war voll, und sein «Lied auf Dolores» wollte kein Ende nehmen. «Sie war eine grandiose Erscheinung, schwarz, tragisch, eine begnadete Rednerin mit einer herrlichen Stimme, ihre Rhetorik lag mir nicht, war aber großartig. Dolores war ein Volkstribun. Und sie kannte die Partei sehr gut. Die Komintern hatte sie als Führungsfigur ausgewählt, weil sie eine Frau war. Der Frau kommt in Spanien große Bedeutung zu. Dolores war Frau und Witwe, Kämpferin und Schmerzensmutter. Sie kam aus einer Bergarbeiterfamilie. Ihr Sektierertum war eisern, angeboren. *Rotfront!* Für sie ging es immer Klasse gegen Klasse. Im Zweiten Weltkrieg fiel ihr Sohn, das setzte der tragischen Heroik ihrer Person die Krone auf. Die verbotene KP konnte ihren sechzigsten Geburtstag schwerlich öffentlich feiern. Auch so wurde genug Brimborium gemacht. Gefallen hat mir, daß sie letztlich pragmatisch dachte – aber das stellte sich für mich erst Ende der fünfziger Jahre heraus. Während der ersten Gespräche ließ meine Begeisterung für sie nach. Ihre Ansichten waren gräßlich simpel und zum Teil einfach idiotisch. Den Franquismus hat sie als eine Theokratie beschrieben. In diesem Sinn

Picassos «Guernica». «Die weinende Frau», sagt Semprún, «das ist Dora Maar.
Und die Frau, die schreit, das ist die Pasionaria.»

hat sie einmal für ein Plenum des Zentralkomitees einen Bericht verfaßt,
den man nur in den Papierkorb werfen konnte. Alle waren entsetzt, als sie
das lasen, selbst die größten Karrieristen. Man hat ihr dann vorsichtig beigebracht, daß es so nicht gehe. Als Mythos habe ich Dolores verehrt. Sie
paßt in ein Bild von Picasso. Die weinende Frau in ‹Guernica›, das ist Dora
Maar. Und die Frau, die schreit, das ist die Pasionaria. Aber ihre intellektuelle Vulgarität war unerträglich.»

Vom Sommer 1956 an führte Santiago Carrillo unangefochten die Geschäfte. Fernando Claudín stand ihm zur Seite. In den dreißiger Jahren
hatte Claudín die «Kommunistische Jugend» Spaniens geleitet und Carrillo die «Sozialistische Jugend». Gemeinsam hatten sie die Vereinigung
der beiden Organisationen vollzogen. Der XX. Parteitag der KPdSU ermöglichte es Carrillo, die alte Führungsspitze zu entmachten. Die Madrider Studentenunruhen im Februar 1956 und die Streiks im April gaben
dem Optimismus der Genossen mächtigen Auftrieb.

Zwei Männer wurden abgeordnet, sich um die Madrider Arbeiter und
Angestellten zu kümmern, die beste Kundschaft der KP sollen damals Me-
tallarbeiter, Bauarbeiter, Bäcker und Graphiker gewesen sein. Francisco
Romero Marín, der Sohn eines Bergarbeiters, hatte als Offizier im Bürger-
krieg gekämpft und anschließend die noch heute existierende Moskauer
Militärakademie «M. W. Frunse» absolviert, wo er alles lernte, was ein
Ausbilder angehender Agitatoren wissen mußte. Der zweite, Simón Sán-
chez Montero, war der im vierten Kapitel dieses Buches erwähnte Funk-

tionär, der 1959 gefoltert wurde und den Namen von Federico Sánchez nicht preisgab. Er war von Beruf Bäcker, hatte im Bürgerkrieg gekämpft und die Jahre von 1945 bis 1952 in Spanien im Gefängnis verbracht. Seit 1956 saß er im Politbüro. Er kümmerte sich um die Kontakte zu den Fabriken. Als ich Semprún im April 2006 auf Simón Sánchez Montero ansprach, hatte er ein paar Tage zuvor die Nachricht von dessen Tod erhalten. «In seinen Memoiren hat er geschrieben, ich sei in den sechziger Jahren während der Auseinandersetzungen mit der Partei zum Revisionisten geworden, was man ja auch daran sehen könne, daß der Sozialist Felipe González mich zwanzig Jahre später zum Kulturminister bestellte. Nein, darüber habe ich mich nicht geärgert. Nicht einmal Hegel wäre es gelungen, so eine hanebüchene Idee dialektisch zu begründen. Simón verkörperte eine explosive Mischung aus Christlichkeit und Leninismus. Er hatte seinen Glauben, von dem wollte er nicht abweichen.»

1956 war es Semprún und anderen Genossen gelungen, Carrillo dazu zu drängen, eine permanente Niederlassung des Zentralkomitees in Madrid zuzulassen. Ihm, der nicht nach Spanien reisen konnte, weil sein Gesicht zu bekannt war, erwuchs damit mögliche Konkurrenz in der Partei. «Das störte Carrillo. In den vierziger Jahren hatte er im Verein mit der Pasionaria und anderen jene Leute, die sich während des Zweiten Weltkriegs in Spanien gehalten hatten, ausgeschaltet. Er war überhaupt nicht erpicht darauf, Genossen in Madrid zu installieren, die womöglich aus dem Ruder laufen konnten. Weil die Einrichtung der ‹Delegation des Zentralkomitees› sich aber aus seiner eigenen Politik ergab, mußte er sie hinnehmen. Bis ich 1962 aus Madrid entfernt wurde, habe ich die kleine Delegation geleitet. Dazu gehörten ein paar einheimische Genossen der neuen Generation und andere Mitglieder des ZK, die sich, wenn größere Aktionen geplant waren, für ein oder zwei Monate in der Stadt einfanden.»

Als Mitglied des Politbüros war Semprún in Madrid nicht mehr allein für die akademische und kulturelle Szene zuständig. Zu seinen Aufgaben gehörte es nun auch, sich mit den kommunistischen Führern der «Arbeiterkommissionen» zu treffen. Die *Comisiones Obreras* durfte es offiziell nicht geben. In den staatlichen Gewerkschaften waren die Belegschaften mit den Werksleitungen zusammengeschlossen. Die heuchlerische Politik des Regimes unterstellte, daß die Arbeiter mit ihren Chefs an einem Strang zögen. Auseinandersetzungen über Löhne und Arbeitsbedingungen waren nicht vorgesehen, und freie Gewerkschaften waren verboten. Die Arbeiter organisierten sich heimlich in den *Comisiones Obreras* und suchten unter der Hand in den staatlichen Syndikaten Einfluß zu gewinnen. Von der gesamten Arbeit der spanischen KP, hat Semprún mir einmal gesagt, seien nur die *Comisiones Obreras* übriggeblieben. Aus ihnen ging nach Francos Tod die freie Gewerkschaft *Confederación Sindical de Comisiones Obreras* hervor.

Die Zusammenkünfte mit Arbeitervertretern waren gefährlicher als die mit bekannten Intellektuellen. Als der Regisseur Antonio Bardem in Haft kam, regte die halbe Welt sich auf. Wenn ein Arbeiter geschnappt wurde, beschäftigte das nur seine Familie und seine Kameraden. Den Arbeiterkadern übermittelte Semprún die Direktiven der Partei und beriet mit ihnen, wie sie vorgehen sollten.

«Lange, etwa von 1955 bis 1960, waren die kommunistischen Kader, die im Gefängnis gesessen hatten, sehr wichtig. Sie hatten den Bürgerkrieg erlebt und kannten sich aus. Aber sie waren wie Dynamit. Die Polizei kontrollierte diese Leute regelmäßig. Sie waren erfahren, aber man mußte sie sehr vorsichtig einsetzen. Einige, die gern gewollt hätten, konnten wir nicht einbinden, weil das zu gefährlich gewesen wäre. Trotzdem waren sie wichtig, als politische Vorbilder. ‹Ach, der Soundso war im Gefängnis und ist Kommunist!› Das konnte im Viertel oder in der Ortschaft eine Rolle spielen.»

Semprún kam mit den einfachen Aktivisten immer gut zurecht, «sowohl mit den Alten, die wieder aktiv sein wollten, als auch mit den Jungen, die gerade erst anfingen. Sie mochten mich, weil ich sie reden ließ und ihnen nicht schulmeisterlich kam. Und ich mochte sie, weil sie völlig authentisch waren. Bei den spanischen Arbeitern, die als Klasse vom Franquismus niedergeschlagen und vernichtet worden waren, kamen Dinge zum Vorschein, die ich bei Lukács beschrieben fand, nun aber konkret, lebendig.» Das Zusammenspiel zwischen Arbeitern und Partei funktionierte genauso, wie Lukács es dargestellt hatte: Ohne die Partei gab es keine Arbeiterklasse. Die Partei war der Katalysator und verhalf dem Proletariat zu einem Bewußtsein seiner selbst. «Die Arbeit mit diesen Leuten, die alltäglichen, menschlichen Aspekte des Parteilebens waren es, die mir Freude machten. Zu den einfachen Genossen hatte ich große Zuneigung, eigentlich zu allen. Was den Rest anging – die Parteibosse, den Apparat –, das war mir ziemlich gleichgültig. Man konnte es nur mit Ironie betrachten. Der Apparat war nicht die Realität, die Wirklichkeit fand anderswo statt.»

In Gesellschaft der «authentischen» Aktivisten erfuhr Semprún das *echte* Leben als Kommunist. Ein ähnlich echtes Leben hatte er in der Résistance und in der geheimen Lagerverwaltung Buchenwalds gehabt, da war er freilich in untergeordneter Position gewesen. Insoweit er im KZ die Gemeinschaft mit Gleichgesinnten erlebte, hat er Buchenwald in guter Erinnerung behalten: «Das Lager war für mich eine entscheidende Erfahrung. Es war mein *Bildungsroman*. Im Guten wie im Schlechten. Mit einem Wort aus der Ästhetik gesprochen, lernte ich dort ‹das Schöne› an der kommunistischen Brüderlichkeit kennen.» Aber in Buchenwald mußte er als Bürgersohn gegenüber den deutschen Genossen um Anerkennung ringen. In *seiner* Wirklichkeit, wie er sie für sich ausgedacht hatte, kam er erst in den fünfziger Jahren an. In *Federico Sánchez. Eine Autobiographie* hat er geschrieben, er habe in der Illegalität zu seiner «wahren Identität» gefunden.[6] Das klingt, als sei er vorher seiner selbst nicht sicher gewesen. Es bedeutet jedoch nichts anderes, als daß sein Dasein und sein Lebensideal in Einklang kamen. Die meisten Menschen verbringen ihr Leben damit, sich nach der Decke zu strecken. In Spanien war Semprún genau das, was er sein wollte. Man darf ihn einen glücklichen Menschen nennen.

Als wieder einmal eine Fahrpreiserhöhung angekündigt wurde, organisierte die KP im Februar 1957 einen Boykott der öffentlichen Verkehrsmittel in Madrid. In späteren Jahren sind einige vergleichbare Aufrufe verpufft, aber am 7. und 8. Februar jenes Jahres klappte es: «Damals lebten die Arbeiter in den Vororten. Morgens fuhren sie zur Arbeit in die Stadt. Und dann eines Tages: Der Blick auf die großen Straßen, die von der Peripherie ins Zentrum führen, auf denen sich die Fußgänger drängen, nicht nur Arbeiter, auch Angestellte, zigtausend Menschen, die zu Fuß laufen, weil wir mit ein paar tausend Flugblättern dazu aufgerufen haben, Flugblätter, die man irgendwo liegenläßt, die man auf dem Dach eines anfahrenden Taxis deponiert oder gezielt verteilt. Das war unglaublich. Und du merkst: das Wort ‹Boykott› hat gegriffen. Und du denkst: Das wird die franquistische Presse nicht übergehen können! So kann ein Regime gestürzt werden, so ist es 1917 in Sankt Petersburg gewesen. Einige Tausend Flugblätter, einige Dutzend oder hundert Aktivisten, die den Aufruf verbreitet haben, und Madrid ist auf der Straße! Das ist wie ein Wunder. Die Leute, die da laufen, wissen alle, warum sie es tun: weil es eine Art Kommunikation gibt, die alle verbindet, eine Form von orgiastischem Gemeinschaftsgefühl. Und ich hatte zu den Urhebern des Ganzen gehört! Die Freude, die ich empfand, hat es übrigens literarisch in sich.»

Auch in Barcelona wurden die öffentlichen Verkehrsmittel in jenen Wo-

Auf dem Plenum vom 1. August 1958: In der ersten Reihe sitzt ganz rechts
Fernando Claudín, neben ihm Federico Sánchez. Der zweite Delegierte in dieser
Reihe, der eine Brille trägt, ist Simón Sánchez Montero, der Mann, der von der
Polizei gefoltert wurde und Federicos Adresse nicht verraten hat.

chen boykottiert. Am Eingang zur Universität hatten Studenten ein Kon-
terfei des Caudillos befestigt und darunter geschrieben: «Du bist einer von
uns. Denn du fährst niemals Straßenbahn.» «Noch vor kurzem», kom-
mentierte der Korrespondent der *Welt*, der am 2. Februar 1957 darüber
berichtete, «hätte man es kaum gewagt, einen solchen Witz zu plakatieren,
sondern ihn sich hinter vorgehaltener Hand erzählt.»

Der Streik: Die KP gab die Losung aus, und alle hörten darauf. Das
schien das Zauberwort zu sein, mit dem der Umsturz des Regimes sich bewerkstelligen ließ. 1957 war Semprún von der Idee genauso angetan wie
Carrillo und die übrigen Mitstreiter. Wenn die Kommunisten nicht allein
stünden, wenn die Sozialisten, die demokratischen Rechten, die Anhänger
von Ridruejos «Sozialer Partei der demokratischen Aktion» und ein paar
führende Kleriker gemeinsam mit ihnen zu Streiks oder Boykotts aufrie-
fen, dann wäre der Fall des Regimes, das glaubten die Genossen, nur eine
Frage von Monaten.

Hätte, wäre, könnte – es lief nicht so, wie die KP hoffte. 1958 planten
Carrillo und seine Leute einen «Tag der nationalen Versöhnung», diesmal
nicht bloß in Madrid, sondern in ganz Spanien. Überall sollten Ausstände

stattfinden und friedliche Demonstrationen. Alle Parteigänger wurden mobilisiert, alle versteckten Vervielfältigungsapparate in Gang gesetzt. Fernando Claudín war eigens aus Paris herbeigekommen, um an den letzten Vorbereitungen teilzuhaben. Bei einer Lagebesprechung entfaltete er einen Stadtplan Madrids und beschrieb die Wege, auf denen die Massen zur Puerta del Sol im Zentrum vorrücken sollten.7 Die anderen hätten einen Stadtplan nicht gebraucht, die großen Straßen Madrids kannten sie. Nur Claudín, der rund zwanzig Jahre nicht in Madrid gewesen war, benötigte das feldherrnmäßige Zubehör.

Das Resultat war derart nichtig, daß Semprún sich heute an das ganze Vorhaben kaum mehr erinnern mag. Der einzige, mit dem er sich seinerzeit über die Ursachen des Scheiterns verständigen konnte, war Fernando Claudín. Die beiden hegten die gleichen Vorbehalte: Carrillo habe die Entstalinisierung der Partei nicht weit genug vorangetrieben; an der inneren Demokratie hapere es beträchtlich. Aber damals versicherten alle Genossen einander, das sei erst der Anfang, die landesweiten Streikwellen würden noch kommen. So ermutigt, setzte die Partei für den Juni 1959 einen nationalen Generalstreik an. Sie hatte den 18. Juni ausgesucht – immerhin einen Donnerstag, keinen Sonntag. Übersehen hatte die Führung, daß dieses Datum in die asturische Ferienzeit fiel. Bergwerke, die ferienhalber geschlossen sind, kann man nicht bestreiken. Das Pariser Hauptquartier hatte sich um die Teilnahme seiner besten Anhängerschaft gebracht.

Abermals wurden alle Kräfte aktiviert, alle Kader in ganz Spanien informiert und instruiert. Die Partei soll damals zwölf- bis fünfzehntausend Mitglieder im Land gehabt haben und rund zehntausend im Exil. Domingo Dominguín spendete hunderttausend Peseten. Unter den Bündnispartnern, um die Semprún sich bemüht hatte, war niemand bereit, den Aufruf zum «friedlichen Nationalstreik» mitzutragen.

Die Vermutung, der Streik könnte dennoch gelingen, war indes nicht ganz aus der Luft gegriffen. Der spanischen Wirtschaft ging es miserabel. In der deutschen Presse war später zu lesen: «Ende der fünfziger Jahre zeichnete sich eine Katastrophe ab.» 8 Erst 1953 hatte das Land begonnen, eigene Autos zu produzieren. 1957 war der Staat immer noch nicht in der Lage, die Stromversorgung kontinuierlich aufrechtzuerhalten. Gegen Ende der Dekade besaß Spanien keine Devisen mehr. Der Wert der Peseta fiel stetig. Die Produktivkraft stagnierte. Schwarzhandel und Schmuggel florierten. Der Anekdote nach standen auf Francos Schreibtisch zwei Aktenkörbe: einer für Probleme, die von der Zeit erledigt worden waren, und einer für Probleme, die von der Zeit erst noch erledigt werden mußten. Spanien erstickte in der Planwirtschaft. Die Lage des Franquismus ließ sich mit Worten aus dem *Kommunistischen Manifest* beschreiben: Das System erwies sich als unfähig, die Gesellschaft noch länger zu beherrschen, weil es nicht in der Lage war, «seinen Sklaven die Existenz selbst innerhalb der Sklaverei zu sichern».[9] Die Spanier hatten allen Grund, sich gegen die herrschenden Verhältnisse aufzulehnen. Am 18. Juni 1959 taten sie es aber nicht. Die verzweifelte Enttäuschung der Genossen war enorm.

Den Protokollen der Planungsversammlungen entnimmt der Historiker Gregorio Morán, Semprún sei anfangs Feuer und Flamme gewesen. Zusammen mit Simón Sánchez Montero, Francisco Romero Marín und Julián Grimau hatte er den Streik organisiert und in zehn Punkten den glanzvollen Hergang jenes Tages vorweggenommen. An erster Stelle stand der Satz: «Der friedliche Umsturz der Diktatur ist nun möglich.» Ein Zeitgenosse erzählt, Federico Sánchez habe ihm damals mit leuchtenden Augen gesagt: «Stell dir vor, der Polizist Conesa [der Chef der politischen Polizei] verkauft sein Taxi und seinen Laden und wandert nach Amerika aus!»[10] Semprún kann sich an seine Zehn-Punkte-Rede nicht erinnern. Keinesfalls habe er gedacht, der Streik werde das Franco-Regime beseitigen. «Ich glaubte, das Unternehmen werde besser gelingen als der ‹Tag der nationalen Versöhnung› im Vorjahr. Mit einem vollständigen und totalen Fiasko hatte ich allerdings nicht gerechnet.» Von der ersten mißglückten Aktion, dem «Tag der nationalen Versöhnung», hat Ricardo Muñoz Suay später berichtet, Semprún sei damals schon skeptisch gewesen, auch wenn er es sich nicht habe anmerken lassen.[11] – Ein verantwortungsbewußter kommunistischer Funktionär gibt nicht zu erkennen, daß er Zweifel hegt.

Nicht anders als 1958 erschien Claudín auch 1959 zu den letzten Vorbereitungen für den großen Tag. Sein Optimismus verblüffte Semprún: «Er hat uns ein unglaubliches Bild entworfen, was am 18. Juni alles geschehen werde. Wir waren etwas erstaunt, dachten aber, er habe Informationen, über die wir nicht verfügten. Schließlich kam er aus der Zentrale, und wir in Madrid waren von vielen Nachrichten abgeschnitten. Nach seiner Darstellung stand die Revolution vor der Tür. Und dann passierte gar nichts. Claudín war erschüttert. Er hatte sich an seiner eigenen Propaganda berauscht, an seiner eigenen Rhetorik, was er dann auch begriffen hat. Für ihn war die Enttäuschung viel schlimmer als für uns. Wir hatten alle Vorbereitungen mitgemacht und mit Freude gesehen, wie viele Genossen sich selbstlos einsetzten. Er hatte von all dem nichts mitbekommen. Er sah nur die Niederlage. Deshalb ist er in seiner parteiinternen Kritik später besonders radikal gewesen.

»Claudín und Semprún berieten, warum der Streik ein Fehlschlag gewesen war; sie machten, wie das im Jargon genannt wurde, «eine Analyse» der Situation.

«Die Idee, den Kampf auszuweiten, war richtig», sagt Semprún, «aber die Methode war schlecht. Man kann nicht drei Monate im Voraus beschließen: Am 18. Juni kommt Spanien zum Stillstand! Das geht nicht. Vernünftiger wäre gewesen, dezentral vorzugehen. Wenn man in Barcelona eine Massenbewegung lostreten kann, dann macht man es in Barcelona. Landesweit kann so etwas kaum funktionieren. Der große Anspruch der Partei führte nur zur Verschärfung der Repression. Zum festgesetzten Tag waren die Führer der Organisationskomittees an vielen Orten schon längst verhaftet. Sowie Pläne ruchbar wurden, nahm die Polizei die ihnen bekannten Genossen fest. Einer von zehn ist dann zusammengebrochen und hat geredet. Der Apparat war geschwächt, bevor es überhaupt losging.»

War die Idee des Nationalstreiks an sich schon schlecht, so sahen auch die äußeren Umstände zunehmend ungünstig aus. Zwei Themen kamen in den Diskussionen zwischen Claudín und Semprún immer öfter vor: der Tourismus und das Opus Dei.

Die wachsende Wirtschaftskraft Westeuropas brachte den Tourismus in Gang. Spanien war ein billiges Ferienziel. Die blassen Menschen, die ins Land strömten, ließen ihr Geld, wo sie gingen und standen. Davon konnten viele Spanier leben. 1959 deckten die Devisen, die ohne alles Zutun der Regierung hereinkamen, das Außenhandelsdefizit. Die fatalen Auswirkungen der dirigistischen Mißwirtschaft waren damit freilich nicht behoben.

Irgendwann muß der Papierstapel in dem Aktenkorb für die noch zu lösenden Probleme Franco auf den Schoß gerutscht sein. 1957 berief er zwei Angehörige des spanischen Laienordens Opus Dei in die Regierung. Später wurden es mehr. Das waren Technokraten, die binnen weniger Jahre mit ein paar Direktiven und vielen Verbündeten im Finanz- und Wirtschaftswesen der Ökonomie auf die Sprünge halfen. Zuvor hatte Spanien sich vom Ausland weitgehend abgekopppelt und in ärmlicher Autarkie gelebt. Die neuen Fachleute dämmten die staatliche Planwirtschaft ein und polten das Land auf internationalen Handel um. Bevor der Stabilisierungsplan, der 1959 als Gesetz verabschiedet wurde, ganz Spanien zugute kam, begünstigte er vor allem die Unternehmer und führte zu einem rasanten Anstieg der Arbeitslosigkeit. Wohlhabende Menschen streiken nicht, aber jene, die fürchten, ihre Arbeit zu verlieren, tun es auch nicht. Der Regierung war es nur lieb, daß Hunderttausende Spanier sich in jener Zeit in der Fremde verdingten. Nach einer Weile jedoch begann das Gesetz zu wirken, wie seine Schöpfer sich das gedacht hatten. Investitionen kamen ins Land und mit ihnen die Arbeitsplätze.[12]

Aus dem Jahr, als der Stabilisierungsplan in Kraft trat, datiert auch die Geschichte des Bürgermeisters eines kleinen, damals liebenswürdigen Badeortes am Mittelmeer namens Benidorm. Pedro Zaragoza Orts, ein Franco-Anhänger, fuhr mit seiner Vespa den ganzen weiten Weg nach Madrid, um bei der Regierung durchzusetzen, daß die Touristinnen an seinen Stränden ungestraft lediglich mit einem Bikini bekleidet sein durften.[13] In einer Epoche des Wohlstands in Westeuropa waren solche politischen Maßnahmen für Spanien segensreich. Der Kapitalismus erwies sich als reformfähig. Das war den Spaniern neu. Claudín, der die Regierungsumbildung von 1957 noch als Anzeichen für den Zerfall des Regimes gedeutet hatte, war überrascht.[14] Er und Semprún forderten, die Strategie der KP müsse mit dem Wandel der Verhältnisse Schritt halten. Da der Kapitalismus sich fortentwickelte, mußte eine kommunistische Partei es auch tun. Den verbesserten Lebensverhältnissen der Spanier galt es politisch Rechnung zu tragen. Die Partei sollte nicht bloß Demokratie predigen, sondern in ihrer eigenen Hierarchie damit beginnen, sie zu verwirklichen.

Auch die Theorie mußte mit der zeitgenössischen Entwicklung abgeglichen werden. Fernando Claudín war mindestens so beschlagen wie Semprún. In seiner Abschlußarbeit an der Moskauer Parteihochschule hatte er Stalins weise These erläutern müssen, daß der Klassenkampf sich in dem Maße verschärfe, wie der Sozialismus triumphiere. Das war die theoretische Rechtfertigung der Säuberungen. Als gewiefter Dialektiker bewältigte Claudín die Aufgabe zur Zufriedenheit der Prüfer. Semprún gegenüber hat er dies Thema seiner Abschlußarbeit des öfteren erwähnt «und dabei immer ein wenig traurig gelächelt».

Die mißlungenen Streiks zeigten, daß etwas an Lenins Theorie und ihrer philosophischen Auslegung durch Lukács nicht ohne weiteres umsetzbar war. Der Partei und ihren Intellektuellen gelang es nicht, die Massen nach ihrem Ermessen in Bewegung zu setzen. Wenn die Massen von sich aus kein Bewußtsein für ihr Klasseninteresse hatten, woher sollte es kommen? Semprún sah sich auf Marx zurückgeworfen:

«Ich hatte das ‹Kommunistische Manifest› mehrfach gelesen, dabei aber nicht verstanden, was Marx meinte, als er schrieb: Die Kommunisten brauchen keine Partei. Solange ich im leninistischen Denken befangen war, konnte ich das nicht denken. Lenin hatte recht, als er sagte, die Arbeiterklasse könne sich von sich selbst keinen Begriff machen. Was folgt daraus? Daraus folgt, daß man das akzeptieren muß. Es hat keinen Sinn, den Arbeitern von außen etwas aufdrängen zu wollen, eine Vision oder irgendwelche sogenannten ‹spontanen› Aktionen, die sie in ihrem Kampf nicht von sich aus entwickeln.»

Die Massen, die sich am «Tag der Versöhnung» und am «Friedlichen Nationalstreik» nicht beteiligten, haben Semprún eine Lehre erteilt. Er begann – von ihm selbst erst im Nachhinein bemerkt – sich von einem Leninisten in einen Marxisten zu verwandeln: «Marx hat den Intellektuellen in der sozialistischen Revolution eine wichtige Rolle zugeschrieben, er meinte die Fraktion bürgerlicher Intellektueller, die in der Lage seien, die Zeichen der Zeit zu lesen. Lenin hat Marx nicht verraten, aber indem er die Intellektuellen als Teil der Partei betrachtete und die Partei als intellektuelles Kollektiv, hat er die Dinge kurzgeschlossen und damit den Weg bereitet für die gesellschaftliche Dominanz der Partei und – innerhalb der Partei – für die Dominanz des Generalsekretärs. Die KP ist dann am erfolgreichsten gewesen, wenn sie sich mehr an Marx als an Lenin gehalten hat.» Wenn sie sich also darauf beschränkte, das spontane Aufbegehren der Massen zu kanalisieren.

«Claudín und ich waren damals der Meinung, man müsse den Leninismus an die spanischen Verhältnisse anpassen. Daraus ergab sich nachgerade automatisch die Notwendigkeit, den Franquismus auf demokratisch-parlamentarischem Weg zu bekämpfen.» Erfolgreich war die Partei immer dann, wenn sie gesellschaftliche Malaisen thematisierte und politisch auf den Begriff brachte. Im Widerstreit gegen die franquistische Autokratie und in der selbstkritischen Beschäftigung mit den Fehlern der KP hat Semprún die Entwicklung des modernen Liberalismus in wenigen Jahren für sich selbst nachvollzogen. Als er um 1940 Kommunist geworden war, hatte er keine besondere Wertschätzung für die parlamentarische Demokratie gehabt. «Die Kritik daran ist alte Tradition im revolutionären linken, vereinfacht gesagt: im bolschewistischen Denken. In der Auseinandersetzung mit dem Franquismus konnten wir da nicht stehenbleiben: Franco hatte die parlamentarische Demokratie für ‹unorganisch› erklärt, wohingegen sein Regime ‹organisch› sei.» Im Kampf gegen Franco und im Einklang mit der Strategie der «nationalen Versöhnung» entdeckte Semprún den Wert der repräsentativen Demokratie. «Ich sage ausdrücklich ‹repräsentativ›, das Wort geht über ‹parlamentarisch› hinaus. 1957/58 waren wir als Partei auf dem Gipfel unserer Möglichkeiten angekommen. Danach erwiesen sich die gesellschaftlichen Veränderungen in Spanien als so gravierend, daß die Partei ihre Strategie ändern mußte. Und auch unser Verhältnis zur Sowjetunion mußte sich ändern.»

Das waren die Dinge, über die Semprún und Claudín sich verständigten. Doch Carrillo verschloß sich dieser Einsicht. Das Zerwürfnis ließ nicht lange auf sich warten. «Solange ich Carrillos junger Protégé war, kamen wir sehr gut miteinander aus. Carrillo brauchte mich und hatte nichts dagegen, wenn ich ihm in aller Freundschaft Frechheiten sagte. Sein literarischer Geschmack war unter aller Kritik. Die Literatur war mein Feld, das er mir überließ. Da konnte ich machen, was ich wollte. Und niemand hätte mich davon überzeugen können, daß die sowjetische Malerei und die Bildhauerei irgendetwas zu bieten hatten. Das machte Carrillo nichts aus. Solange er mich für einen loyalen Mitstreiter hielt, der ihm half, die Macht in der KP zu erringen, durfte ich ihm alles mögliche um die Ohren hauen. Wir hatten ein herzliches Verhältnis, wir konnten einander Sachen erzählen, die wir anderen gegenüber für uns behielten.» Die Vertraulichkeiten, die Semprún im Sinn hat, betrafen die Politik und die Partei, nicht das Privatleben. Über sein Privatleben sprach er nicht. Übrigens sagt er, es wäre ihm damals unmöglich gewesen, jenseits der Sphäre seines politischen Wirkens einen Freund zu haben.

«Anfangs verkörperte Carrillo für mich die alte Komintern-Generation. Vor denen hatte ich Respekt. Und Carrillo war viel intelligenter, mutiger, zupackender und vom Exil viel weniger demoralisiert als die übrigen. Man darf nicht vergessen, daß er keinen kommunistischen, sondern einen sozialistischen Hintergrund hatte. Er war politisch ziemlich kultiviert und mir sehr viel lieber als der verknöcherte Uribe. Peu à peu entdeckte ich seine manipulative Seite. Er war ein Pragmatiker der übelsten Art. Die ersten Zweifel kamen mir, als ich die alten Genossen reden hörte. Die meisten waren im Gefängnis gewesen und hatten sich danach kleine Unternehmen aufgebaut, sie arbeiteten in der Werbung oder in der Industrie. Nebenbei gesagt: Die Schulung zum kommunistischer Kader ist dem Geschäftssinn sehr förderlich. Einige dieser Leute hatten Vertrauen zu mir und erzählten mir die eine oder andere Episode aus der früheren Geschichte der Partei. Darin kam Carrillo oft nicht gut weg. Einer von denen fragte: ‹Und Carrillo ist immer noch an der Spitze?› Sicherlich, das ist doch bekannt. ‹Ach!›,

Um 1960 stand das Zerwürfnis mit den Spitzenleuten der
Partei erst noch bevor. Links sitzen Carmen und Santiago Carrillo,
rechts Colette Leloup und Semprún. Dabei sind auch die drei Söhne
der Carrillos und Colettes Tochter Dominique.

antwortet der, ‹das ist seltsam.› Die Geschichten, die ich da zu hören bekam, drehten sich um die Liquidationen in der spanischen KP, um den
Mord an Gabriel León Trilla und andere verbrecherische Machenschaften.
Und ich erlebte, daß ein Genosse wie Jaime Nieto, den ich in Buchenwald
bewundern gelernt hatte, nun als suspekt galt. Warum? Ich begann, bürokratisch gesagt, in meinem Kopf ein kleines Dossier anzulegen.»

Während Carrillos Nimbus allmählich von seiner Vergangenheit über-
schattet wurde, schien seine Politik zunehmend starrsinnig. Das eine kam
zum anderen. Semprún wurde mißtrauisch. Als Dreißigjähriger war er
stolz gewesen, Carrillo das Wasser reichen zu dürfen. Fünf Jahre später
war er aus der Rolle herausgewachsen. Und Carrillo merkte, daß der Jüngere ihm entglitt.

Die sowjetische Invasion in Ungarn hatte die spanische KP in vollem
Umfang gutgeheißen. Semprún, von seinen eigenen Tätigkeiten gefangengenommen, hielt sich darüber nicht auf. Seine Kritik an der Partei war
hausgemacht, sie ergab sich aus seinen Vorbehalten gegenüber dem Chef.
«Kleinigkeiten waren es, die mir zeigten, wie paranoid Carrillo war. Er

277

hatte die typisch stalinistische Furcht vor einem Komplott. Eines Tages hielten wir, ich weiß nicht mehr wo, eine ZK-Versammlung ab. Ich habe dazu einen Bericht beigesteuert über die Methoden der Kontaktaufnahme unter den Genossen in Spanien: Das spielte sich fast immer auf offener Straße ab und war sehr gefährlich. Die Pasionaria meldete sich zu Wort und drang auf mehr Vorsicht. Und dann sagte sie: ‹Besonders Federico muß besser geschützt werden. Er sieht zwar sehr spanisch aus, aber er ist unverwechselbar, man erkennt ihn sofort wieder.› Das hat Carrillo irritiert. Man konnte ihm ansehen, wie er überlegte, warum die Pasionaria einen Narren an mir gefressen habe und was das für ihn bedeutete.»

Carrillos Sorge kam nicht von ungefähr: Nicht lange zuvor hatten die Genossen einen ehemaligen Liebhaber der Pasionaria, Francisco Antón, aus dem Weg geräumt. In Paris, erklärt Semprún, habe er als ihr offensichtlicher Nachfolger auf dem Posten des Generalsekretärs gegolten. Antón mußte weg. «Er war viel jünger als Dolores. Carrillo hatte es nötig, ihn zu beseitigen, weil er sich damit auch eines Teils von ihr entledigte.» Die Genossen fanden einen Grund, Francisco Antón zu belasten und ihn zur Bewährung nach Polen zu versetzen. Die Pasionaria war mehr als einverstanden, weil sie sich verlassen fühlte. Antón hatte eine andere, jüngere Frau kennengelernt. In Polen war er kaltgestellt. «Nachdem Fernando Claudín und ich aus der KP rausgeschmissen worden waren, hat man Antón zurückgeholt. Das sollte signalisieren: Wer brav seine Selbstkritik abliefert und sich unterordnet, dem wird von der Partei vergeben.»

Im Juli 1959, einen Monat nach dem mißlungenen Generalstreik, traf sich das Politbüro in einer KPdSU-eigenen Datscha in dem nahe Moskau gelegenen Uspenskoje. Der Ort ist unter russischen Führern immer noch beliebt. Die Limousine des russischen Staatschefs Wladimir Putin, so wird erzählt, sei Autofahrern dort auf der falschen Seite der Fahrbahn mit Tempo zweihundert entgegengekommen.

1959 wurde die Datscha der Pasionaria und ihrer Partei für eine Versammlung überlassen. Von Anfang an war Dolores Ibárruri gegen den Streik gewesen. Carrillo mußte wieder Boden gewinnen. Er mußte darlegen, warum die Niederlage in Wahrheit ein Sieg gewesen sei, und hatte sich viele schöne Argumente dafür zurechtgelegt. Doch noch vor seiner Rede verkündete Dolores Ibárruri ihren Rücktritt als Generalsekretärin der spanischen KP. Sie war dreiundsechzig Jahre alt und wollte lieber ihre Enkelkinder auf den Knien schaukeln, als von den starken Männern der neuen Generation düpiert werden. Semprún war angenehm überrascht.

Auf einer Sitzung der höchsten
Funktionäre der spanischen KP erklärte
Dolores Ibárruri im Juli 1959 ihren
Rücktritt vom Amt der Generalsekretärin. Sie hatte erkannt, dass sie sich
gegen Carrillo, Claudín, Semprún und
andere nicht würde durchsetzen können.
Nach Francos Tod kehrte sie, mit mehr
als achtzig Jahren, nach Spanien zurück;
im Juni 1977, als erstmals wieder freie
Wahlen abgehalten wurden, errrang sie
einen Sitz in den Cortes.

Soviel Einsicht hatte er von ihr nicht erwartet. Carrillos Erhebung zum
Generalsekretär stand nichts mehr im Wege. Der sah das freilich ganz anders, was Semprún während der Kaffeepause merkte: «Ich nutzte die Gelegenheit, um auf die Toilette zu gehen, wo ich mich einschloß. Nach mir
kamen Enrique Líster und Carrillo in den Waschraum. Und ich hörte Carrillo schimpfen: ‹Was will die Alte, was ist das für ein Manöver?› – ‹¿Aqué-
lla maniobra ella prepara?› Er fürchtete, Dolores könne zusammen mit
den sowjetischen Funktionären etwas gegen ihn im Schilde führen. Beim
Hinausgehen habe ich gesagt: ‹Sie macht uns die Sache doch leichter!› Carrillo warf mir einen Blick zu, feindselig, und er zischte mich an: ‹Du hast
keine Ahnung!› Da begriff ich, daß er in Komplottphantasien lebte und
der Pasionaria kein ehrliches Wort zutraute.»

Carrillos Parteikarriere fußte auf seinen guten Beziehungen zu den sowjetischen Stalinisten. Nach dem Krieg hatte er systematisch alle Konkurrenten aus dem Feld geschlagen. Ende 1959 ließ er sich zum Generalsekretär der spanischen KP wählen. Und solange Chruschtschow regierte, achtete
er peinlich darauf, von der Linie des Kreml nicht abzuweichen. Semprún
für sein Teil erging es mit der Sowjetunion wie mit Dolores Ibárruri. Als er
sie kennenlernte, mochte er sie nicht mehr.

«Mit dem Land bin ich wenig vertraut. Nur ein paar Mal war ich dort.
Prag kannte ich besser. Wenn ich von Paris nach Prag kam, fand ich die
Stadt traurig und schwierig. Wenn ich hingegen von Moskau nach Prag

reiste, erschien mir das Leben dort leicht und angenehm. Mit einem fremden Kommunisten wie mir sprachen die sowjetischen Funktionäre nicht. Die Prager Kader taten es, aber nicht die in Moskau, die waren zu ängstlich. Die wenigen Unterhaltungen, die ich führte, waren belanglos. Sowie die Partei an der Macht ist, zieht sie sich Karrieristen heran. Sie ist nicht mehr *Berufung*, sondern nur noch *Beruf*. Der wichtigste Eindruck meiner Reisen in die Sowjetunion war die gesellschaftliche Ungleichheit. Einige Tausende, einige zehntausend Kader der Nomenklatur lebten sehr gut, unendlich viel komfortabler als das Volk, das kaum je Urlaub hatte. Und wenn sie Urlaub hatten, mußten Mann und Frau getrennt verreisen, weil sie ja meistens nicht in derselben Fabrik arbeiteten. Ferienzeiten in der Sowjetunion: das war der programmierte Massenehebruch. Gut, das war ein Epiphänomen, am schlimmsten war die Ungleichheit. Die hat mich zuerst erstaunt und dann verstört. Wie konnte man einen Staat so einrichten?! Wie groß war der Widerspruch zwischen den Worten und der Realität!»

Hohe Funktionäre der Bruderparteien hatten alle zwei Jahre das Anrecht auf einen Ferienaufenthalt in der Sowjetunion. 1958 waren Semprún und seine Frau erstmals in einen Badeort an der Südküste des Schwarzen Meeres eingeladen. In Moskau machten sie Station und warteten auf die Tickets für die Weiterfahrt, deren Ausstellung einige Tage in Anspruch nahm:

«Wir wurden in einer Wohnung in der Gorkistraße untergebracht, im Zentrum der Stadt. Riesig groß. Sechs oder sieben Zimmer allein für uns zwei. Am ersten Morgen sind wir zum Frühstück ins Speisezimmer gegangen, und da war eine Mahlzeit für zehn, fünfzehn Personen aufgetragen. Nur für uns zwei. Ich konnte ein paar Worte Russisch und sagte der alten Dame, die uns aufwartete: ‹Wissen Sie, am Morgen essen wir wenig, etwas Tee, Butter, Toast, das genügt uns.› Ja, sagt sie, ‹da da da›. Doch am nächsten Tag stand das Essen wieder in Überfülle auf dem Tisch, warme und kalte Speisen, Kaviar für mindestens zehn Personen. Am dritten Tag war es dasselbe. Also fragte ich den Dolmetscher: Ob die Genossen wüßten, daß wir nur zu zweit seien. Der Mann errötete und bedeutete uns: die Aufwartefrau dürfe alle Reste mitnehmen. Von unserem nicht gegessenen Frühstück hat die Frau drei Familien ernährt. Das ist nur eine Anekdote, aber sie erklärt alles. Wenn ich nach Spanien zurückkehrte, habe ich von solchen Dingen nichts erzählt. Es war zu schrecklich. Die Genossen hätten mir nicht geglaubt, und hätten sie mir geglaubt, sie hätten es nicht ertragen. Ich sagte mir also: Schön, vergessen wir die Sowjetunion, machen wir unsere Politik, bringen wir Franco zu Fall. Und wenn das geschehen ist, sehen wir weiter.»

Spätestens nach seiner Ferienreise im Jahr 1958 hätte Semprún weder in einer Parteiversammlung noch im Traum die Äußerung getan, ohne die Sowjetunion lohne es sich nicht zu leben.

Er und Claudín gerieten immer öfter mit Carrillo aneinander, so etwa wegen der «Agrarfrage». Der neue Generalsekretär wollte an die spanischen Bauern die Parole ausgeben: Wer den Boden bestellt, soll seine Früchte genießen. Es war eines der seltenen Male, da im Politbüro abgestimmt wurde. Lediglich zwei Mitglieder wandten sich gegen die neue Taktik: Semprún und Claudín. Nicht daß sie an der Idee etwas auszusetzten gehabt hätten, aber sie waren der Auffassung, man dürfe die spanischen Bauern nicht über einen Kamm scheren. Im Norden lebten viele Landleute von den Erträgen winziger Schollen. Im Süden gab es ausgedehnte Besitzungen, auf denen noch eine spätfeudalistische Ordnung herrschte. Die dortigen Bauern fühlten sich ihren Grundherren verpflichtet und wären bei aller Armut nicht dafür zu haben gewesen, gegen ihre Herrschaft aufzustehen. Bevor man ihnen mit dem Sozialismus kam, hätte man ihnen begreiflich machen müssen, was der sie anging. Bei der Abstimmung unterlagen Claudín und Semprún, sie wurden «Revisionisten» geschimpft. Nun begann die Zeit der Debatten, an deren Ende Semprún und Claudín aus der KP verstoßen wurden.

Die Partei war die Partei war die Partei, auch aus Madrider Perspektive und aus der Sicht eines unbotmäßigen «enfant terrible». Seine konstruktive Kritik verpackte Semprún in den gängigen Jargon, damit sie niemandem wehtat. Seinen Unmut kaschierte er vor sich selbst mit dem Mut der Hoffnung. Bis zum Schluß hielt er sich an die Parteidisziplin, was Javier Pradera unangenehm zu spüren bekam. Der Sproß einer großbürgerlichen Familie glaubte an die freie Rede, auch und gerade in der KP. Im Frühjahr 1960 schrieb er einen Brief an die Führung in Paris: Aus dem Mißlingen des Generalstreiks 1959 habe die Partei noch nicht die notwendigen Lehren gezogen. Die Genossen überschätzten die revolutionäre Stimmung im Bürgertum; viele Bürger und auch viele Kleinbürger bejahten die geplante Rückwandlung des Landes in eine Monarchie; die Partei gehe in die Irre, wenn sie darauf zähle, daß Spanien nach Francos Tod automatisch zu einer Demokratie werden würde.[15] Dies alles und manches mehr schrieb Pradera, in der illusorischen Annahme, die Diskussion voranzubringen. Die KP-Führer in Paris fühlten sich bloß auf die Füße getreten. Auf einen bourgeoisen Klugschwätzer wie ihn hatten sie gerade noch gewartet. Semprún, der Pradera am nächsten stand, wurde angewiesen, ihm zu antworten. Den Brief, den er verfaßte – «Wir sind eine revolutionäre Partei und nicht ein soziologisches Institut, lieber Javier…» –, hat Pradera ihm bis heute nicht verziehen. Entsprechend bissig fiel seinerzeit seine Entgegnung aus: «Wie schön, daß ich das endlich erfahre….» Semprún sagt von seinem Brief, der sei ironisch gewesen, der von Pradera beleidigt. Pradera sagt, er habe ironisch geschrieben, was Semprún aber nicht verstanden habe.

Semprún teilte manche Bedenken des Freundes. «Davon durfte ich ihm aber nicht schreiben. Er hat meine Lage nicht ganz erfaßt: Ich war im Politbüro! Sein Brief kam verfrüht. Die Zeit war noch nicht reif für den Kampf, der anstand, der unvermeidlich war. Niemand, nicht einmal Claudín, hätte mich unterstützt, wenn ich dafür votiert hätte, Praderas Thesen ernst zu nehmen.» Ich fragte Semprún, warum er es im Namen seiner Freundschaft zu Pradera nicht einfach abgelehnt habe, ihm die gewünschte Abfuhr zu erteilen. Seine Antwort kam prompt und war streng: «Wenn du das fragst, dann hast du entweder nie gewußt oder du hast vergessen, was das ist: ein kommunistischer Apparat. Da kann man nicht einfach sagen: Ich will so einen Brief nicht schreiben. Dann heißt es sofort: Aha, du bist also einverstanden! Und schon beginnt der Kampf, von dem zu jenem Zeitpunkt ganz klar war, daß er nicht gewonnen werden konnte. Mit einem hegelianischen, stalinistischen Wort gesprochen, war es damals ‹objektiv› nicht möglich, den Kampf zu beginnen.»

Javier Pradera war von der Reaktion auf seinen Brief sehr mitgenommen. «Ich fühlte mich wie verurteilt. Und das eben nicht bloß vom Politbüro, sondern von Jorge, was die Sache unerträglich machte. Danach hat die Partei mich zwei Jahre lang ignoriert. Ich war ein Niemand geworden. Das war schrecklich. Es war schlimmer als meine Zeiten im Gefängnis, schlimmer als wenn man seinen Glauben an Gott verliert.»

Die Beziehung zu Jorge kam wieder ins Lot. Als Pradera sich 1961 in seiner Verzweiflung von der Partei abwenden wollte, war Semprún es, der ihn umstimmte: Man könne die Verhältnisse nur von innen heraus verändern. Im Jahr darauf war die Parteiführung geneigt, Pradera zu vergeben. Er warf sich in die Arbeit und erreichte, daß er nach Ablauf weniger Monate abermals festgenommen und ein Jahr lang inhaftiert wurde. Heutzutage weiß er, daß Semprún eigentlich keine Wahl hatte, als er ausersehen wurde, auf seinen Brief zu antworten. Und doch … Er behauptet, sich nicht erinnern zu können, mit ihm über diese Begebenheit je offen gesprochen zu haben. Es gibt Leute, die bringen es nicht über sich, «es tut mir leid» zu sagen.

Im Sommer 1960 brach der Himmel ein. Auf dem Weg in die Sommerferien in Foros am Schwarzen Meer traf Semprún zusammen mit Carrillo und anderen den Chefideologen der KPdSU, Michail Suslow. «Er war der Gott der Theorie. Ihm hat Carrillo eine gute halbe Stunde lang über unsere Arbeit und ihre Perspektiven berichtet, er sprach über die friedlichen Massenaktionen in Spanien und zeigte, wie sie mit dem XX. Parteitag und der Doktrin der friedlichen Koexistenz verknüpft waren. Und dann hat Suslow das alles weggewischt und uns zurechtgewiesen: O nein, eine Partei muß immer bereit sein, zu den Waffen zu greifen! Die KP müsse auf den bewaffneten Kampf gefaßt sein. Das war verrückt, vollkommen verrückt.» Das Treffen ließ die Spanier verstört und ziemlich verunsichert zurück. Erst Wochen später verstanden sie die Ursache der plötzlichen ideologischen Kehrtwendung: «Zu jener Zeit bestritten die Chinesen den sowjetischen Führungsanspruch. Sie erklärten die Genossen in Moskau zu Revisionisten, die Lenin verraten hätten. Also wollten die Russen beweisen, daß sie noch leninistischer als Lenin waren. Und dazu benutzten sie uns, wir waren Mittel zum Zweck, Schachfiguren. Wie es uns erging und was aus Spanien wurde, interessierte sie nicht im geringsten. Von unserer Linie durften wir aber nicht abweichen. Die friedliche Massenpolitik war insgesamt erfolgreich, wir konnten nicht zurück. Das gleiche Spiel hat Suslow dann mit den portugiesischen Genossen versucht. Mit denen klappte es. Von da an waren wir ‹die Revisionisten› und die Portugiesen das leuchtende Vorbild. Nach der Diskussion mit Suslow dachte ich: Schluß, Ende, mit diesen Leuten kann man nicht einen Schritt mehr machen. *Finished!*»

Noch etwas später erfuhr Semprún, daß Suslow sich von seinen Untergebenen zwei Argumentationslinien hatte ausarbeiten lassen: «eine zur Bestätigung der chinesischen Thesen und eine dagegen». Carrillo hat eine kleine Abgrenzung gegenüber den großen Brüdern in Moskau erwirkt: Der spanische Ausdruck für Politbüro, *buró politico*, heißt soviel wie «politischer Schreibtisch» oder «politischer Nachttisch». Der Begriff wurde geändert. Von 1960 an hieß das Politbüro *comité ejecutivo* – Exekutivkomitee. Von dieser belanglosen Korrektur an den sowjetischen Traditionen abgesehen, blieb Carrillo moskautreu. Suslows Aufruf zum «bewaffneten Kampf» nahm er zu Beginn der sechziger Jahre zumindest rhetorisch auf. Und er duldete keine Widerworte. Daß Semprún Kontakte zu den italienischen Eurokommunisten geknüpft hatte, mißfiel Carrillo maßlos. Die sowjetische Politik kritisieren durfte nur er, zu einem Zeitpunkt, der ihm paßte. Forderungen nach mehr innerparteilicher Demokratie verstand er als Versuch, an seinem Stuhl zu sägen. Ende 1962 wurde Semprún aus Spanien abgezogen. Mittlerweile war Federico Sánchez so prominent, daß ihm Gefahr drohte. Schon 1961 hatte er die Wohnung in der Calle Concepción Bahamonde wochenlang nicht verlassen, weil zu viele Genossen aufgeflogen waren, die Hinweise auf ihn geben konnten. Unter dem Vorwand, um Federicos Sicherheit besorgt zu sein, veranlaßte Carrillo ihn, seinen Posten in Madrid aufzugeben. «So geht das in Armeen immer», sagt Semprún, «man ruft die Generäle zum Rapport nach Hause, um sie von ihren Truppen zu trennen, die ihnen Rückhalt geben könnten.»

Semprúns Platz als Verbindungsmann zur spanischen Intelligenz nahm José Sandoval ein. Er hatte die vergangenen dreiundzwanzig Jahre in sozialistischen Ländern verbracht. Das Leben im Westen war für ihn exotisch. Er gab vor, Kolumbianer zu sein. Den Madrilenen erschien er wie ein Marsmensch. Er wußte nicht, wie man sich als Bürger der westlichen Welt benahm. Im Dezember 1962 installierte er sich in Madrid und ließ sich von Semprún in seine Aufgaben einarbeiten. Im April 1964 wurde er verhaftet. Ferien und andere Reisen nicht mitgerechnet, hielt er sich keine zwölf Monate; Semprún war es rund neun Jahre lang gelungen, Sandoval nicht eines.

Semprúns Quartier bei María und Manolo Azaustre übernahm Julián Grimau. Er war, nachdem die Polizei Simón Sánchez Montero 1959 verhaftet hatte, zum Kontaktmann für die Arbeiter gemacht worden. Ein anderer, dem die Aufgabe angetragen worden war, hatte abgelehnt: Er habe nicht das Zeug zum Helden. Nun, Grimau hatte es, und dazu soviel Wagemut, daß Semprún es heute noch nicht fassen kann. «Er traf sich mit jedem, mit jedem! Mit Abtrünnigen, die er wieder einfangen wollte, und mit Jungen, die er zu gewinnen suchte. Da kommt einer des Wegs und sagt, er interessiere sich für die KP. Und wupp: Grimau machte eine Verabredung.» Das Propagandamaterial trug er selbst zu den Fabriken hin. Es hätte bloß noch gefehlt, daß er sich am Eingang postierte, ein Schild vorm Bauch: *Mag hier jemand der KP beitreten?* «Der Mann, der Grimau verraten hat, war im Gefängnis gewesen und wollte wieder mit der KP zu tun haben. Aber er war schwach. Die Polizei hat ihn besucht. ‹Wir wissen, daß du wieder bei der Partei bist!› Die Polizei wußte gar nichts, doch der Mann ist eingeknickt und hat von seiner Verabredung mit Grimau erzählt.»

Ein Treffen führender Funktionäre 1957. Die Pasionaria trug in der
Öffentlichkeit oft Schwarz. Der dritte von links ist Julián Grimau.
Wie ein Draufgänger sieht er gar nicht aus. Sein politischer Enthusiasmus
wurde ihm jedoch zum Verhängnis.

Wie Grimau dürfe man nicht vorgehen, sagt Semprún. «Ich war sehr
viel zurückhaltender. Ich war nicht darauf aus, die Kontakte zu vervielfa-
chen, in der Annahme, daß Franco in drei Tagen umkipppen werde, wenn
man nur noch ein bißchen drückt. Wir würden Franco stürzen, das war
klar. Dafür durfte man aber nicht das eigene Leben oder das der Kameraden aufs Spiel setzen. Wenn ich mit einem Dutzend Genossen ein Treffen
ansetzte, dann ist keiner von denen hinterher verhaftet worden, in neun
Jahren nicht. Und umgekehrt hat keiner der Polizei gegenüber meinen Namen erwähnt.»

Im November 1962 wurde Grimau festgenommen und bestialisch gefoltert. Im Verlauf der Vernehmungen, die auf einer oberen Etage im Gebäude
der Staatssicherheit an der Puerta del Sol stattfanden, stürzte er aus einem
Fenster. In der Öffentlichkeit wurden Vermutungen laut, er sei nicht freiwillig gesprungen. Seine Knochenbrüche hinderten die Polizei nicht, die
Folter fortzusetzen. In den fünfziger Jahren wäre es unbeachtet geblieben,
1963 nahm die Welt Anteil an Grimaus Schicksal: Nicht nur Intellektuelle

forderten Gnade, auch Harold Wilson, Vorsitzender der britischen Labour Party, und Nikita Chruschtschow setzten sich für ihn ein. Nach allem, was man weiß, war Grimau darauf gefaßt, zu Tode gequält zu werden. Soweit bekannt, hat er niemanden preisgegeben. Er war ein schmächtiger Mann, hatte ein schmales Gesicht und eine hohe Stirn. Daß er zuviel rauchte, sah man ihm an. Auf einem Gruppenphoto, das ihn im Kreis einiger KP-Funktionäre zeigt, blickt er mit einem schüchternen Lächeln als einziger direkt in die Kamera. Am 20. April 1963 wurde Julián Grimau erschossen.

Vor Grimaus Festnahme hatte Semprún vergeblich verlangt, den überschwenglichen Agitator um seiner eigenen Sicherheit willen nach Paris zurückzubeordern. Erst später erfuhr er, daß Grimau während des Bürgerkriegs bei der Madrider Kriminalpolizei gearbeitet hatte. Einen Mann wie ihn hätte man der Untergrundarbeit überhaupt nie aussetzen dürfen. Zu viele franquistische Beamte mußten sich an seine Rolle im Bürgerkrieg erinnern. Carrillo war über Grimaus Vergangenheit im Bild. Semprún geht nicht so weit, ihn für den Tod des Genossen unmittelbar verantwortlich zu machen, doch ist die Geschichte für ihn ein Indiz mehr dafür, daß Carrillo über Leichen ging.

Die Debatten zwischen Fernando Claudín und Semprún auf der einen Seite und Carrillo auf der anderen wurden zunehmend schärfer. Während Carrillo den Keynesianismus für Augenwischerei hielt, strich Claudín die kapitalistische Kraft zur Selbstreform heraus. Während Carrillo mit Francos Tod das Zeitalter der Demokratie anbrechen sah, erklärte Claudín, daß man mit einer neuen Monarchie rechnen müsse. Während Carrillo in seinen Reden von weiteren Generalstreiks phantasierte,[16] riefen Fernando und Federico dazu auf, die gewandelten wirtschaftlichen und gesellschaftlichen Umstände zur Kenntnis zu nehmen. Die Menschen waren nicht bloß weniger arm als in den fünfziger Jahren, sie wurden auch selbstbewußter. Wo früher ein Farbdruck von Leonardo da Vincis «Abendmahl» die Wand geschmückt hatte, hing nun «Guernica».[17] Auf der Straße begegnete Semprún jungen Leuten, die sich bunter anzogen, als er es gekannt hatte, sie kurvten fröhlich auf Vespas herum, und die Mädchen kamen ihm nicht mehr schamhaft, sondern kess und schnippisch vor. Wenn die Partei mit ihren Anhängern politisch auf der Höhe bleiben wollte, mußte sie sich im Innern demokratisieren: Auf die Dauer würden die Aktivisten sich nicht alles vorschreiben lassen.

Nachdem die Pasionaria ihren Posten an Carrillo abgetreten hatte, wußte er sich mit ihr ins Einvernehmen zu setzen. Gemeinsam befanden sie, daß «die zwei F», Federico und Fernando, über die Stränge schlugen. 1962 wurde die auf Semprúns Anregung gegründete, in Belgien gedruckte Kulturzeitschrift *Nuestras Ideas* eingestellt. Erst hatte man Semprún aus Madrid abgezogen, nun entzog man ihm seine publizistische Plattform.

1963 fand im nordfranzösischen Arras eine zur intellektuellen Selbstverständigung gedachte Tagung statt, auf der die politischen Differenzen sich zuspitzten. Semprún bezeichnet die Veranstaltung als den Anfang der Kämpfe mit Carrillo.

Semprúns italienische Kontakte erlaubten es dem unbotmäßigen Duo, eine neue Zeitschrift zu gründen, *Realidad*, die von der KPI finanziert wurde. In der ersten Nummer, die im Herbst 1963 erschien, mokierte sich Claudín, ein Hobbymaler, über die bildende Kunst in der Sowjetunion. Semprún kritisierte die Maoisten für ihre verzerrte Sicht auf den italienischen Eurokommunismus. Das kam den Italienern entgegen. Dann verlangte er eine seriöse Auseinandersetzung mit der Geschichte der spanischen KP nach dem Zweiten Weltkrieg, mit jener Phase, in der die vormaligen Inlandsführer der KP ausgeschaltet worden waren – und zwar von Santiago Carrillo.

1963 las Semprún Alexander Solschenizyns Roman *Ein Tag im Leben des Iwan Denissowitsch*. Während er Nachrichten vom Gulag bisher abgetan hatte, war er nun überwältigt. Die Fähigkeit, nur das wahrzunehmen, was ihm ins Konzept paßt, ist bei Semprún stark ausgeprägt. Vermutlich ist das eine der Voraussetzungen für erfolgreiche politische Arbeit. 1963 war sein Band zur Partei brüchig geworden. Er war reif für die Lektüre Solschenizyns. *Die große Reise* war kaum publiziert, «da wußte ich schon, daß ich das Buch nochmal schreiben mußte». Diesmal unter Einbeziehung seiner kommunistischen Verblendung. Unter dem Eindruck von Solschenizyns *Ein Tag im Leben des Iwan Denissowitsch* forderte er in *Realidad* die Aufklärung der Verbrechen in der spanischen KP. Von da an war die weitere Zusammenarbeit mit Carrillo nicht mehr möglich, weder für ihn noch für den Generalsekretär. Solche untaktischen, impulsiven Wortmeldungen waren es, die doktrinäre Kommunisten denken ließen, der Name «Vögelchen» passe gut zu Semprún. «Laßt die Vögel ins Weite fliegen», dichtete Gabriel Celaya: Sie würden schon wiederkehren und entdecken, daß die Freiheit im Gehorsam liegt. Celayas «Gleichnis vom Vogel und dem Panzer» handelt von Semprún und Claudín, die Sympathie des Dichters war auf seiten des «Panzers» Claudín.[18]

Carrillo fand, er gehe mit den beiden «F», Federico und Fernando, sehr duldsam um. Monatelang gab die Partei ihnen die Chance, Selbstkritik zu üben. Keiner von beiden war einsichtig, ja die beiden schienen nicht einmal zu verstehen, wie großzügig – aus Carrillos Sicht – die Partei ihnen entgegenkam. Im März 1964 war dann Schluß. Das Politbüro tagte auf einem Schloß nahe Prag. (Die Sitzung hat Semprún in *Federico Sánchez. Eine Autobiographie* ausführlich geschildert.) Carrillo gab sich souverän: «Ich übe Selbstkritik», sagte er, «weil ich Federico zuviel habe durchgehen lassen.» Er sprach für sich und in die versteckten Mikrophone, mit denen der Saal höchstwahrscheinlich gespickt war.

Semprún, der vom Schicksal Iwan Denissowitschs aufgewühlt war, brachte die Rede auf Josef Frank, Rudolf Slánskýs Stellvertreter an der Spitze der tschechischen KP, der zusammen mit Slánský 1952 hingerichtet worden war. Unter anderem war Frank vorgeworfen worden, er habe im KZ für die Gestapo gearbeitet. Semprún war mit Frank bekannt gewesen. In Buchenwald hatte er mit ihm in der Schreibstube bei der Zusammenstellung manch eines Kommandos konspiriert. Als ein Agent der Gestapo hätte Frank dafür sorgen müssen, daß Semprún das Lager nicht lebend verließ. Das teilte Federico Sánchez nun auf dem Schloß nahe Prag im März 1964 seinen Zuhörern mit. Die Widerrede der Pasionaria war ein gutes Beispiel für die perfide Argumentationsweise der Partei. Dolores Ibárruri tat entrüstet: Wenn Federico gewußt habe, daß Josef Frank unschuldig war, warum sei er dem Kameraden nicht zu Hilfe gekommen?!

Nicht nur stalinistische Systeme verdrehen die Wahrheit zuungunsten dessen, der sie ausspricht. Das ist allen Machtapparaten eigen. Doch anders als in einem Konzern oder in einem demokratischen Ministerium hat es unter stalinistisch geprägten Umständen von vornherein keinen Sinn, sich auf den gesunden Menschenverstand zu berufen: Was wirklich ist, bestimmt die Partei. Selbst Naturgesetze und Naturgewalten beugen sich dem Wunsch der Partei. Stalins Reich verfügte über eine eigene Biologie. Mochte der Westen sich mit Darwin und Mendel befassen. Im «Land der Wunder», wie die UdSSR genannt wurde, galt die biologische Lehre des Scharlatans Lysenko von den «revolutionären Sprüngen», derzufolge Pflanzen auch dort gedeihen konnten, wo sie nicht hingehören. Unter den Schulkindern der DDR gab es in den fünfziger Jahren einen beliebten Witz: «Der Genosse Lysenko ist beim Erdbeerenpflücken von der Leiter gefallen.» Und auch ein anderer Witz ging unter ostdeutschen Schülern um: Drei Männer sitzen im

Gefängnis. Sie erzählen einander, warum sie verhaftet wurden. «Weil ich für Slánský war», sagt der erste. «Weil ich gegen Slánský war», sagt der zweite. «Ich bin Slánský», sagt der dritte.[19] Rudolf Slánský, Josef Frank, László Rajk: Als er noch an Stalin glaubte, machte Semprún sich über ihr Schicksal keine Gedanken. Erst als der Konflikt mit Carrillo zum Kochen kam, konnte er sich darauf einlassen, was sich im Ostblock abgespielt hatte. Das Schloß bei Prag, wo er und Claudín verstoßen wurden, hat ihn an Kafkas Schloß erinnert. Auf den Stühlen sah er nicht bloß die Angehörigen des Politbüros sitzen, sondern auch die Schatten der Ermordeten. In jenem März 1964 wurde Claudín und Semprún mitgeteilt, daß sie nicht mehr in die Partei gehörten. Als das Plenum beendet war, erhielt Semprún eine Fahrkarte nach Rom. Sollten doch seine Freunde von der KPI zusehen, wie er nach Paris zurückkam. «So läuft das», sagt er, «man wird zur Hölle geschickt. Tschapp – und man ist weg.» Auf die italienischen Kommunisten war Verlaß. Und Semprún verfaßte für Palmiro Togliatti, den Generalsekretär der KPI, ein Memorandum über die neueren Ereignisse in der spanischen KP. Das hat Togliatti höchstwahrscheinlich nicht mehr gelesen. Er starb im Sommer 1964, als er am Schwarzen Meer Ferien machte, an einem Herzinfarkt.

Dem Treffen auf dem tschechischen Schloß folgte noch eines im September und ein letztes im November. Kein Angehöriger des Exekutivkomitees unterstützte die beiden F. Das Zentralkomitee wurde ihretwegen nicht einberufen, im Sommer 1964 ratifizierten seine Mitglieder aus der Ferne die Amtsenthebung von Claudín und Semprún. Die offizielle Exkommunikation erfolgte Anfang 1965. Die Reihen der studentischen Aktivisten in Madrid wurden gesiebt. Mit Semprún-Jüngern wollte die Partei sich nicht weiter belasten. Viele waren ohnedies schon ausgetreten; von den 250 Kommunisten an der großen Universität sollen nur 41 übriggeblieben sein.

Die Ironie des Schicksals wollte es, daß Claudín und Semprún nicht etwa ausgeschlossen wurden, weil Carrillo in ihnen Konterrevolutionäre erblickt hätte. Sie wurden ausgeschlossen, obwohl der Generalsekretär ihnen insgeheim ein wenig beipflichtete. «Nach der Unterredung mit Suslow», erzählt Semprún, «war Carrillo genauso schockiert wie ich. Da hat er begonnen, auf Distanz zu gehen. Aber er konnte auf die Sowjetunion nicht verzichten. Dort saßen seine Gewährsleute, seine ganze Autorität beruhte auf seinen guten Kontakten zur Sowjetunion. Kritik am Mutterland des Sozialismus durfte er nicht zulassen, ob aus maoistischer oder aus eurokommunistischer Sicht. 1960 – dessen bin ich ziemlich sicher – merkte er, daß die Spanier sich von der Sowjetunion lösen mußten. Er gab uns recht. Doch wollte er derjenige sein, der das betrieb. Und er wollte auch den Zeitpunkt bestimmen. In unserem letzten Gespräch unter vier Augen, 1964, habe ich ihm gesagt: ‹Santiago, in ein paar Monaten wirst du selbst die Thesen vertreten, die du jetzt verurteilt hast.› Und er antwortete: ‹Ja, vielleicht werde ich das tun, derzeit ist es dafür in Spanien noch zu früh.› Also: er wußte es! Aber er sagte immer, die Umstände der Untergrundarbeit erforderten, daß die Partei geschlossen auftrete.»

1964 war Semprún zu Tode gekränkt.

9

Was bleibt?

Peter Ensikat stammt aus dem kleinen Finsterwalde im Brandenburgischen. Nach dem Besuch der Leipziger Theaterhochschule wurde er Kindertheatermacher und Satiriker. Wenn er grinsend bekennt, daß er aus einem Ort namens Finsterwalde kommt, lachen seine Zuhörer, zumal der kleine, hagere Mann dabei aussieht wie ein gutmütiger Wolf, der sich für ein Schaf hält.

Nach dem Krieg hungerten die verwitwete Mutter und ihre drei Kinder in Finsterwalde. Aber die Mutter, eine lebenskluge Frau, ließ Klagen nicht zu: Die Kinder sollten bedenken, sagte sie ein ums andere Mal, daß es viele gebe, denen es schlechter gehe. Sie schlug sich als Verkäuferin durch. Ihre Abneigung gegen alle Parteien war das Ergebnis praktischer Anschauung. «Bei uns zu Hause wurde nicht viel über Politik gesprochen», sagt Peter Ensikat, «eines aber hat die Mutter uns beigebracht: In die Partei geht man nicht. In keine. Mein Großvater war erst Sozialdemokrat gewesen, dann Kommunist, dann war er in der NSDAP, in der KPD und schließlich in der SED. Damit hatte er, so fand meine Mutter, das Familiensoll übererfüllt. Außerdem waren wir nach 1945 in Finsterwalde alle Antikommunisten, aber stramm! Wegen der Russen. Da hatte die Nazipropaganda Wirkung getan. Das wurde dann im Westen ja auch gleich übernommen. Im Kalten Krieg war die Darstellung der Russen genauso gemein wie in der Nazizeit. ‹Rotlackierte Faschisten›: das funktionierte.»

Im Lauf der Zeit rechnete Ensikat immer weniger damit, daß die DDR nur ein vorübergehendes Phänomen sei. «In den fünfziger Jahren haben wir noch an die Wiedervereinigung geglaubt. Ich kam 1941 zur Welt, war Anfang der Fünfziger also noch ein Kind, aber ich weiß, daß darüber diskutiert wurde. Das war eine Hoffnung. Wir dachten, man müsse alles versuchen. Daß da im Westen gar nichts geschah, brachte einen dann zu der

Erkenntnis: Der Westen hatte uns aufgegeben. Das hatte zuerst Resignation zur Folge und dann Anpassung, was sonst? Die Westverwandten meiner Mutter forderten sie auf, in den Westen zu ziehen. Aber daran konnte sie nicht denken – als Verkäuferin mit drei Kindern. Sie sagte: ‹Was soll ich drüben? Wovon sollen wir da leben?› So reich war keiner unserer Verwandten, daß er uns hätte helfen können. Ein richtiger Sozialist war ich nie. Ich war unfähig zu glauben. Als ich jung war, habe ich vieles ausprobiert: Ich war bei den Anthroposophen, ich hab's mit der katholischen Kirche versucht. Nichts hat angeschlagen. Nur auf der Schauspielschule, Ende der fünfziger Jahre, hatte ich eine sozialistische Phase. Da las ich Bertolt Brecht. Dem glaubte ich schon. Ihm und dem Marx, denen glaubte ich.»

Ensikat sah, daß West und Ost in Konkurrenz zueinander standen und er sich für eines der beiden Systeme entscheiden mußte. Als junger Mann wählte er den Osten: «Mitte der sechziger Jahre dachte ich: Wir sind zwar arm, aber wir sind alle arm. Das fand ich gerechter als das westliche System. Außerdem dachte ich: Anders als im Westen kann man im Osten etwas ausrichten. Meine Texte wurden verboten. Da kommt man sich natürlich wichtig vor, viel wichtiger als man es im Westen hätte sein können. Das hat sich heutzutage ja auch bestätigt. In der Bundesrepublik läuft man immer gegen Watte. Da ist Beton manchmal besser. Das Ende der Hoffnung auf eine bessere DDR war 1968, unser 1968: die Niederschlagung des Prager Frühlings. Das westliche 1968 haben wir in der DDR nicht erlebt. Ich finde nach wie vor, daß uns das im Osten fehlt. Alle meine westdeutschen Freunde, die uns damals besuchten, Maoisten, DKPisten und andere Linke: Wie die sprachen, auch Dutschke, fand ich abstoßend; das war ein Vokabular, das war besetzt. Aber die gesellschaftliche Emanzipation, die damals im Westen stattfand, das Sich-nicht-mehr-Wegducken, hat es in der DDR nicht gegeben. Seit 1968 habe ich den Westen darum beneidet. Das empfinde ich als das größte Manko der DDR-Gesellschaft, das fehlt uns bis heute.»

In seinem Buch, «Das schönste am Gedächtnis sind die Lücken», übt Ensikat Selbstkritik: «Im Grunde war meine Rolle, ohne daß ich das merkte, oft genug eher die eines nützlichen Idioten. Die Leute, die zu uns ins Kabarett kamen, gingen danach ja nicht etwa auf die Barrikade. Im Gegenteil, sie waren wie wir froh darüber, daß ein paar Dinge ausgesprochen worden waren, die nicht in der Zeitung standen. Unser ganzes Kabarett war ein Ventil für den ständig wachsenden Unmut.»[1]

In der Unterhaltung, die ich mit Peter Ensikat im September 2007 führte, sagte er: «Früher habe ich mir eingebildet, diese Ventilfunktion nicht zu haben. Wenn wir verboten werden, dachte ich, dann haben die Regierenden solche Angst vor uns, daß wir auch Einfluß haben. In Wahrheit hatten die nur Angst vor den Westmedien. Die Nähe zu Westdeutschland: das war einer der wesentlichen Gründe, warum die DDR zusammengebrochen ist. Im Nachhinein reden viele Ostdeutsche davon, was sie alles riskiert hätten. Aber wir haben nichts riskiert, auch wenn wir das nicht immer wußten. Die DDR stand unter Beobachtung! Sie konnte sich nicht leisten, was in Bulgarien oder Rumänien an der Tagesordnung war. Das Land war, wie Günter Grass gesagt hat, eine ‹kommode Diktatur›. Wir mit unserem Kabarett haben nichts verändert, nicht einmal bei dem Publikum, das uns zujubelte. Das mußten wir 1989 einsehen. Die Leute waren durchaus nicht unserer Meinung. Wir alle waren gegen das Regime. Aber mehr Übereinstimmung gab es nicht. Ich glaube, daß Egon Krenz 1989 die Grenze aufgemacht hat, weil er die Demonstranten von der Straße weghaben wollte. Das ist auch gelungen. Die Leute sind in die West-Berliner Kaufhäuser gelaufen. Man kann es ihnen nicht verdenken. Damit war dann aber das, was wirklich selbstbestimmt war, zu Ende. Da hat dann die D-Mark gesiegt.»

Selbstbestimmung ist ein wichtiges Wort für Peter Ensikat. Ein paar Wochen lang, im Oktober und November 1989, hatte er das Gefühl, daß die DDR-Bürger auf ihre Emanzipation Wert legten, so wie die westlichen Achtundsechziger es getan hatten. Mochte die DDR «unter Beobachtung» stehen, mochte der Ausgang der Demonstrationen davon bestimmt werden, was zwischen Moskau und Washington besprochen wurde – Ensikat hält den Sturz des SED-Regimes dennoch für eine Revolution. In jener Zeit ist er, fast aus Versehen, zum Revolutionär geworden.

«Da wurde eine Regierung gestürzt, von den Leuten auf der Straße. Das Besondere dabei ist, daß es eine ganz fröhliche Revolution war – etwas für Deutsche ganz und gar Untypisches. Revolution überhaupt, und dann noch eine fröhliche! Am 4. November 1989 fand in Ostberlin eine riesige Demonstration statt – für mich die Revolution. Entstanden ist die Idee zu dieser Demonstration auf einer Veranstaltung im Deutschen Theater, Mitte Oktober. Wir, Theaterleute, bildende Künstler, Schriftsteller, versammelten uns, um über die Ausschreitungen, die am 7. Oktober stattgefunden hatten, zu diskutieren. Die ganze Veranstaltung war illegal. Der Theaterintendant, Dieter Mann, hatte den Mut, uns sein Haus zur Verfügung zu stellen. Wir trafen uns vormittags. Es wurden allerlei Reden gehalten. Gregor Gysi war dabei. Die Theaterleute hatten ihn dazugebeten, weil er sie in vielen Prozessen vertreten hatte. Das war für mich übrigens die Urstunde des Politikers Gysi. Der stand dauernd auf und lief ans Mikrophon: Wir sollten doch auf die Straße gehen; es gebe – das wußten wir alle nicht – seit dem Sommer ein Gesetz, demzufolge man nun Demonstrationen anmelden könne. ‹Machen Sie es doch endlich!›, sagte er. Als einer der letzten Redner war ich angekündigt. Ich wollte über Zensur sprechen, aber zwei Schauspielerinnen, Jutta Wachowiak und Johanna Schall, baten mich, nicht gleich anzufangen. Vorher wollten sie etwas verkünden. Dann kamen sie wieder raus auf die Bühne und sagten: nein, es klappe nicht – ‹die trauen sich nicht›. Die Gewerkschaftsleute hatten schon seit ein paar Wochen Pläne gemacht, der Verband Bildender Künstler sollte zu einer Demonstration am 4. November aufrufen. Offenbar haben die sich hinter der Bühne dann nicht einigen können. Das hörte ich nun – und mein Mikrophon war offen. Da schlug ich dann eben vor, daß wir alle uns am 4. November zur Demonstration treffen.»

So hat Peter Ensikat, der schüchterne Wolf, etwas verdattert und doch wissend, was er tat, die DDR-Bürger zu einer Demonstration gegen das Regime angestachelt. Die Nachricht verbreitete sich im Nu:

«Nach der Veranstaltung kam ein Theaterkritiker zu mir, Christoph Funke, der sagte: ‹Und wenn ich meinen Posten verliere, das drucke ich!› Er hat das dann wirklich geschafft. Es erschien ein Text, in der Zeitung einer Blockpartei, vielleicht zehn Zeilen lang. Da stand drin, daß wir in dieser Versammlung den Beschluß gefaßt hätten, am 4. November auf die Straße zu gehen. Mehr gab es nicht. Aber in der DDR hatte ja das Gerücht doppelte Lichtgeschwindigkeit. Es ging sofort herum. Am Vorabend des 4. November traf ich den Schriftsteller Volker Braun, der erzählte, daß es von Leipzig nach Berlin keine Bahnfahrkarten mehr gebe. Am nächsten Morgen bin ich um acht Uhr in der Frühe – nicht gerade meine Zeit – zu dem Platz gefahren, wo wir uns versammelten. Ich fühlte mich ja verantwortlich. Ich war also ganz gegen meine Aufstehgewohnheiten sehr zeitig dort, wähnend, ich müsse helfen, irgendetwas zu verhindern. Die Gewerkschaftsleute hatten schon alles organisiert. Sie hatten eine Art Sicherheitspartnerschaft mit der Polizei geschlossen. Wir sollten garantieren, daß von unserer Seite keine Gewalt ausgehen würde. Da liefen lauter Ordner umher, die Schärpen trugen, auf denen stand ‹Keine Gewalt›. Weil ich einer der ersten am Platz war, dachte ich: Haben die nicht übertrieben?›, so viele werden wir nicht. Und dann waren es, ich weiß nicht wie viele, eine halbe Million, eine Million, eine unüberschaubare Masse fröhlicher Menschen. In den paar Wochen davor hatten Kollegen aus anderen Theatern mich angerufen: Ich solle ihnen Sprüche nennen, die sie aufmalen könnten. Ich sagte: ‹Denkt euch das selber aus.› Und da kamen so lustige Sachen, alles handgemacht, handgemalt. Die SED dachte, wir wären eine organisierte Opposition. Das waren wir aber nicht. Wir waren nur ein paar Künstler, die für einen Moment mit dem Volkswillen übereinstimmten. Am 4. November herrschte eine revolutionäre Situation. Vorausgegangen waren natürlich die Demonstrationen in Leipzig, die Unruhen in Dresden. Doch war da noch nichts entschieden. Der 4. November hat in meinen Augen alles geändert. Ein paar Tage zuvor hatte ich einen Anruf vom Kulturministerium bekommen: Ob ich durchsetzen könne, daß die Demonstration nicht im Zentrum Berlins stattfinde, sondern in Köpenick, im Stadion vom FC Union. Die haben wirklich gedacht: jemand stellt da etwas von oben durch. Ich habe nur gelacht und gesagt: ‹Wie stellt ihr euch das vor?› Die hatten Angst, daß wir die Mauer durchbrechen. Davon war aber überhaupt keine Rede. Ich weiß nicht, ob irgendjemand an die Wiedervereinigung dachte. Es ging dabei wirklich um die Selbstbefreiung. Das ist das besondere an dem Ganzen, es war eine Selbstbefreiung, die dann allerdings daran scheiterte, daß danach niemand weiterwußte. Das galt auch für die sehr aktiven Mitglieder des ‹Neuen Forum›. Die wollten keine Macht. Die Macht lag auf der Straße, keiner hat sie aufgehoben. Dann kam Helmut Kohl und hat sie fest gegriffen.»

•   •   •

Peter Ensikat, der zufällige Revolutionsführer, erlebte 1989 genau das, was Jorge Semprún im Lauf einiger Jahre als KP-Funktionär lernen mußte: Eine Großdemonstration, ein Generalstreik finden nur dann statt, wenn das Volk es will. So erklärt sich übrigens, warum die russische Oktoberrevolution 1917 gelang, obwohl Lenin nur rund zehntausend Mitstreiter hatte. Wer aus dem Volk von dem Aufruhr Wind bekam, war auf seiner Seite. Das ist der Grund, warum der marxistische Historiker Eric Hobsbawm die Oktoberrevolution für ein großes Ereignis hält. Semprún hingegen, der anders als Hobsbawm selbst als Revolutionär unterwegs war – an der Spitze, nicht im Fußvolk –, beurteilt die Oktoberrevolution heutzutage danach, was daraus wurde. Er ist kein Historiker, er denkt politisch. Weil die Politik sein

Schicksal war und sein Leben von Kindesbeinen an bestimmt hat, ist er für historisch abstrahierende Urteile über die kommunistische Bewegung nicht zu haben. Das Politische war für ihn immer stärker als das Private. Später ist das Schreiben an die Stelle des Politischen getreten, es fungiert als Transformationsmühle des gesammelten Erlebnismaterials. Das will zerhäckselt und neu zusammengesetzt werden, der Prozeß ermöglicht dem Autor die Selbstvergegenwärtigung in seinem Text. Semprún schreibt sich sein Leben immer wieder neu zusammen, seine Bücher sind veränderte Neuauflagen seines Lebens.

2003 hat er mir eine persönliche Frage gestellt. Das war ungewöhnlich. Vielen Schriftstellern und vielen alten Leuten liegt es nicht, auf andere Menschen einzugehen. Semprún macht da keine Ausnahme. Ich erinnere mich an ein Abendessen, zu dem die ostdeutsche Publizistin Daniela Dahn eingeladen war. Man sprach über den Verleger Walter Janka, der von 1957 bis 1960 wegen angeblicher «konterrevolutionärer» Aktivitäten in DDR-Zuchthäusern saß. Semprún hatte ihn flüchtig kennengelernt. Als er ausgeredet hatte, meldete Daniela Dahn sich sehr zurückhaltend zu Wort: Sie habe Walter Janka auch gekannt. Alle blickten sie fragend an. «Ja. Ziemlich gut sogar, er gehörte zum engen Freundeskreis meiner Familie.» Das wäre die Gelegenheit gewesen, etwas mehr über Janka zu erfahren. Doch Semprún fragte nicht nach. Sein Interesse an Walter Janka war gesättigt mit dem, was er wußte. Ihm fiel nichts ein, was er hätte erfragen können – mir gegenüber hat er das später auf seine «Schüchternheit» geschoben.

Weil Semprún sich in das Leben seiner Mitmenschen ungern einmischt und lieber über allgemeine Themen redet, habe ich immer aufgemerkt, wenn er sich nach anderen erkundigte. Welche erste konkrete persönliche Frage er mir stellte, weiß ich noch genau: Er wollte wissen, wie alt ich sei. Jahrgang 1964. «Ach!», sagte er – er hatte eine neue Koinzidenz entdeckt: Zu Daniel Cohn-Bendit, der 1945 zur Welt kam, habe er gesagt, das sei das Jahr, in dem er wieder zu leben begann – «und 1964 ist das Jahr, in dem ich gestorben bin».

Semprúns Verhältnis zum Tod ist vielgestaltig. 1964 lernte er ihn in der Verkleidung der Sinnlosigkeit kennen. Aus der ideellen Heimat vertrieben, fand er sich nun zum zweiten Mal im Exil. Was noch kommen sollte, würde neben dem, was war, nicht bestehen können. In *Was für ein schöner Sonntag!* hat er 1980 beschrieben, was mit ihm geschah, nachdem er aus der KP ausgeschlossen worden war, ausgestoßen aus der Gemeinschaft der

Genossen und zunehmend im Widerstreit mit Theorien, die er gutgeheißen hatte: «Der tiefe Un-Sinn des Marxismus, der konzipiert wurde als Theorie einer universalen revolutionären Praxis, ist unser Lebenssinn gewesen. Meiner jedenfalls. Ich habe also keinen Lebenssinn mehr. Ich lebe ohne Sinn.»[2]

Eine andere Form der Sinnlosigkeit hatte er in seinem ersten Drehbuch, das er für Alain Resnais verfaßte, illustrieren wollen. Ursprünglich sollte die Geschichte von einem Mann handeln, der zwölf Jahre im Gefängnis gesessen hat und sich nach seiner Freilassung aus der Welt gefallen vorkommt. Davon brachte Resnais seinen Autor ab. Die Handlung eines Films dürfe nicht auf der Stelle treten. «Eines Tages sagte Alain: ‹Nein, Schluß damit, wir brauchen ein Ziel. Dieser Mann hat nichts anderes vor als zu atmen, zu leben, eine Frau und Freunde zu finden!›»[3] Doch bis heute erwägt Semprún, über die Geschichte eines Freigelassenen, dem seine Vita abhanden kam, einen Roman zu schreiben.

Was in der allgemeingesellschaftlichen Sphäre die Koinzidenz, das ist in einer Familiengeschichte oftmals die Wiederholung. Viele Kinder leben zu ihrer Überraschung das Unglück eines Elternteils nach. Als Erwachsene finden sie sich eines Tages in der gleichen Falle, in die schon Vater oder Mutter gestolpert waren. Manche Psychoanalytiker wollen ihren Patienten weismachen, ein unbewußter Drang treibe sie dazu, es den Eltern nachzutun. Einleuchtender scheint mir die Vermutung, daß man das Unglück, das man bei anderen gesehen hat, schneller identifizieren kann und sich dann, da man es kennt, nicht allzu sehr dagegen sträubt. In Semprún findet sich eine bemerkenswerte Variante dieses psychischen Musters: Er pflegt es. Seit vielen Jahren denkt er, daß er nach seinem Vater geraten sei. Im Exil in Paris hatte dieser sich einen «wandelnden Leichnam» genannt. Sein Elan vital war ihm abhanden gekommen. Nach Semprúns Ausschluß aus der KP vollzog sich eine Verwandlung an ihm, die ihn seinem Vater ähnlich machte: Eine innere Sprungfeder war zerbrochen. Seitdem gibt er sich einer alltagspraktischen Faulheit hin, einer für ihn durchaus bequemen Antriebslosigkeit, die vielfach von Bescheidenheit kaum zu unterscheiden ist. Er vergleicht sich mit Iwan Gontscharows trägem Oblomow, dem Aristokraten, der sich zu nichts aufraffen kann. Damit hat er sich abgefunden. Irgendwie gefällt es ihm sogar. Er beharrt auf seiner Lethargie in allen praktischen Dingen: So sei er nun einmal. Seinen Führerschein hat er nie gemacht, weil sich noch immer jemand gefunden hat, der ihn chauffiert. Natalia Pradera, die ihn in den siebziger Jahren kennenlernte, sagt, er sei schon damals für alltägliche Aufgaben nicht zu gebrauchen gewesen: «Er konnte nicht einmal ein Taxi rufen.» Was Semprún als unabänderliche, ihm innewohnende und quasi ererbte Schwäche hochhält, ist in Wahrheit wohl eher eine Angewohnheit. Wenn er in einem Luxushotel in einem kühlen Zimmer untergebracht ist, dann friert er lieber zwei Nächte lang, als daß er den Portier bäte, die Heizung höher zu stellen. Da der alte, bedeutende Herr indes von Leuten umgeben ist, die sich darum reißen, etwas für ihn tun zu dürfen, genügt ein Wort von ihm, und der störende Umstand wird behoben.

Semprún ist liebenswürdig. Wenn er nach einer Lesung viele Dutzend Bücher signiert, dann reicht er ein jedes mit einem bezaubernden Lächeln an den Bewunderer zurück. Einnehmend wie sein Lächeln ist Semprúns ganzes Auftreten. Er ist ein Charismatiker. Wer in den Bann so eines Menschen gerät, projiziert die eigene Seelenfähigkeit auf ihn. Alle eigene Begabung zum Engagement, zur Freundschaft, zur Liebe und zum Mitleiden werden ihm zugeschrieben. Auch dafür wird er verehrt, gemocht oder geliebt. Und nachdem er in seinen Talenten, seiner Herzlichkeit und seinem Charme einmal erkannt worden ist, muß er nicht mehr viel tun, um die Zuneigung wachzuhalten. Semprúns Gabe, seiner Umwelt als Projektionsfläche all dessen zu erscheinen, was die Menschen für wahr, gut und schön erachten, wirkt mitunter auch auf Distanz. Über den 2005 publizierten Roman *Zwanzig Jahre und ein Tag* schrieb ein Rezensent: «Verhaltene Gefühle, subtile Seelenregungen» würden in dem Buch zwar «kaum je» geschildert. Doch: «Die Zwischentöne ergeben sich von selbst, der Leser ergänzt sie mühelos.»[4]

Semprún kann ausgesprochen abweisend sein und ganz plötzlich in stumpfes Schweigen fallen. Einem Freund und «Meister», einem bewunderten Autor und berühmten Mann verzeiht man das. Man verzeiht es umso leichter, wenn man es für eine Spätfolge der Gefangenschaft in einem Konzentrationslager hält. Seit den fünfziger Jahren hat Javier Pradera sich so die unvermittelt unfreundliche Art des Freundes erklärt. Nicht während der Gespräche für dies Buch, wohl aber bei anderen Gelegenheiten habe ich das Phänomen, das Pradera «Jorges Schweigen» nennt, auch erlebt. Wenn man etwas sagt, was ihn nicht interessiert, oder wenn man eine Frage stellt, auf die er nicht antworten will, blickt er, je nachdem, ins Weite oder auf seinen Teller und tut, als habe er nichts gehört. So ein Verhalten wird nicht im KZ geprägt. Es ist das Verhalten eines Mannes, der daran gewöhnt ist, daß man ihm seine Allüren und Marotten nicht übelnimmt.

Der Gynäkologe Thomas Landman, der ältere der zwei Söhne von Colettes Tochter Dominique, steht seinem Nenngroßvater sehr nahe. Als Thomas sechzehn Jahre alt war, schrieb Semprún rückblickend über ihn, er habe «dieses Kind mehr als alles auf der Welt geliebt». Die Passage findet sich in *Was für ein schöner Sonntag!*, eingerahmt von Worten über todgeweihte Juden aus Tschenstochau und dem Gedanken an seinen, Semprúns, eigenen Tod.[5] Der Enkel kann die ihn betreffenden Zeilen aus dem Kopf hersagen. Der Zuneigung seines Großvaters ist er sich gewiß. Zärtlich, mit Gesten, sei dieser allerdings nie gewesen: «Was das angeht, ist er ziemlich unbeholfen. Es mag damit zusammenhängen, daß seine Mutter so früh gestorben ist. Das klingt banal, aber es muß eine Rolle spielen.» Als Thomas klein war, spielten beide zusammen Tennis und Tischtennis, auch mit dem Luftgewehr haben sie geschossen, wobei der Junge auf Vögel zielte, Semprún nie. Mit Thomas holte er vieles nach, was er im Umgang mit seinem eigenen Sohn versäumt hatte. An dem Tag, als de Gaulle starb, erzählte der damals 46 Jahre alte Großvater dem Kleinen die Geschichte von Moby Dick. «Vielleicht deshalb weil de Gaulle und Moby Dick beide irgendwie Riesen waren», sagt der Enkel. «Er hat mich sehr geliebt, er tut es noch heute, heute anders als früher. Er hat immer viel erzählt. Unterhaltungen? Das ist etwas anderes. Wie das in meiner Kindheit war, weiß ich nicht mehr. Es gibt da vieles, was ich vergessen habe. Auf jeden Fall ist es nicht immer leicht, ihm Fragen zu stellen. Bisweilen ist er einfach anderswo. Wenn man ihn etwas fragt, antwortet er manchmal gar nicht, oder er redet von etwas anderem.»

Was Thomas Landman, der liebende und geliebte Enkel, über seinen Nenngroßvater sagt, stimmt mit dessen Selbstbeschreibung überein. Mir hat Semprún erzählt, daß er oft nicht auf das eingehe, was gesprochen werde: «Ich fange mit einer Geschichte an, und dann komme ich plötzlich auf etwas ganz anderes, das kann mir im Café passieren, wenn ich mit Freunden zusammensitze, überall. Da komme ich manchmal auf Geschichten, die in sich wie ein Roman konstruiert sind. Es kann vorkommen, daß ich plötzlich nicht mehr weiß, womit ich eigentlich angefangen habe. Manche Leute finden das ärgerlich, andere mögen es.»

Die Neigung zum Rückzug in sich selbst ist in Semprún verwurzelt. «Im Spanischen gibt es ein schönes Verb, das im Französischen nicht existiert: *ensimismarse* – in sich gehen. Ortega y Gasset hat darüber eine ganze Theorie entworfen: Wer nicht bei sich sein könne, sei nicht in der Lage, mit seiner Umgebung zu kommunizieren. Bei mir kann das fünfzehn Se-

Mitte der siebziger Jahre. Semprún erzählt, daß er oft nicht darauf eingehe, was gesprochen werde: «Ich fange mit einer Geschichte an, und dann komme ich plötzlich auf etwas ganz anderes. (...) Manche Leute finden das ärgerlich, andere mögen es.»

kunden währen, das kann eine plötzlich aufscheinende Assoziationskette sein. Die mag durch eine traurige Erinnerung oder eine plötzliche Angst ausgelöst werden. Und dann verliere ich mich. Es ist nicht beunruhigend, sich in sich selbst zurückzuziehen.»

Während seiner ersten Reise nach Spanien hatte Semprún alle paar Tage einen Gruß nach Paris geschickt, «damit man wußte, daß ich noch am Leben war». Später schrieb er nicht mehr, es war ihm zu riskant. Adressen und Telefonnummern lernte er auswendig, nichts Schriftliches sollte es geben, das ihn oder andere verraten konnte. Nach dem Ende seiner Untergrundarbeit hat er die Gewohnheit beibehalten. Er beantwortet Briefe nicht, «auch nicht die von meinen Freunden». Genau gesagt, beantwortet er Briefe und Faxe nur dann, wenn es in seinem Interesse ist, wenn er es also für sachlich unumgänglich erachtet oder Lust dazu hat. Das gleiche gilt für Verabredungen. Mit denen nimmt er es mitunter nicht so genau. Manchmal sagt er kurz vorher ab, manchmal bleibt er einfach aus. Aus alter Gewohnheit und weil er sich nicht zum Sklaven seines Kalenders machen will, notiert er viele Verabredungen nicht. Wenn er dann eine vergißt oder zwei Termine gleichzeitig hat, sieht er das als einen bedauerlichen Zufall an, für den er nicht verantwortlich ist. Wie Semprún würden es wohl viele gern halten. Die meisten schaffen das aber nicht. Der Gedanke an die Enttäuschung oder den Mißmut aller, die umsonst bei einem Treffen erscheinen oder vergeblich auf eine Antwort warten, die Vorstellung, für unzuverlässig oder unhöflich gehalten zu werden, treibt die Leute ans Telefon oder an den Schreibtisch. Sie bewirtschaften ihren Terminkalender pflichtbewußt und beantworten ihre Post, zumal die Post ihrer Freunde, weil sie mit sich selbst im unreinen wären, wenn sie es nicht täten. Von der Furcht vor solchen Gewissensbissen ist Semprún vollkommen frei. Er stellt sich nicht vor, was andere empfinden.

Es ist vorgekommen, daß der Schriftsteller sich in seine eigene Romanfigur nicht hat einfühlen können: In *Netschajew kehrt zurück* (das Buch wurde 1987 in Frankreich publiziert) wird ein Vater, der mit seiner wohlerzogenen Tochter in vertrautem Einvernehmen steht, eines Morgens ermordet. Sein Tod wird in den Elf-Uhr-Nachrichten erwähnt. Mittags stellt ein attraktiver Polizeikommissar sich bei der Tochter ein. Um drei Uhr nachmittags ist sie von ihm «hingerissen». Semprún läßt die Zweiundzwanzigjährige in diesem Moment denken: «ein Bulle, der Thomas von Aquin zitiert (...) Und doch war er da, in Fleisch und Blut. Noch dazu ohne ein Gramm Fett am Leib. Verdammt verführerisch ... Nur ein bißchen zu alt. Aber auch das wäre zu prüfen.»6 – Vier Stunden, nachdem die noch sehr junge Frau vom Tod des geliebten Vaters erfahren hat, erwägt sie nach Art eines lüsternen, erotomanen Lebemanns ein sexuelles Abenteuer!

Einmal hat Semprún es auf sich genommen, sich als Autor auf einen anderen Menschen einzulassen: Sein Porträt Yves Montands (Auf Deutsch: *Yves Montand: das Leben geht weiter*) erschien 1983 in Paris. Semprún verzichtete darauf, etwas Kritisches über den Sänger, Schauspieler und einstigen Kommunisten zu schreiben, mit dem er eng befreundet war. Er schilderte eine in allem makellose Vita.* Ausführlich befaßte er sich mit Montands Kindheit, seiner Redeweise, seinen Gesten. Wie um sich von der Konzentration auf seinen Helden zu erholen, führte er noch eine zweite Vita ein: die eigene. Manchen Lesern erschien das Buch deshalb umso an-

---

* Natürlich, sagt er, sei Montand nicht ohne Schwächen gewesen. So habe Montand es zum Beispiel nur angemessen gefunden, als Bernard Kouchner – Gründer der Hilfsorganisation «Médecins du monde», 2007 zum französischen Außenminister bestellt – Montand in den achtziger Jahren schmeichelte, er habe das Zeug zum Staatspräsidenten.

regender, andere waren befremdet, so viel über Semprún und so wenig über Montand zu erfahren.

Thomas Landman hat sicherlich recht, wenn er vermutet, daß der Tod der Mutter einschneidend gewesen sei. Gonzalo de Semprún glaubt, Jorge habe sich zu Unrecht für das von der Mutter am meisten geliebte Kind gehalten. Jorge selbst sagt dazu nichts. Immerhin hat die Mutter ihm vorausgesagt, er werde Schriftsteller werden oder der Präsident der Republik. Aus seiner besonderen Liebe zu ihr macht Semprún freilich kein Hehl. Die Beziehung zur Mutter ist sein Angelpunkt. Das hat er mit Sigmund Freud gemeinsam, der schrieb: «Wenn man der unbestrittene Liebling der Mutter gewesen ist, so behält man fürs Leben jenes Eroberungsgefühl, jene Zuversicht des Erfolges, welche nicht selten wirklich den Erfolg nach sich zieht.»[7] Man muß vielleicht gar nicht der unbestrittene Liebling gewesen sein, möglicherweise genügt es, daß man sich so fühlt.

Semprún ist nicht im KZ er selbst geworden. Sein Charakter wurde nicht in der Gefangenschaft geprägt. Das gilt auch für seine schroffe Gewohnheit, sich in Gedanken von seiner Umgebung zu absentieren. Die Fähigkeit, «mich in mich selbst zurückzuziehen», sagt er, habe er schon immer gehabt, «das hat mir geholfen, das Konzentrationslager zu überstehen». Umso wunderbarer kam es ihm in Buchenwald vor, als er spanische Gefährten fand, die unbedingt und in jedem Moment zu ihm hielten. Und das gleiche erlebte er als Funktionär in Madrid. Die Kehrseite seines Solipsismus ist sein hoher Begriff von Brüderlichkeit. Der kommt zum Tragen, wenn es um Leben und Tod geht. Postalische Grüße seiner Freunde beantwortet er nicht. Aber wenn er erfährt, daß einer schwer erkrankt ist, dann ruft er ihn zweimal am Tag im Hospital an. Seine Freunde wissen, daß das Telefonieren kaum minder scheut als das Briefeschreiben. Der bald neunzig Jahre alte Stéphane Hessel, der ein altmodisches, bisweilen vom Französischen leicht beeinflußtes Deutsch spricht, sagt über Semprún: «Er hat sich selbst recht gern.» Wenn er indes jemanden treffe, den er von früher kenne, sei seine Freude groß und ungekünstelt: «Er hat ein offenes und bereitliegendes Herz.»[8]

Semprúns Roman *Algarabía* (1981) ist als pikareske Erzählung konzipiert. Während er in seinen Büchern über Buchenwald dem unreflektierten Mitleiden des Lesers mit Sarkasmus entgegenarbeitet, hat er im Schatten des komisch Grotesken der Geschichte von *Algarabía* seine Empfindsamkeit entfaltet. Das Jahr 1968 mündete in eine Revolution, die alsbald niedergeschlagen wurde. Nur auf dem linken Seineufer, in Saint-Germain-

Strahlend im Mittelpunkt: So hatte Semprún sich seine Mutter immer
vorgestellt. Er war selig, als er vor vielen Jahren das hier abgebildete
Zeitungsphoto zugeschickt bekam: Die Mutter war wirklich so schön gewesen,
wie er sie in Erinnerung hatte; und die kindlichen Begierden, die er mit ihrem
Andenken verband, waren gerechtfertigt. Der mit einem x gekennzeichnete
Señor ist Antonio Maura, Semprúns Großvater.

des-Prés, konnten die Aufständischen eine autonome Zone etablieren. Um
sich mit ihnen nicht weiter abgeben zu müssen, hat der Staat das Viertel
mit einer Mauer umschlossen. In ihren Festen tragen verschiedene natio-
nalistische und bizarre linke Gangs ihre Scharmützel aus. Während der
Kämpfe sind die Pflastersteine als Munition verschleudert worden. «Aber
unter dem Pflaster war nicht der Strand, sondern Dreck» – entsprechend
desolat sieht das Viertel seitdem aus. Ein gewiefter Halsabschneider hat
sich den Feminismus zunutze gemacht und betreibt ein gewinnträchtiges
Bordell, in dem die Frauen alle stolz darauf sind, nicht einem Mann allein
zu gehören.

Rafael Artigas, der Protagonist, ist in dieser Zone gestrandet. Sein Haar
ist schon weiß, und die ideologisch aufgeladenen Machtspielchen, deret-
wegen seine Nachbarn einander die Köpfe einschlagen, gehen ihn nichts

mehr an. Er hat das Leben Semprúns hinter sich, unter dem frühen Tod seiner Mutter leidet er noch immer. Eigentlich hat er nur einen Wunsch: Er braucht einen Paß. Doch die Beamtin ziert sich. Sie heißt Rose Beude und weiß ihre privaten Gelüste mit den verstiegenen Anforderungen der Bürokratie zu verknüpfen. Wer ist Rose Beude? Niemand, sagt Semprún, habe ihn je zuvor darauf angesprochen. Vermutlich bin ich Rose Beude nur deshalb auf die Spur gekommen, weil ich die französische Aussprache als eine Art attraktive, schwierige Paßbeamtin kennengelernt habe: Man hat gleichsam das Formular gewissenhaft ausgefüllt, hat also einen grammatisch korrekten Satz formuliert. Aber irgendein Nasallaut ist mißlungen, irgendeine phonetische Phrasierung fehlt, man wird nicht verstanden, der Antrag wird abgewiesen. Man fragt sich: Was habe ich falsch gemacht? Man bekommt einen Sinn für den Unterschied zwischen Buchstaben und Lauten und entdeckt: Der Name Rose Beude ergibt sich aus der französischen Aussprache von *Rosebud* in Orson Welles' Film «Citizen Kane». Rafael Artigas ist mit den Erinnerungen an seine Kindheit beschäftigt.

Am Ende kommt Artigas wegen Rose Beude zu Tode. Dem Sterbenden scheint es, als werde er Hals über Kopf durch den langen Hausflur der Madrider Wohnung in das Zimmer gesogen, in dem einst seine Mutter starb. Metaphorisch gesprochen, kehrt er in den Uterus zurück. Er muß sterben, weil er die all ihren bürokratischen Kaprizen zum Trotz aufreizende Dame vom Paßamt einen Moment zu lang angesehen hat.

Die erste Hälfte seines Buchs *Die große Reise* schrieb Semprún 1961 in zwei bis drei Wochen. In jenen Tagen hatte die *Brigada Político-Social* eine Glückssträhne. «Zumeist erfuhren wir, wenn jemand verhaftet worden war. Die Polizei veröffentlichte ein Kommuniqué, oder die Familie informierte uns. Alfredo, Gustavo sind verhaftet worden, Achtung! Dann wurde der Kern der Leute um Alfredo oder Gustavo isoliert, nicht mehr kontaktiert, seine Familie, seine engsten Arbeitskollegen. Wir warteten ab, was passierte. Manchmal geschah gar nichts. Manchmal folgte auf die erste Verhaftung eine Kette weiterer Festnahmen. Wir wußten dann, daß jemand geredet hatte oder daß irgendein Dokument ans Licht gekommen war. Und dann mußten alle, die mit dem Betreffenden zu tun hatten, sich aus dem Verkehr ziehen. Also: möglichst zu Haus bleiben. Oft hat die Polizei nicht alles aus den Leuten herausgeholt. Sie haben etwas zugegeben, eine Kleinigkeit: in der Bar da und da, in dem und dem Viertel gebe es gelegentlich

Treffen. Die Polizei hat solche Leute dann ins Auto gesetzt und ist mit ihnen zu der Bar oder in das Viertel gefahren. Diesen Expeditionen durfte man nicht über den Weg laufen. Man blieb zwei oder drei Wochen lang zu Haus, bis die Lage sich wieder beruhigt hatte.» So eine schlimme Phase, die etliche Verhaftungen zeitigte, erlebten die Genossen in Madrid 1961. Semprún setzte keinen Fuß vor die Tür. Die Einkäufe erledigte wie stets María Azaustre, deren Mann Manolo, von dem schon die Rede war, die Anwesenheit von Federico Sánchez nutzte, um ihn mit seinen Geschichten aus Mauthausen zu traktieren. Und weil jener nichts zu tun hatte, setzte er sich hin und schrieb, wie er es bei vergleichbaren Gelegenheiten früher auch schon versucht hatte. Und diesmal gelang es ihm. Er hat sich nicht ins Lager hineinbegeben, sondern sich ihm vorsichtig genähert: Die höllische Grausamkeit im KZ, bei deren Beschreibung Azaustres unbeholfene Superlative sich umsonst verausgabten, scheint in der Erzählung von der Zugfahrt nach Buchenwald in Szenen auf, die Semprún, als er später Drehbücher schrieb, «flash-forwards» nannte.

Aus Madrid nach Paris zurückgekehrt, gab er das unvollendete Manuskript erst seiner Frau, dann Monique Lange zu lesen, die mit dem Schriftsteller Juan Goytisolo verheiratet war und bei Gallimard arbeitete. Sie wiederum gab es Claude Roy, einem Angehörigen des für die Programmentscheidungen zuständigen *Comité de lecture* von Gallimard, der dafür sorgte, daß es gedruckt wurde. Der Ehemann von Semprúns erster Frau Loleh hat das Buch zur Publikation gebracht. Wieder eine Koinzidenz, aber eine, aus der Semprún literarisch nichts gemacht hat. Dies aus gutem Grund: Die enge Vermaschung der Pariser Gesellschaft hat den Effekt, daß es ein großer Zufall ist, wenn zwei Leute miteinander zu tun bekommen, die einander nicht schon begegnet sind. 1963 wurde *Die große Reise* veröffentlicht und sofort mit dem «Prix Formentor» ausgezeichnet. Über den Erfolg seines Sohnes freute sich der alte Semprún Gurrea in Rom wie ein Schneekönig. Weniger erbaut wird er gewesen sein, als Jorge Rolf Hochhuths Theaterstück *Der Stellvertreter* ins Französische übersetzte und mit vielen Kürzungen für die Dauer eines Theaterabends einrichtete. Das Drama klagt Papst Pius XII. an, der sich mit dem Nazireich verständigte, anstatt sich für die verfolgten Juden Europas einzusetzen.[9] Die französische Uraufführung fand im Dezember 1963 in Paris statt. In Frankreich hatte das Stück sehr viel mehr Erfolg als in der Bundesrepublik.[10]

Carrillo nutzte die Gelegenheit und erklärte, Semprún sei ja nun offenbar von seinen literarischen Aktivitäten absorbiert. Er ging so weit, dem Noch-Genossen zu unterstellen, er fürchte sich vor einer Rückkehr nach Spanien. Das waren Winkelzüge, mit denen der Parteichef den Konkurrenten zu diskreditieren und unschädlich zu machen suchte.

Was wäre gewesen, hätte die Partei Claudín und Semprún nicht hinausgeworfen? Der Machtkampf mit Carrillo war unausweichlich. Hätte er nicht 1963 begonnen, dann etwas später. Der Versuch, sich mit bürgerlichen Parteiungen oder den Sozialisten zu verbünden, wäre in den folgenden Jahren möglicherweise, ja vermutlich auch unter der Ägide der beiden F gescheitert. Federico Sánchez war es gelungen, Oppositionelle ins Gespräch mit der KP zu ziehen. Den Schritt zur offiziellen Kooperation zu tun, war aber keiner von ihnen bereit. 1962 kamen die spanischen Oppositionsführer von links bis rechts in München zu einem Treffen zusammen, das die franquistische Presse als «Münchner Verschwörung» bezeichnete. Nur die Kommunisten waren nicht dazugebeten.

In demselben Jahr reiste die KPI-Funktionärin Rossana Rossanda nach Spanien. Die Italienerin gab sich als Touristin aus und sah sich vor, daß sie nicht von der Polizei kontrolliert wurde. Die Stimmung im Land verblüffte sie: «Nichts war, wie ich es erwartet hatte. Unser Faschismus war bis zuletzt auftrumpfend gewesen, hier war er nicht einmal zu sehen.» Das Land sei «verschlafen und verstummt» gewesen. Rossana Rossanda bemerkte, daß die Führungsleute der spanischen KP uneins waren. Und bei ihren Treffen mit anderen Oppositionellen wurde ihr klar, daß diese mit den Kommunisten ebensowenig zu tun haben wollten wie mit Franco. José María Gil-Robles, der Begründer der «Spanischen Konföderation der autonomen Rechten» (CEDA), setzte auf den europäischen Markt, der das Franco-Regime obsolet machen werde. «Bedingung dafür war allerdings, daß die Kommunisten aus dem Spiel blieben», hatte der alte, distinguierte Anwalt seiner Besucherin mitgeteilt.[11]

Rossana Rossanda kannte Spanien nicht. Nach ihren Memoiren zu urteilen, war sie 1962 auch nicht genau darüber im Bilde, wer in der spanischen KP etwas zu sagen hatte. Was sie aber sah und die Unterhaltungen, die sie führte, ließen sie denken, daß die Kommunisten nichts würden ausrichten können. Sie hatten keine Verbündeten, und «das Volk erhob seine Stimme nicht». Der Unterschied zwischen der italienischen und der spanischen Gesellschaft muß in jenen Jahren himmelweit gewesen sein. Denn 1961 und 1962 beobachtete Semprún in Madrid eine ungekannte Gelöstheit. Das öffentliche Leben war weniger verdruckst als früher. Rossana Rossanda nahm davon nichts wahr. Wie einflußreich die spanische KP tatsächlich war, läßt sich nur mutmaßen. 1990, als Semprún die Farbe Rot schon längst mit der blutigen Geschichte des Stalinismus assoziierte, hielt er seiner Partei zugute, in den späten fünfziger Jahren die stärkste oppositionelle Kraft gewesen zu sein, wenn nicht in Katalonien und im Baskenland, wo jede zentralistische Politik der Bevölkerung widerstrebte, so doch in Andalusien und in Madrid.[12]

Aus der KP ausgeschlossen, empfand Semprún das gleiche Unglück, das alle anderen auch empfanden, denen es ergangen war wie ihm. In jener Zeit las er F. Scott Fitzgeralds *The Crack-up* (Der Knacks). Zwei Sätze des Essays von 1936 sprachen Semprún aus dem Herzen und schienen ihm eine Definition von Dialektik im besten Sinn zu sein. Er kann die französische Übersetzung der Zeilen auswendig und zitiert sie, wenn man ihn fragt, was Dialektik sei: «Ein überragender Verstand zeichnet sich durch die Fähigkeit aus, von zwei einander widersprechenden Ideen geleitet zu sein und dennoch handlungsfähig zu bleiben. Ein Beispiel: wenn man imstande wäre, zu sehen, daß die Lage aussichtslos ist, und dennoch ist man fest entschlossen, sie zu verbessern.»[13] Nach dieser Devise wollte Semprún zukünftig handeln. Von dem charakteristischen, irrationalen Schuldbewußtsein der Verstoßenen unbelastet, glaubte er sich im Recht. Den Mechanismus seiner allmählichen Entfremdung vom Kommunismus hat er erst in den achtziger Jahren ganz durchschaut. «Es beginnt damit – das ist schwer zu vermeiden und im Nachhinein leicht kritisierbar –, daß man sich sagt: Ich bin Kommunist; die anderen sind es nicht; sie sind es, die den Kommunismus verraten haben.»[14] Semprún stand nicht allein. Er hatte Fernando Claudín an seiner Seite und die Gewißheit, daß viele junge Madrilenen dank ihm mit den Kommunisten sympathisierten.

In Paris gründeten er, Claudín und ein Mann namens José Martínez die *Cuadernos de Ruedo Ibérico*, «Hefte», die sich mit dem «iberischen Umfeld» befaßten. Jeder gab ein wenig Geld dazu, man fand den einen und anderen Gönner. Semprún und Martínez wurden Chefredakteure. «Man kann nur radikal sein», schrieben sie in der ersten Nummer vom Juni/Juli 1965, und versprachen ihrer Leserschaft, «jenseits der vorgefertigten Schemata» rücksichtslos klar zu argumentieren. Das Blatt verstand sich als überparteiliche kommunistische Zeitschrift. Jede Ausgabe kam in dreitausend bis viertausend Exemplaren; ein- bis zweitausend fanden den Weg nach Spanien. Auf Bibelpapier mußten diese Hefte nicht mehr gedruckt werden.[15]

Die langen Aufsätze, die Semprún in *Ruedo Ibérico* veröffentlichte, sollten unter Beweis stellen, was avanciertes marxistisch-leninistisches Denken war. Und denen, die ihn aus der Partei ausgeschlossen hatten, wollte er unter die Nase reiben, welch groben Fehler sie begangen hatten. Keinen Dichter, keinen Schöngeist zitierte Semprún. Er berief sich ausschließlich auf marxistische Theoretiker sowie auf die Verlautbarungen verschiedener KPs. Auch sprachlich gab er sich keine Blößen: Nach Lektüre dieser Texte kann man ihm nicht nachsagen, ein immer unterhaltsamer Autor zu sein.

Die *Cuadernos de Ruedo Ibérico* gelten als Klassiker des spanischen Exiljournalismus und konnten sich bis 1979 halten. Texte von Juan Goytisolo, José Bergamín, Max Aub, Jaime Gil de Biedma, Fernando Claudín, Che Guevara und Hans Magnus Enzensberger wurden auf ihren Seiten abgedruckt. In Folge der Demokratisierung Spaniens verlor die Zeitschrift ihr Publikum. Etliche ihrer Autoren arbeiteten nun für die neugegründete Madrider Tageszeitung *El País*.

Kulturhistorisch gesehen, ist es nicht bedauerlich, daß Semprún in *Ruedo Ibérico* nur wenig publizierte und sich 1968 lustlos abkehrte, weil er zum einen Besseres zu tun hatte und weil zum anderen sein Kompagnon Martínez «sich zunehmend anarchistischen Ideen zuwandte», die jeder ordentliche Kommunist für belanglos hielt. Darin immerhin war Semprún mit den ehemaligen Genossen der KP noch einheitlicher Meinung. Im übrigen stieg ihm die Galle hoch, wenn er an Carrillo und seine Leute dachte. Und er dachte oft an sie. Vor allem davon zeugen seine Texte in *Ruedo Ibérico*.

Im August 1965 veröffentlichte er einen Artikel über «die radikale Linke und den Reformismus». In vier Punkten faßte er zusammen, worauf das leninistische Denken fuße: Der Kapitalismus gehe mit dem Imperialismus Hand in Hand; die Arbeiterklasse der kapitalistischen Länder müsse sich mit den Kolonialvölkern verbünden; die Revolution dürfe nicht stillstehen; und die Partei sei im revolutionären Prozeß unabdingbar. Das alles entscheidende Charakteristikum des Leninismus bestehe im dialektischen Denken und in der sauberen Analyse der jeweils gegebenen Situation. Er sei mithin das Gegenteil von der leider allzu verbreiteten Orthodoxie: «Auf den Leninismus kommt man nicht zurück, auf den Leninismus geht man zu.» Das war ein Hieb gegen die leitenden Funktionäre der spanischen KP, denen Semprún vorwarf, keine echten Leninisten zu sein.[16]

Im Sommer des folgenden Jahres verfaßte er einen Kommentar über «Vietnam und die sozialistische Strategie»: Der Klassenkampf verwandle sich angesichts der aggressiven Intervention des Imperialismus in einen Volksbefreiungskrieg. Die Zeiten seien vorbei, da der Imperialismus unter dem Deckmäntelchen einer zivilisatorischen Aufgabe operiere. Nun trete seine Weltbeherrschungsideologie offen zutage. Der Vietnamkrieg werde nicht bloß im Dschungel und auf den Reisfeldern, sondern auch an der Heimatfront des Imperialismus entschieden, mit Hilfe der Gewerkschaften und anderer fortschrittlicher politischer Kräfte der kapitalistischen Länder. Doch ein dogmatisch verhärteter Marxismus, der sich allein der KPdSU verpflichtet wisse, werde die notwendige Strategie nicht ersinnen können. Auch das war ein Hieb gegen die leitenden Funktionäre der spanischen KP.[17]

Semprúns dritter programmatischer Artikel drehte sich um «Die politische Opposition in Spanien 1956 bis 1966». Er betrachtete die spanischen Christdemokraten und die Kommunisten als die einflußreichen Gegenspieler in der spanischen Opposition. Die Sozialisten tat er ab: Bei denen herrsche der Reformismus, der modernistische Versuch, «sich dem Prozeß der neokapitalistischen Expansion anzupassen».[18] Für eine wichtige oppositionelle Kraft hielt er diese Partei nicht. Während des Bürgerkriegs hatte die KP dem Partido Socialista Obrero Español (PSOE) den Rang abgelaufen und sich als Sachwalterin der Republik präsentiert. Von da an waren die Sozialisten in den Hintergrund getreten. Erst Jahre später, nach Francos Tod, entdeckte Semprún, daß in der Unscheinbarkeit der sozialistischen Partei ihre Stärke lag: «In der Opposition gegen Franco spielte der Klassenkampf für die Kommunisten keine Rolle. Die KP war sehr gut darin, über die einstigen Fronten im Bürgerkrieg hinwegzuarbeiten und die Angehörigen beider Seiten anzusprechen. Als aber das Land endlich wieder eine Demokratie geworden war, litt die Partei daran, daß sie im Bürgerkrieg eine so prominente Rolle eingenommen hatte: Die Spanier wollten sich von ihrer Geschichte befreien. Die Kommunisten standen für die Vergangenheit, die Sozialisten für die Zukunft.»[19]

Nachdem Semprún sich von *Ruedo Ibérico* getrennt hatte, gab er das systematische marxistische Theoretisieren auf. Seine Aufsätze für das Blatt waren Zeichen des Aufbegehrens gewesen. Als er Drehbuchautor war, ließ sein Bedürfnis aufzutrumpfen nach. Die neue Arbeit war ergiebiger, freudvoller und einträglicher denn die als marxistischer Besserwisser. Im übrigen fand er sich kurz darauf von den Zeitläuften bestätigt. Als die Sowjetunion 1968 den Prager Frühling erstickte, machte Carrillo endlich wahr, was er 1964 hatte durchblicken lassen. Er verurteilte den Einmarsch, löste sich von Moskau und wurde Eurokommunist. Nun vertrat er Thesen, die Semprún bekannt vorkamen: «Er wärmte lauter Ideen auf, die Claudín und ich Anfang der sechziger Jahre entwickelt hatten. Sein Eurokommunismus war eine auf kleiner Flamme zusammengeköchelte Version unserer Argumente. Übrigens hat er für seine Kritik an der Sowjetunion tatsächlich teuer bezahlt: Die Partei spaltete sich. Auch Enrique Líster schmähte Carrillo: Da zeige sich, daß der es über lauen Sozialdemokratismus in Wahrheit nie hinausgebracht habe.»

Mit seinem Eintritt ins Filmgewerbe gewann Semprún neue Bekannte. Ein Mann wie Yves Montand, sagt er, hätte in den Vorjahren, da sein Leben ganz auf die KP ausgerichtet war, nicht sein Freund sein können. Der große Sänger, Schauspieler und Frauenliebling war wie geschaffen für die brüderliche Männerwelt, in der Semprún sich wohlfühlt. In dem ersten der mehr als ein Dutzend Spielfilme, zu denen er das Drehbuch geschrieben hat, spielt Montand die Hauptrolle: 1966 kam «Der Krieg ist aus» in der Regie von Alain Resnais ins Kino. Am Anfang der Zusammenarbeit hatte der Regisseur den Autor ermahnt: Er dürfe über alles schreiben, nur nicht über seine eigene Geschichte – solche Unterfangen seien zum Mißlingen verurteilt. Der Film, der dann entstand, handelt von nichts anderem. Yves Montand spielt Semprúns Alter ego, Diego, einen Kommunisten, der lange im Madrider Untergrund tätig war und dann ziemlich verblüfft ist, als einige jugendliche Achtundsechziger ihn in ihre phantastischen Terrorpläne einweihen. In vielen Interviews bekundete Semprún, Montands Darbietung habe es ihm ermöglicht, «Abstand von sich selbst» zu nehmen. Ja, die Selbstverdopplung dürfte schmeichelhaft gewesen sein: Es wird dem Autor gefallen haben, sich in der ernsthaften, aufrechten Erscheinung Montands gespiegelt zu sehen. Wäre die Drehbuchanweisung, wie Montand die Rolle des Diego zu spielen habe, über das für den Film Notwendige hinausgegangen, hätte da freilich folgendes stehen können:

Auf Fremde wirkt er ungemein einnehmend. Viele Leute, die ihn näher kennen, mögen ihn sehr, finden aber, daß er eine recht hohe Meinung von sich selbst habe. Für selbstironische Bemerkungen, die andere lachen machen könnten, ist er sich zu schade. Das Rauchen wird er bald aufgeben. Er trinkt mäßig, er hat es nicht nötig, sich zu betrinken. Sein Stimulans ist er selbst. Der Mann ist zwar ein Schriftsteller, doch mit der allgemein angenommenen Schriftsteller-Egozentrik hat man es bei ihm nicht zu tun. Er ist anderen gegenüber von einer Indifferenz, die viel tiefer geht. In seiner Kindheit hat er sich innerlich verschlossen. Die Jugendjahre des Mannes waren nicht geeignet, ihn davon abzubringen. Sein Verhältnis zu anderen Menschen ist narzißtisch bestimmt, ohne daß er auffallend eitel wäre. Doch auch das reicht zur Beschreibung des Mannes nicht hin. Er ist emotional autark. In seinem Weltinnenraum hat er sich eingeschlossen. Den praktischen Reglements, die seine nächste Umgebung ihm aufdrängt, gehorcht er gern. Er braucht eine Ordnung. Auf ihre Prioritäten kann er verweisen, wenn er sich den Anforderungen und Zuwendungen der ferneren Umwelt entziehen will. Das Merkwürdige ist: Der Mann geht auf andere Menschen zwar nur gelegentlich ein, doch vermag er auf andere zuzugehen. Als Kommunist ließ er alle, die er für die Partei gewann, spüren, gemeinsam mit ihm würden sie die Welt verändern können. Mit dem Schriftsteller haben die Menschen ganz ähnliche Erlebnisse. Trifft er eine Person, die ihm gefällt, gibt er ihr das Gefühl, in seinem Kosmos eine Rolle zu spielen. Das ist für alle beglückend, denen es widerfährt. Er ist das Gestalt gewordene große Versprechen.

Seit dem Ende der sechziger Jahre verliefen Semprúns politische Entwicklung und die der Gesellschaft parallel. 1969 insistierte er: «Ich bin kein ehemaliger Kommunist. Ich bin Kommunist» – obschon einer, der sich gegen die Partei gestellt habe. Er bekannte sich immer noch zur Revolution, wollte sie allerdings ohne die Partei vonstatten gehen sehen. «An eine Entwicklung mittels Reformen» glaubte er nicht und gab sich «mehr und mehr davon überzeugt, daß revolutionäre Gewalt notwendig ist. Aber das Wort ‹revolutionär› geht immer noch mit den stereotypen Bildern der Oktoberrevolution einher, mit den Bildern von Aufständen und Guerrillakämpfen. Ich denke, daß man in einer hochindustrialisierten Gesellschaft, was letztlich alle westlichen Gesellschaften sind, die Phantasie aufbringen muß, die revolutionäre Gewalt neu zu erfinden. Man muß das technische Niveau der Gesellschaft in den Dienst der Gewalt stellen.» Es gelte, «die sozialen und intellektuellen Kräfte der Revolution» zu mobilisieren.[20] Semprúns Gesprächspartner der konservativen Zeitschrift *Express* verzichteten leider darauf, ihn zu fragen, was genau er sich darunter vorstellte. Heute ist es nicht mehr rekonstruierbar.

Für die gesellschaftlichen Anliegen der französischen Achtundsechziger hatte der Mittvierzigjährige viel Sympathie. Ihre politischen Ideen fand er jedoch unausgegoren. Die doktrinäre Haltung vieler Studenten ärgerte

«Aber unter dem Pflaster war nicht der Strand, sondern Dreck», schrieb Semprún in «Algarabía». 1968 interessierte er sich mehr für den Prager Frühling als für die Unruhen in Paris, bei denen die Demonstranten viele Pflastersteine aus ihren Fugen rissen. Die Studentendemonstrationen in Paris nahm er nicht ganz ernst: Da protestierten junge Bourgeois gegen alte Bourgeois.

ihn. Manche wählten sich «ausgerechnet Trotzki, der noch viel leninistischer war als Lenin, zum Vorbild. Die Wandlung vollzog sich unglaublich schnell: Binnen dreier Wochen hatten die jungen Leute sich das ganze trotzkistische respektive leninistische Vokabular angeeignet». Auch die verbreitete Leidenschaft für den Maoismus teilte Semprún nicht.

Die erfahrenen Arbeiter für ihr Teil nahmen die Studenten nicht ernst. Angeführt von ihren Gewerkschaften, stellten sie konkrete ökonomische Forderungen. Semprún hat dafür Verständnis. «Was die Studenten auf den Straßen aufführten, war lustig, es war Theater. Davon fühlten die Arbeiter sich nicht angesprochen. Im übrigen kann man schon mittels der einfachsten Theorien des Marxismus-Leninismus leicht begründen, warum Studenten keine revolutionäre Avantgarde sind. Die Studentenproteste waren komisch, weil sich da das Bürgertum gegen das Bürgertum auflehnte.»

Die Arbeiterführer erwirkten bessere Tarifbedingungen, die am 27. Mai 1968 im Ministerium für soziale Angelegenheiten in der Rue de Grenelle beschlossen, aber nie besiegelt wurden, weil die hitzige, jugendliche Basis in den Fabriken nun auch eine Volksregierung etabliert sehen wollte. Manche träumten von der Rückkehr zur Volksfrontpolitik von 1936.[21] Die Studenten bewirkten einen Wandel der Sitten. Ihr anderes großes Ziel, eine Veränderung der Produktionsverhältnisse, erreichten sie nicht. Semprún hielt und hält das für selbstverständlich: Eine privilegierte Klasse könne sich nicht selbst abschaffen, selbst wenn sie rhetorisch darauf aus ist. Gar keinen Gewinn zog die KPF aus der Achtundsechziger-Bewegung. Sie hatte leisetreterisch versäumt, sich an ihre Spitze zu setzen, sie traute den Studenten nicht. Semprún mokiert sich über die KPF: Die Partei habe Angst gehabt vor der Macht. In Spanien war die KP nicht sonderlich erfolgreich gewesen, weil es ihr nicht gelang, die Bevölkerung landesweit auf die Straße zu bringen. Frankreich hingegen erlebte Ende der sechziger Jahre die wohl größten Streiks seiner Geschichte – und dennoch änderte sich nichts. «Damit war eine ganze Bibliothek obsolet geworden, deren Autoren nach dem XX. Parteitag den Wandel der Gesellschaft mittels friedlicher Massenbewegungen propagierten. 1968 war sie da, die Gelegenheit. Und nichts passierte. Die Revolution blieb aus!» Der letzte Sieg der Studentenbewegung und ihrer jugendlichen Mitstreiter in der Industrie schlug allenfalls indirekt zu Buch. De Gaulle wurde abgesetzt, aber nicht 1968, sondern erst im Juni 1969, als er das Referendum über eine Regionalreform mit einer Vertrauensfrage verband. Er verlor, weil auch das bürgerliche Frankreich sich nun gegen ihn wandte.

Semprúns Vorstellung von «Revolution» bestand darin, daß Franco gestürzt werden mußte, und war im übrigen seinen dezidierten Bekenntnissen zum Trotz sehr vage. Von dem Wort «Revolution» mochte er sich jahrelang nicht trennen, doch wechselte es die Bedeutung. 1972 kehrte er den Begriff gegen die Sowjetunion. Das Schicksal Polens, Ungarns und der Tschechoslowakei habe gezeigt, wie dringend die «sozialistische Demokratie» neue Instrumente benötige, eine Revolution sei notwendig, «in der die Kritik der Waffen die Waffen der Kritik ersetzt».[22] In seiner Abrechnung mit der spanischen KP, der *Autobiographie* von Federico Sánchez, bezeichnete er sich 1977 immerhin noch als Marxisten.[23]

Pläne für die *Autobiographie* hatte er gleich nach der für ihn hochunangenehmen Versammlung in Prag im März 1964 gemacht, bei der sein Parteiausschluß besiegelt wurde. Das unsägliche Verfahren wollte beschrieben werden. Er verfaßte ein Gedächtnisprotokoll und achtete darauf, das notwendige Dokumentationsmaterial beisammenzuhalten. Weil es freilich damals unredlich gewesen wäre, die Ex-Genossen zu verraten, wartete er ab.

Erst als Franco endlich tot war und die spanische KP legalisiert, erschien 1977 die *Autobiografía de Federico Sánchez*, Semp.rúns erstes auf Spanisch verfaßtes Buch. Seinem lebhaften Groll gegen die Genossen hat er im Winter 1976/77 in wenigen Wochen ausführlich Luft gemacht. Die Liquidation León Trillas, Carrillos stalinistische Führungspraxis, seine Liebedienerei gegenüber Moskau, die hohlköpfige Selbstgerechtigkeit und die bornierte Rechthaberei des gesamten Politbüros, die Schuld der KP-Spitze am Schicksal Julián Grimaus, der blinde Triumphalismus, mit dem sie Generalstreiks anberaumte, die nicht gelingen konnten: Semprún ließ kein gutes Haar an der Politik der Parteiführung. Wie er sich Mitte der vierziger Jahre bei den Versammlungen der Zelle 722 in Paris über «den Mist» beschwert hatte, der da aufs Tapet kam, hat er auch nun mit Invektiven nicht gespart. Entgegen seinen bisherigen Argumentationen verdammte er Carrillo und seine Truppe nun von einer moralischen Warte aus. Über seine eigene stalinistische Verblendung legte er Rechenschaft ab; den Genossen hielt er vor, das nie getan zu haben.

Während bis 1983 von *Die große Reise* in Frankreich dreißigtausend Exemplare verkauft wurden, von *Die Ohnmacht* nur dreitausend und von *Was für ein schöner Sonntag!* 24 000, erreichte die 1977 erschienene *Autobiografía* in wenigen Monaten eine Auflage von dreihunderttausend Exemplaren allein in Spanien.[24] Das bewirkte nicht so sehr der publizitätsträchtige Planeta-Preis, mit dem das Buch ausgezeichnet wurde, sondern die große Debatte über Sempúns Attacke. War er im Recht? Hatte er überhaupt das Recht, sich zum Richter aufzuschwingen? Schon der Umstand, daß er die *Autobiographie* bei dem konservativen Verlag Planeta publizierte, wurde ihm von linker Seite vorgehalten. In einem zeitgenössischen Interview bat er um Verständnis: Er habe das große Publikum erreichen wollen, nicht nur die Linken; ein großer «rechter» Verlag und sein Preis seien ihm da hilfreich erschienen.[25]

Die Kritik der Schriftstellerin Carmen Martín Gaite steht für viele: Die *Autobiographie* sei das Werk eines «Pharisäers», es zeuge nicht von Reflexion, sondern von «Narzißmus und Arroganz» und «Selbstgefälligkeit». Walter Haubrich, der erfahrene Spanien-Korrespondent der konservativen *Frankfurter Allgemeinen Zeitung*, schrieb in seiner Rezension am 13. Januar 1978: «Dem Hauptanliegen des Buches, der Abrechnung mit Carrillo und den übrigen Parteiführern, schadet sicher die Arroganz des Autors, die manchmal schon peinlich wirkt, wenn etwa der aristokratische Beau Jorge Semprún, Enkel des Herzogs von Maura, sich über die Häßlichkeit und Kleinwüchsigkeit der Genossen aus dem Arbeiterstand ausläßt.»

Als Semprún auf die Verbitterung angesprochen wurde, mit der er die *Autobiographie* offenbar geschrieben habe, entgegnete er, es handle sich vielmehr um Ironie. Es stimmt, Ironie ist das tragende Stilmittel des Buches. Beißend und herablassend, wie sie hier eingesetzt wird, läßt sie indes auf ein erkleckliches Maß Erbitterung des Autors schließen. Je nachdem, wie die Leser zur spanischen KP und zu Semprún standen, fanden sie seine Polemik großartig oder gräßlich.

Der liberal-konservative peruanische Schriftsteller Mario Vargas Llosa pries das politische Ketzertum des Autors. Gerade in einer Zeit, da Carrillo versuche, die spanische KP als demokratische, eurokommunistische Partei zu etablieren, müsse man daran erinnern, wie tief der Stalinismus sich da eingefressen habe. Vargas Llosa lobte die «rücksichtslose Selbstkritik» der «ironischen» und «kämpferischen» Prosa. Daß Semprún Galionsfiguren der Linken – Fidel Castro, Louis Althusser und Régis Debray – aufs Korn nahm, gefiel ihm. Auch Juan Goytisolo, der viel weniger elitär denkt als Vargas Llosa, hielt zu Semprún und bewunderte dessen Mut, «die schmutzige Wäsche» der KP öffentlich auszubreiten.

Die Debatte flaute nicht ab. Nach einer Weile, erzählte Semprún, habe sogar König Juan Carlos gewünscht, das Gerede möge ein Ende nehmen.[26] Damals war die KP noch stark, und der im Amt unerfahrene König mußte sich mit ihr befassen. Den Eurokommunisten Carrillo hielt er für halbwegs berechenbar und ungefährlich.

Francesc Vicens, ein theoretischer Kopf, der zusammen mit Claudín und Semprún exkommuniziert worden war, publizierte einen nachdenklichen Kommentar: Claudín und Semprún hätten die offene Konfrontation mit Carrillo vermeiden sollen. Carrillo habe Angst vor ihnen gehabt. Hätten sie sich im Zwiegespräch mit ihm verständigt und ihm ermöglicht, den Richtungswechsel als seine eigene Idee zu verkaufen, wäre er vermutlich schon vor dem Einmarsch in die Tschechoslowakei auf die eurokommunistische Linie eingeschwenkt. Ob Carrillo dazu bereit gewesen wäre, muß dahingestellt bleiben. Gewiß scheint mir, daß Semprún die erforderliche adlatenhafte Bescheidenheit keinesfalls aufgebracht hätte.

Die *Autobiographie* war getränkt von gekränkter und kränkender Leidenschaftlichkeit, die auch Fernando Claudín ein wenig irritierte. Santiago Carrillo hatte leichtes Spiel. Er reihte das Buch in die internationalen Versuche ein, die KP und ihren demokratisch-eurokommunistischen Kurs zu verunglimpfen, und behauptete, zur Lektüre keine Zeit zu haben. Eine für Semprún schmerzhafte Kritik schrieb Javier Pradera, dem das Buch gewidmet ist. Pradera hielt Jorge vor, ein «allzu selektives Gedächtnis» zu haben. Er tue so, als wäre er bloß ein kleiner Parteigänger gewesen. Dabei habe er zur Führungsriege der KP gehört, die den einfacheren Genossen «wie ein monolithischer Block» gegenüberstand.[27] In der Tat hatte Semprún jahrelang selbst die Haltung eingenommen, die er nun anprangerte. Pradera denkt, daß sein Freund die eigene Rolle im Politbüro nicht hätte herunterspielen sollen. Er denkt auch an die kalte Dogmatik, mit der er seinem Gefühl nach von Jorge zurechtgewiesen wurde, als er 1960 Kritik an der Parteistrategie geübt hatte. Von diesen Dingen spricht er nicht. Er sagt lediglich, Semprún «hätte das Buch anders schreiben müssen».[28]

Carlos Semprún Maura erzählt in seinen Memoiren, sein Bruder sei damals nach Madrid geflogen, um sich mit Pradera auszusöhnen. Semprún sagt, sich daran nicht erinnern zu können. Pradera sagt das gleiche, fügt aber an: «Doch, da war etwas.» Natalia Pradera erklärt mir: «Mein Mann ist Baske. Basken reden nicht.»

Das Gespräch, von dem Carlos berichtet, wird Pradera ungetröstet gelassen haben. Seither verlegen Jorge und Javier sich darauf, zu ignorieren, was sie trennt. Wenn Semprún heutzutage nach Madrid reist, feiern er, Javier und Natalia das Wiedersehen.

In den späten fünfziger Jahren, als die von der KP angesetzten Generalstreiks mißlangen, war Semprún ein im Marxismus wurzelnder Leninist. Im Lauf der Zeit emanzipierte er sich von Lenin und den dialektischen Lehrsätzen des Marxismus und wurde zu einem Linken, der sich auf den Marximus nur dann berief, wenn das seiner Argumentation gegenüber linken Zuhörern mehr Gewicht gab. Daß er die Entwicklung, die er zwischen 1959 und 1976 durchmachte, in der *Autobiographie* nicht schilderte, dürfte zur Irritation mancher Leser beigetragen haben. Im Lauf der achtziger Jahre wurden seine linken Überzeugungen vollends brüchig. Während er 1969 befunden hatte, der Stalinismus sei nicht der unvermeidliche Ausgang der Oktoberrevolution gewesen, stellte er 1986 fest, das kommunistische «Abenteuer» habe unter keinen Umständen gelingen können. Allmählich habe er begriffen, daß seine Gegner in der Partei «die wirklichen Kommunisten» gewesen seien: «fähig zur Lüge, zur Gemeinheit, zur Manipulation».²⁹ In jener Zeit war sein Umschwung zu einer anthropologisierenden Sicht auf die verallgemeinerbaren Dilemmata des politischen Lebens und im besonderen die Frage des Bösen abgeschlossen. Seither hat er seine Aversion gegen Reformen aufgegeben. In einer Revolution sieht er nurmehr ein gefährliches und im Zweifelsfall verheerendes Hasardspiel.

Das dialektische Denken gab die Logik an die Hand, mit der kommunistische Revolutionäre sich über die bestehenden Verhältnisse hinwegmogelten. Seit seiner Abkehr vom Kommunismus steht die Dialektik bei Semprún in Verdacht. Als Methode, die verbale Pointen ermöglicht, sagt sie ihm zu. Fürs politische und gesellschaftliche Leben taugt sie ihm nicht mehr. Entsprechend beurteilt er rückblickend die Diskussionen in der KP. Wie die Genossen sich der Dialektik bedienten, sei fatal gewesen; und Marx selbst hatte sie dazu ermuntert.

Semprún hat sich seine eigene Vorstellung von der Wirkungsweise der Dialektik gemacht: «Die Konstruktion von These – Antithese – Synthese ist bloße Theorie. Für die meisten sozialen Konflikte gibt es keine Synthese, keine dialektische Aufhebung. Wir müssen von der Marktwirtschaft ausgehen. Masse, Markt und Medien: Darin entfalten sich unsere heutigen Demokratien. Und wo sie funktionieren, leben sie nicht von der Aufhebung der Probleme, sondern immerfort vom Konflikt. Selbst die beste sozialpolitische oder gesellschaftliche Lösung eines Problems bringt immer nur wieder neue Widersprüche hervor. Der Fortschritt liegt nicht immer im Sieg. Man muß nicht immer siegen, um voranzukommen. Man darf aber erst recht nicht glauben, daß der Konsens alle gesellschaftlichen Konflikte löse. Der Konsens ist nur eine Stufe im gesellschaftlichen Prozeß. Das war Hegel nicht unbekannt, aber mit seiner unseligen Idee der ‹Aufhebung› hat er seine Theorie pervertiert.» *

In dem Maß, wie Marx auf die «Aufhebung» aller Klassengegensätze hinschrieb, übersah er die selbstorganisatorische Kraft des Kapitalismus, der sich auf neue Herausforderungen einstellt. Semprún sagt: «Man darf die Momente der ‹Aufhebung› nicht als Endziel betrachten, sie sind lediglich eine Phase in der gesellschaftlichen Entwicklung. Die kommunistischen Parteien haben die Dialektik als reinen Sophismus betrieben. ‹Kame-

---

* Semprún ist mit sich selbst nicht immer einer Meinung. Als ich ihm einmal sagte, daß er mit der Dialektik offenbar über Kreuz sei, korrigierte er mich: Das sei eine Denkstrategie gewesen, die sich aus seinem Parteiausschluß ergeben habe. «Weil der Stalinismus mit Dialektik nichts zu tun hatte, mußte ich die Dialektik in Frage stellen.» Das tut er freilich noch heute.

raden, die Dialektik lehrt uns…›, heißt es dann, und so wird gerechtfertigt, was vor drei Tagen noch falsch war. Diese Dialektik dient nicht dazu, das Gegensätzliche zusammenzudenken. Sie dient bloß dazu, politische Manöver zu legitimieren. Wahres demokratisches Denken versteht es, im und mit dem Konflikt zu leben.» In einem Interview in den neunziger Jahren bezeichnete Semprún «die permanente Revolution gegen die Apparate» als die «letzte politische Utopie», die ihm geblieben sei.[30] Seine Formulierung von der «permanenten Revolution» war eine scherzhaft-ironische Anspielung auf Trotzki. Das Wort «Utopie» hat er sich aufdrängen lassen. Aus Eigenem würde er es nicht benutzen, sind es doch gerade die von ihm einst befürworteten Sozialutopien, die er heute für viel Elend in der Welt verantwortlich macht.

Erst als neuer, nun marktwirtschaftlich denkender Mensch machte Semprún sich einen für ihn stimmigen Vers darauf, warum Lenin die Revolution hatte eindämmen wollen, indem er mit der «Neuen Ökonomischen Politik» die Privatwirtschaft wiederbelebte: Angesichts der ungeheuren Hungersnot in der Sowjetunion der frühen zwanziger Jahre *mußte* der privaten Wirtschaft mehr Raum gegeben werden, die Wirkkräfte des Marktes waren stärker als der revolutionäre Wille: «In der wirtschaftlichen Not nach dem Ersten Weltkrieg und dem russischen Bürgerkrieg verschwand das Proletariat. Die Fabriken machten dicht. Der Arbeiterstand ging unter. Lenin sah, daß die schlechte Wirtschaftspolitik der Sowjetunion genau jene Klasse ausschaltete, die zur Vollendung der Revolution notwendig war. Er sah auch, daß die Funktionäre nicht mehr aus den Fabriken kamen, sondern aus der Roten Armee, den Gewerkschaften, dem Parteiapparat: Das Klassenbewußtsein war in einem Magma persönlicher Interessen untergegangen. Das Proletariat konnte nur wieder hervortreten, indem man dem Kapitalismus Raum gab. Ohne Kapitalismus kein Proletariat. Und ohne Proletariat keine Ausweitung der Revolution auf andere Länder. Das war der Hintergrund von Lenins ‹Neuer Ökonomischer Politik›, die er sich als Provisorium vorstellte. Im übrigen war er vom deutschen Kapitalismus sehr beeindruckt: Da funktionierte alles. Lenin hat immer gesagt, daß die Revolution von Deutschland ausgehen müsse. Nach seinem Tod 1924 hielt die N.Ö.P. die Wirtschaft noch ein paar Jahre lang in Schwung. Der Börsenkrach 1929 hat die Sowjetunion nicht erreicht. Dann begann Stalin mit den Kollektivierungen.»

Seine Einsichten in die Kraft des Kapitalismus vermischten sich mit seiner Solschenizyn-Lektüre und brachten Semprún dazu, schließlich auch sein Urteil über die Tausende Russen im Konzentrationslager Buchenwald zu ändern. Sein Bild der Russen war geprägt von ihrer Heimat entrissenen Buben, die als Zwangsarbeiter nach Deutschland und dann nach Buchenwald geschafft worden waren. Sie hatten keine Kontakte zur Kommunistischen Partei. Sie konnten sich nur auf ihren Mutterwitz verlassen, mit dem einige eine recht sichere Position in der Lagerhierarchie erlangten. Manche betranken sich mit einem Gesöff auf der Basis von neunzigprozentigem Alkohol, den sie aus der Krankenstation des Lagers entwendeten. Andere versuchten zu fliehen, wurden eingefangen und exekutiert. In *Die große Reise* schilderte Semprún die Russen als kreatürliche Barbaren, die den Freiheitsdrang im Blut hatten.

Zum großen Kontingent der sowjetischen Häftlinge gehörten indes nicht nur ideologielose Deportierte, die auf die eine oder andere Weise um ihr Überleben rangen. Auch rund achthundert sowjetische Kriegsgefangene waren inhaftiert. Sie hatten ihre militärischen Strukturen bewahrt und warteten in den letzten zwei Kriegsjahren nur darauf, mit den aus den Industriebetrieben herausgeschmuggelten Waffen einen Aufstand zu wagen.[31] Mit diesen diszipliniert-entschlossenen Männern, die ihrer Stunde harrten, hat Semprún offenbar keinen Kontakt gehabt. Was hingegen die jungen Häftlinge anbetrifft, die sich von Tag zu Tag Vorteile zu verschaffen suchten, dachte er anders über sie, nachdem er vom Kommunismus getrennt war: Nun erinnerte er sich daran, daß viele von ihnen sich ins Lagerleben mühelos eingefunden hatten, erfolgreiche Schwarzhändler und kleine Gauner gewesen waren. Er erklärte es sich damit, daß sie von jeher daran gewöhnt waren, geknechtet zu werden.

In den vierziger Jahren hatte er das KZ-System als den Gipfel der Ausbeutung des Proletariats durch die Kräfte des Kapitalismus interpretiert. Noch in *Die große Reise* schrieb er über die KZ-Insassen: «Wir sind die radikale Verneinung dieser Gesellschaft, dieser historischen Manifestation des Ausbeutertums, als welche die deutsche Nation sich heute darstellt. Wir alle, die wir nur zu einem geringen Teil überleben werden, sind samt und sonders die radikale Verneinung dieser Gesellschaft.»[32] Nach seiner Ablösung von der KP änderte er das Argument ab: Weit davon entfernt, die radikale Verneinung des Kapitalismus zu sein, konnten sich die Russen in Buchenwald leichter zurechtfinden als andere Häftlinge, weil ihr Land unter dem Stalinismus kaum besser war als ein gigantisches Lager. Die Russen fühlten sich «in der Welt von Buchenwald ganz heimisch», schrieb er in *Was für ein schöner Sonntag!*, «weil die Gesellschaft, in der sie herangewachsen waren, sie bestens darauf vorbereitet hatte. Die dort herrschende Willkür, der Despotismus, die strenge Hierarchie der Privilegien, der Brauch, am Rande der Gesetze zu überleben, die alltägliche Ungerechtigkeit hatten sie vorbereitet. Die Russen in Buchenwald waren nicht auf einem fremden Planeten: sie fühlten sich wie zu Hause.»33

Semprún ist 1964 nicht gestorben. Bald nach seinem Auschluß aus der KP gelang es ihm, einen spanischen Paß zu erhalten. Seither reist er oft in die alte Heimat. Weil seine Frau nicht Spanisch sprach und sich von Frankreich nicht hätte trennen mögen, wäre ein Umzug keinesfalls in Frage gekommen. Semprún war es recht. In Paris fühlt er sich wohl. Und nicht zufällig hat er seine meisten Bücher auf Französisch geschrieben. Legte er nicht Wert darauf, ein Spanier und «ganz wenig französisch» zu sein, könnte er sich in die Gesellschaft illustrer Franzosen eingemeindet fühlen. Exilanten sind die besten Patrioten. Und vermöge seiner spanischen Identität ist er ein bunterer Hund als andere Franzosen.

1988 erfuhr der einstige Exilant die größte Genugtuung. Der Ministerpräsident Felipe González ernannte ihn zum Kulturminister. Da erwies es sich als nützlich, daß Semprún sich nie um die französische Staatsbürgerschaft bemüht hatte. Es dauerte freilich keine zwei Jahre, da war seine politische Karriere zu Ende. Er beschwerte sich wieder einmal über den Mist, mit dem man ihm kam. Diesmal tat er das nicht bloß in einer Parteiversammlung, sondern in *El País*. Und der Mist, um den es nun ging, war die Cliquenwirtschaft des stellvertretenden Ministerpräsidenten, Alfonso Guerra, die Semprún an den stalinistischen Herrschaftsstil in der KP erinnerte. Felipe González, der Ruhe im Haus haben wollte, beschloß daraufhin, die Streitenden aus seinem Kabinett zu entlassen, sowohl Alfonso Guerra als auch Semprún. Zu diesem Zeitpunkt, 1990, brachte die irakische Invasion in Kuweit die Welt so durcheinander, daß Semprúns Ablösung sich noch bis 1991 hinzog: Angesichts des drohenden Golfkrieges mußte González innenpolitischen Aufruhr vermeiden. In seinem Buch *Federico Sánchez verabschiedet sich*, das Semprún 1993 auf Französisch publizierte, hat der ehemalige Kulturminister den gelernten Ingenieur Alfonso Guerra dargestellt, wie Honoré Daumier die ihm verhaßten Juristen zeichnete. Wie schon in der *Autobiographie* von Federico Sánchez legte Semprún es auch hier darauf an, daß der Gegner vom Applaus des angewidert lachenden Publikums erledigt werde.

Während Semprún es den Karrieristen von der PSOE heimzahlte, war er

1988 wurde Semprún zum Kulturminister Spaniens berufen.
Er und der König Juan Carlos haben sich immer gut verstanden.

innerlich schon mit der Arbeit an dem Buch befaßt, das ihn weltweit berühmt machte: *Schreiben oder Leben*, das in Frankreich 1994 erschien,
kurz vor den Fünfzigjahrfeiern, mit denen das Kriegsende und das Ende
der Hitlerei begangen wurden – in einer Zeit, da die Öffentlichkeit für die
Erfahrungen ehemaliger KZ-Häftlinge empfänglich geworden und dazu
übergegangen war, die Überlebenden zu ehren. In seinem Buch blickte
Semprún mit dem Wissen seiner siebzig Lebensjahre auf Buchenwald zurück und erklärte, warum er siebzehn Jahre gebraucht hatte, einen Text
über das KZ zu Papier zu bringen, mit dem er einverstanden war. Sein Sta-
tus als geläuterter Ex-Kommunist verlieh seinem Zeugnis doppeltes Gewicht und bescherte ihm neue Bewunderer. Der CSU-Politiker Peter Gauweiler bemerkte mir gegenüber, in den neunziger Jahren habe er seine Reden oft mit Zitaten Semprúns geschmückt. Ach ja? «Natürlich», antwortete
Gauweiler, «der war doch einer von uns geworden.»

   Semprún offenbarte sich als Anhänger der Totalitarismustheorie, derzufolge Faschismus und Stalinismus strukturell das gleiche sind. Seit 1990
wird die Theorie in der Bundesrepublik von Leuten beschworen, die be-

haupten oder doch wenigstens insinuieren, daß die SED-Diktatur und das NS-Regime auf eine Stufe gestellt werden dürften – eine Vorstellung, die nicht nur Semprún für abwegig hält.

Die DDR war diktatorial regiert, aber das Regime hatte weder den Anspruch noch die Möglichkeit, totalitär zu herrschen. Einesteils war es abhängig vom großen Bruder in Moskau. Andernteils zwang die Konkurrenz mit Westdeutschland die SED-Regierung zur Mäßigung. Ganz abgesehen von den offensichtlichen Unterschieden zwischen dem nationalsozialistischen Mörderstaat und der DDR gibt es auch eine kategorische Differenz zwischen linken und faschistischen Diktaturen. Der Stalinismus stellte die verbrecherische Pervertierung von ursprünglich universalen, menschenfreundlichen Ideen dar. Der Nationalsozialismus hingegen war in seinem Kern und von Anbeginn menschenverachtend, war darauf aus, bestimmte Menschen zu vernichten. Semprún ist der Unterschied wohl bewußt. Das macht die Sache für ihn nicht besser, im Gegenteil. Eben weil der Sozialismus ursprünglich das Wohl aller Menschen anstrebte, sei der Gulag umso verwerflicher gewesen: «Die russischen Lager (...) stehen vollständig im Widerspruch zu der Moral und der Ideologie, die so viele dazu bewegte, sich für den Sozialismus zu begeistern.»[34] Faschisten hat er seit jeher als seine Feinde betrachtet; vom real existierenden Sozialismus hingegen fühlte er sich verraten.

Semprún berief sich auf die Totalitarismustheorie, weil in den achtziger Jahren sowohl in Frankreich als auch in Spanien viele Linke die Sowjetunion immer noch verteidigten. Sie gaben sich damit zufrieden, daß Stalin nicht mehr auf seinem Sockel stand, und wollten nicht sehen, wie repressiv die sowjetische Partei- und Staatsbürokratie war, wie sehr zuvörderst auf ihr eigenes Wohl und Fortbestehen bedacht. In der zweiten Hälfte der siebziger Jahre war Alexander Solschenizyn auf Lesereise in Spanien; aber die Linken hätten dem Russen nicht zuhören wollen, sagt Semprún. Die Totalitarismustheorie kam ihm zupaß, weil sie ihn in seiner Lebenseinsicht bestätigte: Wer vom Nationalsozialismus redet, sollte vom Stalinismus nicht schweigen.

Sowohl das SED-Regime als auch den Franquismus zählt Semprún zu anderen Kategorien der Diktatur. Beide Regime brachten keine Mordmaschinerien in Gang. Von der DDR sagt er, sie habe allenfalls «totalitäre Aspekte» gehabt. Den Franquismus, den er im Gegensatz zur DDR gut kennt, betrachtet er ausdrücklich *nicht* als totalitäres System. Anders als in totalitären Staaten habe die Franco-Regierung niemals alle Staatsmacht in

Händen gehalten. Dagegen habe die Kirche gestanden, die auch zu Francos Zeiten ein eigenständiges Machtkartell war.

Bald nach dem Zusammenbruch der Sowjetunion wandte der Schriftsteller sich in einer Rede – «Europas Linke ohne Utopie» – nicht bloß gegen diktatorische Systeme der Rechten und der Linken, er bestritt auch den Nutzen der Entspannungspolitik: Allein Ronald Reagans Raketen hätten die UdSSR bezwungen. «Seit den großen despotischen Agrarmonarchien der Antike», schrieb er, «hat die Geschichte kein ungerechteres gesellschaftliches System gekannt, keines, das in seinen Kastenprivilegien starrer war als die sowjetische Gesellschaft.» Dann holte er noch weiter aus: «Es findet sich keine einzige geschichtliche Situation, in der die sogenannte ‹linke› Politik nicht Unheil über Unheil heraufbeschworen hätte, das vor allem die schwächsten, die ärmsten, die am meisten ausgebeuteten sozialen Schichten traf.»[35] Sollte sich das auch auf die Gewerkschaften beziehen und auf die Politik sozialdemokratischer Parteien?

Wer diese 1992 publizierte Rede las, konnte glauben, Semprún sei ein Renegat geworden, der mit einem großen Satz über das sozialliberale Denken hinweggesprungen und im reaktionären Lager gelandet war. Das wäre ein Irrtum. An dem Text zeigt sich lediglich, wie sehr er es nach dem Untergang der Sowjetunion genoß, recht behalten zu haben.

In demselben Jahr, da er den Aufsatz «Europas Linke ohne Utopie» veröffentlichte, ließ Semprún sich von dem einstigen Maoisten und nun abgeklärten Altlinken Christian Semler interviewen. Dem Journalisten erschien er wie ein Geistesverwandter. Semprún gab Semler – auf Deutsch – Auskunft auf die Frage, was nach dem Verlust der Utopien vom linken Denken übrigbleibe:

«Nicht nur die europäische Gesellschaft, die Weltgesellschaft braucht die Linke. Natürlich weiß ich, daß die traditionellen Organisationen und Ideen der Linken ausgebrannt sind. Aber die linke Position ist eine moralische, politische – fast würde ich sagen – ontologische Notwendigkeit. Links sein heißt für mich die Erkenntnis, daß die Gesellschaft verbesserungswürdig und -fähig ist, und der leidenschaftliche Wille, diese Erkenntnis in die Tat umzusetzen. Verstanden als permanente Aufgabe. (...) Man kann eine Gesellschaft nicht nur auf der Konsumentenfreiheit begründen. Sie braucht andere Werte, oder sie zerfällt.»[36]

Hoffnung setzt Semprún in die Europäische Union. Anläßlich des französischen EU-Referendums veröffentlichte er Anfang 2005 zusammen mit dem damaligen Innenminister, Chiracs Protégé Dominique de Villepin, ein Plädoyer für die EU-Verfassung: *L'Homme Européen* (der Titel der deutschen Ausgabe lautet: *Was es heißt, Europäer zu sein*). Die Autoren schrieben abwechselnd je einen Abschnitt. Als George W. Bush seinen Irakkrieg plante, hat de Villepin – damals noch in seiner Funktion als Außenminister – dem amerikanischen Präsidenten vor den versammelten UN-Delegierten den Kopf gewaschen und dafür internationalen Applaus erhalten. Auch Semprún war begeistert. De Villepin mußte sich keine große Mühe geben, ihn für sich zu gewinnen. Der hochgewachsene Mann mit dem zweifelhaften Adelstitel und der Löwenmähne hat es stets für unter seiner Würde gehalten, sich einer demokratischen Wahl zu stellen. Auf die verschiedenen politischen Posten, die er innehatte, ließ er sich vom Präsidenten der Republik berufen. Er will als aristokratischer Feingeist und Kenner der Poesie gesehen werden. Seine Kapitel in dem Europabuch sind denn auch recht dichterselig hingelegt. Er eignet sich vorzüglich für die Rolle eines hohen Würdenträgers in Stendhals *Rot und Schwarz*.

Während de Villepin mit Semprún an *L'Homme Européen* arbeitete, pflegte er den Anschein herzlicher Intimität. Des anderen Vorstellung von Männerfreundschaft kam das entgegen. Dann erschien beider Buch: Semprún belebte seine Partien mit Zitaten von Philosophen und politischen Denkern der ersten Hälfte des zwanzigsten Jahrhunderts. De Villepin schwadronierte von Europa als einem «faßbaren Traum» und von «dem» Europäer, der «im Geist immer auf Reisen» sei. Als das Buch gedruckt war, verlief sich die Männerfreundschaft. Von de Villepins anmaßend-ungeschickter Darbietung als Premierminister fühlte Semprún sich abgestoßen. Es störte ihn, daß dieser nach dem gescheiterten französischen EU-Referendum für die Taschenbuchausgabe von *L'Homme Européen* kein Jota an seinem Text ändern wollte und sich darauf beschränkte, das «Nein» der Franzosen zu einem letztlich ermutigenden Fortschritt zu erklären, weil es immerhin bewiesen habe, wie sehr die Nation an Europa Anteil nehme. «Villepin ist ein typisch französischer Rhetoriker», sagt Semprún, «wenn er seine Kapitel in dem Buch selbst geschrieben hat, was ich ein bißchen bezweifle, dann sind sie ihm nicht sehr gut gelungen. Vielleicht hat er andere für sich schreiben lassen. Seine Leute versuchen natürlich, seinen Stil zu imitieren. Das Ergebnis fällt dann noch schlechter aus. Manchmal ist seine Rhetorik für die Umstände wie gemacht. Bei seiner Ansprache vor der UN war das der Fall. Solche Gelegenheiten gab es ein paar Mal. Dann hat er den Kontakt mit der Realität verloren.» Daß

Semprún sich in de Villepin von Anfang an geirrt haben und seinen Schmeicheleien aufgesessen sein könnte, mag er nicht glauben: Privat, zu ihm, habe jener anders geredet denn als Autor und Premierminister.

Semprún ist ein Meister darin, anderen auf den Kopf zuzusagen, was für ihn selbst gilt. Beispielsweise trifft seine leicht abfällig gemeinte Bemerkung über Marguerite Duras, sie sei Schriftstellerin geworden, weil sie es dringend wollte, auf ihn erst recht zu. Und wenn er Michel Herr vorhält, dieser habe sich in der Résistance in eine Romanfigur hineinimaginiert, dann ist ihm nicht präsent, daß er das auch tat. Über die Veteranen des spanischen Bürgerkriegs hat er geschrieben, sie hielten die Erinnerung an den Bürgerkrieg eigentlich vor allem deshalb hoch, weil sie zu jener Zeit ihre Jugend erlebten. Auch das kann man als Selbstbeschreibung verstehen. Der Verlust des Hochgefühls, das ihn während der fünfziger Jahre in Madrid beseelte, stimmt ihn naturgemäß wehmütiger als der Niedergang linker Utopien.

Semprúns ausgiebige Vertiefung in marxistisch-leninistische Schriften wirkt nach. In seinem literarischen Pantheon ruhen neben Dichtern und Schriftstellern auch etliche politische Autoren: Marx, Engels, Lenin, Bucharin, Trotzki, Lukács und andere. Die Auseinandersetzung mit ihren Texten setzt er fort. Heutige Theorien der Linken, seien es die Werke des Soziologen Pierre Bourdieu oder die des Globalisierungskritikers Antonio Negri, sprechen ihn allenfalls insofern an, als sie sich auf die ihm vertrauten Autoren beziehen. Er sympathisiert mit dem Impetus der Leute von der Nichtregierungsorganisation Attac, kann sich allerdings nicht vorstellen, daß eine unstrukturierte Ansammlung einzelner, die je nach Wohnort unterschiedliche konkrete Anliegen vertreten und sich lediglich über das Internet vage als Gemeinschaft konstituieren, politisch viel zu erreichen vermag. Da er das Internet nicht kennt und schon von seinem mobilen Telefon technisch überfordert ist, zieht er es vor, in diesen Dingen nicht mitzureden.

Was bleibt? Marx verhalf Semprún dazu, die Mechanismen des kapitalistischen Marktes zu verstehen. «Der Kapitalismus lebt in und von der Krise. Er nutzt die Krisen dazu, sich selbst fortzuentwickeln. Keine Demonstration und keine Revolution wird ihn abschaffen können. Das könnte nur der Kapitalismus selbst bewerkstelligen.» Diese Einsicht bewog Semprún dazu, auf Reformen zu setzen und nicht mehr auf die Revolution, mochte sie auch gewaltlos sein. Bemerkenswerterweise berief er sich nach wie vor auf die marxistische Literatur – aus Trotzkis Idee der «permanenten Revolution» machte Semprún für sich die permanente Reform: «Man muß – das ist kein Wortspiel – den Reformismus als permanente Revolution betrachten», erklärte er 1991.[37] «Es gibt keine soziale Transzendenz», sagte er 1993, «nicht jenseits eines Bruchs, eines qualitativen Sprungs in ein anderes Reich haben wir unser Modell zu suchen; im Hier und Heute unserer Gesellschaft haben wir zu kämpfen für Gerechtigkeit, für Solidarität, für die permanente Reform.»[38]

0

10

Mnemosyne oder «Das bin ich»

Am 9. Mai 1989 veröffentlichte der Jounalist Arno Widmann in der *taz* einen Artikel über *Netschajew kehrt zurück*. In den sechziger Jahren war Widmann ein glühender Maoist gewesen, wenn nicht eine Speerspitze, so immerhin ein Bannerträger der Achtundsechziger-Bewegung in Frankfurt. Als Student in einem Hegel-Oberseminar von Theodor Adorno soll er vorgeschlagen haben, die Runde müsse unbedingt die Schriften Mao Zedongs heranziehen – es genüge, einige Sentenzen auswendig zu lernen. Als ich Widmann diese Geschichte vortrug, lachte er schallend: Er stellte sich vor, wie Adorno Mao-Sätze memorierte. Nein, sagte er, zu dieser Empfehlung habe es bei ihm denn doch nicht hingereicht. Wir einigten uns darauf, die Episode apokryph zu nennen. Seit den siebziger Jahren ist Widmanns politischer Furor abgekühlt. Seine Rezension lohnt die Lektüre.

«Jorge Semprún ist jetzt spanischer Kulturminister. Man stelle sich einen bundesrepublikanischen vor, der ein Jahr vor seiner Ernennung einen Roman geschrieben hätte über die RAF, einen kenntnisreichen dazu, der zeigt, daß der Verfasser sehr gut versteht, worüber er schreibt. (…) Jorge Semprúns *Netschajew kehrt zurück* beginnt mit einem Mord und schließt mit einem happy end. Ein Terrorist steigt aus. Seine Freunde, die schon vor fünfzehn Jahren ausgestiegen waren, sind inzwischen alle in schönen, einfluß- und ertragreichen Ämtern. Semprún bemüht dafür die Theorie, daß, wer solange die Mechanismen des Kapitalismus studiert habe, um ihn zu durchschauen, am besten geeignet ist, von ihm zu leben. Er vergißt dabei, daß die terroristische Linke, wie er an anderer Stelle deutlich macht, zu einer genaueren Aufklärung unserer Lebensverhältnisse nichts beigetragen hat. Widersprüche dieser Art finden sich eine ganze Menge in seinem Roman. Als ich fünfzig Seiten gelesen hatte, wollte ich aufhören, weil mir die durchsichtige Machart, der simpel verkomplizierte

1

Plot auf den Wecker ging, aber ich las weiter. Die Manier Semprúns, den Roman als Vehikel für eine Kritik an von Trottas Luxemburg-Film oder an Platos Gorgias zu benutzen, frappierte mich. Wie er sich selbst und seinen Film ‹Der Krieg ist vorbei› mit unterbringt in der Geschichte, das hat mir gefallen. So viel Narzißmus ist schon wieder sympathisch. Lächerlich auch die Frauen im *Netschajew.* Alle sind schön und intelligent. Die Prostituierte liest und kommentiert Cioran. Der ganze Roman ist eine Welt aus Reklamespots: Alles schöne, glatte Menschen. Dazwischen ballern die Terroristen, geben dem Glanz die nötige Tiefe. Das von ihnen vergossene Blut fügt dem Neon-Paradies einer Glamour-Welt ein wenig dostojewskischen Hautgout hinzu. Ohne ihn würden sich alle nur glücklich ineinander spiegeln. Semprún bildet diese Ironie nur ab. Er reflektiert sie nicht. So sehr in seinem Buch pausenlos kommentiert und debattiert wird. Viele Zitate, unzählige Buchtitel, eine bizarre Lesewelt. Einer der Helden des Romans versucht eine Frau zu erobern: ‹Ein Satz von Musil, um die Verwirrung auszudrücken, in die eine ihrer Gesten ihn gestürzt hatte, und diese Verwirrung in die Erinnerung eingehen zu lassen. Das Fragment eines altgriechischen Gedichts, um das Begehren auszusprechen, es in die Ewigkeit des Worts einzuschreiben. Eine Strophe aus den Elegien von Vergil, um das Glück eines Spaziergangs mit ihr in der ginstergelben Heide auszusprechen. Ein Vers von Baudelaire, um das Ende des Sommers zu verkünden, die schreckliche Süße des Herbsts und der versagten Liebe.› Das sind Stellen, da möchte man den Band in die Ecke werfen. Und nicht nur, weil der Verdacht naheliegt, hier werde eine Ekloge mit einer Elegie verwechselt. Das Buch aber verträgt – dafür hat der Verlag dankenswerterweise gesorgt – solche Behandlung. Aber ich bin sicher, es wird den meisten gehen wie mir: sie holen ihn wieder und lesen weiter. Bis sie ihn um drei Uhr nachts aus den Händen legen und beim Einschlafen denken: was war das nur?»[1]

Arno Widmann kannte *Was für ein schöner Sonntag!* und wußte, daß der Autor in *Netschajew kehrt zurück* auch auf seine Gefangenschaft in Buchenwald zu sprechen kam. Dadurch fühlte er sich aber nicht angehalten, besondere Pietät an den Tag zu legen. Seitdem Semprún als Schriftsteller und KZ-Überlebender Berühmtheit erlangte, erhalten seine Bücher vornehmlich achtungsvollen, begeisterten Zuspruch – das mag auch damit zusammenhängen, daß sein Stil gereift ist.

1994, nachdem Semprún *Schreiben oder Leben* publiziert hatte, wurde er mit dem Friedenspreis des deutschen Buchhandels ausgezeichnet. In dem Buch, hieß es in der *Neuen Zürcher Zeitung*, zeige sich brüderliche «Verbundenheit mit den Opfern, wie sie so nur im fatalen Bericht gemeinsamer Todesbedrohtheit erwachsen konnte. (...) Als einer der letzten großen Moralisten unseres ethisch ausgedünnten Jahrhunderts fordert Semprún eine ‹Liebe zur Freiheit› ein, die sich dem ‹absoluten Bösen› entgegenzustellen habe».[2] Und in der *Frankfurter Allgemeinen Zeitung* stand zu lesen: «Der Tod durchzieht das Buch, aber es ist nicht düster. Im Gegenteil, in ihm steckt ein erstaunlicher, beinahe weiser Gleichmut, eine tiefe Gewißheit über die Freiheit des Menschen.»[3]

Vor einigen Jahren erzählte ich dem späteren Büchnerpreisträger Martin Mosebach, daß ich Jorge Semprún kennengelernt hatte. «Ooh», rief Mosebach mit respektvollem, wenngleich gespieltem Pathos, «der heilige Semprún!»

• • •

Als der 60. Jahrestag der Befreiung des KZ Buchenwald im April 2005 begangen wurde, hielt Semprún im Nationaltheater zu Weimar die Festrede. «Wir wissen es alle», sprach er, ja es gebe keinerlei Zweifel, «daß diese Gedenkfeier die letzte sein wird», an der Überlebende eines KZ teilnehmen. Mit Ausnahme der Juden, die als Kinder ins Lager kamen, werde kein ehemaliger Häftling im Jahr 2015 mehr am Leben sein. Vom Gedanken an den absehbaren Tod war der Redner besessen, er hämmerte ihn dem Publikum geradezu ein. Da sprang im ersten Rang des Theaters ein französischer Jude auf, der auch schon mehr als achtzig Jahre zählte, aber keinesfalls gewillt war, sich sagen zu lassen, daß er innert der folgenden zehn Jahre zu sterben habe. Der Herr protestierte lautstark gegen die Zumutung. Auch Colette Semprún war der Meinung, ihr Mann sei zu weit gegangen. Semprún war zornig. In seiner Rede hatte er die Fackel der Erinnerung an die Juden weiterreichen wollen, die einst als Kinder im Lager gewesen waren. Er verstand nicht, was daran anstößig sein konnte.

Zwei Tage später sprach ich mit Volkhard Knigge, dem Direktor der Gedenkstätte Buchenwald, der allen ehemaligen Häftlingen des Lagers mit selbstloser Freundschaftlichkeit begegnet. Knigge, der im protestantischen Geist zur Nächstenliebe erzogen wurde und dann eine psychoanalytische Ausbildung absolvierte, steht seinen Mitmenschen bei, indem er ihnen kundig zuhört. Er versucht wahrzumachen, was Semprún in seinen Büchern hochhält, die Idee der «Brüderlichkeit». Und Knigge hat eine Erklärung dafür, wie es zu der Mißstimmung im Nationaltheater gekommen ist:

«Wer das KZ überlebt hat, kann sich mit dem Tod nicht mehr verständigen. Es ist nicht einzusehen, warum man sterben solle, nachdem man das Schlimmstmögliche überlebt hat. Man war stärker als der Tod. Man will, man muß auch im Alter stärker bleiben – und sei es, daß man den Tod überholt und ihn annimmt, bevor er sich einstellt.»

Semprún zelebriert seine Begegnungen mit dem Tod. In seinem Leben hat es einige Koinzidenzen gegeben, die ihn schockierten, weshalb sie für ihn mehr waren als bloße Zufälle. Am 11. April 1987 beging Primo Levi Selbstmord, genau an diesem Tag, zweiundvierzig Jahre zuvor, hatten die Häftlinge in Buchenwald sich gegen die letzten verbliebenen Wachleute erhoben. Die Meldung vom Tod Primo Levis wurde am 12. April in den Nachrichten verbreitet. Semprún erfuhr davon, als er am Morgen das Radio einschaltete. Daß dieses Datum eine weitere Masche in dem Netz werden sollte, das der Tod für ihn knüpft: Er ahnte es nicht, als er das Radio anstellte. Levi hatte Auschwitz um 42 Jahre überlebt. Er war viereinhalb Jahre vor Semprún zur Welt gekommen. Warum sollte Semprún ein höheres Alter erreichen als Primo Levi? In jener Zeit mußte er sich einer unangenehmen Operation unterziehen, die der abergläubischen Befürchtung Nahrung gab. Dann entdeckte er, daß er die fünf Jahre nach Levis Selbstmord lebendig überstanden hatte. Wieder einmal war er dem Tod von der Schippe gehüpft. Das fünfte Jahr rundete sich 1992. Anstatt zu sterben, kehrte er da erstmals seit 1945 nach Buchenwald zurück.

Semprúns Verhältnis zum Tod hat sich im Lauf der Zeit gewandelt. «Auf der einen Seite, das ist eine banale Beobachtung, bleibt mir nicht mehr viel Zeit. Wenn man zwanzig Jahre alt ist und meint, nur noch fünf Jahre vor sich zu haben, dann ist das so gut wie ein ganzes Leben. In meinem Alter sind fünf Jahre gar nichts. Die Zeit vergeht viel schneller, wenn man alt ist. Und auf der anderen Seite sehe ich die Zeichen des Todes heute nicht mehr. Das macht unsicher. Früher bin ich dem Tod begegnet und habe ihm ausweichen können. In Madrid zum Beispiel, wenn ich zu einer Verabredung ging, hatte ich manchmal das Gefühl: Das könnt's jetzt gewesen sein, sie werden dich schnappen. Jetzt zeigt der Tod sich mir nicht mehr. Der Mistkerl hat sich maskiert. Er hat sich unsichtbar gemacht. Eigenartig.»

Das linke Auge von Rafael Artigas, der in *Algarabía* ermordet wird, weist eine unscheinbare Verfärbung auf. In der dunklen Iris befindet sich ein kleiner hellblauer Fleck. Die Stummfilmschauspielerin Pola Negri, eine Figur in Algarabía, sieht darin das Anzeichen für Artigas' bevorstehenden

Tod.[4] «Das Stückchen Himmel», es existiert. In Semprúns linkem Auge kann man es sehen.

Im Französischen und im Spanischen ist der Tod weiblich. Im Gespräch mit mir hat Semprún ihn als *salope*, als Schlampe bezeichnet. Mit einer Schlampe setzt ein Mann, der Frauen liebt, sich natürlich lieber auseinander als mit einem Mistkerl. Im Deutschen ist der Tod dem Schlaf näher als der Verführung. Der Tod ist ein langer Schlaf, und deutsche Dichter, die ihm mehr als Schweigen abringen wollten, mußten sich etwas einfallen lassen. In der Kultur romanischsprachiger Länder hingegen ist der Tod immer beides gewesen: Schlafes Bruder und eine Verführerin. *La mort, la muerte* ist überall anzutreffen. Semprún ist ihr in einem Restaurant in Paris begegnet, auf einem Platz in Madrid, nachts im Bett, und in seiner Jugend, schrieb er, sei der Tod ihm als eine junge Frau erschienen, die ihn ignorierte.[5] In *Der weiße Berg* zitiert er ein Lied:

«Como la mariposa soy
que por verte
en la luz de tus ojos
busco mi muerte…»*

Anders als in *Der weiße Berg* kommt das KZ in *Zwanzig Jahre und ein Tag* nicht vor, die Geschichte spielt 1956 in Spanien. Gleichnishaft greift sie den Überdruß zeitgenössischer junger Spanier auf, die es satt hatten, ihr Selbstverständnis darauf zu bauen, ob ihre Väter im Bürgerkrieg auf seiten der Republikaner oder der Faschisten gewesen waren; die Nachricht vom Streik an der Madrider Universität, von dem im siebten Kapitel erzählt wurde, hat sich unter den Figuren des Romans herumgesprochen. Als Gestalt tritt der Tod in *Zwanzig Jahre und ein Tag* nicht auf, doch gibt Semprún zu, daß er dennoch zu den heimlichen Protagonisten des Buches zählt und auch ziemlich verführerisch ist: «Ich mache das allerdings nicht absichtlich, ich sage mir nicht: So, jetzt werde ich den Tod ins Spiel bringen. Das kommt spontan, ist ein bißchen eine spanische Eigenart. Der Dichter Francisco de Quevedo sagt: Nichts habe ich je gesehen, das nicht vom Tod gekündet hätte.»

---

* «Wie der Falter bin ich; um dich zu sehen, suche ich im Licht deiner Augen den Schatten meines Todes.» (Semprún: «Der weiße Berg», S. 76.)

Semprún hält das für eine Tradition, die im spanischen Christentum wurzelt: «Nehmen wir die Ostertage: In anderen katholischen Ländern wird vor allem der Ostersonntag gefeiert, nicht so in Spanien. Dort hält man sich an den Karfreitag, den Tag der Kreuzigung, des Leidens. Die frohe Botschaft der Wiederauferstehung geht daneben unter. Achthundert Jahre lang hatte man sich gegen den Islam zur Wehr gesetzt. Das blieb hängen. Das Leiden Christi sagte den Spaniern mehr als seine Wiederauferstehung. Das ist eine kulturelle Entscheidung.» Semprún ist dem Tod so oft begegnet, daß er diesen Aspekt der spanischen Kulturtradition personifiziert. Der Entscheidung, die sein Leben für ihn getroffen hat, ergab er sich gern.

Seine eigenartigste Bemerkung über den Tod findet sich in *Der zweite Tod des Ramón Mercader*: «Man stirbt nicht mehr.» Als er den Politthriller Ende der sechziger Jahre schrieb, standen in seinem imaginären Bücherfundus nicht bloß klassische Meisterwerke, sondern auch die ersten Veröffentlichungen von Carlos Fuentes und die Spionageromane John le Carrés. «Meiner Frau habe ich gesagt: Mein Buch soll ein Bestseller werden, wie John le Carré sie schreibt. Sie hat gelacht. Dafür sei das Buch viel zu kompliziert.» In der Tat: Zwar erfüllt es die Erwartungen anspruchsvoller Krimifreunde, doch geht es über einen politischen Spionageroman weit hinaus. Die Handlung des preisgekrönten Buchs kennt der Autor heute selbst nicht mehr. Ende der sechziger Jahre hatte er den Eindruck, die Politik werde zunehmend von Geheimdiensten bestimmt: hier die Apparatschiks der sowjetischen Bürokratie und ihrer Satellitenstaaten, dort die amerikanische CIA. Die Geheimdienstleute, die in *Der zweite Tod des Ramón Mercader* einander auf die Füße treten, erklärte er, seien «als Metapher zu verstehen».

Claude Roy urteilte, Semprún habe versucht, einen *Nouveau Roman* zu schreiben. Das war als Vorwurf gemeint. Der *Nouveau Roman* setzt sich über das klassische Gebot erzählerischer Kohärenz hinweg, die eingehende psychologische Beobachtung ist verpönt. Roys Ansicht nach hatte Semprún zu sehr auf diese Stilmittel gebaut. In Wahrheit war jener weniger vom *Nouveau Roman* beeinflußt als von seiner Arbeit als Drehbuchautor. Er hatte sich angewöhnt, die Charaktere seiner Figuren anhand ihrer Gesten, Reden und Handlungen darzustellen; und abrupte Szenenwechsel sind in Filmscripts an der Ordnung.[6] In einer Vorbemerkung zu *Der zweite Tod des Ramón Mercader* hat Semprún den Ort der Handlung und die Charaktere aufgeführt, wie es in Drehbüchern und Theaterstükken üblich ist.

Für zwei Filme von Constantin Costa-Gavras – ihm wendet er sich auf diesem Bild zu – hat Semprún allein das Drehbuch geschrieben: «Z» (1969) und «Das Geständnis» (1970). In beiden spielte Yves Montand eine Hauptrolle.

«Man stirbt nicht mehr», sagt 1966 in einem Amsterdamer Lokal der Mann, der den Namen Ramón Mercader angenommen hat. Er bekommt dabei einen Lachanfall, der gezwungen und unheimlich klingt. Die Zeiten der KZs und des Gulag sind vorbei. Im Kalten Krieg werden die politischen Gegner nicht reihenweise liquidiert. «Überrascht sieht Moedenhuik ihn an. Aber nein, man stirbt nicht mehr, denkt Mercader und lacht immer noch, und Moedenhuik sieht ihn überrascht an, und Mercader lacht weiter, als ob es wirklich komisch wäre, daß man nicht mehr stirbt.»[7]

Komisch war es natürlich nicht. Und es wurde immer noch gestorben, wie schon der Titel, *Der zweite Tod des Ramón Mercader*, bezeugt. Der Autor überläßt seinen Lesern, herauszufinden, warum Mercader sagt, daß man nicht mehr sterbe. Semprún mag es damals vorgekommen sein, als sei der Tod nicht mehr recht wahrnehmbar. Viele französische Kommunisten wollten von den Leichen in der gefrorenen Erde der sowjetischen Lager nichts hören. Und Semprún hatte sich in seinem friedlichen Pariser Alltag in den Kreisen von Yves Montand, Simone Signoret, Jean-Louis

Trintignant, Florence Malraux, Alain Resnais, Constantin Costa-Gavras und vielen anderen allmählich daran gewöhnt, sich des Morgens nicht mehr auf die Folter gefaßt zu machen, der er unterworfen worden wäre, hätte die franquistische Polizei ihn in Spanien gefaßt. Gegen Ende der sechziger Jahre muß es ihm erschienen sein, als habe der Tod sich aus seinem Leben davongemacht. Das war dann doch ein unhaltbarer Zustand; von Dauer konnte er nicht sein – und deshalb war er tatsächlich irgendwie komisch.

Anfang 1964 war Semprún aus der spanischen KP verstoßen worden. Auch um ihm Boden unter die Füße zu geben, luden unorthodoxe marxistische Pariser Intellektuelle ihn im selben Jahr zu einer Tagung ein, in der man sich über Zweck und Rolle der Literatur verständigen wollte.[8] Sein Vortrag zeugte davon, daß er sich bemühte, die Literatur – zu der er nun befreit war – als politisches Medium zu verstehen: «Von der Wirkung der Literatur kann man nicht reden, ohne sich der reinen marxistischen Lehre bewußt zu sein.» Die herrschende Bourgeoisie des Westens verstehe es, auf ihre Weise die Literatur zu knebeln. Anstatt sie zu verbieten, wie es im Osten der Fall sei, neutralisiere sie ihre kritische Kraft, und sei es, indem sie einem unbequemen Autor den Nobelpreis verleihe. Letzteres war ein Hinweis auf Jean-Paul Sartre, der den Preis kurz zuvor abgelehnt hatte, weil er befürchtete, die Annahme könne als einseitige politische Parteinahme für den Westen aufgefaßt werden.

In seinem Vortrag sprach Semprún nicht aus der Perspektive des Lesers, sondern aus der des Autors, zu dem er nun geworden war. Den neuen Lebenszustand überhöhte er zur wahren politischen Existenzform. Die Arbeit eines Schriftstellers erschien ihm ihrer Natur nach revolutionär. Möge ein Arbeiter Einsicht in seine Klassenlage gewinnen und politisch aktiv werden, so trage seine Arbeit gleichwohl immer dazu bei, die kapitalistische Gesellschaft zu unterstützen, die er doch eigentlich umstürzen wolle. «Seine gesellschaftskritische Aktivität findet deshalb auf einer anderen Ebene statt: in den Gewerkschaften, in der Politik.» Die Arbeit des Schriftstellers sei hingegen unmittelbar politisch: «Als Schriftsteller, weil er Schriftsteller ist, engagiert er sich.» In Anspielung auf eine Bemerkung von Karl Marx, das Werk sei für den Autor stets Zweck an sich, fügte Semprún an: Im Schreiben und in nichts anderem bestehe für ihn der Sinn seines Lebens. Weil die Literatur in kapitalistischen Gesellschaften in der Massenkultur unterzugehen drohe, müsse man sich fragen, ob es sie «in ein paar Jahrzehnten» überhaupt noch geben werde, ob es dann überhaupt noch Leser gebe. «Und so kommen wir (…) wieder auf die Politik zurück, denn für die Konstituierung einer Gesellschaft von Lesern ist im heutigen Stadium der historischen Entwicklung ein radikaler Wandel der Gesellschaft erforderlich.» Semprún ging aufs Ganze. Nachdem der Parteiapparat ihn ausgespien hatte, sollte die Literatur politisch wenigstens so bedeutsam sein wie seine bisherige Arbeit.

Jean-Paul Sartre, der sich seiner Stellung als Literat gewiß war, fragte in seinem Vortrag nicht danach, was die Literatur für den Autor bedeute. Er beschäftigte sich mit ihrer Wirkung auf den Leser: «Im Leben desjenigen, der liest, gibt es etwas, das fehlt und wonach er in der Lektüre auf der Suche ist. Was ihm fehlt, ist Sinn; und genau das, Sinn im umfassenden Verständnis des Wortes, liest er in seine Lektüre hinein; was der Leser sucht, ist natürlich der Sinn seines Lebens, das für alle schlecht eingerichtet ist, als schlecht erlebt wird, als ausgebeutet, entfremdet, betrogen und getäuscht, von dem alle aber wissen, daß es etwas anderes sein könnte.» Was könnte es sein? Das ergebe sich nicht unmittelbar aus einem Buch, denn «die engagierte Literatur» habe mit politischem Aktivismus nichts zu tun.

Und dann sagte Sartre, der nicht nur als Philosoph und Autor, sondern auch als unbelehrbarer Kommunismusfreund in die Geschichte eingegangen ist, aus seiner links-dialektischen Dickköpfigkeit heraus etwas Bemerkenswertes: «Die Kunst, heißt es, bekämpfe den Fluß der Zeit, das heißt: den Fluß der subjektiven Eindrücke, den Lauf der Welt. Folglich werde sie aus der Perspektive des Todes geschaffen, oder – wenn Sie so wollen – aus der Perspektive des Gedächtnisses. (…) Entsprechend soll das Leben als überzeitlich betrachtet werden; und das Zeitliche selbst gilt als in jeder Hinsicht beschränkt.» Dieser Kunstauffassung nach trete «der Leser in den Tod ein, das heißt: in eine ahistorische Dimension». Das sei aber nicht wahr: Schon der Akt des Lesens sei eine Tätigkeit *in* der Zeit und eben deshalb engagiert, um nicht zu sagen politisch.

Mit seiner Darstellung dessen, was Kunst ist, hat Sartre 1964 einen Kommentar zur heute verbreiteten gedankenlosen Pietät formuliert, mit der KZ und Gulag in vielen Museen und Gedenkstätten Europas als historisch-gruselige Geisterbahn präsentiert werden, ohne daß es auf die näheren historischen Zusammenhänge ankommt. Zudem hat Sartre die Zwecke des betagten Autors Jorge Semprún gut beschrieben, der Jahre gebraucht hat, sich von den politischen Ansprüchen zu befreien, die er an sich selbst stellte. 1983 erklärte Semprún dem Literaturwissenschaftler Karl Kohut:

In den sechziger Jahren habe er noch gedacht, «daß mein Verhältnis zur Sprache über das Politische laufe». Im großen und ganzen habe er aber immer in und von der Sprache gelebt. «Die Politik, die Literatur, das Erotische, die drei wichtigen Dinge des Lebens»: Das seien alles immer sprachliche Abenteuer gewesen. «Was habe ich denn zehn Jahre lang in Spanien bei der Untergrundarbeit gemacht? Ich habe versucht, die Verhältnisse durch Reden zu ändern, und manchmal versuchte ich, die Reden der Kommunisten im Hinblick auf die sich wandelnden Verhältnisse in Spanien zu ändern.»[9]

«Madame Bovary, c'est moi!» hatte Flaubert ausgerufen. Mit noch mehr Emphase könnte Semprún über seine männlichen Protagonisten das gleiche sagen: Das bin ich. Von Bauern und einfachen Arbeitern abgesehen, unangenehme Geheimdienstler, übergeschnappte Guerrillakämpfer und widerliche Polizeileute außer Acht gelassen, treten in seinen Büchern, die er ausdrücklich Romane nennt, in der Regel Männer auf, die sein Alter ego sind. «Ich lasse die Figuren Dinge machen, die ich nicht machen konnte, die aber im Bereich des mir Möglichen gewesen wären und von denen ich meine, daß sie hätten stattfinden können. Ja, und auch Dinge, die ich gern erlebt hätte. Ich wandle das Erlebte ab, schreibe es fort. Zwei oder dreimal, das erste Mal in *Die Ohnmacht*, habe ich von der Begegnung in Ascona mit einer jungen Frau namens Lorène erzählt: Da ist alles wahr, aber zugleich habe ich vieles dazuerfunden. Ich male die Realität aus, die nur skizzenhaft war. Ist das romanesk oder eine Erinnerung? Ich weiß es nicht, das vermischt sich. Es interessiert mich nicht zu sagen: Dies Detail hat sich wirklich zugetragen, jenes nicht. Seitdem ich Lorène beschrieben habe, kommt es mir manchmal vor, als sei sie genauso gewesen, wie ich sie zeige.»

Ramón Mercader, René-Pierre Boutor, William Klinke, Henk Moedenhuik aus *Der zweite Tod des Ramón Mercader*; Juan Larrea, Antoine de Stermaria, Karel Kepela aus *Der weiße Berg*; Roger Marroux, Marc Laloy, Elie Silberberg, Daniel Laurençon aus *Netschajew kehrt zurück*: Sie alle und andere aus anderen Büchern sind letztlich Abbilder Semprúns. Sie haben verschiedene Nationalitäten und unterschiedliche Berufe, auch in der Farbe ihrer Haare unterscheiden sie sich. Aber alle sind attraktiv und höchst gebildet. Geld spielt keine Rolle: Ihren Lebensunterhalt wissen die Männer stets gesichert, weil sie in dem ihnen je zugeschriebenen Beruf anscheinend reüssieren. Von der Zukunft erhoffen sie sich nichts Besonderes. Ihre tiefen Empfindungen gelten vornehmlich den Zeiten, die hinter ihnen liegen. Ihre Handlungen ergeben sich nicht so sehr aus einer Entwicklung,

Eines Tages im Jahr 1970 war der große Henri Cartier-Bresson bei Semprún
zu Gast, um den bekannten Autor zu photographieren. Die belanglose Unterhaltung zog sich in die Länge. Irgendwann hatte der Schriftsteller genug:
«Ich straffte mich ein bißchen, ich wollte Bresson fragen, wieviel Zeit er mir
noch stehlen wollte. In dem Moment nimmt der seine kleine Kamera und knippst.
Ich fragte: Warum jetzt? Und er antwortete: Weil etwas passierte.»

die sie im Verlauf der Geschichte durchmachen, sie sind vielmehr die unmittelbare und notwendige Konsequenz ihrer Vita. Wenn einer der Männer die Anwesenheit einer schönen Frau nicht genießen kann oder sich
während eines Gesprächs in Gedanken verliert, liegt es daran, daß die Erinnerung an vergangenes Elend, an unwiederbringliches Glück oder historisch tragische Verwicklungen ihn behindert. Vor allem in ihren Reminis-
zenzen werden die Männer für den Leser unterscheidbar. Der Autor Semprún mag sich mit persönlichen Eigenheiten, die sich aus mangelnder
Attraktivität, Krankheit, Geldsorgen, Bildungslücken oder schlechten Ma-
nieren seiner Figuren ergeben könnten, nicht aufhalten. Einen gutausse-
henden, erfolgreichen Mann hingegen muß man nicht näher beschreiben.
Semprún braucht solche Männer, um sich anhand ihrer mit seiner Vergangenheit zu beschäftigen. Je weniger prägnante Eigenschaften er ihnen ver-
leiht, die von ihm selbst ablenken könnten, desto näher kommt er seinem
eigentlichen Anliegen, und desto näher kommt er dem, was seine Literatur
ausmacht.

Das gezwungene Lachen, das er dem Ramón Mercader und anderen zuschreibt, ist sein eigenes. Die Begeisterungsfähigkeit und die Anfälle von Melancholie seiner Protagonisten schildert er aus der Kenntnis seiner selbst. Eigentümlichkeiten ihrer Redeweise kennt er von sich. Mitunter, wenn sie sehr bewegt sind, haben seine Männer einen rauhen Tonfall, den er sich selbst abgelauscht hat. Sie sparen mit zärtlichen Gesten genau wie er, allenfalls daß sie einer Frau sanft über Wange oder Braue streichen.

Wenn Semprún frei fabuliert, richtet er Ort und Zeit der Handlung, die Begleitumstände und die Ausstattung nach dem ein, was er erlebt hat. So spielt *Der zweite Tod des Ramón Mercader* zwischen dem 13. April und dem 1. Mai 1966: Am 13. April 1945 nahm die 3. US-Armee die Versorgung der Überlebenden in Buchenwald in die Hand; am 1. Mai 1945 sah Semprún den Schneeflocken zu, die über einer Demonstration in Paris niedergingen. Nicht nur seine Lektüreerlebnisse und die Kunst, die er mag, kommen in seinen Büchern vor, auch Vater und Mutter, andere Verwandte, Freunde und Bekannte werden erwähnt. Sein Bruder Carlos ist der Namensvetter eines sympathischen Mannes, der in *Algarabía* und in dem Film «Der Krieg ist vorbei» auftritt. Fernand Barizon aus *Was für ein schöner Sonntag!* hat es gegeben, nur daß er mit Nachnamen nicht Barizon hieß. Die Wirtschafterin Saturnina, der die Leser in *Zwanzig Jahre und ein Tag* begegnen, war im elterlichen Haushalt beschäftigt. In einigen seiner Bücher läßt Semprún Frauen auftreten, die gut zu dem Helden sind. Sie tragen ähnlich lautende Namen, die der Autor mit Bedacht gewählt hat: Laurence oder Lorène. Namen, die mit einem L beginnen, gefallen ihm besonders: Das L steht für das französische Wort *elle* – sie: Es steht für «eine Frau, irgendeine».[10] Ausgerechnet die beiden Vornamen, auf die er gern zurückkommt, erinnern phonetisch an den Vornamen seiner ersten Ehefrau Marie-Laure respektive Loleh Bellon. In *Algarabía* läßt er eine Marie-Laure im Meer vor einem israelischen Strand ertrinken.[11] In Israel vielleicht deshalb, weil seine erste Frau Jüdin war? Wollte man alle Parallelen zwischen Semprúns Literatur und seinem Leben aufzählen, es käme ein dickes Lexikon dabei heraus.

Er betont, daß er seine literarischen Bezüge «nicht absichtlich» herstelle. In den achtziger Jahren sagte er: «Ich schreibe etwas auf. Erst danach kann ich mir das aufschlüsseln und begründen. Im übrigen versuche ich, mir nie ganz bewußt zu machen, warum die Dinge so laufen, wie sie es tun. Wenn ich das genau wüßte, würde ich mit dem Schreiben aufhören.»[12]

Viele Dichter und Schriftsteller verstecken sich hinter der Behauptung, «sich selbst ein Geheimnis» zu sein, wie Shelley es formulierte. Man tut gut daran, das nicht für bare Münze zu nehmen. Semprún wirkt vergleichsweise glaubwürdig. Ihm gelingt es, in sich zu gehen, ohne sich zu begegnen. Ernst Bloch hat in seinem *Das Prinzip Hoffnung* Passagen angestrichen, die ihm besonders gut gefielen. Er hat sich selbst als Autor seines Werks entdeckt. Über Selbstüberraschungsfähigkeit verfügt auch Semprún. Als er, der einst schwer Enttäuschte, seine erste Ehefrau Marie-Laure literarisch an der Küste Israels in den Tod schickte, hat er sich sicherlich nicht klargemacht, daß es aussah, als wolle er 1981 eine späte Rache nehmen. Und er weiß auch nicht, daß manche Motive seiner Bücher schon Ende der vierziger Jahre in seinem unveröffentlichten Theaterstück *Soledad* auftauchen: Eine geistig verwirrte Mutter, der man in *Netschajew kehrt zurück* begegnet; ein Haus in Toledo, die Erinnerung daran, die in *Algarabía* sowie in *Zwanzig Jahre und ein Tag* wieder vorkommt; der heimliche Wunsch zu ertrinken, dem Juan Larrea in *Der weiße Berg* nachgibt. Der Chef der Madrider Sicherheitspolizei wird in *Soledad* genauso geschildert wie mehr als fünfundfünfzig Jahre später in *Zwanzig Jahre und ein Tag*: Da steht er, magenkrank, schlecht gelaunt, und rührt mit einem «kleinen Löffel» in seinem Espresso (*Soledad*) beziehungsweise in einem Glas Wasser mit einer Salzlösung gegen Sodbrennen (*Zwanzig Jahre und ein Tag*[13]). In dem Theaterstück nahm Semprún sogar vorweg, was er zehn Jahre später in Madrid tatsächlich erlebte: Wie ein Genosse der Polizei in die Hände fällt und seine Kameraden wissen, daß sie alle verhaftet werden, wenn er unter der Folter ihre Namen und Adressen verrät – und wie sie doch nicht anderswo Zuflucht suchen. Ja, Semprún hatte sich jahrelang darauf vorbereitet, Simón Sánchez Montero 1959 innerlich beizustehen.

Manches Autors Größe beruht zuvörderst auf seiner Sprache. Semprún, der, «seitdem ich acht Jahre alt war», Schriftsteller werden wollte, hat als Jugendlicher im französischen Exil oftmals mehr auf die Sprache als auf den Inhalt seiner Lektüre gegeben. Nach seinen literarischen Vorbildern gefragt, antwortet er: «Es gibt zwei entscheidende Einflüsse, die in allen meinen Büchern irgendwie zur Geltung kommen. Schon als ich ganz jung war, kam das Spanische mir ein bißchen suspekt vor. Die Sprache wird schnell rhetorisch. Sie verführt dazu, große Worte zu machen. Die Sätze nehmen kein Ende. Irgendwann weiß man nicht mehr, was das Subjekt ist und was das Objekt. Proust hat auch so geschrieben, für einen französischen Autor ganz untypisch, ich glaube, daß seine jüdische Herkunft da mithineingespielt hat. Das Deutsche ist wie das Spanische: Man kann einen Satz beginnen und ihn über Seiten hinziehen. Im Spanischen kommt dazu noch die maßlose Rhetorik. Während der Franco-Zeit habe ich mit ein paar Freunden einmal eine Liste der gängigen Sprachmarotten aufgestellt: Wenn da etwa vom Menschen die Rede war, dann mußte immer hinzugefügt werden, daß der Mensch ‹universelle Werte› verkörpere. Das Spanische ist eine reiche Sprache. Wenn man ein Suffix oder Präfix ändert, kann man ein neues Wort kreieren, das verständlich ist, nicht wie die Wortschöpfungen von Heidegger, nein, wirklich verständlich. Paßt man aber nicht auf, dann kommt man ganz schnell ins Delirium. Deshalb war ich als Jugendlicher vom Französischen begeistert: Das ist eine Sprache, die zur Klarheit einlädt, zur Präzision: Ein Satz – ein Gedanke. Im Französischen ist das auf hohem Niveau möglich. So sind die Sätze von André Gide in *Paludes*. Das war die eine Entdeckung, die ich gemacht habe. Die zweite war dann die amerikanische Literatur: William Faulkner. Mit seinen ausschweifenden Sätzen kommt er dem spanischen Duktus recht nahe. Seinen Roman *Sartoris* habe ich zuerst in einer französischen Übersetzung gelesen, dann in einer deutschen und erst später auf Englisch. Das war für mich, als ob ich die spanische Sprache durch die Stimme der amerikanischen Literatur entdeckte.»

In manchen seiner früheren auf Französisch verfaßten Bücher versuchte Semprún, seine Sätze mit dem langen Atem zu komponieren, den er an William Faulkner schätzt. Mitunter hat er Sätze unvollendet in der Luft hängen lassen, wie ein Maler, der auf die Ausarbeitung mancher Details verzichtet. In der *Autobiografía de Federico Sánchez* verweigerte er sich der spanischen Rhetorik. Die traditionelle kastilische Suada wollte er unbedingt vermeiden. Prompt hielten übelwollende Rezensenten ihm vor, er habe sich seiner Muttersprache wohl entfremdet. Mittlerweile hat Semprún sich ganz der französischen *clarté* zugewandt. Seine Sätze sind von beeindruckend schöner Transparenz, frei von allen Manierismen. Die Komplexität, die er anstrebt, ergibt sich aus dem, was er erzählt und aus seiner Dramaturgie: «Das geht bei mir nicht eins, zwei, drei und so weiter. Sondern: Eins, zwei, drei, dann kommt zweieinhalb und dann viereinhalb.»

Er tut sich nicht damit genug, über sein Leben zu schreiben, er schreibt auch über seine Bücher. In seinem nächsten Roman diskutieren die Figuren über die Werke des Autors Jorge Semprún. In dem Manuskript, das er

2005 unter dem Arbeitstitel *La Feria du mois d'août* begonnen hat, tritt er indes als «Ich» nicht auf: «Das ist das erste Mal, daß ich versuche, mich von außen, durch die Augen von Dritten zu betrachten. Es gibt da viele Abschweifungen, Liebschaften, Freundschaften, alles mögliche. Und ich spalte mich in verschiedene Figuren auf. Im Kern geht es um eine Begegnung an der französisch-spanischen Grenze: Ein paar junge Leute treffen sich mit ein paar alten ehemaligen Kommunisten, die im Auftrag der Partei zu Francos Zeiten nach Spanien gereist sind. Ich kenne ja einige, die das gemacht haben. Aber alles übrige denke ich mir aus. Und ich führe mich ein in der dritten Person, als Federico. Bevor ich dazukomme, lasse ich die anderen über mich reden. Der ‹er› – ich – bleibt immer ‹er›. Es wird deutlich, daß ich es bin, weil man sich über meine Bücher unterhält. Das wird ganz klar. Ich schummele nicht. Die Figuren wissen, daß Federico Sánchez später unter seinem wahren Namen Schriftsteller geworden ist. Und eine Frau, die ich kannte und die in *Die Ohnmacht* unter dem Namen Eve einen Autounfall erleidet, beschwert sich bei Federico darüber, daß er sie in seinem Roman umgebracht hat. – Das ist ein neuer Versuch, bei dem zu bleiben, was ich erlebt habe, was mich beschäftigt, und mir doch etwas auszudenken.»[14]

Semprúns Interesse an sich selbst ist im Alter ungebrochen. Der nur wenige Jahre jüngere Günter Grass hat 2006 erklärt, er sei «neugierig» auf sich selbst. Der Dichter Peter Rühmkorf hat das schärfer formuliert: Er wolle sich selbst «auf die Schliche» kommen. Das Streben nach Wahrhaftigkeit, auf das die beiden Deutschen anspielten, teilt Jorge Semprún nicht. Auch er bekennt, neugierig auf sich selbst zu sein, aber damit meint er nicht Selbsterkenntnis, sondern die wundersamen Assoziationen seiner Erinnerung, die ihm erlauben, die verschiedensten Episoden seines Lebens zueinander in Beziehung zu setzen.

Manche seiner Einsichten klingen sonderbar. Diese zum Beispiel: «Es ist wirklich keine Koketterie, wenn ich sage, daß ich kein echter Schriftsteller bin. So habe ich etwa niemals meine Arbeit über alles andere gestellt. Es gibt tausend Dinge, die ich mache, bevor ich mich an den Schreibtisch setze – und das nicht bloß weil ich träge bin, metaphysisch faul. Einem Journalisten habe ich das vor Jahren so erklärt: Ich sitze am Schreibtisch, und ein Freund ruft mich an, der aus Kolumbien kommt und kurz in Paris Halt macht. Ein echter Schriftsteller würde sich Ruhe ausbitten: ‹Fernando, entschuldige, ich sitze bei der Arbeit, ich kann dich nicht sehen.› Das habe ich nie gemacht.»

Ein paar Monate später sagte Semprún mir, er habe keine Ahnung, wie er darauf komme, daß der «echte» Schriftsteller den Umgang mit seinen Freunden geringschätze. Allerdings kenne er einige französische Kollegen, die «ungeheuer ichbezogen» seien.

1986 schrieb er in *Der weiße Berg*: «Einstimmig, mit Nachdruck, erklärten Flaubert und Grillparzer, daß man wählen müsse: das Schreiben oder das Leben.» [15] Auf Französisch heißt es an dieser Stelle: «l'écriture ou la vie» – da war er, der Titel des Buchs, das acht Jahre später seinen Ruhm als europäischer Autor begründete.

Gustave Flaubert hat die genannte Ansicht zwar vertreten, aber nicht danach gelebt: Er plauderte nur zu gern mit den Brüdern Goncourt, mit Turgenjew und anderen und war erotischen Abenteuern nicht abgeneigt; die Eisenbahn zwischen Rouen und Paris hatte in Flaubert einen guten Kunden. Zum Heiraten fehlte Grillparzer der Mut, doch unternahm er einige ausgedehnte Reisen, die ihn unter anderem nach Paris und bis nach Konstantinopel führten. Von Weltabgekehrtheit zeugten sie nicht, eher von Welthunger. Voltaire, Chateaubriand, Stendhal, Balzac: Sie alle und viele andere waren gesellige Zeitgenossen. Oscar Wilde mokierte sich über Schriftsteller, die sich in ihrem Kämmerchen einschlossen: Nur wer sich in Gesellschaft begab und eine Ahnung davon hatte, was sich jenseits seiner Arbeitszimmerwelt abspielte, konnte in Wildes Augen gut schreiben. Daß der wahre Schriftsteller Freunde und gesellschaftliche Vergnügungen meide, ist denn auch eine ziemlich weit hergeholte Idee, ein theoretisches Konstrukt, das von der Vita der wenigsten Autoren bestätigt wird.

«Ich hasse Beschreibungen», sagt Semprún, «wenn ich einen Roman lese, den ich schon kenne, dann überspringe ich solche Seiten – sogar bei Dostojewski mache ich das. Das Portal, das Landhaus, der Salon sahen so und so aus. Das muß ich nicht mehrmals lesen.»

Der Lyriker und Essayist Paul Valéry brach in den dreißiger Jahren eine Diskussion vom Zaun: Er schreibe keine Romane, bekundete er, weil man dabei genötigt sei, Sätze zu verfassen wie «Die Marquise verließ um fünf Uhr das Haus». Das war eine Spitze gegen bürgerliche Romane der Zeit, die im aristokratischen Milieu angesiedelt waren. Schon die Frage, ob die Marquise um fünf Uhr ausgeht oder nicht vielleicht doch erst um sechs, fand Valéry belanglos. Ganz ähnlich denkt Semprún (im übrigen hält er keine großen Stücke auf Valéry, in *Die große Reise* erklärte er ihn sogar zu einem «distinguierten Schwachkopf»).

Wer etwas erfindet, muß die Freiheit ertragen, die er sich aufbürdet, und darf sie nicht mit Wahllosigkeit verwechseln. Das ist mehr als eine Herausforderung, es kann ein unüberwindliches Hindernis sein. Ist das Auto blau oder schwarz? Trägt der Polizist einen Schnurrbart oder eine Brille? Nicht jedes Detail kann sich notwendig aus der Geschichte ergeben. Der bei Beschreibungen drohenden Beliebigkeit entzieht Semprún sich, indem er seine Romane mit den Requisiten aus seinem Fundus des Gesehenen und Erlebten ausstaffiert. Er empfindet das als Manko. «Nicht als Autor, wohl aber als Romancier habe ich ein Problem. Sicher, kein Schriftsteller existiert ganz außerhalb der Welt. Jeder läßt seine Erfahrungen und seine Gedanken einfließen. Später kommen dann die Literaturwissenschaftler und die Biographen, die sagen: Da hat Tolstoi das und das Abenteuer verarbeitet. Das versteht sich. Es geht nicht anders. Jeder Autor läßt sein Leben, seine Lektüre und seine philosophischen Standpunkte in einen Roman einfließen. Aber große Romanciers, Tolstoi, Dostojewski, Faulkner, erfinden eine Welt, die wirklich ist und doch per definitionem irreal. Und genau das gelingt mir nicht. Ich kann das Bonmot von Boris Vian nicht einlösen: ‹In diesem Roman ist alles wahr, weil ich alles erfunden habe.› Das ist nicht meine Art. Nicht etwa, weil ich mir nichts ausdenken könnte. Vielmehr macht es mir mehr Spaß zu zeigen, was ich kenne. Vor allem aber hindern meine Erlebnisse mich daran. Sie beschäftigen mich mehr als alles, was ich mir ausdenken könnte. Man müßte eine Leukotomie ausführen und meine Erinnerungen extrahieren: an das Leben im Untergrund, Buchenwald, die Kommunistische Partei … Dann könnte ich einen echten Roman schreiben.» Ohne Erinnerungen wäre sein Geist eine leere Fläche, die beschrieben werden müßte. Der Roman, der dann entstünde, würde an die Stelle des fehlenden Gedächtnisses treten. Es ist ein vertracktes Gedankenspiel: Die Identität eines solchen Schriftstellers ergäbe sich aus seinem Text. Nach wie vor denkt Semprún daran, die Geschichte eines ehemaligen Häftlings zu schreiben, der sich nach seiner Freilassung ein Leben erdichten muß. Dies ist die Deutung, die Semprúns Selbstwahrnehmung entspricht. Man könnte seine Beobachtung, zur literarischen Erschaffung einer Welt nicht geeignet zu sein, aber auch anders erklären: Wer keine Übung darin hat, sich in andere Menschen hineinzuversetzen, wird sich schwer damit tun, Romanfiguren und ihr Innenleben zu erfinden. So ein Autor kann einfühlsam nuanciert nur über sich selbst reden.

Wie eindrucksvoll, bewegend und auch amüsant die Beschäftigung eines

Schriftstellers mit sich selbst sein kann: davon zeugt Semprúns Werk. Je genauer er von sich erzählt – und in seinen Büchern, die vom Lager handeln, ist er sehr präzis –, desto eindringlicher fühlen seine Leser sich angesprochen. Der Unterschied zwischen autobiographischen Romanen anderer Autoren und den seinen besteht darin, daß erstere endlich einmal richtig «Ich» sagen wollen. Semprún hingegen muß sein Ich nicht einholen, er hat es schon, jedenfalls soviel davon, wie er gebrauchen kann.

Eine neue Welt kann und will Semprún literarisch nicht erschaffen. Lieber erfindet er seine Wirklichkeit. Ein Schriftsteller ist einer, der aus einem Wassertropfen ein Meer macht. «Die Wirklichkeit ist unendlich. Wenn du dir etwas ausdenkst, dann kommst du unweigerlich irgendwann ans Ende der Erfindung: Sie ist erzählt und fertig. Wenn du die Wirklichkeit darstellst, dann mußt du damit immer wieder von vorn beginnen. Es gibt immer irgendeinen Gesichtspunkt, einen Aspekt, ein Detail, die dir zuvor entgangen sind. Wäre ich unsterblich, könnte ich mir vorstellen, alle meine Bücher immer wieder neu zu schreiben. Ich könnte zum Beispiel – jetzt denke ich mir etwas aus – noch einmal von einem Sonntag in Buchenwald erzählen. Wie fange ich an? Ich beginne mit dem Hunderagout, dem kleinen Festessen aus Hundefleisch, und mit dem Tschechen, der sagt ‹Ich mag Hund nicht›. Aber du hast doch noch nie einen Hund gegessen! ‹Ich mag die *Idee* von Hund nicht›.»

Semprún teilt seine Bücher in zwei Kategorien ein: In den Geschichten, die er «roman roman» nennt, benutzt er sein Leben als einen Baukasten, dessen bunte Klötze er nach Lust und Laune aufeinandertürmt. Der Fortgang der Konstruktion ergibt sich auch daraus, was er schon zu Papier gebracht hat. Farbe und Form seiner Klötzchen sind mit ihren Urbildern in der Wirklichkeit vielfach nicht identisch. In seinen Erzählungen, die vom KZ handeln, hält er sich hingegen in einer Hinsicht im Zaum. Er achtet darauf, nichts darzustellen, was den historischen Fakten widerspricht.

Einmal habe ich für ihn alle orthographischen Fehler in den deutschen Wendungen aufgelistet, die in der jüngsten Taschenbuchausgabe von *Quel beau dimanche!* immer noch nicht korrigiert waren. Meine Hinweise ließen ihn kalt, ebensogut hätte ich ihm einen Auszug aus dem Telefonbuch von Rosenheim mitbringen können. Als ich ihn aber darauf hinwies, daß in *Der Tote mit meinem Namen* fälschlich zu lesen ist, er sei in Buchenwald in Block 56 untergebracht gewesen (anstatt in Block 40), griff er sich die Kopie der Seite, um beim Verlag auf eine Berichtigung zu dringen.

«Ein bekannter Autor – sein Name ist mir entfallen – hat geschrieben, er habe mitangesehen, wie auf dem Appellplatz sechsundvierzig Russen aufgehängt wurden. Ich bin vor Scham fast gestorben, als ich das las. Die SS-Leute hatten Angst vor den Russen. Sie wußten ganz genau: Wenn sie einige Dutzend von denen öffentlich aufhängen, dann stürmen sämtliche russischen Häftlinge ihre Stellungen. Die Besatzungen der Wachttürme hätten drei Viertel totgeschossen. Aber die übrigen hätten die Türme eingenommen. Die Russen wurden nicht öffentlich exekutiert!» Zunächst wurden sie im ehemaligen Reitstall des Lagers erschossen, von 1943 an erhängte man sie in einem Keller unter dem Krematorium.*

In *Die große Reise* erzählt Semprún eine Episode, von der Imre Kertész vermutet, er habe sie bei Dostojewski gefunden:[16] In einem der Transporte, die aus den KZs in Polen kamen, Waggonladungen halbtoter und erfrorener Juden, befanden sich einige Kinder. Die SS-Leute ließen ihre scharfen Hunde los und machten sich mit Knüppeln über sie her. «Bald blieben nur noch zwei Jungen übrig, ein großer und ein kleiner, sie hatten beim verzweifelten Laufen um ihr Leben ihre Mützen verloren, ihre Augen glänzten wie schimmerndes Eis in ihren grauen Gesichtern, und der kleinere kam kaum mehr mit, hinter ihnen bellten die SS-Männer, auch die Hunde begannen zu bellen, der Blutgeruch brachte sie außer sich, aber da blieb der größere Junge stehen und nahm die Hand des kleineren, der nicht mehr konnte, und sie liefen zusammen noch ein paar Meter, die linke Hand des Jüngeren in der rechten des Älteren, bis die Knüppel auch sie niederstreckten und sie nebeneinander mit dem Gesicht auf den Boden fielen, Hand in Hand für immer.»[17]

Semprún beschrieb das sadistische Inferno vor dem Lagertor, als habe er es aus nächster Nähe mitangesehen. Das war natürlich nicht der Fall. Mir sagte er, ein deutscher Häftling habe ihm davon berichtet. Es habe sich in den ersten Jahren des Lagers zugetragen. Die wissenschaftlichen Mitarbeiter der Gedenkstätte Buchenwald wissen nichts davon. Ob die Jagd auf die zwei Kinder stattgefunden hat oder nicht, spielt für die innere Wahrhaftigkeit der Darstellung indes keine Rolle. Entscheidend ist, daß so etwas sich hätte ereignen können. Es kam vor, daß SS-Männer sich im Lager die Gaudi machten, ihre Hunde zur Hatz auf Häftlinge anzusetzen. Und es gab zwei Transporte aus dem Osten, einen 1944 und einen um die Jahres-

---

* Die Lagerverwaltung sah sich vor. Eine Revolte wollte sie nicht provozieren. Semprún erwartet, daß keine Märchen über das Lager verbreitet werden. Er hält es für verheerend, wenn ehemalige Gefangene allzu frei fabulieren. Den Leuten, die behaupten, der Holocaust sei eine Schimäre, sollen keine Argumente an die Hand gegeben werden.

wende 1944/45, die auch einige Dutzend Kinder nach Buchenwald brachten. In Semprúns späteren Büchern kommt eine solche in ihrer Schrecklichkeit fast schon stereotype Szene nicht mehr vor. In den siebziger Jahren begannen die Massenmedien der westlichen Welt, sich für die Opfer des Nationalsozialismus zu interessieren. Semprún stand nicht mehr unter dem Druck, ein widerborstig-ignorantes Publikum überzeugen zu müssen. Schon 1980 in *Was für ein schöner Sonntag!* mutete er seinen Lesern die Botschaft zu, daß es im KZ Momente des Glücks gegeben habe.

«Ich mochte den Gedanken nicht, in die Rolle des Überlebenden, des glaubwürdigen, achtenswerten und Mitgefühl verdienenden Zeugen verbannt zu sein», hat er 1998 in *Unsre allzu kurzen Sommer* geschrieben.[18] So empfindet er seit 1945. Es irritiert ihn ein wenig, daß seine Bücher über das KZ sich besser verkaufen als seine «roman romans». Die französischen Taschenbuchausgaben von *Die große Reise* und *Schreiben oder Leben* erreichen ihm zufolge alljährlich eine verkaufte Auflage von je fünfzigtausend Exemplaren.

Le mort qu'il faut (Der Tote mit meinem Namen) erschien in Frankreich 2001 und in Deutschland im darauffolgenden Jahr. Dem Ich-Erzähler, einem Häftling in Buchenwald, droht die Exekution. Die geheime Lagerverwaltung beschließt, ihn auf dem Papier «sterben» zu lassen. Seine Identität soll gegen die eines moribunden Typhuskranken ausgetauscht werden. Er muß den Tod des Mannes abwarten und kann nur hoffen, der möge eintreten, bevor seine eigene Exekution anberaumt wird. Das hat sich so zugetragen, aber nicht Jorge Semprún hat es erlebt, sondern Stéphane Hessel, der als Offizier in britischen Diensten ins KZ Buchenwald deportiert worden war. Semprún macht kein Hehl daraus, daß er Hessels Geschichte wiedergibt. In *Was für ein schöner Sonntag!* hat er es erwähnt.[19] Nur in *Der Tote mit meinem Namen* findet sich darauf kein Hinweis. Jetzt schon existiert eine Habilitation, die das Buch als Semprúns entscheidende autobiographische Erzählung vom Lager interpretiert.[20] Weitere Arbeiten, in denen dergleichen zu lesen sein wird, werden folgen. Die Literaturwissenschaftler ahnen nicht, daß Semprún da erstmals versucht hat, ein Buch über das Lager zu verfassen, das seiner Vorstellung eines «roman roman» nahekommt. Denn auch *Der Tote mit meinem Namen* ist aus der Perspektive des Ich geschrieben, das er einst war.

Semprúns Leben ist der Stoff seiner Romane. Indem er es schreibend reproduziert, vertieft und vervielfältigt er seine Erinnerungen. Dabei bemüht er sich, aus seinen Gewohnheiten auszubrechen. Es gibt dafür untrügliche Anzeichen. Er variiert nicht bloß die Erzählperspektive. In *Zwanzig Jahre und ein Tag* läßt er zum ersten Mal einen Grandseigneur auftreten, der von einer Frau abgewiesen wird. Mißmutig sitzt er am nächsten Morgen allein am Frühstückstisch auf einer Terrasse seiner Finca und brütet über seiner Demütigung.

Das assoziative Erzählen, das ihn durch Zeit und Raum katapultiert, wird Semprún freilich nie aufgeben. «Die lineare Ordnung des klassischen Romans, wie man sie bei Balzac findet, halte ich für das Willkürlichste überhaupt. François Mauriac, der auch so schrieb, ist dafür von Sartre angefeindet worden: Mauriac halte sich für Gott.»

Anfang des zwanzigsten Jahrhunderts hatten die jungen französischen Literaten den Eindruck, daß ihre Vorgänger – Stendhal, Balzac, Flaubert, Zola, Maupassant – den realistischen Roman ausgeschrieben hatten. Es gab nichts mehr hinzuzufügen. Im Geist von Sartres Kritik an Mauriac ist Semprún herangewachsen. Er sagt: «Sartre hatte recht. Wer in der Gegenwart schreibt, hält sich für Gott.» Nur Gott, der Allgegenwärtige, kann sich leisten, das Geschick der Welt wie einen Ball vor sich her zu treiben, und ein Autor, der seine Geschichte so vorantreibt, ist dann eben wie Gott.

Semprúns Figuren sind wie er selbst und verlieren sich in Gedanken-assoziationen. Der Ich-Erzähler sitzt mit seiner Freundin im Auto, Schnee-flocken taumeln gegen die Windschutzscheibe, und unvermittelt sieht er sich ins Lager zurückversetzt. Der Erzähler nimmt einen Preis in Empfang, und als die Gratulanten auf ihn zukommen, um ihm die Hand zu schütteln, ist er innerlich schon längst ganz woanders. Aus den Abschweifungen, in die der Autor seine Figuren und seine Leser hineinzieht, holt er sie regelmäßig stilistisch unsanft wieder zurück. Es ist wie das Erwachen aus einem Tagtraum. Mit den Worten «wie es auch sei» leitet er die Rückkehr zum zentralen Erzählstrang ein. Oder er versichert alle Beteiligten – seine Protagonisten, sich selbst und die Leser – der Umgebung, in der sie sich eigentlich befinden. «Aber ich war in London», schreibt er dann oder: «Heute jedoch mache ich die Fahrt über den Zürichsee nicht mit Santiago Carrillo. Fernand Barizon begleitet mich dabei.»

«Mein Leben», schrieb er in *Was für ein schöner Sonntag!*, «ist nicht wie ein Fluß, vor allem ist es kein immer anderer, kein nimmergleicher Fluß, in dem man nicht zweimal baden könnte: Mein Leben ist die gesamte Zeit des Schon-Gesehenen, des Bereits-Erlebten, der Wiederholung, des

Gleichen bis zum Überdruß, bis es eben deshalb etwas Anderes, etwas Fremdes wird. (…) Es ist eine wahllose Abfolge stehender Bilder, eine unzusammenhängende Aneinanderreihung vergänglicher Augenblicke, flüchtiger Ansichten, die aufscheinen in der endlosen Nacht.»[21] Semprún verfügt nicht bloß über einen Fundus an Erinnerungen und Motiven, die er einsetzt wie ein Maler seine Farben, auch jedes neue Buch, das er schreibt, existiert in seinem Kopf schon seit Jahren. *Die große Reise* war «eines der Bücher», die er schon im KZ plante. *Was für ein schöner Sonntag!* entstand in seiner Vorstellung, als die *Große Reise* im Druck war. In *Die Ohnmacht* wird *Zwanzig Jahre und ein Tag* angedeutet, das er dann fast vierzig Jahre später publiziert hat. Mit einem Körnchen Salz – und sofern man von seiner ideologischen Läuterung absieht – kann man sagen: Seine Bücher sind immer schon dagewesen, sie mußten nur geschrieben werden. Als Autor steht Semprún in der Tradition Platons, der lehrte, alle Erkenntnis sei in Wahrheit Erinnerung, Anamnesis.

Ein Mann wie Honoré de Balzac arbeitete ganz anders. Er verließ sich nicht auf die Inspiration, sondern war Ingenieur seiner Literatur: In seinem Zimmer hatte er einen großen Plan an die Wand gepinnt, auf dem die Konstruktion der *Comédie humaine* verzeichnet war. Als er wieder einmal vor seinen Gläubigern flüchtete, mußte er den Plan zurücklassen. Die Romanisten des zwanzigsten Jahrhunderts haben viel zu tun gehabt, alle Unstimmigkeiten, die sich daraus in Balzacs Werk ergaben, aufzuzeigen.

Semprún umarmt Mnemosyne, die Mutter aller Musen und Schutzgöttin der Erinnerung, seine treue Geliebte. Die literarische Disziplin Balzacs kommt ihm unnatürlich vor und deshalb anmaßend. Er will kein auktorialer Erzähler sein. Ist seine eigene Verfahrensweise bescheidener? Er blickt zurück auf sein Leben und begreift sich als den Sklaven seiner Erinnerungen: «Das kommt und geht im Gedächtnis, es ist zum Verrücktwerden.»[22] Seine Gedankenassoziationen versteht er als autoritäres, sozusagen außerhalb seiner selbst befindliches Movens seines Schaffens. Er sieht nicht oder will nicht sehen, daß er sehr viel mehr Herr seiner literarischen Welt ist als Balzac, der sich allgemeinen Formvorstellungen unterwarf. Literarische Wahrhaftigkeit gibt es für Semprún nur als die subjektive Wahrheit, die sich aus seinem Erleben ergibt. Damit knüpft er an den Stil der Romantik an. Einer literarischen Ordnung, die nicht von seiner kreativen Erinnerung bestimmt wird, hat er die Absage erteilt. Ist er, indem er nach Belieben von einer Erinnerung zur nächsten springt, weniger wie Gott als Balzac? Oder zeigen sich darin nicht vielmehr unbekümmerte Souveränität und ein Geltungsanspruch, die ihn als Schriftsteller gottgleicher machen, als Balzac es war? Die Bücher, die er nur im Kopf geschrieben hat, sind viel zahlreicher als die veröffentlichten. Anfang 2006 unterzog er sich einer schweren Herzoperation, vom Sommer jenes Jahres an war seine Frau monatelang ans Bett gefesselt. Nach ihrer Genesung beklagte er, wie sehr er mit seiner Arbeit im Rückstand sei: «Darüber helfe ich mir hinweg, indem ich mir andere Bücher vorstelle, die ich schreiben könnte, das ist ein bißchen neurotisch: Um die verlorene Zeit zu vergessen, entwerfe ich neue Bücher, was mich abermals Zeit kostet. Am vergangenen Wochenende waren es drei… Anhand des Mauritshuis-Museums könnte ich zum Beispiel über meine Jugend schreiben: Da ginge es darum, wie ich die Malerei kennenlernte, es ginge um den spanischen Bürgerkrieg, das Exil und schließlich – das ist eine Banalität – um die Entdeckung der Sexualität. Es ginge um die Albträume, um den Verlust des Glaubens und die Abkehr von Gott. Und das Ganze im Hinblick auf den Ausspruch einer jungen, österreichischen Emigrantin in Paris zu Beginn der vierziger Jahre. Wir hatten uns unterhalten, intimen Kontakt zu Frauen hatte ich damals nicht, aber wir übersahen die Sperrstunde, also ließ sie mich in ihrer Wohnung übernachten, und als ich am nächsten Morgen aufbrach, gab sie mir ein paar Worte auf den Weg, die ich schon mehrmals erwähnt habe: ‹Bitte, stirb nicht›. Über all das könnte ich ein Buch schreiben.»

Eine Zeitlang hat Semprún sich mit der Idee getragen, Leo Trotzkis Aufsätze über Frankreich im Licht des 21. Jahrhunderts fortzuschreiben. Er wollte Karl Marx kommentieren oder einen Roman über seine Erlebnisse in Kuba verfassen, wo er Ende der sechziger Jahre bei Castro auf Besuch war. Auch seine Untergrundarbeit in Spanien ergäbe einen Roman, der mit dem (im achten Kapitel geschilderten) Besuch bei Michail Suslow 1960 enden würde. Seit Jahrzehnten verfolgt er die Idee einer kurzen Geschichte des zwanzigsten Jahrhunderts: Schon als junger Mann fand er die Sequenz 1919, 1929, 1939 faszinierend. Alle zehn Jahre ereignete sich etwas Wesentliches: 1919 der Friedensvertrag von Versailles, die gelungene Revolution in Rußland, die mißlungene in Deutschland; dann 1929 die Weltwirtschaftskrise, die sich in der Sowjetunion nicht bemerkbar machte; und 1939 der Hitler-Stalin-Pakt und der Beginn des Zweiten Weltkriegs. Damit hätte Semprún sich gern näher befaßt.

Mit seiner Arbeit wird er niemals fertigwerden, er schreibt keine *Comédie humaine*, die Komplettierung seines Werks ist nicht sein Ziel. Da seine

Vita sich in seiner Erinnerung immer wieder neu sortiert und er den Winken Mnemosynes folgt, wird er niemals alles gesagt haben. Der störende Faktor in diesem Lebensprojekt ist der Tod, der ihn irgendwann daran hindern wird weiterzuarbeiten. Als ich den Achtundsiebzigjährigen 2002 erstmals in Paris besuchte, bat er mich, ich möge es doch bitteschön einrichten und ihm noch zehn weitere Lebensjahre verschaffen.

Semprún hat keine literarische Theorie. Er schreibt, weil er Schriftsteller ist, «metaphysisch faul», leicht ablenkbar, aber immer zu dem Ausruf bereit: Hier, bei der Arbeit! Als Speerspitze des gesellschaftlichen Wandels betrachtet er seine Profession seit den späten siebziger Jahren oder frühen achtziger Jahren nicht mehr. Ebensowenig hält er seine Bücher für Zeugnisse eines überzeitlichen Gedächtnisses. *Schreiben oder Leben* und andere seiner Werke bewegen viele Leser so sehr, daß sie ihm davon berichten: Die Lektüre habe ihr Leben verändert. Nicht für die Absender solcher Briefe arbeitet Semprún – «wollte ich das, dann dürfte ich nur noch vom Lager erzählen». Doch kommen die Briefe als erfreuliche Bestätigung. Er nimmt an, daß alle Literatur nach einigen Jahren vergessen oder «klassisch» wird. Entweder ist sie tot, oder sie versteinert zum Denkmal, das nur der Leser wiederbeleben kann, indem er das Werk für sich entdeckt. Die Erinnerung an das Konzentrationslager, die Semprún wichtig ist, muß immer wieder neu geweckt werden. Von seinen Büchern über Buchenwald wünscht er sich, sie mögen neu geschrieben werden: von anderen Autoren, die anderes zu sagen haben als er, die auf andere Weise wachrufen, was in den Lagern geschah. Wenn die Stunde seines Todes naht, hätte er gern die Gewißheit, daß es solche Autoren gibt.

In Buchenwald, 1992. Seit 1945 war Semprún nicht dort gewesen.
Der Appellplatz, auf dem er einst antreten mußte, ist heute teilweise
mit Schotter ausgelegt.

Allen sei Dank, die sich zu ausführlichen Gesprächen für dies Buch mit mir bereitgefunden haben: Egon Bahr in Berlin, Peter Ensikat in Berlin, Stéphane Hessel in Paris, Thomas Landman in Toulouse, Wolfgang Leonhard in Manderscheid, Edgar Morin in Paris, Javier und Natalia Pradera in Madrid, Gonzalo de Semprún in Nizza, Maribel Soutou in Paris. Kurt Julius Goldstein kann ich leider nicht mehr danken, weil er 2007 in Berlin gestorben ist. Die Gespräche mit den Genannten fanden in den Jahren 2006 und 2007 statt.

Allen danke ich, die mir Ratschläge gaben. Zuerst Jorge Semprún, der das Manuskript gelesen hat und mich auf sachliche Irrtümer hinwies; dann meiner Mutter, Maria Carlsson Augstein, der bewundernswerten Stilistin. Dankbar bin ich auch Barbara Bauer, Helmut Bott, Hans Halter, Volkhard Knigge und den Mitarbeitern der Gedenkstätte Buchenwald. Raimund Bezold und Rosemarie Mayr vom Verlag C.H. Beck haben sich meiner und des Buchs sehr engagiert und liebenswürdig angenommen. Martin Bauer, der die Entstehung des Textes von Anfang an begleitet hat, bewahrte mich vor manchem und verhalf mir zu vielem. Zu meinem Leidwesen sorgte er auch für die Eliminierung von hundert Doppelpunkten. Dabei ist der Doppelpunkt das freundlichste aller Satzzeichen. Er spricht eine Einladung aus. «Schau», sagt der Doppelpunkt, «guck mal, wie es weitergeht.» Heribert Prantl ist da, und das nicht nur dann, wenn es gilt, einen Doppelpunkt wieder in sein Recht zu setzen.

Literatur

Alle vier Wochen, sagt Jorge Semprún, bekomme er ein neues Manuskript einer Magisterarbeit, Promotion oder Habilitation zugeschickt, das sich mit seinem literarischen Werk beschäftigt. Einiges davon wird publiziert, vieles nicht. Besonders zu empfehlen ist die literaturhistorische Arbeit von Françoise Nicoladzé: «La Deuxième vie de Jorge Semprún. Une écriture tressée aux spirales de l'histoire» (Editions Climats, Castelnau-le-Lez 1997). Die auf Deutsch erschienenen Monographien sind noch überschaubar. Zu nennen sind zwei Publikationen. Monika Neuhofer: «‹Écrire un seul livre sans cesse renouvelé›. Jorge Sempríns literarische Auseinandersetzung mit Buchenwald» (Vittorio Klostermann, Frankfurt a. M. 2006; die Passagen über *Die große Reise* erschienen mir besonders überzeugend); Ulrike Vordermark: «Das Gedächtnis des Todes. Die Erfahrung des Konzentrationslagers Buchenwald im Werk Jorg Sempríns» (Böhlau Verlag, Köln, Weimar 2008; das Buch erschien, als die Arbeit an diesem Manuskript abgeschlossen war). Für das breite Publikum geschrieben sind die Hagiographie von Gérard de Cortanze: «Jorge Semprún, l'écriture de la vie» (Editions Gallimard, Paris 1997) und Wilfried F. Schoellers kritische Würdigung: «Jorge Semprún» (edition text + kritik, München 2006). Cortanzes Buch enthält viele sachliche Fehler, angefangen damit, daß er eine junge Frau auf einem Photo fälschlich zu Sempríns Mutter erklärt. In Wilfried Schoellers «Jorge Semprún» wird eine andere junge Frau gezeigt, die Sempríns Mutter gewesen sein soll, aber auch das ist ein Irrtum, nicht der einzige in diesem Buch. Dessen ungeachtet, ist Schoellers Text eine anregende Einführung in Sempríns literarisches Werk.

Sempríns Bücher sind in den Fußnoten lediglich mit einem Kurztitel angeführt. Hier sind sie sortiert nach dem Erscheinungsdatum der Originalausgabe. Nur jene Artikel, Aufsätze und Interviews Sempríns werden aufgelistet, aus denen zitiert wird. Zuzüglich zu den gedruckten Quellen habe ich zahlreiche Fernsehinterviews angeschaut, die Jorge Semprún – beginnend im Jahr 1963 – gegeben hat. Da sie nicht ohne weiteres zugänglich sind, werden sie hier nicht aufgelistet. Die dazugehörigen Verweise finden sich in den Fußnoten.

Bücher, Theaterstücke und Drehbücher Semprúns

«Soledad» (unveröffentlicht), 1948/49. Ein Typoskript des Theaterstückes befindet sich im Archiv des ZK der spanischen KP, Archivo Histórico del Comité Central del PCE, caja 129.

«Die große Reise», Suhrkamp Verlag, Frankfurt a. M. 1981 (1964). («Le Grand voyage», Editions Gallimard, Paris 1963.)

«La Guerre est finie», Editions Gallimard, Paris 1966 (ein Drehbuch).

«Die Ohnmacht», Suhrkamp Verlag, Frankfurt a. M. 2001. («L'Evanouissement», Editions Gallimard, Paris 1967.)

«Der zweite Tod des Ramón Mercader», Suhrkamp Verlag, Frankfurt a. M. 1979 (1974). («La Deuxième mort de Ramón Mercader», Editions Gallimard, Paris 1969.)

«Federico Sánchez. Eine Autobiographie», Ullstein Verlag, Berlin 1981 (1978). («Autobiografía de Federico Sánchez», Planeta, Barcelona 1977.)

«Le ‹Stavisky› d'Alain Resnais», Editions Gallimard, Paris 1974 (ein Drehbuch).

«Was für ein schöner Sonntag!», Suhrkamp Verlag, Frankfurt a. M. 1999 (1981). («Quel beau dimanche», Editions Grasset, Paris 1980.)

«Algarabía oder Die neuen Geheimnisse von Paris», Suhrkamp Verlag, Frankfurt a. M. 1989 (1985). («L'Algarabie», Librairie Arthème Fayard, Paris 1981.)

«Yves Montand: das Leben geht weiter», Suhrkamp Verlag, Frankfurt a. M. 1986 (1983). («Montand. La vie continue», Denoël, Joseph Clims, Paris 1983.)

«Der weiße Berg», Suhrkamp Verlag, Frankfurt a. M. 1990 (1987). («La Montagne blanche», Editions Gallimard, Paris 1986.)

«Netschajew kehrt zurück», Rotbuch Verlag, Hamburg 1996 (1989). («Netschaïev est de retour», Editions Jean-Claude Lattès, Paris 1987.)

«Madrid», Editions Autrement, Paris 1987.

«Federico Sánchez verabschiedet sich», Suhrkamp Verlag, Frankfurt a. M. 1996 (1994). («Federico Sánchez vous salue bien», Grasset, Fasquelle, Paris 1993.)

«Schreiben oder Leben», Suhrkamp Verlag, Frankfurt a. M. 1997 (1995). («L'Ecriture ou la vie», Editions Gallimard, Paris 1994.)

«Unsre allzu kurzen Sommer», Suhrkamp Verlag, Frankfurt a. M., 1999. («Adieu vive clarté...», Editions Gallimard, Paris 1998.)

«Le Retour de Carola Neher», Editions Gallimard, Paris 1998 (ein Theaterstück).

«Der Tote mit meinem Namen», Suhrkamp Verlag, Frankfurt a. M. 2002. («Le Mort qu'il faut», Editions Gallimard, Paris 2001.)

«Blick auf Deutschland», Suhrkamp Verlag, Frankfurt a. M. 2003.

«Zwanzig Jahre und ein Tag», Suhrkamp Verlag, Frankfurt a. M. 2005. («Veinte años y un día», Tusquets, Barcelona 2003.)

«Gurs, une tragédie Européenne», Nizza, Théâtre National de Nice 2004 (ein Theaterstück).

Zusammen mit Dominique de Villepin: «Was es heißt, Europäer zu sein», Murmann Verlag, Hamburg 2006. («L'Homme Européen», Plon, Paris 2005.)

Zitierte Aufsätze und Artikel Semprúns

Unter dem Pseudonym Georges Falco:
«Arcane 17 ou le sermon sur le rocher percé», «Action», 4.10.1946.
«Le Temps des assassins et celui des fumistes», «Action» 20.12.1946.
«L'Espèce humaine», «Action», 4.7.1947.

Unter Semprúns eigenem Namen:
«‹Nada›. La literatura nihilista del capitalismo decadente», «Cultura y Democracia», Nr. 2, Februar 1950.
«Panorama de la cultura bajo el franquismo», «Cultura y Democracia», Nr. 3, März 1950.
«En la ideología del comunismo está la verdadera salida para la juventud intelectual Española», «Cultura y Democracia», Nr. 4, April 1950.
Vortrag in Yves Buin (Hrsg.): «Que peut la littérature? Débat entre Simone de Beauvoir, Yves Berger, Jean-Pierre Faye, Jean Ricardou, Jean-Paul Sartre, Jorge Semprún», Union générale d'éditions, Paris 1965.
«Notas sobre izquierdismo y reformismo», «Cuadernos de Ruedo Ibérico», Nr. 2, August 1965.
«La oposición política en España: 1956–1966», «Horizonte Español (Cuadernos de Ruedo Ibérico suplemento)», Nr. 2, 1966.
«Viet Nam y estrategia socialista», «Cuadernos de Ruedo Ibérico», Nr. 9, Oktober/November 1966.
Vorwort zu Fernando Claudín: «La Crise du mouvement communiste du Komintern au Kominform», François Maspero, Paris 1972.
«Le Combattant de la guerre d'Espagne». In «Malraux» (kein Hrsg.), Hachette, Paris 1979.
Vorwort zu: Claude-Edmonde Magny: «Lettre sur le pouvoir d'écrire», Editions Climats, Paris 1993.
«Memoria del ex deportado 44904», «El País», 10. April 1995.
«Non, je n'ai pas ‹dénoncé› Marguerite Duras», «Le Monde», 26.6.1998.
«Clásicos del siglo XX: una invitación a la lectura: Lúcida y extraordinaria», «El País», 7.11.2002.
«El Holocausto 60 años después», «El País», 23.1.2005.
«Les Ménines de Velasquez», «Nouvel Observateur», 4.8.2005.

Zitierte Interviews und Gespräche:

Jean-Louis Pays: «Entretien avec Jorge Semprun», «Positif», 1966.
Michèle Cotta, Jean-Louis Ferrier, François Giroud: «L'Express va plus loin avec Jorge Semprún, prix Fémina 1969», «L'Express», Nr. 961, 8.–14.12.1969.
Karl Kohut (Hrsg.): «Escribir en París. Entrevistas», Verlag Klaus Dieter Vervuert, Frankfurt 1983. Siehe darin das Gespräch mit Jorge Semprún.
Pierre Boncenne: «Entretien avec Jorge Semprún», «Lire», März 1986.
Jean-Marie Colombani: «Un entretien avec M. Jorge Semprun», «Le Monde», 15.10.1991.
Christian Semler: «Geschichte heißt Unordnung», «tageszeitung», 28.7.1992.
Bronislaw Geremek und Jorge Semprún im Gespräch in: «Die Neue Gesellschaft. Frankfurter Hefte», Nr. 7, Juli 1993.

Jorge Semprún: «Ecrire sa vie», entretien avec Paul Alliès, «Pôle Sud», Nr. 1, 1994.
Jorge Semprún und Elie Wiesel: «Schweigen ist unmöglich», Suhrkamp Verlag, Frankfurt a. M. 1997. («Se taire est impossible», s. l., Mille et une nuits / Arte Editions, 1995.)
Daniel Bermond: «L'Entretien. Jorge Semprun», «Lire», November 1996.
Josep Ramoneda: «ETA es el único rescoldo del pasado». Interview mit Jorge Semrún im Jahr 2000, publiziert auf der Internetseite von «El País»: http://www.elpais.com/especiales/2000/franco/semprun.htm.
Jürg Altwegg: «Ohne die Literatur stirbt die Erinnerung. Gespräch mit Jorge Semprún», «Frankfurter Allgemeine Zeitung», 8.2.2008.

Sekundärliteratur (ohne Zeitungsartikel und websites)

Rafael Abella (Hrsg.): «Semprún – P.C.E. Historia de una polémica», Planeta, Barcelona 1978.
Laure Adler: «Marguerite Duras», Editions Gallimard, Paris 2004 (1998).
Anita Albus: «Der gelbe und der blinde Fleck», in Reiner Speck, Michael Maar (Hrsg.): «Marcel Proust. Zwischen Belle Époque und Moderne», Suhrkamp Verlag, Frankfurt a. M. 1999.
Jürg Altwegg: «Die Republik des Geistes. Frankreichs Intellektuelle zwischen Revolution und Reaktion», Piper, München 1986.
Jean Améry: «Jenseits von Schuld und Sühne. Bewältigungsversuche eines Überwältigten», Klett-Cotta, Stuttgart ²1977.
Robert Antelme: «Das Menschengeschlecht. Als Deportierter in Deutschland», Deutscher Taschenbuch Verlag, München 1990 (Orig. Paris, 1947).
Anne Applebaum: «Gulag. A History of the Soviet Camps», Allen Lane, London 2003.
Raymond Aron: «Le Marxisme de Marx», Editions de Fallois, Paris 2002.
Soazig Aron: «Klaras NEIN», Friedenauer Presse, Berlin 2003 (Orig. Paris 2002).
Max Aub: «Blutiges Spiel», Piper Verlag, München 2003 (Orig. Mexiko 1945).
Franziska Augstein: «Taten und Täter», in Hannah Arendt: «Über das Böse. Eine Vorlesung zu Fragen der Ethik», Piper Verlag, München 2006.
Egon Bahr: «Zu meiner Zeit», Karl Blessing Verlag, München ²1996.
Annette Becker: «Maurice Halbwachs. Un intellectuel en guerres mondiales. 1914–1945», Agnès Viénot éditions, Paris 2003.
Antony Beevor: «Der Spanische Bürgerkrieg», C. Bertelsmann, München 2006 (Orig. London 2006).
Walther L. Bernecker: «Spaniens Geschichte seit dem Bürgerkrieg», C. H. Beck, München ³1997.
Ders. und Sören Brinkmann: «Kampf der Erinnerungen. Der Spanische Bürgerkrieg in Politik und Gesellschaft 1936–2006», Verlag Graswurzelrevolution, Nettersheim 2006.
Maurice Buckmaster: «Specially Employed. The Story of British Aid to French Patriots of the Resistance», Batchworth Press, London 1952.
Philippe Buton: «Le Parti communiste français et le stalinisme au lendemain de la Seconde Guerre mondiale», «Journal of Modern European History», Vol. 2, 2004/1.
Pierre Cot: «Triumph of Treason. Contre nous la tyrannie», Ziff Davis, Chicago, New York 1944.
Hans von Dach: «Der totale Widerstand. Eine Kleinkriegsanleitung für Jedermann», Buchverlag Major von Dach, Bern o.D (1958).

Peter Ensikat: «Das schönste am Gedächtnis sind die Lücken», Karl Blessing Verlag, München 2005.

Marc Ferro: «Les Individus face aux crises du XXe siècle. L'histoire anonyme», Odile Jacob, Paris 2005.

F. Scott Fitzgerald: «Der Knacks», Merve Verlag, Berlin 1984.

Norbert Frei: «1968 – Jugendrevolte und globaler Protest», Deutscher Taschenbuchverlag, München 2008.

Sigmund Freud: «Eine Kindheitserinnerung aus ‹Dichtung und Wahrheit›» (1917), in derselbe: «Bildende Kunst und Literatur», Studienausgabe Bd. 10, Fischer Verlag, Frankfurt a. M. 1969.

Saul Friedländer: «Die Jahre der Vernichtung. Das Dritte Reich und die Juden», C. H. Beck, München 2006.

François Furet: «Das Ende der Illusion. Der Kommunismus im 20. Jahrhundert», München 1998 (Orig. Paris 1995).

Ralph Giordano: «Die Partei hat immer recht», Verlag Klaus Guhl, Berlin 1980 (1961).

Juan Goytisolo: «Spanien und die Spanier», Suhrkamp Verlag, Frankfurt a. M. 1982 (1969).

Antonia Grunenberg: «Bürger und Revolutionär. Georg Lukács 1918–1928», Europäische Verlagsanstalt, Frankfurt a. M. 1976.

David A. Hackett (Hrsg.): «Der Buchenwald-Report. Bericht über das Konzentrationslager Buchenwald bei Weimar», C. H. Beck, München 1996.

Hans Halter: «Ich habe meine Sache hier getan. Leben und letzte Worte berühmter Frauen und Männer», Bloomsbury, Berlin 2007.

Guillaume Hanoteau: «Saint Germain des Prés», damokles verlag, Ahrensburg 1967 (Orig. Paris 1965).

Irene Heidelberger-Leonhard: «Jean Améry. Revolte in der Resignation. Biographie», Klett-Cotta, Stuttgart 2004.

Gijs van Hensbergen: «Guernica. Biographie eines Bildes», Siedler Verlag, München 2007 (Orig. London 2004).

Stéphane Hessel: «Tanz mit dem Jahrhundert. Erinnerungen», Arche, Zürich 1998 (Orig. Paris 1997).

Eric Hobsbawm: «Gefährliche Zeiten. Ein Leben im 20. Jahrhundert», Hanser Verlag, München 2002 (Orig. London 2002).

Max Graf Hoyos: «Pedros y Pablos. Fliegen – Erleben – Kämpfen in Spanien», F. Bruckmann, München ³1940 (1. Auflage 1939).

Julian Jackson: «La France sous l'occupation. 1940–1944», Flammarion, Paris 2004 (Orig. Oxford, 2001).

Hella Kaeselitz: «Positionen westeuropäischer kommunistischer Parteien im Übergang zur Politik des Kalten Krieges», «Utopie kreativ», 96, 1998.

Immanuel Kant: «Die Religion innerhalb der Grenzen der bloßen Vernunft», Akademie Textausgabe, Bd. 6, Walter de Gruyter, Berlin 1968.

Gerd Koenen: «Der Rußland-Komplex. Die Deutschen und der Osten 1900–1945», C. H. Beck, München 2005.

Arthur Koestler: «Ein spanisches Testament», Europa Verlag, Zürich 2005 (Orig. Paris 1937).

Eugen Kogon: «Der SS-Staat», Bermann-Fischer Verlag, Stockholm ²1947.

Michel Leiris: «Mannesalter», Suhrkamp Verlag, Frankfurt a. M. 1994 (Orig. Paris 1939).

Wolfgang Leonhard: «Die Revolution entläßt ihre Kinder», Kiepenheuer & Witsch, Köln 2006 (1955).

Ders.: «Meine Geschichte der DDR», Rowohlt Berlin, Berlin 2007.

Wilfrid Loth: «Frankreichs Kommunisten und der Beginn des Kalten Krieges», «Vierteljahreshefte für Zeitgeschichte», 1978, Nr. 1.

Claude-Edmonde Magny: «Lettre sur le pouvoir d'écrire», mit einem Vorwort Jorge Semprúns, Editions Climats, Paris 1993 (1947).

André Malraux: «L'Espoir», Editions Gallimard, Paris 2002 (1937).

Jacques Maritain: «L'Homme et l'état», Presses Universitaires de France, Paris 1953 (Orig. Chicago 1951).

Karl Marx: «Das Elend der Philosophie», in Karl Marx, Friedrich Engels: «Werke», Dietz Verlag, Berlin 1972, Band 4.

Ders. und Friedrich Engels: «Das kommunistische Manifest», Argument Verlag, Hamburg 1999.

Ders.: «Historisch-kritische Gesamtausgabe», im Auftrage des Marx-Engels-Instituts, Marx-Engels-Verlag, Frankfurt a. M., Berlin, Moskau, Leningrad, 3. Abteilung, hrsg. von D. B. Rjazano, Bd. 2, «Der Briefwechsel zwischen Marx und Engels 1854–1860», unveränderter Nachdruck Berlin 1970.

Simon Sebag Montefiore: «Stalin. Am Hof des roten Zaren», S. Fischer Verlag, Frankfurt a. M. 2005 (Orig. London 2005).

Gregorio Morán: «Miseria y grandeza del Partido Comunista de España 1939–1985», Planeta, Barcelona 1986.

Edgar Morin: «Autocritique», Editions du Seuil, Paris 1975 (1970).

Ders.: «L'An zéro de l'Allemagne», Editions de la cité universelle, Paris 1946.

Norman M. Naimark: «Stalin and Europe in the Postwar Period, 1945–53: Issues and Problems», «Journal of Modern European History», Vol. 2, 2004/1.

Monika Neuhofer: «‹Écrire un seul livre sans cesse renouvelé›. Jorge Semprúns literarische Auseinandersetzung mit Buchenwald», Vittorio Klostermann, Frankfurt a. M. 2006.

Lutz Niethammer (Hrsg.).: «Der ‹gesäuberte Antifaschismus›. Die SED und die roten Kapos von Buchenwald», Akademie Verlag, Berlin 1994.

Felipe Nieto Blanco: «Jorge Semprún: Militancia y oposición en el franquismo», Tesis doctoral, Departamento de historia contemporánea, facultad de geografía e historia, Universidad nacional de educación a distancia, 2007.

Paul Nizan: «La Conspiration», Editions Gallimard, Paris 1999 (1937).

George Orwell: «Mein Katalonien. Bericht über den Spanischen Bürgerkrieg», Diogenes Verlag, Zürich 1975 (Orig. London 1938).

Colonel Passy: «Mémoires du chef des services secrèts de la France libre», présenté par Jean-Louis Crémieux-Brilhac, Editions Odile Jacob, Paris 2000.

Stanley G. Payne: «The Franco Regime 1936–1975», Phoenix Press, London 2000.

Theodor Plievier: «Stalingrad», Kiepenheuer & Witsch, Köln 2001 (1945).

Mark Polizotti: «Revolution des Geistes. Das Leben André Bretons», Hanser Verlag, München 1996 (Orig. New York 1995).

Roy Porter, G. S. Rousseau: «Gout. The Patrician Malady», Yale University Press, New Haven 1998.

Javier Pradera: «Las verdades parciales de Semprún», «Cambio 16», 8.1.1978.

Marcel Proust: «Auf der Suche nach der verlorenen Zeit», Suhrkamp Verlag, Frankfurt a. M. ²1980.

Esteve Riambau: «Ricardo Muñoz Suay. Una vida en sombras», Tusquets, Barcelona 2007.

Rossana Rossanda: «Die Tochter des 20. Jahrhunderts», Suhrkamp Verlag, Frankfurt a. M. 2007 (Orig. Turin 2005).

Claude Roy: «Nous», Editions Gallimard, Paris 1980 (1972).

Ders.: «Somme toute», Editions Gallimard, Paris 1982 (1976).

Jean-Paul Sartre: «Paris unter der Besatzung. Artikel, Reportagen, Aufsätze 1944–1945», hrsg. von Traugott König, Rowohlt Verlag, Reinbek 1980.

Warlam Schalamow: «Durch den Schnee. Erzählungen aus Kolyma 1», Matthes & Seitz, Berlin 2007.

Ders. (geschrieben: Varlam Chalamov): «Récits de la Kolyma», Editions Verdier, Paris 2003.

Ernst Günther Schenck: «Patient Hitler. Eine medizinische Biographie», Droste Verlag, Düsseldorf 1989.

Rosemarie Schuder und Rudolf Hirsch: «Nr. 58866: ‹Judenkönig›. Aus dem Leben des Kurt Julius Goldstein», PapyRossa Verlag, Köln 2004.

Stefanie Schüler-Springorum: «Nicht nur Guernica. Die Legion Condor», in Florian Legner (Hrsg.): «¡Solidaridad! Deutsche im Spanischen Bürgerkrieg», Vorwärts Buch, Berlin 2006.

Carlos Semprún Maura: «El exilio fue una fiesta. Memoria informal de un español de París», Planeta, Barcelona 1998.

Simone Signoret: «Ungeteilte Erinnerungen», Kiepenheuer & Witsch, Köln 1986 (Orig. Paris 1976).

Harry Stein: «Konzentrationslager Buchenwald 1937–1945», Wallstein Verlag, Göttingen 1999.

Fritz Stern: «Fünf Deutschland und ein Leben. Erinnerungen», C. H. Beck, München 2007 (Orig. New York 2006).

Heinz-Günther Stobbe: «Die Unmenschlichkeit der Folter», in Gerhard Beestermöller, Hauke Brunkhorst (Hrsg.): «Rückkehr der Folter. Der Rechtsstaat im Zwielicht?», C. H. Beck, München 2006.

Bernd Stöver: «Der Kalte Krieg. Geschichte eines radikalen Zeitalters 1947–1991», C. H. Beck, München 2007.

Gérard Streiff: «Procès stalinien à Saint-Germain-des-Prés», Editions Syllepse, Paris 1999.

Maurice Thorez: «Ein Sohn des Volkes», Dietz Verlag, Berlin 1951 (Orig. Paris 1949).

Olivier Todd: «André Malraux. Une vie», Editions Gallimard, Paris 2002.

Giles Tremlet: «Ghosts of Spain. Travels through a Country's Hidden Past», Faber and Faber, London 2006.

Fred Wander: «Das gute Leben oder Von der Fröhlichkeit im Schrecken. Erinnerungen», Wallstein Verlag, Göttingen 2006.

Evelyn Waugh: «The Diaries", hrsg. von Michael Davie, Phoenix, London 1990 (1976).

Harald Welzer: «Täter. Wie aus ganz normalen Menschen Massenmörder werden», S. Fischer Verlag, Frankfurt a. M. 2005.

Ders.: «Wer waren die Täter? Anmerkungen zur Täterforschung aus sozialpsychologischer Sicht», in Gerhard Paul (Hrsg.): «Die Täter der Shoah. Fanatische Nationalsozialisten oder ganz normale Deutsche?», Wallstein Verlag, Göttingen 2002.

Alexander Werth: «Der zögernde Nachbar. Frankreich seit dem letzten Weltkrieg», Droste Verlag, Düsseldorf 1957 (Orig. London 1956).

Michel Winock: «Histoire politique de la revue ‹Esprit› 1930–1950», Editions du Seuil, Paris 1975.

Dimitri Wolkogonow: «Stalin. Triumph und Tragödie», Claassen, Düsseldorf 1989 (Orig. Moskau 1989).

Anmerkungen

Vorwort

1 Anne Applebaum: «Gulag. A History of the Soviet Camps», Allen Lane, London 2003, S. 41 f.
2 George Orwell: «Mein Katalonien. Bericht über den Spanischen Bürgerkrieg», Diogenes Verlag, Zürich 1975 (Orig. London 1938), S. 19 (leicht geänderte Übers.).
3 Arthur Koestler: «Ein spanisches Testament», Europa Verlag, Zürich 2005 (Orig. Paris 1937), S. 230.

1 Ein Kind der Republik

1 Zur Geschichte der Legion Condor siehe Stefanie Schüler-Springorum: «Nicht nur Guernica. Die Legion Condor», in: Florian Legner (Hrsg.): «¡Solidaridad! Deutsche im Spanischen Bürgerkrieg», Vorwärts Buch, Berlin 2006.
2 298 ist die Zahl, die Stefanie Schüler-Springorum nennt. Anderen Angaben zufolge kamen lediglich 226 Angehörige der Legion Condor in Spanien zu Tode.
3 Manche Autoren meinen, daß Spanien der Übungsplatz für den deutschen «Blitzkrieg» gewesen sei. Obwohl die Zerstörung Guernicas aus der Luft als etwas «Neues» empfunden wurde, halte ich es mehr mit Stanley G. Payne, der den Bürgerkrieg eher als einen Nachklapp des Ersten Weltkriegs ansieht denn als Vorspiel des Zweiten: «The Franco Regime 1936–1975», Phoenix Press, London 2000, S. 159–162.
4 Max Graf Hoyos: «Pedros y Pablos. Fliegen – Erleben – Kämpfen in Spanien», F. Bruckmann, München ³1940 (1. Auflage 1939), S. 46 f.
5 Das bezeugen z. B. die Photos in Hoyos: «Pedros y Pablos».
6 Michèle Cotta, Jean-Louis Ferrier, François Giroud: «L'Express va plus loin avec Jorge Semprún, prix Fémina 1969», «L'Express», Nr. 961, 8.–14.12.1969, S. 165, 159. Wie gesagt: im Hinblick auf die Hakenkreuze irrte Semprún.
7 Giles Tremlet: «Ghosts of Spain. Travels through a Country's Hidden Past», Faber and Faber, London 2006, S. 242.
8 Semprún Maura: «El Exilio fue una fiesta», S. 291.
9 Was die Ereignisse zwischen 1929 und 1931 angeht, siehe Antony Beevor: «Der Spanische Bürgerkrieg», C. Bertelsmann, München 2006 (Orig. London 2006), 2. Kapitel. Weniger spricht für den König, daß er später die faschistischen Aufrührer finanziell nach Kräften unterstützte.
10 Stanley Payne hält nicht viel von den spanischen Militärs, die sich im 19. und 20. Jahrhundert zu Staatschefs aufwarfen: «The Franco Regime», S. 99.

11 Die Darstellung der historischen Ereignisse zwischen 1931 und 1936 folgt im Wesentlichen dem Buch von Walther L. Bernecker und Sören Brinkmann: «Kampf der Erinnerungen». Der Spanische Bürgerkrieg in Politik und Gesellschaft 1936–2006», Verlag Graswurzelrevolution, Nettersheim 2006. Siehe auch Payne: «The Franco Regime», Part I.

12 De Semprún ist das korrekte Patronymikon. Als Kommunist und Anhänger der Republik hat Jorge den Adelstitel abgelegt. Sein Sohn Jaime nennt sich hingegen de Semprún.

13 Semprún: «Der Tote mit meinem Namen», S. 174.

14 Semprún: «Der Tote mit meinem Namen», S. 173.

15 Semprún Maura: «El Exilio fue una fiesta», S. 50. Unter dem Titel «La Chienne de Buchenwald» erschien 1982 in Paris ein aufsehenerregendes Buch über die «Lagerkommandeuse» Ilse Koch. Es ist zweifelhaft, daß Carlos Semprún Maura den Begriff «Hündin von Buchenwald» wirklich schon als Teenager benutzte.

16 Semprún Maura: «El Exilio fue una fiesta», S. 59.

17 Vgl. Semprún: «Schreiben oder Leben», S. 40.

18 Beevor: «Der spanische Bürgerkrieg», S. 41.

19 Claude Roy: «Somme toute», Editions Gallimard, Paris 1982 (1976), S. 72.

20 Michèle Cotta u. a.: Interview mit Jorge Semprún in «L'Express», S. 159.

21 Ein solches Ereignis liegt Semprúns Roman «Zwanzig Jahre und ein Tag» zugrunde.

22 José María de Semprún Gurrea: «La Question d'Espagne inconnue», «Esprit», Nr. 11, 1936, S. 292, 304.

23 Bernecker, Brinkmann: «Kampf der Erinnerungen», S. 123.

24 Michel Winock: «Histoire politique de la revue ‹Esprit› 1930–1950», Editions du Seuil, Paris 1975, S. 151 f.

25 Beevor: «Der spanische Bürgerkrieg», S. 59 und die Fußnote 16 auf S. 572.

26 Beevor zufolge hat die Royal Navy den Putschisten sogar beigestanden: «Der spanische Bürgerkrieg», S. 176.

27 Gespräch mit Kurt Julius Goldstein in Berlin am 8.11.2006.

28 Semprún: «Was für ein schöner Sonntag!», S. 110 (revidierte Übersetzung).

29 Beevor, «Der spanische Bürgerkrieg», S. 271–274.

30 Vgl. Roy Porter, G. S. Rousseau: «Gout. The Patrician Malady», Yale University Press, New Haven 1998.

31 Marcel Proust: «Auf der Suche nach der verlorenen Zeit», Suhrkamp Verlag, Frankfurt a. M. ²1980, Band 8, S. 2998 f.

32 Anita Albus: «Der gelbe und der blinde Fleck», in: Reiner Speck, Michael Maar (Hrsg.): «Marcel Proust. Zwischen Belle Époque und Moderne», Suhrkamp Verlag, Frankfurt a. M. 1999, S. 84.

33 Semprún: «Ecrire sa vie», entretien avec Paul Alliès, «Pôle Sud», Nr. 1, 1994, S. 24.

34 Winock: «L'Histoire politique de la revue ‹Esprit›», S. 133 f.

2 *Im Exil*

1 Egon Bahr: «Zu meiner Zeit», Karl Blessing Verlag, München ²1996, S. 18–19. Alle übrigen Zitate Egon Bahrs stammen aus Gesprächen, die er und ich im Winter und Sommer 2006 geführt haben.

2 Ernst Günther Schenck: «Patient Hitler. Eine medizinische Biographie», Droste Verlag, Düsseldorf 1989, S. 304.

3 «Der Spiegel», Nr. 40, 1988, S. 231.

4 Semprún: «Unsere allzu kurzen Sommer», S. 61.

5 Karl Kohut (Hrsg.): «Escribir en París. Entrevistas», Verlag Klaus Dieter Vervuert, Frankfurt 1983, S. 160.

6 Semprún sagte: «Une vertu ... une qualité intime». Die von Bernard Pivot geleitete Sendung «Double Je» wurde am 27.11.2003 im Sender «France 2» ausgestrahlt.

7 Paul Nizan: «La Conspiration», Editions Gallimard, Paris 1999 (1937), S. 205.

8 Semprún: «Unsre allzu kurzen Sommer», S. 91 (geänderte Übers.).

9 Nizan: «La Conspiration», S. 37.

10 Semprún: «Was für ein schöner Sonntag!», S. 105 f. In «Unsre allzu kurzen Sommer» (S. 174 f.) setzt er die Erinnerung an die Kessel-Lektüre in Beziehung zu einer erotischen Szene in der Pariser Metro. Diese Episode, sagte er mir, habe sich nicht zugetragen: Sie sei eine Hommage an Louis Aragon, der einmal so eine Szene beschrieben habe.

11 Semprún: «Unsre allzu kurzen Sommer», S. 113 (leicht geänderte Übers.).

12 Pierre Boncenne: «Entretien avec Jorge Semprún», «Lire», März 1986, S. 105–114.

13 Michel Leiris: «Mannesalter», Suhrkamp Verlag, Frankfurt a. M. 1994 (1963), S. 12–15.

14 Leiris: «Mannesalter», S. 38 f. Das Gemälde von Lucas Cranach, auf dem Lucretia und Judith gemeinsam abgebildet sind, existierte nur in Leiris' Imagination.

15 Semprún: «Die Ohnmacht», S. 30. Semprún bestätigt, daß diese Unterhaltung sich zugetragen habe.

16 Zitiert nach Gerd Koenen: «Der Rußland-Komplex. Die Deutschen und der Osten 1900–1945», C. H. Beck, München 2005, S. 362.

17 Zitiert nach François Furet: «Das Ende der Illusion. Der Kommunismus im 20. Jahrhundert», Piper Verlag, München 1998 (1996), S. 164.

18 Für die Information über Rudi Dutschke danke ich dem Journalisten Hans Halter, der mit ihm befreundet war.

19 Claude Roy: «Nous», Editions Gallimard, Paris 1980 (1972), S. 155 f.

20 Am 7.6.1859 schrieb Marx an Engels «Die Scheiße wird diese Woche in Berlin ausgegeben, ich meine Heft I.» Karl Marx: «Historisch-kritische Gesamtausgabe», im Auftrage des Marx-Engels-Instituts, Marx-Engels-Verlag, Frankfurt a. M., Berlin, Moskau, Leningrad, 3. Abteilung, hrsg. von D. B. Rjazano, Bd. 2, «Der Briefwechsel zwischen Marx und Engels 1854–1860», unveränderter Nachdruck Berlin 1970, S. 398.

21 Antonia Grunenberg: «Bürger und Revolutionär. Georg Lukács 1918–1928», Europäische Verlagsanstalt, Frankfurt a. M. 1976, S. 233–235.

22 Eric Hobsbawm: «Gefährliche Zeiten. Ein Leben im 20. Jahrhundert», Hanser Verlag, München 2002 (Orig. London 2002), S. 95, 367. Im November 2005 habe ich Hobsbawm gefragt, ob er mit der deutschen Übersetzung seiner Formulierung «next to sex» einverstanden sei. Seine Antwort: «Zuallererst kommt der Sex, danach die Massendemonstration und dann lange gar nichts.»

3 Die Résistance

1 Rudolf Augstein: «Ich habe es nicht gewußt», «Der Spiegel», 29.1.1979, S. 20.

2 Zitiert nach Julian Jackson: «La France sous l'occupation. 1940–1944», Flammarion, Paris 2004 (Orig. Oxford 2001), S. 137 f.

3 Winock: «L'Histoire politique de la revue ‹Esprit›», Fußnote 1 auf S. 178.

4 Saul Friedländer: «Die Jahre der Vernichtung. Das Dritte Reich und die Juden», C. H. Beck, München 2006. S. 142 f.

5 In «Federico Sánchez. Eine Autobiographie» erklärt Semprún, das kollektive Ge-

dächtnis habe ihn «immer interessiert» (S. 15). In «Schreiben oder Leben» spricht er vom kollektiven Gedächtnis «unseres Todes» (S. 146). Auf Halbwachs' Konzept vom «kollektiven Gedächtnis» ist er allerdings nicht näher eingegangen.

6 Diesen Vorwurf hat Annette Becker 2003 erhoben, die der Meinung ist, Halbwachs' Erbe werde nicht ausreichend gewürdigt. Die französische Historikerin behauptet, in «Schreiben oder Leben» habe Semprún fälschlich erzählt, das Sterben des Professors im Block 56 des sogenannten «Kleinen Lagers» in Buchenwald miterlebt zu haben. In Wahrheit sei Halbwachs jedoch im Block 61 gestorben, zu dem Semprún keinen Zutritt gehabt habe. Semprúns Darstellung von Halbwachs' Sterben sei eine rein literarische Erfindung. (Annette Becker: «Maurice Halbwachs. Un intellectuel en guerres mondiales. 1914–1945», Agnès Viénot éditions, Paris 2003, S. 413–417 und S. 435.)
   Die Wahrheit ist, daß Annette Becker nicht wissen kann, ob die Daten stimmen, die sie angibt. Den Lagerdokumenten zufolge starb Halbwachs am 16. März 1945 in Block 55 des sogenannten «Kleinen Lagers». Harry Stein zufolge, einem Historiker in der Gedenkstätte Buchenwald, war das überfüllte und von Seuchen heimgesuchte Kleine Lager zumal in den letzten Monaten des Krieges ein «nichtschriftlicher Bereich». Die SS-Leute mochten es nicht mehr betreten, niemand hatte Anlaß, sorgfältig Buch zu führen.
   In «Schreiben oder Leben» (S. 229) hat Semprún das Dahinsiechen des Soziologen so dargestellt: «Ich hatte Halbwachs statt eines Sterbegebetes ein paar Verse von Baudelaire zugeflüstert. Er hatte mich gehört, er hatte mich verstanden: in seinem Blick leuchtete ein schrecklicher Stolz.» Daraus leitet Annette Becker Semprúns Anspruch ab, Halbwachs' «geistiger Sohn» zu sein. Nichts stünde ihm ferner. Auf den Seiten 56–57 desselben Buches schreibt er: «Aber Maurice Halbwachs hatte sichtlich keinen Wunsch mehr, nicht einmal den Wunsch zu sterben (…) Maurice Halbwachs war nicht in meinen Armen gestorben. An jenem Sonntag, dem letzten Sonntag, mußte ich ihn verlassen, ihn der Einsamkeit seines Todes überlassen, denn das Pfeifsignal der Sperrstunde hatte mich gezwungen, zu meinem Block im Großen Lager zurückzukehren.» Alle diese Zeilen besagen vor allem, daß Semprún den ehemaligen Lehrer nicht ohne weiteres dem Tod überantworten wollte (vgl. auch Semprúns Darstellungen in «Die Ohnmacht», S. 67 f.; «Blick auf Deutschland», S. 118 f.). Da er niemals behauptet hat, daß Halbwachs in seinen Armen gestorben sei, da er zudem des öfteren darauf hingewiesen hat, daß an den freien Sonntagnachmittagen stets etliche Leute an Halbwachs' Pritsche zusammenkamen, ist Annette Beckers Echauffement unverständlich.

7 Winock: «Histoire politique de la revue ‹Esprit›», S. 246.

8 Meine Beschreibung der Résistance in den Jahren 1940 bis 1942 folgt weitgehend Jackson: «La France sous l'occupation», S. 479–528.

9 Maurice Buckmaster: «Specially Employed. The Story of British Aid to French Patriots of the Resistance», Batchworth Press, London 1952, S. 50 f.

10 Jackson: «La France sous l'occupation», S. 355.

11 Bei der deutschen maoistischen KPD/AO (später KPD) nannte man das in den siebziger Jahren «Ermittlungsgespräche». Bei der PL/PI (Proletarische Linke / Parteiinitiative) sprach man von «Kandidatengesprächen».

12 Michèle Cotta u. a.: Interview mit Semprún in «L'Express», S. 165 f.

13 Zitiert nach Fritz Stern: «Fünf Deutschland und ein Leben. Erinnerungen», C. H. Beck, München 2007 (Orig. New York 2006), S. 205.

14 Colonel Passy: «Mémoires du chef des services secrèts de la France libre», présenté par Jean-Louis Crémieux-Brilhac, Editions Odile Jacob, Paris 2000, S. 234 f., 563 f., 545 und 270.

15 Buckmaster: «Specially Employed», S. 53. Im Verlauf des Kriegs wurden immer öfter auch schwerere Waffen auf diese Weise nach Frankreich geliefert. Zudem hat Buckmasters Amt rund 600 Tonnen Sprengstoff abwerfen lassen.

16 Das Dritte Reich hat diese leicht herzustellende MP selbst produziert, aber erst gegen Ende des Kriegs, als man auf simple Fertigungsmethoden zurückgriff. Semprúns Interesse an Waffen geht auch aus seinen Büchern hervor: Da redet er vor allem von seiner Smith & Wesson.

17 Semprún Maura: «El exilio fue una fiesta», S. 44 f.

18 Buckmaster: «Specially Employed», S. 38 f. (Beispiele für die leicht anzüglichen Formulierungen gibt Buckmaster leider nicht.)

19 So eine Unterredung hat Semprún in «Die Ohnmacht» geschildert, S. 71.

20 Das ist auch deshalb interessant, weil einige Kritiker Sartres ihm später nicht glauben wollten, das Stück (auch) gegen die Unfreiheit unter der deutschen Besatzung geschrieben zu haben. (Vgl. Jürg Altwegg: «Die Republik des Geistes. Frankreichs Intellektuelle zwischen Revolution und Reaktion», Piper, München 1986, S. 72.)

21 Boncenne: «Entretien avec Jorge Semprún», S. 106.

22 Fred Wander: «Das gute Leben oder Von der Fröhlichkeit im Schrecken. Erinnerungen», Wallstein Verlag, Göttingen 2006, S. 86.

23 Semprún: «Was für ein schöner Sonntag!», S. 177 (revidierte Übers.)

24 Die Charakterisierung folgt weitgehend Jackson: «La France sous l'occupation», S. 141 f. Eine fiktive Unterhaltung über Giraudoux' Antisemitismus findet sich in Semprún: «Der Tote mit meinem Namen», S. 163.

25 Buckmaster: «Specially Employed», S. 66. Den Verweis auf das Foreign Office verdanke ich Stéphane Hessel, einem ehemaligen Offizier in de Gaulles Londoner BCRA.

26 Das Ereignis schildert er unter anderem in «Schreiben oder Leben», S. 44–50.

27 Jean-Louis Pays: «Entretien avec Jorge Semprun», «Positif», 1966, S. 41. «La patience et l'ironie sont les vertus principales du Bolchevik.» Dieselbe Zeile hat Semprún Jahrzehnte später im Drehbuch für den Film «La Guerre est finie» (Der Krieg ist vorbei) dem Protagonisten Diego in den Mund gelegt, der von Ives Montand gespielt wurde.

28 Semprún: «Ecrire sa vie», entretien avec Paul Alliès, S. 31.

29 Die beste Biographie über Malraux stammt von Olivier Todd: «André Malraux. Une vie», Editions Gallimard, Paris 2002, siehe vor allem die Kapitel 16 bis 18.

30 Bruce Chatwin: «Was mache ich hier?», Hanser, München 1991 (Orig. London 1989), S. 106.

31 Pierre Cot: «Triumph of Treason. Contre nous la tyrannie", Ziff Davis, Chicago, New York 1944, S. 336, 353. Die Flugzeugtypen, die Cot nennt, waren damals tatsächlich überholte Modelle.

32 Semprún: «Le Combattant de la guerre d'Espagne», S. 118. In: «Malraux» (der Hrsg. wird nicht genannt), Hachette, Paris 1979.

33 Ergänzend zu den Gesprächen mit Semprún greife ich hier zurück auf seinen Aufsatz «Clásicos del siglo XX: una invitación a la lectura: Lúcida y extraordinaria», «El País», 7.11.2002.

34 Daniel Bermond: «L'Entretien. Jorge Semprun», «Lire», Nov. 1996, S. 46.

35 Siehe Bermond: «L'Entretien. Jorge Semprún», S. 45.

36 Semprún: «Le Combattant de la guerre d'Espagne», S. 104.

37 André Malraux: «L'Espoir», Editions Gallimard, Paris 2002 (1937), S. 224. Vgl. Semprún: «Unsre allzu kurzen Sommer», S. 65.

38 Semprún schätzt Büchner nicht zuletzt für diesen Satz.

39 Siehe eine Internet-Eintragung über die Résistance (www.arory.com), in der Irène Rossel unter ihrem Mädchennamen Chiot geführt wird.

4 Folter

1 Thomas Kleine-Brockhoff: «Wenn die Bombe tickt», Gespräch mit Alan Dershowitz, «Die Zeit», Nr. 51, 15.12.2005.
2 So schreibt Stephen Grey in «Ghost Plane: The Inside Story of the CIA's Secret Rendition Programme», zitiert nach Chalmers Johnson: «Otherwise Dealt With», «London Review of Books», 8.2.2007.
3 Vorzügliche Essays zur Thematik finden sich in: Thomas Uwer, Organisationsbüro (Hrsg.): «Bitte bewahren Sie Ruhe. Leben im Feindrechtsstaat», Schriftenreihe der Strafverteidigervereinigungen, Berlin 2006 (ISBN: 3-9808275-6-9).
4 Heinz-Günther Stobbe: «Die Unmenschlichkeit der Folter», in: Gerhard Beestermöller, Hauke Brunkhorst (Hrsg.): «Rückkehr der Folter. Der Rechtsstaat im Zwielicht?», C. H. Beck, München 2006, S. 41.
5 Semprún: «Die Ohnmacht», S. 72–74.
6 Der Satz stammt aus einem Brief Amérys vom Januar 1966. Zitiert nach Irene Heidelberger-Leonhard: «Jean Améry. Revolte in der Resignation. Biographie», Klett-Cotta, Stuttgart 2004, S. 207. Das Buch lohnt die Lektüre. Mein Verständnis von «Jenseits von Schuld und Sühne» geht indes darauf nicht zurück.
7 Jean Améry: «Jenseits von Schuld und Sühne. Bewältigungsversuche eines Überwältigten», Klett-Cotta, Stuttgart ²1977, siehe für dies und die folgenden Zitate das Kapitel «Die Tortur».
8 Semprún: «Die große Reise», S. 45.
9 In seinen Büchern erwähnt Semprún ein- oder zweimal den «Stolz», den er empfindet, weil er unter der Folter geschwiegen hat, wobei sein Wort dafür – «orgueil» – auch soviel wie «Hoffart» bedeutet. Vgl. Semprún: «Schreiben oder Leben», S. 135. Meine Analyse von Amérys Text schien ihm im Herbst 2005 plausibel zu sein.
10 Stéphane Hessel: «Tanz mit dem Jahrhundert. Erinnerungen», Arche, Zürich 1998 (Orig. Paris 1997), S. 94–99 (leicht geänderte Übers.).
11 Stobbe: «Die Unmenschlichkeit der Folter», S. 39.
12 Semprún : «Die große Reise», S. 162. 2006 erhielt Semprún von einer Einwohnerin Auxerres einige Photos des Hauses jenes Mannes, der sich Dr. Haas nennen ließ. Auf diesen Bildern, sagt er, habe er die Villa, in der er gefoltert wurde, nicht wiedererkannt.
13 Semprún: «Die Ohnmacht», S. 89.
14 Semprún: «Die Ohnmacht», S. 89 f.
15 Semprún: «Der weiße Berg», S. 267. Vgl. ders.: «Schreiben oder Leben», S. 291.
16 Semprún: «Yves Montand», S. 81 (geänderte Übers.).
17 Vgl. Semprún: «Federico Sánchez. Eine Autobiographie», 2. Kapitel.
18 Semprún: «Der weiße Berg», S. 145.

5 Das KZ

1 Warlam Schalamow: «Durch den Schnee. Erzählungen aus Kolyma 1», Matthes & Seitz, Berlin 2007, S. 270. Die erste russischsprachige Ausgabe einiger Erzählungen erschien 1978 in London.
2 Schalamow: «Durch den Schnee», S. 41.
3 Semprún: «El Holocausto 60 años depués», «El País», 23.1.2005.

4 Varlam Chalamov: «Récits de la Kolyma», Editions Verdier, Paris 2003, S. 547.

5 Semprún: «Die große Reise», S. 214. «In harten Zeiten», also in den früheren Jahren des Lagers, «lagen immer Dutzende von Erschlagenen, Erfrorenen, Zusammengebrochenen und Sterbenden, schön säuberlich am Rand der Blockaufstellungen ‹in Reih und Glied› zum letzten Appell». Das schrieb Eugen Kogon: «Der SS-Staat», Bermann-Fischer Verlag, Stockholm ²1947, S. 83.

6 Semprún: «Die Ohnmacht», S. 134.

7 Semprún: «Schreiben oder Leben», S. 136.

8 Vgl. Semprún: «Schreiben oder Leben», S. 102. Gestreifte Kleidung war in Buchenwald nicht üblich. Die Männer der Außenkommandos mußten sie tragen, damit ein etwaiger Flüchtling ohne weiteres erkennbar war.

9 Die Zahl der Spanier war so gering, daß sie in dem «Begleitband zur ständigen historischen Ausstellung», den die Gedenkstätte Buchenwald herausgegeben hat, neben den übrigen Nationen und Volksgruppen nicht eigens aufgeführt werden (Harry Stein: «Konzentrationslager Buchenwald 1937–1945», Wallstein Verlag, Göttingen 1999, S. 155). Der 1945 auf Betreiben der Amerikaner erstellte «Buchenwald-Report» gibt an, daß unter den rund zwanzigtausend Gefangenen, die sich im April 1945 noch im Stammlager befunden hätten, zweihundert Spanier gewesen seien. David A. Hackett (Hrsg.): «Der Buchenwald-Report. Bericht über das Konzentrationslager Buchenwald bei Weimar», C. H. Beck, München 1996, S. 377.

10 Kogon: «Der SS-Staat», S. 62.

11 Für genaue Angaben siehe Kogon: «Der SS-Staat», S. 123. Schätzungen zufolge erhielten die Häftlinge des Großen Lagers im März 1945 nicht mehr als 700 Kalorien pro Tag, siehe Hackett: «Der Buchenwald-Report», S. 27.

12 Vgl. Lutz Niethammer (Hrsg.): «Der ‹gesäuberte Antifaschismus›. Die SED und die roten Kapos von Buchenwald», Akademie Verlag, Berlin 1994, S. 133–138, 514. In «Was für ein schöner Sonntag!» wird Seifert ausführlich geschildert. Siehe auch Patrick Rotmans und Laurent Perrins Filmporträt von Semprún: «L'Ecriture et la vie», Arte, 1996.

13 Ich danke dem Journalisten und Rußlandexperten Jörg Mettke für diese Anekdote, von der er sagt, sie enthalte viel Wahres, selbst wenn sie sich nicht ganz genauso zugetragen habe.

14 So schreibt der verstorbene Historiker Dimitri Wolkogonow, einer der politischen Reformer in der Sowjetunion und einst Leiter des Instituts für Militärgeschichte des Verteidigungsministeriums der UdSSR. Wolkogonow zufolge habe Stalins «Fehlkalkulation» überdies darin bestanden, «daß er die Gefahr überschätzte, England und Frankreich könnten mit Deutschland einen Block bilden». Dimitri Wolkogonow: «Stalin. Triumph und Tragödie», Claassen, Düsseldorf 1989 (Orig. Moskau 1989), S. 473.

15 Wolkogonow: «Stalin», S. 562. Vergleiche auch die von seiner Darstellung im Wesentlichen nicht abweichende Arbeit von Simon Sebag Montefiore: «Stalin. Am Hof des roten Zaren», S. Fischer Verlag, Frankfurt a. M. 2005 (Orig. London 2005), Kap. 32 und 33.

16 In demselben Block lebte auch der zweijährige Jerzy Zweig, das «Buchenwaldkind», von dem Bruno Apitz in dem Roman «Nackt unter Wölfen» erzählt. Weil er aber in einem anderen Flügel untergebracht war als Semprún, sind die beiden einander nicht begegnet.

17 Semprún sagte mir, daß er dabei an einen Jungen dachte, den er in der Gefängniszelle von Auxerre kennenlernte, sowie an einen anderen jungen Mann, mit dem er von Compiègne nach Buchenwald fuhr, wenngleich nicht im selben Waggon.

18 Kogon: «Der SS-Staat», S. 11, 387. Der deutschstämmige amerikanische Offizier, der den Bericht in Auftrag gab, hieß Albert Rosenberg. In «Schreiben oder Leben» kommt er vor: Semprún nannte ihn Rosenfeld.

19 Harry Stein: «Konzentrationslager Buchenwald», S. 209.

20 Hackett: «Der Buchenwald-Report», S. 365.

21 Wolkogonow: «Stalin», S. 337 (Wolkogonow schreibt irrtümlich, Sten sei 1937 nicht umgekommen).

22 «Die Angst ist eine Fahne, die der ewige Wind bewegt.» Zitiert nach Felipe Nieto Blanco: «Jorge Semprún: Militancia y oposición en el franquismo», Tesis doctoral, Departamento de historia contemporánea, facultad de geografía e historia, Universidad nacional de educación a distancia, 2007, Anhang.

23 In einem Gespräch mit Elie Wiesel sagte Semprún: «Buchenwald ist von der amerikanischen Armee befreit worden. Daß einige Hundert Bewaffnete tatkräftig mitgeholfen haben, hatte aber eine symbolische, gewissermaßen auch moralische und politische Bedeutung.» Jorge Semprún, Elie Wiesel: «Schweigen ist unmöglich», S. 39.

24 So berichtete es der ehemalige Häftling Ottomar Rothmann; siehe die website zum Thema «Sechzig Jahre Kriegsende» von 2005 (http://kriegsende.ard.de/pages_std_lib/0,3275,OID1157270,00.html).

25 «Page des lettres», erstmals ausgestrahlt am 15.6.1963. Die Registrations-Nummer des Institut National de l'Audiovisuel ist 100018093.

26 Semprún: «Die große Reise», S. 132.

27 Was den Unterschied zwischen dem Nationalsozialismus und dem Sowjetsystem betrifft, siehe die prägnante Zusammenfassung in Hans Mommsens Vorwort zu dem Buch von Jörg Baberowski und Anselm Doering-Manteuffel: «Ordnung durch Terror. Gewaltexzesse und Vernichtung im nationalsozialistischen und im stalinistischen Imperium», Verlag J. W. Dietz, Bonn ²2007.

28 Semprún: «Schreiben oder Leben», S. 167. Nur einmal schrieb er, doch begriffen zu haben, wovon die Überlebenden reden, wenn sie sich schuldig fühlen. Diese Episode findet sich in «Was für ein schöner Sonntag!» Die spanische Botschaft in Berlin sandte ihm einen Brief ins Lager: Man beschäftige sich mit seinem Schicksal. «Eine schamvolle, entsetzliche Angst hat dich bei der Vorstellung ergriffen, daß du deine Kumpel im Stich lassen, sie irgendwie verraten, daß du in dein vorheriges Leben, das Leben draußen, ohne sie, ja ohne Rücksicht gegen sie, zurückfinden könntest». Semprún: «Was für ein schöner Sonntag!», S. 380 f. (geänderte Übers.).

29 Robert Antelme: «Das Menschengeschlecht. Als Deportierter in Deutschland», Deutscher Taschenbuch Verlag, München 1990 (1987), S. 134 f. (geänderte Übers.).

30 Georges Falco: «L'Espèce humaine», «Action», 4.7.1947.

31 Semprún: «Schreiben oder Leben», S. 108.

32 Soazig Aron: «Klaras NEIN», Friedenauer Presse, Berlin 2003, S. 7.

33 Ich beziehe mich auf einige Unterhaltungen, die wir geführt haben. Das Filmprojekt ist übrigens gescheitert, aus Gründen, die mit Semprún nichts zu tun haben.

34 Jürg Altwegg: «Ohne die Literatur stirbt die Erinnerung. Gespräch mit Jorge Semprún», «Frankfurter Allgemeine Zeitung», 8.2.2008.

35 Semprún: «Das Böse und die Modernität», in ders.: «Blick auf Deutschland», S. 109–111.

36 Semprún: «Das Böse und die Modernität», in ders.: «Blick auf Deutschland», S. 111 (leicht geänderte Übers.).

37 So hat er es oft gesagt und geschrieben. Vgl. z. B. Semprún: «Die große Reise», S. 60.

38 Immanuel Kant: «Die Religion innerhalb der Grenzen der bloßen Vernunft», Akademie Textausgabe, Bd. 6, Walter de Gruyter, Berlin 1968, S. 33.

39 Kogon: «Der SS-Staat», S. 62.
40 Semprún: «Das Böse und die Modernität», in ders.: «Blick auf Deutschland», S. 115–117.
41 Jacques Maritain: «L'Homme et l'état», Presses Universitaires de France, Paris 1953 (Orig. Chicago 1951), 3. Kapitel, 5. Abschnitt.
42 Vgl. Semprún: «Weimar – Buchenwald, 9. April 1945 – 9. April 1995», in ders.: «Blick auf Deutschland», S. 81. Siehe auch Semprún: «Memoria del ex deportado 44904», «El País», 10. April 1995.
43 So erzählte es Kurt Julius Goldstein am 8.11.2006. Den Recherchen des Historikers Saul Friedländer zufolge verließen die ersten Häftlingskolonnen Auschwitz nicht am 17., sondern am 18. Januar.
44 Harald Welzer: «Täter. Wie aus ganz normalen Menschen Massenmörder werden», S. Fischer Verlag, Frankfurt a. M. 2005, S. 38. Sein Zitat stammt aus Christopher Brownings Studie «Ganz normale Männer. Das Reserve-Polizeibataillon 101 und die Endlösung in Polen».
45 Vergleiche das von mir verfaßte Nachwort in Hannah Arendt: «Über das Böse. Eine Vorlesung zu Fragen der Ethik», Piper Verlag, München 2006.
46 Harald Welzer: «Wer waren die Täter? Anmerkungen zur Täterforschung aus sozialpsychologischer Sicht», in Gerhard Paul (Hrsg.): «Die Täter der Shoah. Fanatische Nationalsozialisten oder ganz normale Deutsche?», Wallstein Verlag, Göttingen 2002, S. 240.
47 Welzer: «Täter», S. 60.
48 Vgl. Semprún: «Was für ein schöner Sonntag!», S. 176.

6 Pariser Eifer

1 Siehe die Biographie von Rosemarie Schuder und Rudolf Hirsch: «Nr. 58866: ‹Judenkönig›. Aus dem Leben des Kurt Julius Goldstein», PapyRossa Verlag, Köln 2004, 5. Kapitel.
2 Das Gespräch mit Kurt Julius Goldstein fand am 8.11.2006 in Berlin statt.
3 Semprún: «Die große Reise», S. 100.
4 In «Schreiben oder Leben» (S. 166) berichtet Semprún davon, stellt es aber so dar, als habe er «zu der Verlobten von Yann Dessau» gesprochen und als habe er anstelle von Yann Dessau zu ihr geredet.
5 Carlos Semprún Maura: «El Exilio fue una fiesta», S. 50, 53.
6 Zitiert nach Semprún: «Unsre allzu kurzen Sommer», S. 76.
7 Jean-Paul Sartre: «Paris unter der Besatzung. Artikel, Reportagen, Aufsätze 1944–1945», hrsg. von Traugott König, Rowohlt Verlag, Reinbek 1980, S. 56.
8 Gespräch mit Thomas Landman in Toulouse am 26. Juli 2006.
9 Semprún: «Schreiben oder Leben», S. 249.
10 Semprún: «Die Ohnmacht», S. 19.
11 Semprún sagt, er habe dies Buch aus den «Resten» geschrieben, die von «Die große Reise» übriggeblieben waren.
12 Evelyn Waugh: «The Diaries», (Hrsg. Michael Davie), Phoenix, London 1990 (1976), S. 631.
13 Claude-Edmonde Magny: «Lettre sur le pouvoir d'écrire», mit einem Vorwort Jorge Sempruns, Editions Climats, Paris 1993. Der «Brief» wurde (ohne das Vorwort) erstmals 1947 publiziert.
14 Magny: «Lettre sur le pouvoir d'écrire», S. 36, 41.
15 Joseph Rovan: «L'Allemagne de nos mérites», «Esprit», Nr. 115, 1.10.1945, S. 532.

16 Gregorio Morán: «Miseria y grandeza del Partido Comunista de España 1939–1985», Planeta, Barcelona 1986, S. 100–107.

17 Vgl. einen Artikel von Mikel Rodríguez: «Por rojos», der 2005 ins Internet gestellt wurde. (http://comunismo.blogia.com/temas/resistencia-y-guerrilla-1939–1948-.php).

18 Payne: «The Franco Regime», S. 151.

19 Guillaume Hanoteau: «Saint Germain des Prés», damokles verlag, Ahrensburg 1967 (Orig. Paris 1965), S. 94, 33–35.

20 Raymond Aron: «Le Marxisme de Marx», Editions de Fallois, Paris 2002, S. 605.

21 Diese Erfahrung hat Hanoteau, weil er sich aus seiner Wohnung ausgesperrt hatte, selbst gemacht. Hanoteau: «Saint Germain des Prés», S. 102.

22 Claude Roy: «Nous», Editions Gallimard, Paris 1980 (1972), S. 124–129.

23 Hanoteau: «Saint Germain des Prés», S. 29.

24 Roy: «Nous», S. 125.

25 François Furet: «Das Ende der Illusion. Der Kommunismus im 20. Jahrhundert», Piper Verlag, München 1998 (Orig. Paris 1995), S. 484.

26 Maurice Thorez: «Ein Sohn des Volkes», Dietz Verlag, Berlin 1951 (Orig. Paris 1949), S. 172. Die Autobiographie wird ihm zugeschrieben, möglicherweise hat er sie nicht selbst verfaßt.

27 Mitte der fünfziger Jahre schrieb der für englische Medien arbeitende Journalist Alexander Werth, Thorez habe auf die Guerrilla-Taktik verzichtet, um die KPF regierungsfähig zu machen: Die Kommunisten bereiteten sich «ganz offensichtlich darauf vor, in den kommenden Jahren die Rolle einer großen französischen Regierungspartei zu spielen». Werth: «Der zögernde Nachbar. Frankreich seit dem letzten Weltkrieg», Droste Verlag, Düsseldorf 1957 (Orig. London 1956), S. 204–206. Heute sind Thorez' Motive kein Geheimnis mehr, siehe etwa Marc Ferro: «Les Individus face aux crises du XXe siècle. L'histoire anonyme», Odile Jacob, Paris 2005, S. 103.

28 Gérard Streiff: «Procès stalinien à Saint-Germain-des-Prés», Editions Syllepse, Paris 1999, S. 70. Die Worte Lucienne Savarins zitiert Streiff vom Hörensagen.

29 Vgl. Roy: «Nous», S. 466.

30 Die Schilderung der Umstände entnehme ich vor allem Laure Adler: «Marguerite Duras», Editions Gallimard, Paris 2004 (1998), 4. und 5. Kapitel, bes. S. 380–382.

31 Adler: «Marguerite Duras», S. 335. Als Duras wieder Herrin der Situation war, besorgte sie einen guten Arzt.

32 Gespräch mit Edgar Morin in Paris am 29.9.2007.

33 Die realen, degoutanten Hintergründe der Geschichte finden sich bei Laure Adler: «Marguerite Duras», S. 306–309.

34 Laure Adler zufolge stammte die lobendste Rezension von Semprún. Adler: «Marguerite Duras», S. 393.

35 Adler: «Marguerite Duras», S. 358.

36 Edgar Morin: «L'An zéro de l'Allemagne», Editions de la cité universelle, Paris 1946, S. 26.

37 «Stalingrad» ist immer noch im Handel. (Ich habe die Ausgabe gelesen, die 2001 bei Kiepenheuer & Witsch in Köln erschien, versehen mit einem Nachwort von Hans-Harald Müller.)

38 Wie im 5. Kapitel geschildert, hat er seine Meinung Jonathan Littells «Die Wohlgesinnten» zuliebe geändert.

39 Solomon Wolkow: «Stalin und Schostakowitsch. Der Diktator und der Künstler», Propyläen, Berlin 2004 (Orig. New York 2004), S. 306–309. Der Regisseur hat den Film belassen, wie er war. 1958 kam er in die sowjetischen Kinos, zehn Jahre nach Eisensteins, fünf Jahre nach Stalins Tod.

40 Philippe Buton: «Le Parti communiste français et le stalinisme au lendemain de la Seconde Guerre mondiale», «Journal of Modern European History», Vol. 2, 2004/1, S. 64.

41 Edgar Morin: «Autocritique», Editions du Seuil, Paris 1975 (1970), S. 85.

42 Streiff: «Procès stalinien», S. 27.

43 Morin: «Autocritique», S. 107.

44 Der Kalte Krieg ist klar und ideologisch unverzerrt dargestellt in Bernd Stövers Buch «Der Kalte Krieg. Geschichte eines radikalen Zeitalters 1947–1991», C. H. Beck, München 2007, siehe besonders S. 33–76, wo sich die nachfolgenden Zitate finden.

45 Wilfrid Loth: «Frankreichs Kommunisten und der Beginn des Kalten Krieges», «Vierteljahreshefte für Zeitgeschichte», 1978, Nr. 1, S. 57.

46 Buton: «Le Parti communiste français», S. 63.

47 Werth: «Der zögernde Nachbar», S. 266.

48 Hella Kaeselitz: «Positionen westeuropäischer kommunistischer Parteien im Übergang zur Politik des Kalten Krieges», «Utopie kreativ», 96, 1998, S. 64.

49 Buton: «Le Parti communiste français», S. 65.

50 Werth: «Der zögernde Nachbar», S. 260.

51 Norman M. Naimark: «Stalin and Europe in the Postwar Period, 1945–53: Issues and Problems», «Journal of Modern European History», Vol. 2, 2004/1, S. 48.

52 Simone Signoret: «Ungeteilte Erinnerungen», Kiepenheuer & Witsch, Köln 1986 (Orig. Paris 1976), S. 103.

53 Passy: «Mémoires», S. 496.

54 Zitiert nach Buton: «Le Parti communiste français», S. 66.

55 Oda a las ropas humildes, Oda a la propiedad colectiva, Oda a las estrellas del Kremlin.

56 Semprún: «Autobiographie de Federico Sánchez», Editions du Seuil, Paris 1978, S. 92 (in der angeblich «ungekürzten» deutschen Fassung wurde die Passage gestrichen).

57 Georges Falco: «Le Temps des assassins et celui des fumistes», «Action» 20.12.1946.

58 Mark Polizotti: «Revolution des Geistes. Das Leben André Bretons», Hanser Verlag, München 1996 (Orig New York 1995), S. 767.

59 Georges Falco: «Arcane 17 ou le sermon sur le rocher percé», «Action», 4.10.1946. Bretons Buch erschien erstmals 1944 in New York, im April 1945 in Paris.

60 Polizotti: «Revolution des Geistes», S. 755.

61 Semprún: «Federico Sánchez. Eine Autobiographie», S. 116. Ein Typoskript des Theaterstücks ist im Archiv des ZK der spanischen KP einzusehen: Archivo Histórico del Comité Central del PCE, caja 129.

62 Streiff: «Procès stalinien», S. 42.

63 Semprún: «Non, je n'ai pas ‹dénoncé› Marguerite Duras», «Le Monde», 26.6.1998. Darauf reagierte Monique Antelme: «Réponse à Jorge Semprun: Jorge Semprun n'a pas dit la vérité», «Le Monde», 8.7.1998.

64 Ich beziehe mich auf ein Telefonat mit Monique Antelme am 2.10.2007 und auf mein Gespräch mit Edgar Morin am 29.9.2007.

65 In einem langen Brief an die KPF hat Antelme seine Sicht der Dinge dargelegt (s. Streiff: «Procès stalinien», S. 91). Er meinte, Semprún habe ihn angeschwärzt, weil er mit der Übersetzungsarbeit nicht fertig geworden sei. Semprún bezeichnet den Inhalt des Briefes als «stalinistische» Argumentation. Tatsächlich liest das Schreiben sich eher wie eine aufgebrachte und verzweifelte Verteidigung.

66 Streiff: «Procès stalinien», S. 75.

67 Streiff: «Procès stalinien», S. 121.

68 Zitiert nach Werth: «Der zögernde Nachbar», S. 287.

69 Semprún: «Zwanzig Jahre und ein Tag», S. 232.

70 Leiris: «Mannesalter», S. 55, 39.

71 Semprún: «Was für ein schöner Sonntag!», S. 178.

72 Semprún: «‹Nada›. La literatura nihilista del capitalismo decadente», «Cultura y Democracia», Nr. 2, Februar 1950, S. 46.

73 Semprún: «Panorama de la cultura bajo el franquismo», «Cultura y Democracia», Nr. 3, März 1950, S. 62. Auf S. 65 des Aufsatzes nimmt er Kafka, William Faulkner und James Galdwell von seinem Verdikt ausdrücklich aus.

74 Semprún: «En la ideología del comunismo está la verdadera salida para la juventud intelectual Española», «Cultura y Democracia», Nr. 4, April 1950, S. 65–68.

75 Vgl. Morán: «Miseria y grandeza del Partido Comunista», S. 223.

7 Die Eroberung Madrids

1 Wolfgang Leonhard: «Die Revolution entläßt ihre Kinder», Kiepenheuer & Witsch, Köln 2006 (1955), S. 419.

2 Gespräch mit Wolfgang Leonhard in Frankfurt am Main am 27.6.2007.

3 Wolfgang Leonhard: «Meine Geschichte der DDR», Rowohlt Berlin, Berlin 2007, S. 88–105.

4 Leonhard: «Meine Geschichte der DDR», S. 91 f., 105, 136. Wie Leonhard nach 1990 seiner Stasi-Akte entnahm, waren seine Befürchtungen begründet gewesen.

5 Abgesehen von den Gesprächen, die ich geführt habe, erhellen vor allem drei Bücher die historischen und gesellschaftlichen Zusammenhänge, von denen in diesem Kapitel die Rede ist: Gregorio Morán: «Miseria y grandeza del Partido Comunista de España 1939–1985», Planeta, Barcelona 1986; Esteve Riambau: «Ricardo Muñoz Suay. Una vida en sombras», Tusquets, Barcelona 2007; Walther L. Bernecker: «Spaniens Geschichte seit dem Bürgerkrieg», C. H. Beck, München ³1997. Von Interesse ist auch eine Broschüre namens «Hintergrund», «Archiv und Informationsmaterial der Deutschen Presse-Agentur», 21. Juni 1957.

6 Werth: «Der zögernde Nachbar. Frankreich seit dem letzten Weltkrieg», Droste Verlag, Düsseldorf 1957 (Orig. London 1956), S. 380 f.

7 Werth: «Der zögernde Nachbar», S. 368 f.

8 Bahr: «Zu meiner Zeit», S. 63.

9 Dimitri Wolkogonow zufolge hatte Lawrenti Berija sie eingeschüchtert: «Garantieren Sie für das Leben des Genossen Stalin? (…) Ich möchte Sie warnen.» Wolkogonow: «Stalin», S. 772.

10 Semprún: «Federico Sánchez. Eine Autobiographie», S. 66 (leicht geänderte Übers.).

11 Semprún: «Federico Sánchez. Eine Autobiographie», S. 308 (geänderte Übers.).

12 Boncenne: «Entretien avec Jorge Semprún», S. 110.

13 Rocío García: «Los protagonistas de febrero del 56 rememoran la revuelta estudiantil», «El País», 23.2.2006.

14 Nieto Blanco: «Jorge Semprún: Militancia y oposición en el franquismo», Anhang.

15 Die Redakteure des zeitgenössischen «SED-Pressedienstes» haben diese Information unter der Rubrik «Aus der Presse unserer Bruderparteien» von der italienischen KP-Zeitung «L'Unità» vom 13.10.1953 übernommen und mit der Häme zitiert, die beiden Seiten im Kalten Krieg eigen war.

16 Juan Goytisolo: «Spanien und die Spanier», Suhrkamp Verlag, Frankfurt a. M. 1982 (1969), S. 148.

17 Josep Ramoneda: «ETA es el único rescoldo del pasado». Interview mit Jorge Semprún im Jahr 2000, publiziert auf der Internetseite von «El País» (http://www.elpais.com/especiales/2000/franco/semprun.htm).
18 Goytisolo: «Spanien und die Spanier», S. 271.
19 Nieto Blanco: «Jorge Semprún: Militancia y oposición en el franquismo», S. 377.
20 So sagte Javier Pradera in einem Gespräch, das ich mit ihm und Natalia Pradera am 30.11.2006 in Madrid führte.
21 Riambau: «Ricardo Muñoz Suay», S. 308.
22 So berichtet Semprún, zitiert nach Riambau: «Ricardo Muñoz Suay», S. 308.
23 Riambau: «Ricardo Muñoz Suay», S. 310.
24 Semprún: «Yves Montand», S. 208.
25 So Pradera im Gespräch am 30.11.2006 in Madrid.
26 Riambau: «Ricardo Muñoz Suay», S. 23.
27 Am 1.6.1955 meldete die Nachrichtenagentur AP, daß dies Gesetz gelockert worden sei: Künftig durften Frauen sich im Badeanzug am Strand aufhalten, und Männer mußten lediglich mit einer Badehose bekleidet sein.
28 Als Carlos Saura sich zu Beginn der sechziger Jahre von der KP trennte, sagt Semprún, habe er vorgegeben, gar nicht gewußt zu haben, ein Aktivist gewesen zu sein, er habe sich immer nur für einen Sympathisanten gehalten.
29 Siehe z. B. Semprún: «Les Ménines de Velasquez», «Nouvel Observateur», 4.8.2005. «Moi, personellement, j'utilisais le miroir pour surveiller mon alentour, pour vérifier que nul policier de la dictature ne m'avait suivi jusque-là.» (Ich selbst nutzte den Spiegel, um meine Umgebung zu beobachten und mich zu versichern, daß kein Polizist mir bis dahin gefolgt war.)
30 Hans von Dach: «Der totale Widerstand. Eine Kleinkriegsanleitung für Jedermann», Buchverlag Major von Dach, Bern o. D., S. 174. Das Buch erschien erstmals 1957 im Verlag des Zentralsekretariats des Schweizerischen Unteroffizierverbandes. Ein Jahr später publizierte der Autor es nochmals im Selbstverlag. In der Bundesrepublik steht die Originalversion, die auch das Bombenbasteln lehrt, auf dem Index jugendgefährdender Schriften.
31 Die Rezension behandelt Luis García Berlangas Film «Novio a la vista», «Objetivo», Nr. 3, Mai 1954. Vgl. Riambau: «Ricardo Muñoz Suay», S. 228 f.
32 Hans Halter: «Ich habe meine Sache hier getan. Leben und letzte Worte berühmter Frauen und Männer», Bloomsbury, Berlin 2007, S. 95.
33 Max Aub: «Blutiges Spiel», Piper Verlag, München 2003 (Orig. Mexiko 1945), S. 227.
34 Anläßlich Dolores Ibárruris 60. Geburtstag berichtete das «Neue Deutschland» von ihrer Rede auf dem Parteitag (Anon.: «Ein echter Volkstribun», «Neues Deutschland», 9.12.1955).
35 Zitiert nach Morán: «Miseria y grandeza del Partido Comunista», S. 257.
36 Er habe, sagt Pradera, niemals über private Dinge mit Semprún geredet.
37 Goytisolo: «Spanien und die Spanier», S. 260.
38 Riambau: «Ricardo Muñoz Suay», S. 201.
39 Riambau: «Ricardo Muñoz Suay», S. 205. Diese und auch andere Zeilen in Esteve Riambaus Buch sind nicht schmeichelhaft, aber an solchen Charakterisierungen stößt Jorge Semprún sich nicht. Als Mitglied der Jury, die den Premio Comillas vergibt, erwählte er Riambaus Biographie zu seinem Favoriten. Das Buch hat diesen Preis dann auch erhalten.
40 Riambau: «Ricardo Muñoz Suay», S. 309.
41 Gespräch mit Gonzalo de Semprún in Nizza am 10. März 2006.

42 Carlos Semprún Maura: «El exilio fue una fiesta», S. 66 f. Jorge Semprún sagt, Carlos müsse sich irren. Was ihre gemeinsamen Erlebnisse betrifft, haben die zwei Brüder fast immer unterschiedliche Erinnerungen.

43 Carlos Semprún Maura: «El exilio fue una fiesta», S. 318.

8 Streit in der spanischen KP

1 Ralph Giordano: «Die Partei hat immer recht», Verlag Klaus Guhl, Berlin 1980 (1961).

2 Dies und die folgenden Zitate Morins stammen aus Morin: «Autocritique», S. 54–57.

3 Karl Marx: «Das Elend der Philosophie», in: Karl Marx, Friedrich Engels: «Werke», Dietz Verlag, Berlin 1972, Band 4, S. 140.

4 Zitiert nach Morán: «Miseria y grandeza del Partido Comunista», S. 243 f.

5 Morán: «Miseria y grandeza del Partido Comunista», S. 296.

6 Semprún: «Federico Sánchez. Eine Autobiographie», S. 117.

7 Morán: «Miseria y grandeza del Partido Comunista», S. 328.

8 «Es lebe das Dynamit», «Der Spiegel», 17.2.1969.

9 Vgl. Karl Marx, Friedrich Engels: «Das kommunistische Manifest», Argument Verlag, Hamburg 1999, S. 58.

10 Zitiert nach Morán: «Miseria y grandeza del Partido Comunista», S. 325.

11 Riambau: «Ricardo Muñoz Suay», S. 311.

12 Bernecker: «Spaniens Geschichte seit dem Bürgerkrieg», S. 114 ff.

13 Tremlet: «Ghosts of Spain», S. 102 f.

14 Morán: «Miseria y grandeza del Partido Comunista», S. 98.

15 Morán: «Miseria y grandeza del Partido Comunista», S. 340ff.

16 Die Rede war nun nicht mehr vom «Friedlichen Nationalstreik», sondern vom «Politischen Nationalstreik». Der Historiker Morán mißt dem Wechsel einige Bedeutung bei. Semprún hält ihn für marginal. «Die Idee, daß der Streik friedlich sein sollte, war etabliert. Nun konnte man einen Schritt weitergehen und von einem ‹politischen› Streik sprechen. Aber das ist reine Kasuistik. Ich bin überzeugt, daß kein einziger Genosse zwischen den beiden Namen irgendeinen Unterschied machte.»

17 Gijs van Hensbergen: «Guernica. Biographie eines Bildes», Siedler Verlag, München 2007 (Orig. London 2004), S. 271.

18 Morán: «Miseria y grandeza del Partido Comunista», S. 482.

19 Gespräch mit Peter Ensikat in Berlin am 10. September 2007.

9 Was bleibt?

1 Peter Ensikat: «Das schönste am Gedächtnis sind die Lücken», Karl Blessing Verlag, München 2005, S. 50.

2 Semprún: «Was für ein schöner Sonntag!», S. 155.

3 Pays: «Entretien avec Jorge Semprun», S. 40.

4 So Armin Ayren in der «Stuttgarter Zeitung» vom 8.7.2005.

5 Semprún: «Was für ein schöner Sonntag!», S. 261.

6 Semprún: «Netschajew kehrt zurück», S. 273.

7 Sigmund Freud: «Eine Kindheitserinnerung aus ‹Dichtung und Wahrheit›» (1917), in derselbe: «Bildende Kunst und Literatur», Studienausgabe Bd. 10, Fischer Verlag, Frankfurt a. M. 1969, S. 266.

8 Gespräch mit Stéphane Hessel in Paris am 16.1.2007.

9 Semprún sagt, mit seinem Vater damals nicht viel zu tun gehabt zu haben: Er wisse

nicht, wie dieser seine Adaptation des «Stellvertreter» beurteilte. Daß sein Vater wenige Monate zuvor über den «Prix Formentor» «fou de joie» (verrückt vor Freude) gewesen sei, hat Semprún hingegen erfahren.

10 Siehe Nathaniel Herzberg: «‹Le Vicaire› change l'histoire», «Le Monde», 23.6.2006.
11 Rossana Rossanda: «Die Tochter des 20. Jahrhunderts», Suhrkamp Verlag, Frankfurt a. M. 2007 (Orig. Turin 2005), S. 282–287.
12 Ramoneda: Interview mit Jorge Semprún.
13 F. Scott Fitzgerald: «Der Knacks», Merve Verlag, Berlin 1984, S. 9 f. (revidierte Übers.).
14 Boncenne: «Entretien avec Jorge Semprún», S. 108.
15 Siehe Semprúns Gespräch mit Kohut: «Escribir en París», S. 162.
16 Semprún: «Notas sobre izquierdismo y reformismo», «Cuadernos de Ruedo Ibérico», Nr. 2, August 1965.
17 Semprún: «Viet Nam y estrategia socialista», «Cuadernos de Ruedo Ibérico», Nr. 9, Oktober/November 1966.
18 Semprún: «La oposición política en España: 1956–1966», «Horizonte Español (Cuadernos de Ruedo Ibérico suplemento)», Nr. 2, 1966.
19 Ramoneda: Interview mit Jorge Semprún.
20 Michèle Cotta u. a.: Interview mit Semprún in «L'Express», S. 181–183.
21 Norbert Frei: «1968 – Jugendrevolte und globaler Protest», Deutscher Taschenbuchverlag, München 2008, S. 24 f.
22 Semprún: Vorwort zu Fernando Claudín: «La Crise du mouvement communiste du Komintern au Kominform», François Maspero, Paris 1972.
23 Semprún: «Federico Sánchez. Eine Autobiographie», S. 184.
24 Kohut: «Escribir en París», S. 180.
25 Rafael Abella (Hrsg.): «Semprún – P.C.E. Historia de una polémica», Planeta, Barcelona 1978, S. 122. Die meisten der folgenden Zitate stammen aus diesem Buch.
26 So erzählte Semprún, siehe Kohut: «Escribir en París», S. 191.
27 Javier Pradera: «Las verdades parciales de Semprún», «Cambio 16», 8.1.1978.
28 Gespräch mit Javier und Natalia Pradera am 30.11.2006.
29 Boncenne: «Entretien avec Jorge Semprún», S. 108.
30 Semprún: «Ecrire sa vie», entretien avec Paul Alliès, S. 33 f.
31 Die Information verdanke ich Harry Stein, dem wissenschaftlichen Mitarbeiter der Gedenkstätte Buchenwald.
32 Semprún: «Die große Reise», S. 46 (revidierte Übers.).
33 Semprún: «Was für ein schöner Sonntag!», S. 381 (revidierte Übers.).
34 Kohut: «Escribir en París», S. 186.
35 Semprún: «Blick auf Deutschland», Suhrkamp Verlag, Frankfurt a. M. 2003, S. 180, 176, 177 (leicht geänderte Übers.).
36 Christian Semler: «Geschichte heißt Unordnung», Interview mit Jorge Semprún, «tageszeitung», 28.7.1992.
37 Jean-Marie Colombani: «Un entretien avec M. Jorge Semprun», «Le Monde», 15.10.1991.
38 Bronislaw Geremek und Jorge Semprún im Gespräch in: «Die Neue Gesellschaft. Frankfurter Hefte», Nr. 7, Juli 1993, S. 603.

10 *Mnemosyne oder «Das bin ich»*

1 Arno Widmann: «Netschajew», «die tageszeitung», 9.5.1989.
2 So Ute Stempel in «Neue Zürcher Zeitung», 20.7.1995.
3 So Michael Wildt in «Frankfurter Allgemeine Zeitung», 20.5.1995.
4 Semprún: «Algarabía», S. 255.
5 Semprún: «Was für ein schöner Sonntag!», S. 178–180; «Zwanzig Jahre und ein Tag», S. 256; «Federico Sánchez. Eine Autobiographie», S. 240.
6 Vgl. Michèle Cotta u. a.: Interview mit Jorge Semprún in «L'Express», S. 171, 174.
7 Semprún: «Der zweite Tod des Ramón Mercader», S. 60 f.
8 Die folgenden Zitate stammen aus Yves Buin (Hrsg.): «Que peut la littérature? Débat entre Simone de Beauvoir, Yves Berger, Jean-Pierre Faye, Jean Ricardou, Jean-Paul Sartre, Jorge Semprún», Union générale d'éditions, Paris 1965.
9 Zitiert nach Kohut: «Escribir en París», S. 188 f.
10 Semprún: «Unsre allzu kurzen Sommer», S. 197.
11 Semprún: «Algarabía», S. 254.
12 Zitiert nach Kohut: «Escribir en París», S. 181.
13 In der deutschen Übersetzung von Elke Wehr ist – sehr zu Recht – aus dem «kleinen Löffel» ein normaler «Löffel» geworden. Wenn der Löffel klein ist, weil er in der Vorstellung des Autors eigentlich zu einer Espressotasse gehört, kann man damit in einem Wasserglas nicht rühren. Semprún: «Zwanzig Jahre und ein Tag», S. 96.
14 Im Zentrum des Romans steht seine, Semprúns eigene, Beerdigung – wie er sich die vorstellt, hat er schon in «Unsre allzu kurzen Sommer» (S. 219) angekündigt.
15 Semprún: «Der weiße Berg», S. 39.
16 In seinem Roman «Fiasko» hat Kertész kritisiert, daß Semprún in «Die große Reise» über Ilse Koch, die Frau des KZ-Kommandanten in Buchenwald, wider besseres Wissen schrieb, sie habe Lampenschirme aus Menschenhaut herstellen lassen: Als «eine Lukretia Borgia Buchenwalds, eine der Feder eines Dostojewskij würdige Sünderin» habe Semprún sie dargestellt. «Ja, ja, unser Denken ist noch immer in den intellektuellen Illusionen vom taubensanften Gewissen gefangen, in den in einer ausgeglicheneren Epoche entstandenen einfältigen Visionen von Verwegenheit und Größe der Ruchlosigkeit...» (Kertész: «Fiasko», Rowohlt Taschenbuch Verlag, Reinbek 2001, S. 62).
17 Semprún: «Die große Reise», S. 169 f (revidierte Übers.).
18 Semprún: «Unsre allzu kurzen Sommer», S. 89.
19 Siehe Semprúns Hinweis auf Hessel in: «Was für ein schöner Sonntag!», S. 352.
20 Monika Neuhofer: «'Écrire un seul livre sans cesse renouvelé'. Jorge Semprúns literarische Auseinandersetzung mit Buchenwald», Vittorio Klostermann, Frankfurt a. M. 2006.
21 Semprún: «Was für ein schöner Sonntag!», S. 330 (revidierte Übers.).
22 Semprún: «Was für ein schöner Sonntag!», S. 178.

Bildnachweis

Personenregister

Biographien bei C. H. Beck

Peter-André Alt
Franz Kafka
Der ewige Sohn. Eine Biographie
2., durchgesehene Auflage. 2008.
763 Seiten mit 43 Abbildungen.
Gebunden

Hans-Dieter Gelfert
Edgar Allan Poe
Am Rande des Malstroms
2008. 249 Seiten mit 27 Abbildungen.
Gebunden

Hugh Barr Nisbet
Lessing
Eine Biographie
2008. 1024 Seiten mit 45 Abbildungen.
Leinen

Gerhard Schulz
Kleist
Eine Biographie
2007. 607 Seiten mit 57 Abbildungen.
Leinen

Hermann Kurzke
Thomas Mann
Das Leben als Kunstwerk. Eine Biographie
2. Auflage. 2008.
672 Seiten mit 40 Abbildungen.
Leinen

Verlag C. H. Beck München

Biographien bei C. H. Beck

Peter Hoffmann
Stauffenbergs Freund
Die tragische Geschichte des
Widerstandskämpfers Joachim Kuhn
2007. 246 Seiten mit 13 Abbildungen und 2 Karten.
Gebunden

Egon Schwarz
Unfreiwillige Wanderjahre
Auf der Flucht vor Hitler durch drei Kontinente
2005. 260 Seiten mit 17 Abbildungen. Paperback
Beck'sche Reihe Band 1662

Volker Reinhardt
Deutsche Familien
Historische Porträts von Bismarck bis Weizsäcker
2. Auflage. 2005. 384 Seiten mit 12 Abbildungen.
Gebunden

Günter Brakelmann
Helmuth James von Moltke
1907–1945. Eine Biographie
2., durchgesehene Auflage. 2007.
432 Seiten mit 60 Abbildungen. Leinen

Fritz Stern
Fünf Deutschland und ein Leben
Erinnerungen
Aus dem Englischen von Friedrich Griese
9. Auflage. 2007. 675 Seiten mit 27 Abbildungen.
Leinen

Verlag C. H. Beck München